Christoph Geyer | Volker Uttner

# Praxishandbuch Börsentermingeschäfte

W0273541

Christoph Geyer | Volker Uttner

# Praxishandbuch Börsentermingeschäfte

## Erfolgreich mit Optionen, Optionsscheinen und Futures

GABLER

Bibliografische Information Der Deutschen Nationalbibliothek
Die Deutsche Nationalbibliothek verzeichnet diese Publikation in der
Deutschen Nationalbibliografie; detaillierte bibliografische Daten sind im Internet über
<http://dnb.d-nb.de> abrufbar.

Geyer | Uttner, Praxishandbuch Börsentermingeschäfte

1. Auflage 2007

Alle Rechte vorbehalten
© Betriebswirtschaftlicher Verlag Dr. Th. Gabler | GWV Fachverlage GmbH, Wiesbaden 2007

Lektorat: Guido Notthoff

Der Gabler Verlag ist ein Unternehmen von Springer Science+Business Media.
www.gabler.de

Das Werk einschließlich aller seiner Teile ist urheberrechtlich geschützt. Jede Verwertung außerhalb der engen Grenzen des Urheberrechtsgesetzes ist ohne Zustimmung des Verlags unzulässig und strafbar. Das gilt insbesondere für Vervielfältigungen, Übersetzungen, Mikroverfilmungen und die Einspeicherung und Verarbeitung in elektronischen Systemen.

Die Wiedergabe von Gebrauchsnamen, Handelsnamen, Warenbezeichnungen usw. in diesem Werk berechtigt auch ohne besondere Kennzeichnung nicht zu der Annahme, dass solche Namen im Sinne der Warenzeichen- und Markenschutz-Gesetzgebung als frei zu betrachten wären und daher von jedermann benutzt werden dürften.

Umschlaggestaltung: Nina Faber de.sign, Wiesbaden
Druck und buchbinderische Verarbeitung: Wilhelm & Adam, Heusenstamm
Gedruckt auf säurefreiem und chlorfrei gebleichtem Papier.
Printed in Germany

ISBN 978-3-8349-0396-9

# Vorwort

Liebe Leserin, lieber Leser,

wir freuen uns, dass Sie sich für börsengehandelte Termingeschäfte interessieren.

Haben Sie dieses Buch gekauft, weil Ihnen die Materie völlig neu und fremd ist, Sie aber Fremdem und Neuem gegenüber aufgeschlossen sind und daher auf diesem Gebiet künftig aktiv werden wollen?

Oder sind Sie schon aktiv, vielleicht mehr oder weniger „aus dem Bauch heraus"? Waren Sie schon erfolgreich, oder haben Sie auch schon herbe Verluste hinnehmen müssen? Haben Sie deswegen zu diesem Buch gegriffen, um Ihre Geschäfte an der Terminbörse künftig gezielter, rationaler und planvoller angehen zu können?

Wie dem auch sei, wir versprechen Ihnen nicht, dass Sie nach der Lektüre dieses Buches nur noch erfolgreich sein werden. Welcher Mensch kann schon seinen „Bauch" völlig ausschalten? Wir auch nicht. Aber Sie werden die großen und schlimmen Verluste vermeiden, wenn Sie dieses Buch gelesen haben. Vielleicht freuen Sie sich künftig über viele kleine Gewinne an Stelle des „großen Coups", der sie auf ein Mal reich macht (oder bettelarm). Wir hoffen, dass Ihnen ersteres gelingt, und freuen uns, wenn wir mit unserem Buch ein wenig dazu beitragen konnten.

Dass Sie dieses Buch in Händen halten können, haben Sie insbesondere den vielen Interessenten, Schülern und Teilnehmern zu verdanken, die uns auf unseren seit vielen Jahren durchgeführten Seminaren, Schulungen und Vorträgen darauf angesprochen und ermuntert haben, einmal ein solches Buch zu schreiben, das all die praxisorientierten Seminar- und Schulungsunterlagen zusammenfasst.

Genau so wie die Teilnehmer unserer Veranstaltungen soll dieses Buch sowohl angehende Fachleute und künftige Berater, als auch private Investoren ansprechen und ihnen den Einstieg in dieses hochinteressante Teilgebiet der Geldanlage erleichtern. Wir möchten Ihnen Kenntnisse vermitteln über das Funktionieren der Terminmärkte, sei es durch vollständige Lektüre des Buches und/oder durch Nutzung als Nachschlagewerk bei spezifischen Fragen. Sie erhalten detaillierte Kenntnisse über die Produkte der Terminbörsen einschließlich der an den Kassamärkten gehandelten Optionsscheine. Wir informieren Sie über die Funktionsweisen, die Chancen und vor allem über die Gefahren und Risiken, die mit diesen Produkten verbunden sind. Nur wer die Gefahr kennt, kann ihr wirkungsvoll begegnen.

Wir hoffen, dass es uns gelungen ist, eine gute Mischung zwischen Vermittlung von fachlichem Wissen und leicht verständlichen praktischen Anwendungshinweisen zu finden. Einen Hinweis zur Lektüre möchten wir Ihnen noch geben: Sie werden immer wieder praktische Beispiele aus dem Alltag oder auch grafische Darstellungen und Tabellen finden, die kein aktuelles Datum tragen und deren Kurse nicht aus der jüngsten Vergangenheit stammen. Trotzdem ist deren inhaltlicher Gehalt genau so aussagekräftig wie aktuelle Werte.

Zu guter Letzt möchten wir uns bedanken bei allen, die uns zu diesem Buch ermuntert haben, die uns begleitet und unterstützt haben, insbesondere bei unseren Familien, die immer wieder zurückstehen mussten, bei „Nici" für die Erstellung der Grafiken und nicht zuletzt bei den Mitarbeiterinnen und Mitarbeitern des Gabler-Verlages für deren tatkräftige Unterstützung bei der technischen Gestaltung.

Wir wünschen Ihnen nun viel Freude und gute Unterhaltung bei der Lektüre, eine Menge neuer Kenntnisse und Erfahrungen und vor allem – und dies ganz besonders – viel Erfolg bei der anschließenden Umsetzung!

Bitte beachten Sie nach der Lektüre auch unser Schlusswort.

Im Juni 2007

Christoph Geyer
Volker Uttner

# Inhaltsverzeichnis

# Abbildungsverzeichnis

# Tabellenverzeichnis

# 1. Historie, Aufbau und Organisation von Terminbörsen

## 1.1 Einleitung

### 1.1.1 Historische Entwicklung

Terminbörsen sind hauptsächlich aus den Rohstoffterminmärkten hervorgegangen. Erste Formen von Terminmärkten entstanden bereits im Jahr 2000 vor Christus in Indien. Aber auch in Aufzeichnungen aus dem Römischen Reich sind erste Termingeschäfte dokumentiert. Diese Entwicklung setzte sich auf mittelalterlichen Märkten in England und Frankreich fort. Dort schlossen Kaufleute Geschäfte über Waren ab, die erst Monate später aus Asien nach Europa kommen sollten.

Voraussetzung für die Entwicklung von Terminbörsen war das Vorhandensein größerer, gut organisierter Kassabörsen. Eine solche Börse entstand erst Mitte des 19. Jahrhunderts in Chicago mit der Gründung der **Chicago Board of Trade** (CBoT) im Jahr 1848.

Der eigentliche Terminhandel an der Chicago Board of Trade begann einige Jahre später nach Beendigung des amerikanischen Bürgerkriegs mit dem Handel von Kontrakten auf landwirtschaftliche Produkte (Mais, Weizen u.a.). Die CBoT ist die älteste Terminbörse der Welt.

Erst 100 Jahre später hat die weltweite wirtschaftliche Entwicklung den **Aufschwung der Terminbörsen** begünstigt. Zu Beginn der 70er Jahre waren die Wechselkurse der meisten Währungen nicht mehr fest, sondern frei konvertierbar. Zusammen mit einem sprunghaften Anstieg der amerikanischen Staatsverschuldung entstand ein neues wirtschaftliches Umfeld. Es war wesentlich volatiler und unberechenbarer, als man es bislang kannte. Aus diesem Grund wuchs weltweit das Interesse an Finanzterminkontrakten, mit denen diese Risiken abgesichert werden konnten. Im Jahre 1975 wurde dann **der erste Finanzterminkontrakt**, ein sogenannter Zinsfuture, an der CBOT eingeführt. Im Laufe der Jahre stieg der Anteil von Terminkontrakten auf Finanzinstrumente an der CBoT kontinuierlich von 0,68 Prozent im Jahr 1976 auf aktuell über 80 Prozent (bezogen auf alle an der CBoT gehandelten Kontrakte).

In Deutschland begann die EUREX im Januar 1990 unter ihrem ursprünglichen Namen „**Deutsche Terminbörse**“ (DTB) ihre Geschäftstätigkeit. Im Jahr 2006 wurden über 1,5 Milliarden Kontrakte (durchschnittlich rd. 6 Millionen pro Börsentag) im Gegenwert von über 7.500 Mrd. € umgesetzt. Damit gehört die **EUREX** heute zu den **größten Terminbörsen der Welt**.

Auch wenn heute ein Großteil aller Termingeschäfte im Finanzbereich stattfindet, bleibt doch der Ursprung des Terminhandels im Rohstoffmarkt begründet. Die Terminbörsen wurden gegründet, um **Preisrisiken absichern** zu können. Hierzu ein einfaches Beispiel aus dem Agrarbereich, welches bis in die historischen Anfänge des Terminhandels zurückreicht, aber auch heute noch Gültigkeit besitzt:

### Beispiel

Ein Weizenfarmer trägt aufgrund der heftigen jahreszeitlichen Schwankungen der Weizenpreise das Risiko, einen Verlust zu erleiden, wenn sich der Marktpreis des Weizens zur Erntezeit zu seinen Ungunsten verändert. Einem ähnlichen Risiko unterliegt auch der potenzielle Käufer (zum Beispiel eine Großbäckerei, die bei einer eventuell schlechten Ernte hohe Preise befürchten muss). Einigen sich die beiden Kontrahenten auf einen Liefer- und Abnahmepreis mittels eines Termingeschäftes, können beide Parteien im Voraus kalkulieren und sind somit gegen ungünstige Preisentwicklungen weitgehend abgesichert. Allerdings profitieren auch beide nicht von einer eventuell für sie positiven Preisbewegung.

## 1.1.2 Was ist ein Termingeschäft

Unter einem Termingeschäft versteht man

- eine für beide Vertragspartner bindende Verpflichtung
- zur Lieferung bzw. Abnahme einer bestimmten Menge
- eines Gegenstandes in vereinbarter Qualität
- zu einem festgelegten Zeitpunkt
- zu einem bei Vertragsabschluss festgelegten Preis.

Die Kontrahenten in unserem Beispiel verpflichten sich, den abgeschlossenen Vertrag zu erfüllen. Das heißt, Käufer und Verkäufer verpflichten sich zur Abnahme bzw. Lieferung einer vertraglich festgelegten Menge Weizen. Dazu vereinbaren die Kontrahenten vertragliche Details, die nur für sie gelten, zum Beispiel Menge, Sorte und Qualität der Ware, Lieferort, Lieferdatum und Preis.

Fast jeder von uns hat in seinem Leben schon Termingeschäfte abgeschlossen. So sind zum Beispiel

- der Kauf eines Neuwagens, der ja meistens eine gewisse Lieferzeit hat,
- die Bestellung eines Maßanzuges, der erst noch produziert werden muss,
- die Einbauküche, die erst zu einem späteren Zeitpunkt eingebaut wird,

streng genommen Termingeschäfte. Bei allen genannten Geschäften fallen Vertragsabschluss mit Preisfestlegung einerseits, sowie Lieferung und Bezahlung andererseits zeitlich auseinander. Termingeschäfte gehören also für fast alle von uns, wenn auch unbewusst, zum Alltag.

In den nachfolgenden Ausführungen wird ausschließlich auf Finanztermingeschäfte Bezug genommen.

Das **klassische Termingeschäft** bezeichnet man auch als **Forward** oder **Future**, je nachdem, ob es sich um einen individuell ausgehandelten Vertrag zwischen zwei Vertragspartnern (Forward) oder um einen standardisierten, börsengehandelten Vertrag (Future) handelt.

Im Folgenden wird der Begriff „Termingeschäft" um Optionen sowie bestimmte Zertifikate mit Hebeleffekt erweitert, sodass der Begriff Termingeschäft von nun an als Überbegriff verwendet wird.

Futures und Forwards werden **unbedingte Termingeschäfte** genannt, weil die Erfüllung, das heißt Lieferung und Bezahlung des zugrunde liegenden Gegenstands, nicht vom Willen des Käufers oder Verkäufers abhängt, sondern auf jeden Fall stattfinden muss, also eine **Verpflichtung für beide Vertragspartner** darstellt (siehe Kap. 6 „Futures").

Im Gegensatz dazu beinhaltet eine Option ein (Wahl-) Recht für den Käufer:

Eine Option ist das Recht,

- eine bestimmte Menge eines zugrunde liegenden Gegenstandes (Basiswert oder Underlying)
- innerhalb eines bestimmten Zeitraumes oder zu einem bestimmten Zeitpunkt
- zu einem festgelegten Preis
- zu kaufen (**Kaufoption, Call**) bzw. zu verkaufen (**Verkaufsoption, Put**).

Das bedeutet, dass der Käufer der Option, also der Inhaber des Rechtes, selbst entscheiden kann, ob und wann er (innerhalb der vereinbarten Laufzeit) sein Recht in Anspruch nehmen will, das heißt seine Option ausübt, oder ob er das Recht (= die Option) verfallen lassen möchte. Er wird seine Entscheidung davon abhängig machen, ob er die vereinbarte Ware am Markt billiger kaufen (Kaufoption) oder teurer verkaufen (Verkaufsoption) kann, als zum vereinbarten Preis.

Eine **Option** bezeichnet man daher, im Gegensatz zu einem Future, als ein **bedingtes Termingeschäft**.

## Beispiel

> Der Käufer einer Kaufoption (Call) auf VW-Aktien hat das Recht, 100 Aktien zum Preis von je 50 € zu kaufen. Er wird dieses Recht in Anspruch nehmen (ausüben), wenn die Aktie über 50 € steht, er also die bezogenen Aktien mit Gewinn verkaufen kann. Liegt der Aktienkurs unter 50 €, so wird der Optionsinhaber die Option (sein Kaufrecht zu 50 €) verfallen lassen, denn er bekommt die Aktie am Markt billiger.

Individuell ausgehandelte, also nicht standardisierte Optionen, nennt man **OTC-Optionen**. OTC ist die Abkürzung für „Over the Counter". OTC-Geschäfte finden vorwiegend Anwendung im Interbankenhandel. Hier schließen die Banken, ohne Zwischenschaltung einer Börse, Geschäfte direkt miteinander ab. Prinzipiell gilt die Bezeichnung OTC aber für alle maßgeschneiderten Optionsgeschäfte, die nicht an einer Börse gehandelt werden.

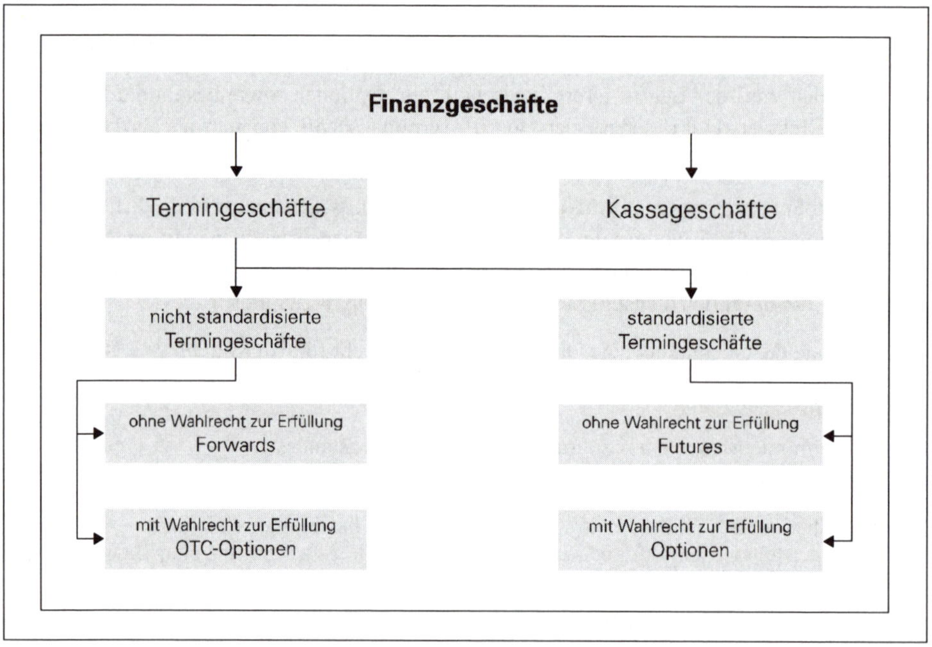


***Abbildung 1:*** *Abgrenzung von Finanzgeschäften*

### 1.1.3 Standardisierung von Terminkontrakten

Die geschichtliche Einführung hat gezeigt, dass Termingeschäfte schon seit Jahrhunderten üblich sind. Das Zustandekommen von Termingeschäften stellte sich aber, solange es nicht in Form eines Börsenhandels organisiert war, als relativ schwierig dar.

So waren potenzielle Vertragspartner oftmals schwer zu finden, da es keinen richtigen Markt für solche Geschäfte gab. Selbst wenn man einen Kontrahenten finden konnte, bestand häufig Verhandlungsbedarf über Einzelheiten wie Lieferzeitpunkt, Qualität der Ware und die zu liefernde Menge. Der größte Nachteil bestand aber darin, dass einmal eingegangene Geschäfte kaum vorzeitig beendet (Fachterminologie: „geschlossen") werden konnten. Denn die Wahrscheinlichkeit, dass die vertraglich vereinbarten Bedingungen einem Dritten passten und somit auf diesen übertragen werden konnten, war umso geringer, je individueller das Geschäft auf die Bedürfnisse der beiden ursprünglichen Vertragsparteien zugeschnitten war.

Um den steigenden Bedarf an Absicherungsmöglichkeiten decken zu können und eine schnelle und einfache Übertragung von Verträgen auch an Dritte zu ermöglichen, wurden Terminbörsen gegründet. Zur Einrichtung eines börsenmäßigen Handels war jedoch eine **Standardisierung der Kontraktspezifikationen** unumgänglich. Denn nur so konnten die geschilderten Nachteile individueller Termingeschäfte beseitigt werden.

Die Marktteilnehmer hatten somit keine Schwierigkeiten mehr, einen Kontrahenten zu finden. Die Standardisierung der Kontrakte erlaubte zugleich einen liquiden Handel, bei dem jederzeitiges Öffnen und Schließen von Positionen möglich war.

## Beispiele

| | |
|---|---|
| Positionseröffnung (Opening): | Kauf 10 DAX-Future März |
| Positionsschließung (Closing): | Verkauf 10 DAX-Future März |

oder

| | |
|---|---|
| Positionseröffnung (Opening): | Verkauf 10 DAX-Future Juni |
| Positionsschließung (Closing): | (Rück-)Kauf 10 DAX-Future Juni |

Die Standardisierung von Kontrakten bezieht sich in der Regel auf die folgenden Merkmale:

- Basiswert („Underlying„)
  Die Gegenstände, die Optionen und Futures zugrunde liegen, nennt man Basiswert oder Underlying. Zugrunde liegende Basiswerte an der EUREX sind bestimmte Aktien, Indizes, Zinsen und Anleihen. An anderen Börsen werden auch Optionen und Futures auf andere Underlyings wie zum Beispiel Rohstoffe, Edelmetalle oder Währungen gehandelt.

- Qualität des Basiswertes
  Dieses Kriterium ist vor allem bei Rohstoffen, bei denen verschiedene Qualitäten gehandelt werden, sehr wichtig. Es gibt zum Beispiel verschiedene Sorten von Weizen. Die genaue Sorte, die geliefert werden soll, muss festgelegt sein, damit Käufer und Verkäufer den gleichen Gegenstand meinen. Dies gilt zum Beispiel auch für Zinsfutures, wie dem Euro-BUND-Future an der EUREX. Hier ist die Lieferung nur ganz bestimmter deutscher Bundesanleihen möglich. Welche Anleihen dafür in Frage kommen, ist genau definiert (siehe Kap. 6 „Futures").

- Kontraktgröße
  Die Kontraktgröße beschreibt, welche Menge des Basiswertes dem Kontrakt zugrunde liegt. So bezieht sich ein Aktienoptionskontrakt an der EUREX meist auf 100 Aktien. Auch Futures haben eine festgelegte Kontraktgröße (zum Beispiel 100 Aktien, 25-facher Index, 100.000 € einer Anleihe)
- Basispreis (auch Ausübungspreis genannt)
  Der Basispreis ist der Preis, zu dem das zugrunde liegende Underlying bei Ausübung einer Option gekauft bzw. verkauft wird. Bei Futures gibt es keinen Basispreis.
- Laufzeit
  Sowohl für Futures als auch für Optionen werden verschiedene standardisierte Fälligkeitstermine festgelegt. Während der Laufzeit, von der Einführung des Kontraktes durch die Börse bis zu dessen Fälligkeit, wird der Terminkontrakt an der Börse gehandelt.
- Handelsort und Handelszeit
  Ferner ist standardisiert, an welchem Ort bzw. an welcher Börse und zu welcher Uhrzeit die Kontrakte handelbar sind. Nur so ist gewährleistet, dass Angebot und Nachfrage in geeigneter Form zusammenfinden.

### 1.1.4 Nicht standardisierte Bestandteile eines Termingeschäfts

Die Standardisierung eines Termingeschäftes bezieht sich nur auf die Ausgestaltung der gehandelten Kontrakte. Wenn ein Marktteilnehmer ein Termingeschäft abschließt, muss noch eine Reihe weiterer Parameter festgelegt werden.

Es muss spezifiziert werden,

- welches **Underlying** dem Geschäft zugrunde liegen soll,
- ob eine **Option** oder ein **Future** gehandelt werden soll,
- ob der Investor einen **Kauf** oder einen **Verkauf** durchführen will,
- **wie viele Kontrakte** gekauft oder verkauft werden sollen,
- **zu welchem Kurs** oder welchem Preislimit das Geschäft eingegangen werden soll,
- ob es sich um ein **Opening** oder **Closing** handelt, das heißt, ob eine neue Position eröffnet, oder eine bereits bestehende Position geschlossen werden soll,
- welche der angebotenen **Laufzeiten** der Kontrakt haben soll,
- **wie lange** der Auftrag (die „Order") **gültig** sein soll.

Erst wenn über alle diese Punkte Klarheit besteht, kann die Bank oder der Broker die Order im Handelssystem der Börse erfassen.

### Beispiele

> Eine einfache Order könnte folgendermaßen aussehen:
>
> Futures Buy 10 FDAX Dez Limit 5.400 EUREX tagesgültig opening
>
> oder
>
> Option Sell Call 5 CBK Mär Basis 30 Limit 1,45 EUREX GTC closing

Alle nötigen Informationen, die der Händler zur Eingabe benötigt, sind mit dieser Formulierung übermittelt worden (Näheres zur Ordererteilung siehe Kap. 7 „Orderarten").

Wie wir gesehen haben, bringt die Standardisierung von Termingeschäften erhebliche Vorteile mit sich, sowohl für einzelne Investoren als auch für den gesamten Markt. Trotzdem kann sich die Standardisierung für einzelne Marktteilnehmer auch nachteilig auswirken. So ist es meist nicht mehr möglich, Kassapositionen in Bezug auf Qualität, Menge oder Laufzeit individuell abzusichern.

Dennoch lässt sich abschließend sagen, dass die rasante Entwicklung und das enorme Wachstum der Terminmärkte nur durch die Standardisierung und den börsenmäßigen Handel möglich wurde.

## 1.2 Terminbörsen

Eine Börse bietet alle organisatorischen Voraussetzungen, die für den Handel mit Waren, Wertpapieren, Devisen, aber auch anderen Instrumenten notwendig sind. Terminbörsen dienen dementsprechend dazu, den Handel in standardisierten Terminkontrakten, also Optionen, Futures, Optionsscheinen oder Zertifikaten zu organisieren und durchzuführen.

### 1.2.1 Vorteile von Terminbörsen

Terminmärkte sind ein Betätigungsfeld sowohl für **Spekulanten** als auch für **Hedger** (Marktteilnehmer, die eine bestehende oder künftige Kassaposition oder andere Preisrisiken absichern wollen (siehe 1.2.2 „Marktteilnehmer"). Beide leisten einen wichtigen Beitrag für die Volkswirtschaft.

- Umverteilung von Risiko
  Terminmärkte geben Marktteilnehmern die Möglichkeit, sich gegen ungewollte Preisveränderungen im Kassamarkt zu schützen. **Das Risiko wird von den Hedgern auf die Spekulanten übertragen**. Spekulanten sind für die Liquidität eines Marktes unerlässlich

und sorgen für ein reibungsloses Funktionieren. Sie erzeugen kein neues Risiko, sondern sie übernehmen bestehende Risiken, die andere Marktteilnehmer nicht tragen wollen. Die daraus gewonnene Sicherheit versetzt Unternehmen und Privatpersonen in die Lage, längerfristige Pläne und Entscheidungen zu treffen.

- Zusätzliche Preisinformation
  Terminmärkte zeigen den Marktteilnehmern Tendenzen über erwartete zukünftige Preisentwicklungen am Kassamarkt auf. Sowohl Produzenten als auch Konsumenten können auf diese Weise Angebot und Nachfrage besser abschätzen und dadurch sinnvollere Produktions-, Lager- oder Kaufentscheidungen treffen. Die Preise an Terminmärkten spiegeln durch ihren „Blick in die Zukunft" mehr Informationen wider, als die Preise an den Kassamärkten, die die gegenwärtige Meinung repräsentieren.

- Effizienz
  Die **Transaktionskosten** sind an den Terminbörsen im Vergleich zu den Kassamärkten **sehr gering**. Transaktionen, das heißt Käufe- bzw. Verkäufe, können somit effizienter und billiger durchgeführt werden. Ein weiteres Kriterium ist die **hohe Ausführungsgeschwindigkeit**. Riesige Summen können innerhalb weniger Minuten bewegt werden. So ist es möglich, große Portfolios mit einer einzigen Transaktion abzusichern. Dies erleichtert auch das Risikomanagement großer Unternehmen oder Investmentfonds enorm.

- Hebelwirkung
  Teilnehmer an Terminmärkten müssen bei Abschluss des Geschäfts nicht den gesamten, dem Geschäft zugrunde liegenden, Betrag aufbringen. Bei Futures und verkauften Optionen muss lediglich eine Art **Einschuss („Margin")** hinterlegt werden. Die Margin soll die Zahlungsfähigkeit der Kontrahenten sichern. Bei gekauften Optionen beträgt der zu zahlende Optionspreis nur einen Bruchteil des Kontraktgegenwertes.

- Diese Eigenschaft der Termingeschäfte ermöglicht es dem Anleger, eine große Menge des Basiswertes mit einem vergleichbar **geringen Kapitalaufwand** zu bewegen. Gewinne und Verluste fallen dadurch in Relation auf das eingesetzte Kapital überproportional hoch aus (**Hebelwirkung**).

- Baisse-Spekulation
  Terminkontrakte versetzen die Marktteilnehmer in die Lage, auch auf fallende Kurse zu spekulieren.

- Vereinfachte Transaktionen
  Durch Terminkontrakte auf Indizes kann mit einer einzigen Transaktion an der Entwicklung eines gesamten Marktes partizipiert werden. Um an der Entwicklung zum Beispiel des Deutschen Aktien Index (DAX) teilzuhaben, muss nicht mehr ein ganzer Korb von Aktien gekauft oder verkauft werden. Es genügt der Kauf oder Verkauf von Futures, Optionen, oder bestimmter Optionsscheine und Zertifikate auf den DAX.

## 1.2.2 Marktteilnehmer

Aufgrund der Vielzahl der zur Verfügung stehenden Produkte und Märkte sowie der Vielfalt von Anwendungsmöglichkeiten von Termingeschäften beteiligen sich verschiedene Gruppen mit unterschiedlichen Motiven am Terminhandel. Bei den Marktteilnehmern kann man zwischen Absicherern („Hedgern"), Arbitrageuren, Spekulanten und Spreadern unterscheiden.

- Hedger
  Wie eingangs dieses Kapitels bereits erwähnt, ist das Motiv der Absicherung („Hedging„) der eigentliche Existenzgrund der Terminbörsen. Dem Hedging liegt der Gedanke der Absicherung von Preisrisiken zugrunde. Es dient dazu, das finanzielle Risiko bestehender Kassapositionen (zum Beispiel Lagerbestände oder Wertpapierportfolios) oder geplanter Käufe oder Verkäufe zu mindern oder weitgehend zu eliminieren. Dies geschieht, indem das Risiko auf andere Marktteilnehmer übertragen wird.
  Hedging ist vor allem für Personen und Institutionen interessant, die aufgrund ihres Geschäftsbetriebs Preisänderungsrisiken ausgesetzt sind. Der institutionelle Absicherer beispielsweise will seine geschäftliche Tätigkeit und den daraus resultierenden Gewinn möglichst umfassend planen und kalkulierbar machen.
  Aber auch der private Hedger kann sich durch Terminpositionen ein bestimmtes Kursniveau sichern. Mit Hilfe von Options- und Futureskontrakten kann das Risiko von Kassapositionen wesentlich reduziert werden (siehe Kap. 3 „Optionen" und 6 „Futures").

- Arbitrageure
  Unter **Arbitrage** versteht man das risikolose Ausnutzen gleichzeitiger unterschiedlicher Kursfeststellungen in einem Wert. Arbitrageure nutzen zum Beispiel Kursunterschiede gleicher zugrunde liegender Werte an unterschiedlichen Börsen aus. Durch einen gleichzeitigen Kauf und Verkauf eines Kontraktes ist das Risiko bei der Arbitrage gleich Null.
  Diese Art von Geschäften trägt wesentlich zur Liquidität des Marktes bei. Gleichzeitig sorgt die Arbitrage für einen fairen Marktpreis, da durch sie räumliche und preisliche Ungleichgewichte im Markt eliminiert werden.
  Da in der Regel Kursunterschiede zwischen den Börsen nicht sehr groß sind, sind direkte Marktnähe und sehr geringe Transaktionskosten unbedingt erforderlich. Daher sind im Wesentlichen Banken und Broker als Arbitrageure tätig.

## Beispiel

> Notiert Gold in London bei 660 $ und zur gleichen Zeit in Zürich bei 661 $, so verkauft der Arbitrageur das „teure" Zürich-Gold und kauft zum gleichen Zeitpunkt das „billige" London-Gold. In diesem Beispiel wäre der Arbitragegewinn 1 $ pro Unze. Dieses Geschäft wird Arbitrage genannt.

- Spekulanten
  Spekulanten engagieren sich an der Börse in der Erwartung, ein eingegangenes Termingeschäft rasch mit Gewinn abschließen zu können. In der Regel nehmen sie die Gegenposition eines Hedgers ein und übernehmen somit dessen Risiko in der Hoffnung, dabei Gewinne zu erzielen. Der beträchtliche Hebeleffekt, der sich aufgrund des relativ geringen Kapitaleinsatzes ergibt, macht dies für Spekulanten interessant. Durch die Spekulanten erhalten die Terminmärkte die erforderliche Liquidität. Sie sind somit für gut funktionierende Märkte äußerst wichtig.
- Spreader
  Ein Spread ist zum Beispiel ein gleichzeitiger Kauf und Verkauf von Futures mit gleichem Underlying, aber unterschiedlichen Verfallterminen am selben Markt oder an ähnlichen Märkten (andere Spread-Arten siehe 3.4.3 „Spreads").

### Beispiel

| | | | |
|---|---|---|---|
| Kauf von | 10 Kontrakten | Juni | EURO-BUND-Futures zu 95,60%, |
| Verkauf von | 10 Kontrakten | September | EURO-BUND-Futures zu 95,90%. |

Der Spread-Händler erwartet eine Änderung der Preis**differenz** zwischen diesen beiden Kontrakten. Der daraus resultierende Gewinn oder Verlust wird nicht aus der absoluten Preisentwicklung der Kontrakte, sondern aus der relativen Veränderung der beiden Preise zueinander erzielt. Der Spread-Händler kauft somit den Terminkontrakt, der ihm zu billig erscheint (im Beispiel ist dies der Juni-Kontrakt) und verkauft denjenigen, den er für zu teuer hält (im Beispiel ist dies der September-Kontrakt). Das Schließen der Spread-Position sollte, wie auch die Eröffnung einer solchen, immer gleichzeitig geschehen.

## 1.2.3 Präsenzbörsen

Terminbörsen können als Präsenzbörsen oder Computerbörsen aufgebaut sein.

Die Präsenzbörse ist die ursprüngliche, klassische Form der Börse. Der Handel an Präsenzbörsen findet auf dem sogenannten **Parkett** statt, das in verschiedene, voneinander unabhängige, Handelsbereiche („Pits") aufgeteilt ist. Kauf- und Verkaufsaufträge wurden früher durch Zuruf oder Handzeichen zwischen den Händlern abgegeben („Open Outcry"-Verfahren).

Heute erfolgt der Handel in der Regel (Beispiel CBoT) im Rahmen von Auktionen („Open Auction"), die meist alle 15 Minuten stattfinden. Hierbei werden in der Viertelstunde zwischen den Auktionen alle Orders gesammelt und in der Auktion der Kurs ermittelt, zu dem die meisten Aufträge ausgeführt werden können.

Marktteilnehmer im Präsenzhandel sind **„Broker"**, die im Auftrag von Banken Kundenaufträge ausführen, sowie **„Locals"**, die nur auf eigene Rechnung handeln.

Die Kurse, zu denen Geschäfte getätigt wurden, werden heute auch in Präsenzbörsen über elektronische Medien weltweit publiziert.

### 1.2.4 Computerbörsen (Elektronische Börsen)

Viele Nachteile von Präsenzbörsen versucht man durch die Integration neuer Technologien zu beheben. Auch die oben genannte CBoT wickelt heute über zwei Drittel des gesamten Handels über elektronische Systeme ab. Letzte Konsequenz sind voll computerisierte Börsen. Im Gegensatz zur Präsenzbörse, bei der alle direkt am Handel beteiligten Personen „vor Ort“ sein müssen, spielt sich das Geschehen bei Computerbörsen in einem Zentralrechner ab. Ein Beispiel dafür ist die deutsche Terminbörse EUREX, bei der die Börsenteilnehmer ausschließlich über Datenleitungen miteinander kommunizieren. Dies ermöglicht einen überregionalen und sogar internationalen Handel.

Computerbörsen bieten gegenüber Präsenzbörsen eine Reihe von Vorteilen:

- allen Handelsteilnehmern ist die gleiche Markt- und Preisinformation zur gleichen Zeit zugänglich,
- die Ordereingabe über Handelsbildschirme ermöglicht einen extrem schnellen Handel,
- Aufträge werden vollautomatisch auf Basis des günstigsten Preises und des zeitlichen Eingangs zusammengeführt. Orderabgleich und Auftragsabwicklung geschehen automatisch,
- Sogenannte Market Maker verpflichten sich, in den von ihnen betreuten Optionen für einen liquiden Markt zu sorgen (siehe auch 1.3.3 „Market Maker Prinzip“),
- technische Sicherheitsmaßnahmen machen Manipulationen nahezu unmöglich,
- automatische Einbindung in die Back Office Systeme der Banken und Brokerhäuser ist üblich.

Aufgrund dieser Vorteile haben sich in den letzten Jahren vollcomputerisierte Börsen immer stärker durchgesetzt, nicht nur bei Terminbörsen, sondern auch im Kassahandel. Prominentes Beispiel ist der „Xetra-Handel“ der Deutschen Börse.

## 1.3 Aufbau und Struktur der EUREX

Einige dieser oben genannten Vorteile von Computerbörsen sollen am Beispiel der EUREX erläutert werden.

### 1.3.1 Geschichte der EUREX

Die Trägergesellschaft wurde 1988 als **DTB Deutsche Terminbörse** GmbH von zunächst 17 Gesellschafterbanken gegründet. Sie nahm ihren Geschäftsbetrieb am 26. Januar 1990 auf. Im Jahr 1995 wurde die DTB in die **Deutsche Börse AG** eingegliedert. Mit Übernahme der Schweizer Optionsbörse Soffex in 1998 firmierte die DTB in **EUREX** um.

In der Bundesrepublik Deutschland waren Termingeschäfte bis zur Gründung der DTB aufgrund fehlender rechtlicher Rahmenbedingungen nicht sehr verbreitet. Zwar war es möglich, an der Frankfurter Optionsbörse Optionen auf verschiedene Aktien zu handeln, doch war wegen zahlreicher Hemmnisse ein Engagement für Banken uninteressant und für Privatanleger fast unmöglich. Dementsprechend illiquide und schleppend verlief der Handel. Handlungsbedarf ergab sich durch den Strukturwandel, der sich an den internationalen Finanzmärkten vollzog. Um die internationale Wettbewerbsfähigkeit des Finanzplatzes Deutschland zu sichern, entschied man, einen neuen Markt für Termingeschäfte zu schaffen, die Deutsche Terminbörse (DTB). Struktur und technische Ausstattung der DTB wurden gleich zu Beginn an die Standards internationaler elektronischer Terminbörsen angeglichen.

Bestehende Mängel des alten Optionsmarktes wurden konsequent abgestellt durch:

- eine **technische Ausstattung**, die alle sicherheitsrelevanten Aspekte berücksichtigt,
- **Market Maker**, die jederzeit Liquidität in allen Produktreihen sichern sollen,
- ein **integriertes Clearingsystem** (Abwicklungssystem), das die Abwicklung extrem vereinfacht und das Erfüllungsrisiko weitgehend eliminiert,
- eine **breite Produktpalette**, die verschiedensten Anlagestrategien gerecht wird und internationalen Ansprüchen genügt,
- eine **vollständige Computerisierung**, die einen ortsunabhängigen Zugang zum System möglich macht,
- ein **integriertes Informationssystem**, das neben Preisinformationen auch die Markttiefe erkennen lässt und allen Teilnehmern zur Verfügung steht,
- ein **Ordersystem**, das sogenannte kombinierte Aufträge zulässt,
- **rechtliche Rahmenbedingungen**, die allen Anlegern den Zugang zu den Terminmärkten ermöglichen.

Die Struktur der EUREX ist auf hohe **Funktionalität, Transparenz und Sicherheit** ausgelegt. Der Handel an der EUREX spielt sich im Computernetz des EUREX-Zentralrechners und der angeschlossenen Terminals ab.

## 1.3.2 Handel und Produkte an der EUREX

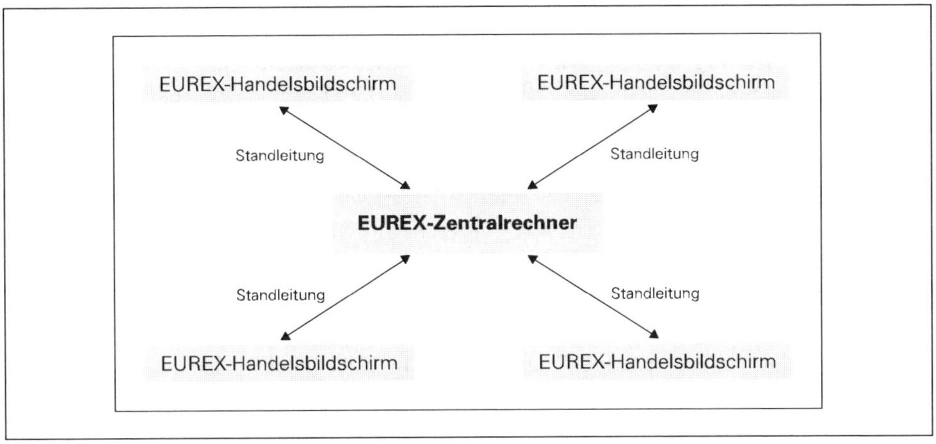


***Abbildung 2:*** *Rechnernetzwerk der EUREX*

Der Zentralrechner ordnet eingehende Orders wenn möglich sofort im **elektronischen Orderbuch** bereits bestehenden, passenden, die Gegenposition einnehmenden, Aufträgen zu und führt beide Aufträge aus (matching). Können eingehende Orders nicht sofort ausgeführt werden, sortiert sie der Rechner im Orderbuch an der entsprechende Stelle ein, wobei die Orders zunächst nach Preis und – bei gleichem Limit – nach der zeitlichen Reihenfolge des Eingangs (sekundengenau) geordnet werden („Preis-Zeit-Priorität").

| | Kauforders (Geld) ← | | | | | | | Verkaufsorders (Brief) → | | | | | |
|---|---|---|---|---|---|---|---|---|---|---|---|---|---|
| Limit | 28,0 | 28,5 | 28,5 | 29,0 | 29,0 | 29,0 | | 29,5 | 29,5 | 30,0 | 31,0 | 31,0 | 36,0 |
| Kontrakt-anzahl | 5 | 8 | 14 | 3 | 12 | 2 | | 100 | 9 | 10 | 4 | 5 | 2 |
| Eingangs-datum | 7.8. | 9.8. | 4.8. | 9.8. | 8.8. | 8.8. | | 6.8. | 9.8. | 7.8. | 8.8. | 8.8. | 2.8. |
| Eingangs-uhrzeit | 11 | 16 | 14 | 15 | 11 | 10 | | 15 | 11 | 12 | 14 | 15 | 10 |

Die Kursveröffentlichung wäre demnach: 29/29,5 (17 Kontrakte/109 Kontrakte)
Eine eingehende Kauforder über 10 Kontrakte zu 29,5 trifft auf die vorhandene Verkaufsorder über 100 Kontrakte und wird sofort ausgeführt, wobei die restlichen 90 Kontrakte im Orderbuch verbleiben.
Eine jetzt eingehende Verkaufsorder über 20 Kontrakte zu 29 wird mit 17 Kontrakten (= 3 vorhandene Kauforders) ausgeführt, die restlichen 3 Kontrakte werden auf der Briefseite an erster Stelle (aufgrund des niedrigsten Verkaufslimits) eingeordnet.
Die anschließende Kursveröffentlichung lautet: 28,5/29,0 (22 Kontrakte/3 Kontrakte)
Hier wird sehr plastisch deutlich, wie eine größere Verkaufsorder das Kursniveau drückt.

***Tabelle 1:*** *vereinfachtes Beispiel für ein Orderbuch*

Der Handel in EUREX-Produkten wäre zwar technisch rund um die Uhr möglich, ist aber zeitlich eingeschränkt. Die von der Börse festgelegten Handelszeiten variieren je nach Produktgruppe.

Zur **Handelseröffnung** errechnet das System auf Basis der bereits im System befindlichen Orders und Quotes einen vorläufigen Eröffnungspreis. Dieser kann durch weitere Orders oder Quotes noch verändert werden. Der endgültige Eröffnungspreis wird dann im Rahmen einer Auktion durch Zusammenführung der größtmöglichen Anzahl von Aufträgen und Quotes, festgestellt. Nach Ermittlung des Eröffnungspreises werden alle Kontrakte während der Handelszeit fortlaufend gehandelt. Neu eingegebene Orders werden soweit wie möglich sofort erfüllt, andernfalls im System gespeichert.

Zum **Handelsende** wird für jeden Kontrakt ein **„Daily Settlement Price“** ermittelt. Dies ist in der Regel der letztgehandelte Kurs, sofern dieser innerhalb der letzten 15 Minuten der Handelszeit oder (bei bestimmten Produktgruppen) im Rahmen einer Schlussauktion festgestellt wurde. Andernfalls wird der Settlement Price von der Börse festgesetzt. Dieser „Tagesschlusskurs“ dient zur Bewertung der Position im Kundendepot und ggf. zur Ermittlung eventuell fälliger Sicherheitsleistungen (siehe Kap. 8 „Margining“)

Die EUREX hat umfangreiche Maßnahmen zur **Sicherstellung der Zuverlässigkeit** ihres Systems getroffen. Sicherheitsmaßnahmen sind auf verschiedenen Ebenen vorhanden und schließen Technik-, Markt- und Teilnehmeraspekte ein:

- Technische Sicherheit
  Technische Sicherheitsmaßnahmen beginnen bereits in der Zentrale der EUREX. So ist der Zentralrechner, das Herzstück der EUREX, in doppelter Ausführung vorhanden. Bei Ausfall eines der Systeme übernimmt sofort der parallel geschaltete Rechner die Arbeit, ohne dass die Teilnehmer an ihren Handelsbildschirmen etwas davon merken. Alle Verarbeitungs- und Kommunikationsverbindungen sind doppelt vorhanden. Ebenso sind Mehrfachkopien aller Daten und Orders verfügbar.
- Marktsicherheit
  Das Marktgeschehen lässt sich bei Manipulationsverdacht jederzeit rekonstruieren. Es wird permanent beaufsichtigt und kontrolliert. Durch die hohen Sicherheitsmaßnahmen können sich alle Marktteilnehmer auf eine ordnungsgemäße Abwicklung ihrer Geschäfte verlassen.
- Teilnehmersicherheit
  Der Zugang der Teilnehmer wird ebenfalls kontrolliert. Die einzelnen Börsenteilnehmer legen Zugangsberechtigungen für ihre Mitarbeiter fest, sodass nur berechtigte Mitarbeiter am Terminal Orders eingeben können. Darüber hinaus besteht nur Zugriff auf die eigenen Handels- und Clearingdaten.

Die von der EUREX angebotene **Produktpalette** wird ständig erweitert und unterliegt durch gelegentliches „Delisting“ (Einstellen des Handels eines bestimmten Produktes) einem permanenten Wandel. Wir beschränken uns daher auf die Aufzählung der wichtigsten Produktgruppen:

| Basiswerte | Optionen | Futures | Optionen auf Futures |
|---|---|---|---|
| Europäische, russische und US-Aktien | X | X | |
| Europäische und russische Aktien-Indices | X | X | |
| Börsengehandelte Index-Fonds | X | X | |
| EUR Geldmarkt-Zinssätze | | X | X |
| Festverzinsliche Wertpapiere | | X | X |

***Tabelle 2:*** *Wichtigste Produktgruppen an der EUREX*

### 1.3.3 Market Maker Prinzip

Um die Liquidität in allen gehandelten Produkten sicherzustellen, gibt es an der EUREX sogenannte **Market Maker**. Es handelt sich dabei um EUREX-Marktteilnehmer, in der Regel Banken, die eine Market Maker Lizenz erworben haben.

Sie verpflichten sich, für bestimmte Kontrakt-Gattungen, für eine festgelegte Mindestanzahl von Kontrakten, unter Beachtung von Maximum-Spreads (= Differenz zwischen Geld- und Briefkurs) und für eine bestimmte Mindestdauer (in der Regel zehn Sekunden) verbindliche **Quotes** (= Geld- und Briefkurse) zu stellen. Dabei muss der Market Maker im Durchschnitt mindestens die Hälfte aller **Quote-Requests** (= elektronische Anfragen) beantworten. Die Einzelheiten dieser Verpflichtungen werden von der EUREX festgelegt, die auch deren Einhaltung durch die Market Maker ständig überwacht.

Eine andere Art von Market Makern hat sich verpflichtet, für bestimmte Gattungen, Kontraktlaufzeiten und Basispreise **ständig mit Quotes im Markt** zu sein (Permanent Market Making). Auch hier gelten die von der EUREX festgelegten Einzelheiten.

Im Gegenzug zu der eingegangenen Verpflichtung genießt der Market Maker deutlich reduzierte EUREX-Spesen.

Die Market Maker Quotes gehen, wie Kundenorders, nach dem oben beschriebenen System in das EUREX-Orderbuch ein und stehen zum Handel (Matching) zur Verfügung.

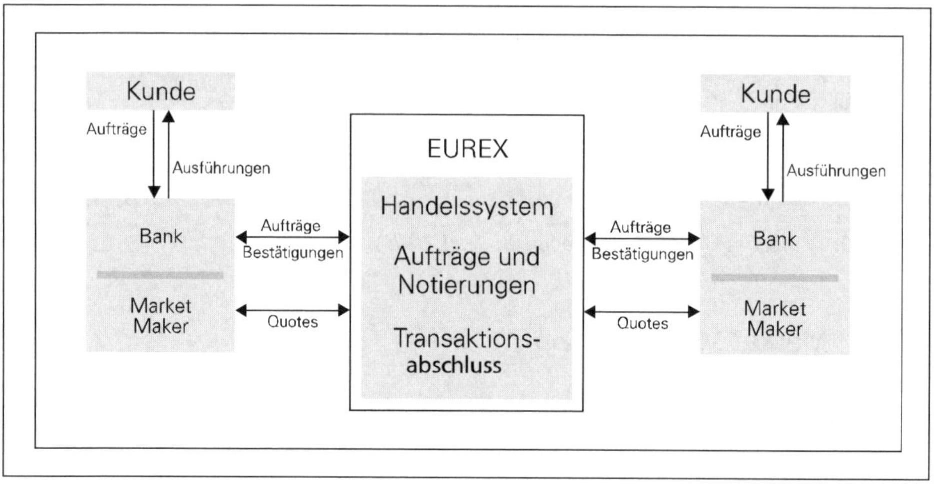


***Abbildung 3:*** *Marketmakerstruktur an der EUREX*

## 1.3.4 Das Clearingsystem

Neben dem Handel wurde von DTB-Beginn an hoher Wert auf eine integrierte Abwicklung, das Clearing, gelegt. Das Clearing umfasst

- die Abwicklung,
- die Marginverwaltung sowie
- die geld- und stückemäßige Regulierung der abgeschlossenen Geschäfte.

Da jede Transaktion an Terminbörsen einem Erfüllungsrisiko unterliegt, muss ein Mechanismus vorhanden sein, der allen Börsenteilnehmern eine **ordnungsgemäße Abwicklung** der Geschäfte sichert. Diese Aufgabe wird an der EUREX von der EUREX Clearing AG übernommen.

- Die EUREX Clearing AG
  Die EUREX Clearing AG mit Sitz in Frankfurt am Main betreibt das Clearinghaus für die EUREX. Sie führt die Abwicklung, Besicherung, sowie geld- und stückemäßige Regulierung der abgeschlossenen Geschäfte durch. Dabei fungiert sie als zentraler Kontrahent für alle Marktteilnehmer, ist somit direkter Vertragspartner für die Kontrahenten und garantiert diesen die Erfüllung aller Geschäfte. Damit ist das Kontrahentenrisiko nahezu ausgeschlossen. Diese finanzielle Integrität des Clearing Systems ist für die Zuverlässigkeit und die Sicherheit der EUREX von erheblicher Bedeutung.
- Die Clearingmitglieder
  Die Zulassung als Clearing Mitglied setzt eine hohe Bonität des Börsenmitglieds voraus und kann entweder als **General-Clearingmitglied (GCM)** oder als **Direkt-Clearingmitglied (DCM)** erfolgen.

Diese **finanzielle Integrität der Clearingmitglieder** ist ein wesentlicher Bestandteil der durch die EUREX gewährleisteten Sicherheit. Daher müssen für die Zulassung als Clearingmitglied verschiedene Bedingungen erfüllt sein:

- Eine **General-Clearinglizenz** erhalten nur Kreditinstitute, die über ein haftendes Eigenkapital von mindestens 125 Mio. € verfügen. General-Clearingmitgliedern ist es gestattet, neben den eigenen Transaktionen, auch Transaktionen ihrer Kunden und Transaktionen von Börsenmitgliedern ohne Clearinglizenz abzuwickeln.
- Eine **Direkt-Clearinglizenz** erhalten nur Kreditinstitute, die über ein haftendes Eigenkapital von mindestens 12,5 Mio. € verfügen. Die Zulassung von Direkt-Clearingmitgliedern beschränkt sich auf die Abwicklung von eigenen Geschäften, sowie Geschäften, die von eigenen Kunden oder von Tochtergesellschaften und deren Kunden getätigt werden.

■ Die **Nicht-Clearingmitglieder** (NCM) auch Non-Clearing-Member genannt
Falls ein Bewerber die genannten Anforderungen nicht erfüllt, oder kein Clearingmitglied werden will, besteht dennoch die Möglichkeit, als Nicht-Clearingmitglied Börsengeschäfte für sich und seine Kunden zu tätigen. Voraussetzung für die Handelstätigkeit ist jedoch eine entsprechende Clearingvereinbarung, die mit einem General-Clearingmitglied getroffen werden muss. In diesem Zusammenhang ist es wichtig zu wissen, dass **nur Clearingmitglieder Vertragspartner der EUREX Clearing AG** werden können. Die vertraglichen Beziehungen zwischen Clearingmitgliedern und ihren Kunden bzw. mit Nicht-Clearingmitgliedern stellen ein davon unabhängiges Rechtsverhältnis dar.

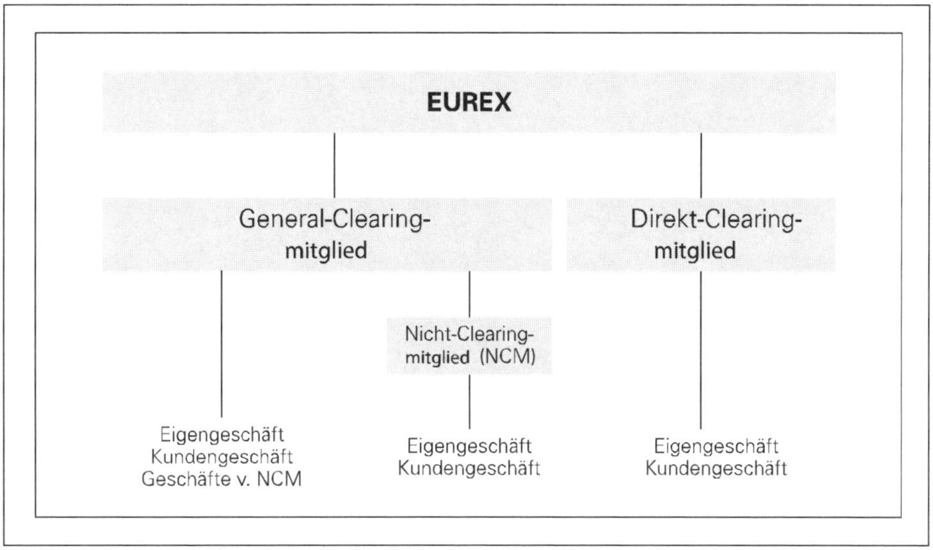


***Abbildung 4:*** *Teilnehmerstruktur an der EUREX*

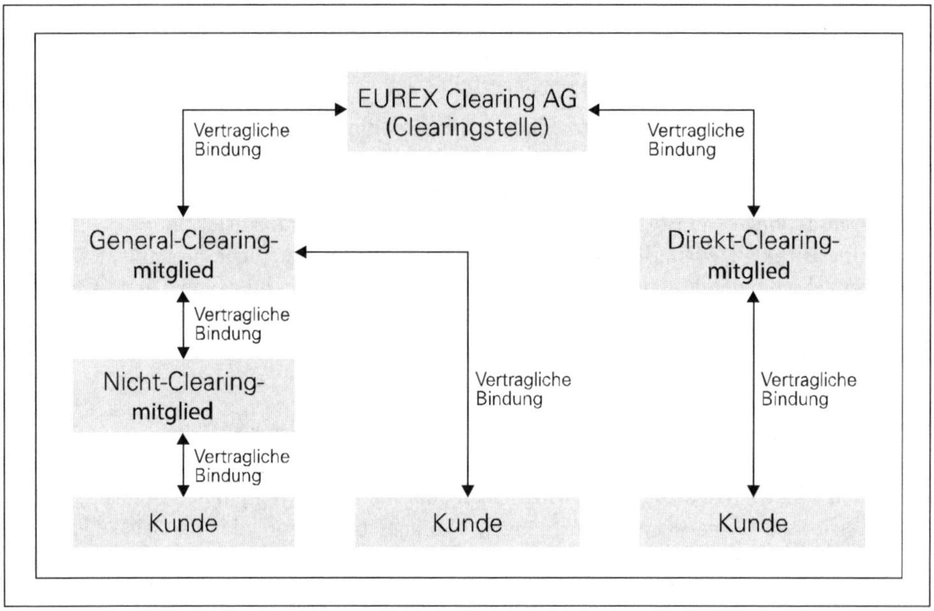


***Abbildung 5:*** *Vertragliche Beziehungen an der EUREX*

# 2. Rechtliche Voraussetzungen zur Durchführung von Termingeschäften in Deutschland

## 2.1 Verhaltensregeln nach Wertpapierhandelsgesetz (WpHG)

### Beispiel Frau Block

> Wie macht Frau Block mehr aus ihrem Geld?
>
> Frau Block ist in der Marketingbranche erfolgreich tätig. Mit 28 Jahren und einem Jahresbruttoeinkommen von über 50.000 € verfügt sie aktuell über ein liquides Vermögen von 20.000 €. Frau Block, die diesen Betrag bislang als Festgeld angelegt hat, sucht den Anlageberater ihrer Bank auf, da ihr die Festgeldzinsen nicht mehr ausreichen. Beruflich hat sie eine Broschüre über Finanztermingeschäfte aus Marketingsicht überarbeitet und dabei mitbekommen, dass diese Form der Geldanlage sehr gewinnträchtig ist. Sie möchte ihr gesamtes Anlagekapital deshalb in Finanztermingeschäften investieren.

Bevor wir mit der Lösung des oben genannten Falles beginnen, wollen wir zunächst die allgemeinen Verhaltensregeln der Kreditinstitute voranstellen. Dieser Aufbau soll verdeutlichen, dass seitens der Banken und Aufsichtsbehörden einer ordnungsgemäßen Anlageberatung bei Finanztermingeschäften ein besonders hoher Stellenwert zukommt. Bevor Kunden zu Finanztermingeschäften zugelassen werden, ist zu klären, ob die hierfür notwendigen Kenntnisse über deren Funktionsweise und Risiken, sowie ausreichende finanzielle Voraussetzungen vorhanden sind.

### 2.1.1 Allgemeine Verhaltensregeln

Die Pflichten eines Anlageberaters sind erstmals im Rahmen des **Zweiten Finanzmarktförderungsgesetzes,** speziell im **§ 31 des Wertpapierhandelsgesetzes (WpHG)** festgelegt worden. Das Wertpapierhandelsgesetz gilt für Unternehmen, die Wertpapierdienstleistungen anbieten, zum Beispiel die Anschaffung und Veräußerung von Wertpapieren und Derivaten für Dritte. Ein Kreditinstitut ist mithin ein Wertpapierdienstleistungsunternehmen.

Nach § 31 Abs. 1 WpHG ist ein Wertpapierdienstleistungsunternehmen verpflichtet,

- Wertpapierdienstleistungen und Wertpapiernebendienstleistungen mit der erforderlichen Sachkenntnis, Sorgfalt und Gewissenhaftigkeit im Interesse seiner Kunden zu erbringen,

- sich um die Vermeidung von Interessenkonflikten zu bemühen und dafür zu sorgen, dass bei unvermeidbaren Interessenkonflikten der Kundenauftrag unter der gebotenen Wahrung des Kundeninteresses ausgeführt wird.

Nach § 31 Abs. 2 WpHG ist ein Wertpapierdienstleistungsunternehmen ferner verpflichtet,

- von seinen Kunden Angaben zu verlangen
  - über ihre Erfahrung oder Kenntnisse in Geschäften, die Gegenstand von Wertpapierdienstleistungen oder Wertpapiernebendienstleistungen sein sollen,
  - über ihre mit den Geschäften verfolgten Ziele und
  - über ihre finanziellen Verhältnisse.
- seinen Kunden alle zweckdienlichen Informationen mitzuteilen, soweit dies zur Wahrung der Interessen der Kunden und im Hinblick auf Art und Umfang der beabsichtigten Geschäfte erforderlich ist.

Dieser gesetzliche Pflichtenkatalog geht von der Selbstverständlichkeit aus, dass eine erfolgreiche Anlageberatung nur dann gewährleistet ist, wenn der Berater seine Kunden, insbesondere deren finanzielle Verhältnisse, kennt. Der Berater muss deshalb von seinen Kunden Angaben über deren **Erfahrungen** und **Kenntnisse** in Finanztermingeschäften verlangen. Er muss darüber hinaus Angaben über die mit Finanztermingeschäften verfolgten **Ziele** verlangen. Damit soll sichergestellt werden, dass nicht derjenige in Finanztermingeschäften spekuliert, der auf eine Rückzahlung seines Kapitals angewiesen ist. Eine Altersvorsorge als Anlageziel wäre beispielsweise nicht mit der Empfehlung vereinbar, spekulative Finanztermingeschäfte zu tätigen, dagegen können auch für diesen Kunden Absicherungsgeschäfte sinnvoll und empfehlenswert sein.

Zu diesem Zweck sind alle Wertpapiere auf Basis ihres jeweiligen Risikoprofils bestimmten Risikoklassen zugeordnet. Finanztermingeschäfte gehören der höchsten Risikoklasse an.

## 2.1.2 Anleger- und objektgerechte Beratung

Der Bundesgerichtshof hat in seiner Entscheidung vom 6. Juli 1993 den Grundsatz aufgestellt, dass eine Bank den Wissensstand des Kunden über Anlagegeschäfte der vorgesehenen Art und dessen Risikobereitschaft zu berücksichtigen hat (**„anlegergerechte“ Beratung**).

Darüber hinaus wurde entschieden, dass das von der Bank empfohlene Anlageobjekt auch den ermittelten Kriterien Rechnung tragen muss (**„objektgerechte“ Beratung**), das heißt, ein Berater darf einem Kunden nicht zu riskanten Termingeschäftsvarianten, zum Beispiel ungedeckten Short-Positionen (Einzelheiten hierzu siehe Kap. 3 „Optionen“) raten, wenn der Kunde durch den Einsatz von Finanztermingeschäften lediglich seine Kassapositionen absichern oder nur einen Zusatzertrag aus seinen im Depot befindlichen Aktien erzielen möchte.

Die Rechtsprechung hat wiederholt darauf abgestellt, dass Inhalt und Umfang der Beratungspflicht von einer Reihe von Faktoren abhängen, die sich sowohl auf die Person des Kunden, als auch auf das Anlageobjekt beziehen. Die konkrete Ausgestaltung der Pflicht hängt deshalb immer entscheidend von den Umständen des Einzelfalles ab. So muss zum Beispiel die Information und Aufklärung bei beabsichtigten Futuregeschäften (unbegrenztes Risiko) wesentlich intensiver sein, als vor dem Kauf von Optionen (Risiko auf Kapitaleinsatz begrenzt). Näheres zu den Einzelrisiken siehe Kap. 3 „Optionen“ und Kap. 6 „Futures“.

Die allgemeinen Verhaltensregeln nach dem Wertpapierhandelsgesetz sowie die von der Rechtsprechung entwickelten Grundsätze zur Anlageberatung wären auf den eingangs geschilderten Fall Block wie folgt anzuwenden:

- Anlageerfahrung prüfen:
  Auf die Fragen nach ihren Erfahrungen oder Kenntnissen in Finanztermingeschäften erfährt der Berater, dass Frau Block keinerlei eigene Erfahrungen mit Finanztermingeschäften besitzt. Sie hat noch niemals Finanztermingeschäfte mit einer Bank abgeschlossen und bisher auch mit Optionsscheinen noch keine Erfahrung gesammelt. Auch Aktienerfahrung besitzt sie nicht. Fraglich ist, ob Frau Block ausreichende theoretische Kenntnisse über Finanztermingeschäfte hat. Zwar hat sie eine Marketingbroschüre über Finanztermingeschäfte überarbeitet, ausreichende Fach-, Produkt- und Risikokenntnisse dürften damit allerdings nicht verbunden sein.

- Auf Chancen und Risiken eingehen:
  Dass die Risiken von Finanztermingeschäften Frau Block offenbar nicht hinreichend bekannt sind, ergibt sich auch aus ihrer Äußerung, sie habe aus der Überarbeitung der Marketingbroschüre über Finanztermingeschäfte mitbekommen, dass diese Geschäfte sehr gewinnträchtig seien. Von Risiken dieser Geschäfte spricht sie nicht. In dem bevorstehenden Anlagegespräch wird der Berater daher auf diesen Punkt näher eingehen müssen und am Ende feststellen, in wie weit Frau Block die Risiken von Finanztermingeschäften erkannt und verstanden hat und auch bereit ist, diese Risiken einzugehen.

- Klärung des finanziellen Rahmens:
  Ein weiterer Punkt ist, dass sie ihr derzeit gesamtes Anlagekapital in Finanztermingeschäfte investieren möchte. Die Kundin hat ihrem Berater bezüglich ihrer finanziellen Verhältnisse mitgeteilt, dass sie über ein Jahresbruttoeinkommen von über 50.000 € verfügt, kein Immobilienvermögen besitzt und ihr gesamtes liquides Vermögen derzeit aus dem Festgeld über 20.000 € besteht. Finanzielle Verpflichtungen bestünden aktuell keine. Der Berater muss Frau Block eindringlich darauf hinweisen, dass sie in wirtschaftlicher Hinsicht vernünftigerweise nicht ihr gesamtes, erspartes Kapital in spekulative Finanztermingeschäfte investieren darf, denn bei größeren Anschaffungen oder notwendigen Reparaturen wird sie auf ihr Guthaben angewiesen sein.

- Anlageziele klären:
  Die mit den Finanztermingeschäften verfolgten Ziele hat Frau Block insoweit offen gelegt, als sie eine Rendite erwirtschaften möchte, die zumindest über den Festgeldzinsen liegt. Der Berater muss zunächst klarstellen, dass sie mit Finanztermingeschäften keine Zinsen erwirtschaften kann – und es eine gesicherte Rendite auf das eingesetzte Kapital nicht gibt. Wenn Frau Block die Festgeldzinsen nicht mehr ausreichen, so ist dies nach den vorge-

nannten Grundsätzen einer anlegergerechten Beratung noch kein Grund, den Abschluss von Finanztermingeschäften zu empfehlen oder auch nur zu akzeptieren.
Als Alternative kämen beispielsweise Rententitel in Frage, die in ihrer Verzinsung über der Festgeldanlage liegen. Bei künftig zusätzlichen für Anlagezwecke zur Verfügung stehenden Mitteln könnte dann ein Aktienfonds oder Indexzertifikat in Frage kommen, um zunächst einmal im Aktienbereich Erfahrung zu sammeln. Aber auch insoweit wäre Frau Block über die erhöhten Risiken dieser Anlageformen aufzuklären.

### Beispiel Herr Schmid

> Kann Herr Schmid einen Zusatzertrag erzielen?
>
> Herr Schmid hält – neben anderen Vermögenswerten – in seinem Wertpapierdepot deutsche Standardaktien im Gegenwert von circa 400.000 €. Er möchte von seinem Berater wissen, wie er einen Zusatzertrag aus seinem Depot erzielen kann.

Herr Schmid muss – wie zuvor Frau Block – anleger- und objektgerecht beraten werden. Im Beratungsgespräch stellt sich heraus, dass Herr Schmid in Bezug auf Finanztermingeschäfte überhaupt **nicht risikogeneigt** ist, deshalb kommen für ihn spekulative Engagements keinesfalls in Frage.

Er kann jedoch ohne weiteres aktiv auf konservative Finanztermingeschäfte angesprochen werden. Im Wege der anleger- und objektgerechten Beratung kann ihm der Verkauf gedeckter Kaufoptionen (Calls) oder der Kauf von Verkaufsoptionen (Puts) zur Absicherung der Aktienbestände, sowie der Verkauf von Verkaufsoptionen (Puts) gegen volle Bardeckung zum Erwerb von Aktien empfohlen werden (Einzelheiten zu diesen Strategien siehe 3.1.4 „Grundlegende Optionspositionen").

Keinesfalls darf dem Kunden der Verkauf ungedeckter Calls oder Puts auf Aktien oder Indizes vorgeschlagen werden, da mit dieser Strategie enorme Risiken verbunden sind, die der Kunde nicht eingehen möchte.

## 2.2 Informationen bei Finanztermingeschäften

### 2.2.1 „Alte" Termingeschäftsfähigkeit nach § 53a Börsengesetz

Bis zur Einführung des Vierten Finanzmarktförderungsgesetzes konnten Termingeschäfte verbindlich nur mit eingetragenen Kaufleuten abgeschlossen werden. „Nicht-Kaufleute", mussten zuvor „Kraft Information" termingeschäftsfähig gemacht werden, dies geschah durch Unterzeichnung der Informationsschrift „Wichtige Informationen bei Börsentermingeschäften“. Wurde dies versäumt bzw. der vom Gesetzgeber vorgesehene Wiederholungszyklus – vor Ablauf eines Jahres, dann alle drei Jahre – nicht eingehalten, waren die abgeschlossenen Geschäfte unwirksam und der Kunde hatte einen sogenannten Bereicherungsanspruch gegen die Bank.

Aufgrund der gesetzlichen Systematik der „alten“ Termingeschäftsfähigkeit kam es auch nicht nur darauf an, ob der Kunde Kenntnisse und/oder Erfahrungen mit Termingeschäften hatte. Selbst wenn diese vorhanden waren, aber die unterzeichnete Informationsschrift fehlte, spielte dieser formale Mangel die entscheidende Rolle.

### 2.2.2 Neue Informationspflicht nach § 37d Abs. 1 WpHG

Vielfältige Kritik an dem „alten“ Recht der Termingeschäfte hat zu einer konzeptionellen Neugestaltung geführt. Von höchster Bedeutung für Haftungsprozesse ist die Änderung der Rechtsfolge. Nach neuer Rechtslage ist ein Finanztermingeschäft, das unter Missachtung des neuen § 37d WpHG abgeschlossen wurde, nicht mehr – wie früher – unverbindlich, sondern gibt möglicherweise zu Schadensersatzansprüchen Anlass. Damit kann auf die Besonderheiten des Einzelfalles besser eingegangen werden. Insbesondere wird relevant sein, ob die Missachtung der Vorschriften überhaupt ursächlich für den Schaden war und ob den Kunden möglicherweise ein Mitverschulden trifft. Das Geschäft ist aber in jedem Fall verbindlich.

Der § 37d WpHG, der die Informationspflicht bei Finanztermingeschäften regelt, hat folgenden Wortlaut:

**Finanztermingeschäfte**

§ 37d WpHG

Information bei Finanztermingeschäften

(1) Ein Unternehmen, das gewerbsmäßig oder in einem Umfang, der einen in kaufmännischer Weise eingerichteten Geschäftsbetrieb erfordert, Finanztermingeschäfte abschließt oder solche Geschäfte anschafft, veräußert, vermittelt oder nachweist, ist verpflichtet, vor dem Vertragsabschluss einen **Verbraucher schriftlich** darüber zu **informieren**, dass

1. die aus Finanztermingeschäften erworbenen **befristeten Rechte verfallen** oder eine **Wertminderung** erleiden können;
2. das **Verlustrisiko nicht bestimmbar** sein und auch **über etwaige geleistete Sicherheiten hinausgehen** kann;
3. Geschäfte, mit denen die Risiken aus eingegangenen Finanztermingeschäften ausgeschlossen oder eingeschränkt werden sollen, möglicherweise nicht oder nur zu einem **verlustbringenden Preis** getätigt werden können;
4. sich das **Verlustrisiko erhöht**, wenn zur Erfüllung von Verpflichtungen aus Finanztermingeschäften **Kredit** in Anspruch genommen wird oder die Verpflichtung aus Finanztermingeschäften oder die hieraus zu beanspruchende Gegenleistung auf **ausländische Währung** oder eine Rechnungseinheit lautet.

> Die **Unterrichtungsschrift** darf nur Informationen über die Finanztermingeschäfte und ihre Risiken enthalten und ist von dem Verbraucher zu **unterschreiben. Die Unterrichtung ist jeweils vor dem Ablauf von zwei Jahren zu wiederholen.**
>
> (2) Die Informationspflicht besteht nicht für die Zuteilung von Bezugsrechten aufgrund einer gesetzlichen Verpflichtung.
> (3) Wird der Verbraucher bei Erteilung von Aufträgen für Finanztermingeschäfte oder bei deren Abschluss vertreten, so gelten die Absätze 1 und 2 Satz 1 mit der Maßgabe, dass an Stelle des Verbrauchers der Vertreter tritt. Eine Informationspflicht gegenüber dem Vertreter besteht nicht, wenn das Unternehmen den Verbraucher nach Absatz 1 informiert hat.
> (4) Hat das Unternehmen gegen die Informationspflicht nach Absatz 1 oder 3 Satz 1 verstoßen, ist es dem Verbraucher **zum Ersatz des daraus entstehenden Schadens** verpflichtet. Ist **streitig**, ob das Unternehmen seine Verpflichtung nach Absatz 1 oder 3 erfüllt hat oder ob es den Verstoß zu vertreten hat, **trifft das Unternehmen die Beweislast**. Der Anspruch des Verbrauchers auf Schadensersatz verjährt in drei Jahren von dem Zeitpunkt an, in dem der Anspruch entstanden ist.
> (5) Die Verpflichtung nach § 31 Abs. 2 Satz 1 Nr. 2 bleibt unberührt.
> (6) Die Absätze 1 bis 5 gelten auch für Unternehmen mit Sitz im Ausland, die Finanztermingeschäfte abschließen oder solche Geschäfte anschaffen, veräußern, vermitteln oder nachweisen, sofern der Verbraucher seinen gewöhnlichen Aufenthalt oder seine Geschäftsleitung im Inland hat. Dies gilt nicht, sofern die Leistung einschließlich der damit im Zusammenhang stehenden Nebenleistungen ausschließlich im Ausland erbracht wird.

Die Unterrichtungsschrift selbst hat, abgesehen von einer rein sprachlichen Überarbeitung, weiterhin einen unveränderten Inhalt. Neu ist aber, dass der Kunde diese Informationsschrift jeweils **vor Ablauf von zwei Jahren** nach der letzten Unterzeichnung **erneut zu unterschreiben** hat, nicht mehr nach einem Jahr bzw. drei Jahren. Ist die Gültigkeit der Unterrichtungsschrift abgelaufen, wird die Bank keine neuen Termingeschäfte mehr zulassen, lediglich Closings (Schließen vorhandener Positionen) sind weiterhin möglich.

Auch die alte Abgrenzung Kaufmann – Nichtkaufmann wurde aufgehoben.

Künftig wird vom Gesetzgeber die Unterrichtung von **„Verbrauchern"** gefordert. Damit nimmt § 37d WpHG auf § 13 BGB Bezug, der als Verbraucher **jede natürliche Person** bezeichnet, „die ein Rechtsgeschäft zu einem Zweck abschließt, der weder ihrer gewerblichen noch ihrer selbstständigen beruflichen Tätigkeit zugerechnet werden kann".

Um nicht vor dem Abschluss jeder Einzeltransaktion erneut prüfen zu müssen, welchem der oben genannten Bereiche das beabsichtigte Geschäft zuzuordnen ist, werden in der Praxis üblicherweise sämtliche natürliche Personen unterrichtet, die beabsichtigen, Finanztermingeschäfte zu tätigen. Nicht unter den Verbraucherbegriff fallen juristische Personen des öffentlichen Rechts, Kapitalgesellschaften (AG, GmbH) und Personengesellschaften, soweit diese im Handelsregister eingetragen sind. Sie sind damit von der Unterrichtungspflicht nicht betroffen.

Die **Broschüre „Basisinformationen über Termingeschäfte“** gibt ausführlich Auskunft über Funktionen, wirtschaftliche Zusammenhänge sowie die typischen Risiken der an den Terminmärkten gehandelten Produkte. Sie wird seitens der Bank an jeden Kunden ausgehändigt, der beginnt, mit Finanztermingeschäften aktiv zu werden.

Personen, denen der Depotinhaber eine **Vollmacht** zur Durchführung von Finanztermingeschäften erteilt hat, können bezüglich der Informationspflicht laut Gesetz je nach Einzelfall unterschiedlich behandelt werden:

a) Der Depotinhaber ist selbst über Termingeschäfte informiert und hat die Unterrichtungsschrift unterzeichnet. Hier geht der Gesetzgeber davon aus, dass der Kontoinhaber eine Person bevollmächtigt, die er für fähig hält, Termingeschäfte zu tätigen. In diesem Fall ist für den Bevollmächtigten keine Unterzeichnung der Unterrichtungsschrift erforderlich.

b) Der Depotinhaber versteht das Geschäft mit Terminkontrakten nicht, hat daher auch keine Unterrichtungsschrift unterschrieben und möchte deswegen eine Person seines Vertrauens bevollmächtigen, Termingeschäfte in seinem Namen zu tätigen. In diesem Fall muss der Bevollmächtigte durch die Bank anleger- und objektgerecht informiert werden und die Unterrichtungsschrift unterzeichnen (mit Wiederholung im zweijährigen Turnus).

Zu a) und b): Aus praktischen Erwägungen werden die Banken in der Regel den Depotinhaber über die Risiken von Termingeschäften aufklären, denn es ist schließlich sein Geld, das ggf. riskanten Anlagen zugeführt wird. Der Bevollmächtigte wird in aller Regel ebenfalls entsprechend informiert, und zur Dokumentation lässt man auch ihn die Unterrichtungsschrift unterzeichnen. Dabei entfällt beim Bevollmächtigten häufig die Wiederholung alle zwei Jahre.

## 2.3 Warentermingeschäfte

### Beispiel Herr Muthig

> Die Weizenspekulation des Herrn Muthig an der Warenterminbörse in Hannover
>
> Der Privatkunde Muthig erkundigt sich bei seinem Berater, ob über deutsche Banken nunmehr auch in Weizen spekuliert werden könne.

Hierzu ist der Begriff des Finanztermingeschäfts einmal aus rechtlicher Sicht zu beleuchten. **In § 2 Abs. 2 WpHG** ist definiert:

> (2) Derivate im Sinne dieses Gesetzes sind als Festgeschäfte oder Optionsgeschäfte ausgestaltete Termingeschäfte, deren Preis unmittelbar oder mittelbar abhängt von
> 1. dem Börsen- oder Marktpreis von Wertpapieren,
> 2. dem Börsen- oder Marktpreis von Geldmarktinstrumenten,
> 3. Zinssätzen oder anderen Erträgen,
> 4. dem Börsen- oder Marktpreis von Waren oder Edelmetallen oder
> 5. dem Preis von Devisen.
>
> (2a) Finanztermingeschäfte im Sinne dieses Gesetzes sind Derivate im Sinne des Absatzes 2 und Optionsscheine.

Rein rechtlich gesehen sind Warentermingeschäfte für Privatpersonen (natürliche Personen, Verbraucher) nicht untersagt.

Trotzdem werden in Deutschland Warentermingeschäfte von den meisten Banken nur sehr eingeschränkt angeboten. Der Grund liegt in dem für den breiten Privatkundenbedarf nicht ausreichend vorhandenen Research. Die äußerst große Vielfalt von Basiswerten im Warenbereich (neben Rohöl zum Beispiel diverse NE-Metalle; verschiedene landwirtschaftliche Produkte wie Mais, Orangensaft, Schweinebäuche; Energie wie Strom, Windkraft; oder auch das Wetter wie Regenmenge, Sonnenscheindauer, Temperaturen), deren Preisgestaltung den unterschiedlichsten Einflüssen unterliegt, kann nicht ohne eine Vielzahl entsprechender Spezialisten analysiert werden. Daher spielen diese Derivate im Privatkundengeschäft bisher noch keine Rolle. Sie sind den verschieden spezialisierten institutionellen Marktteilnehmern vorbehalten.

Lediglich Optionsscheine oder Zertifikate, die sich auf Waren beziehen, deren Preise und Preisentwicklung allgemein bekannt sind, zum Beispiel Rohöl oder Gold, werden im Privatkundengeschäft angeboten. Diese sind so ausgestattet, dass bei Ausübung oder Fälligkeit keine Ware geliefert wird, sondern ein Barausgleich in Höhe der Differenz zwischen dem Basispreis und dem aktuellen Warenwert erfolgt. Darüber hinaus tauchen in letzter Zeit häufiger Zertifikate auf Warenkorbindizes auf, auch hier erfolgt am Ende ein Barausgleich.

## 2.4 Optionsscheine und Zertifikate

### 2.4.1 Optionsscheine

#### Beispiel

> Der Wertpapierkunde Kost
>
> Der Elektromeister Kost möchte bei seiner Bank Optionsscheine erwerben. Unter welchen Voraussetzungen kann er dies tun?

Jeder Optionsscheinkunde muss vor dem Erwerb die für zwei Jahre gültige Unterrichtungsschrift unterzeichnen. Zusätzlich ist auch hier eine ausführliche, mündliche, anleger- und objektgerechte Aufklärung – ggf. anhand von Fallbeispielen – zwingend erforderlich (siehe 2.1.2). Der Grund: Optionsscheine sind wie Optionen rechtlich gesehen Optionsrechte und bezüglich ihrer Chancen und Risiken mit diesen vergleichbar. Sie unterscheiden sich von den Optionen lediglich in ihrer „technischen" Ausstattung wie Verbriefung in einem Wertpapier und Handel an der Kassabörse.

**Optionsscheine sind** also als **Termingeschäfte** anzusehen. Die aktuelle Rechtsprechung hat lediglich solche Optionsscheine ausgenommen, die im Rahmen einer Optionsanleihe begeben wurden. Damit lassen sich – aus rechtlicher Sicht – insgesamt zwei Klassen bilden:

- Alle isoliert begebenen Optionsscheine (zum Beispiel Index-OS, Covered Warrants) werden rechtlich als Termingeschäfte eingestuft.
- Optionsscheine, die im Rahmen einer Optionsanleihe begeben werden, sind als Kassageschäfte einzuordnen.

Unabhängig davon verlangen die meisten Banken aus rein praktischen Erwägungen grundsätzlich für alle Optionsscheine die Unterzeichung der Unterrichtungsschrift.

### 2.4.2 Zertifikate

Die meisten Banken behandeln Zertifikate analog den Optionsscheinen als Termingeschäfte, sofern sich ihre Kursentwicklung überproportional zur Preisentwicklung des Basiswerts verhält, also eine gewisse Hebelwirkung vorhanden ist (sogenante Hebel- oder Knock-out-Zertifikate). Klassische Discount- oder Bonuszertifikate, ebenso wie Aktienanleihen, fallen dagegen nicht unter die Kategorie Termingeschäfte.

# 3. Optionen

## 3.1 Grundlagen

### 3.1.1 Merkmale von Optionen

Eine Option ist ein zeitlich begrenzter Vertrag. Man unterscheidet zwei Typen von Optionen:

- Kaufoptionen (Calls) und
- Verkaufsoptionen (Puts).

### Anmerkung:

In den nachfolgenden Ausführungen wollen wir von den Bezeichnungen Kaufoption bzw. Verkaufsoption Abstand nehmen und nur noch die angelsächsischen Begriffe „Call“ und „Put“ verwenden, da sich diese Begriffe inzwischen im europäischen Handel durchgesetzt haben.

- Der **Käufer eines Calls** hat das Recht, aber nicht die Verpflichtung,
  - zum Kauf
  - des zugrunde liegenden Objekts (Basiswert oder Underlying),
  - in einer bestimmten Menge (Kontraktgröße),
  - innerhalb einer bestimmten Frist (Laufzeit), oder
  - zu einem bestimmten Termin (am letzten Handelstag),
  - zu einem feststehenden Preis (Basispreis oder „Strike Price„).
- Der **Käufer eines Puts** hat das Recht, aber nicht die Verpflichtung,
  - zum Verkauf
  - des Basiswerts,
  - in einer bestimmten Menge,
  - während oder am Ende der Laufzeit,
  - zum Basispreis.

Dem Käufer steht der **Verkäufer der Option** gegenüber, auch „Stillhalter“ oder „Schreiber“ genannt. Der Verkäufer ist die **Verpflichtung** eingegangen, bei Ausübung der Option durch den Käufer die festgelegte Menge des Basiswerts zum vereinbarten Preis zu verkaufen (Call) bzw. zu kaufen (Put).

Für die Einräumung des Optionsrechts zahlt der Käufer dem Verkäufer den an der Terminbörse festgestellten Kurs, den Optionspreis, auch Optionsprämie genannt. Im Folgenden verwenden wir den Begriff „Optionspreis“. Das Verlustrisiko des Käufers ist auf diesen Preis beschränkt. Für den Verkäufer stellt dieser Preis den größtmöglichen Gewinn dar, sein Verlustrisiko ist theoretisch unbegrenzt.

## Standardisierung von Optionskontrakten

Diese Angaben könnten so im Wirtschaftsteil einer Zeitung gestanden haben:

DaimlerChrysler (DCX) Call 36 Juni.

Dies bedeutet folgendes:

Den DCX-Optionen liegen DCX-Aktien als **Basiswert** zugrunde.

Die DCX-Aktienoption hat eine **Kontraktgröße** von 100 Aktien – kommt es zu einer Optionsausübung, werden pro Kontrakt 100 Aktien geliefert. Die meisten Optionen auf europäische Aktien beziehen sich auf 100 Stück.

Der **Basispreis,** zu dem die DCX-Aktien bei Ausübung geliefert werden, beträgt 36 €.

Die **Laufzeit** endet im Juni. Der letzte Handelstag ist bei allen Aktienoptionen der dritte Freitag des angegebenen Verfallmonats. Sollte dies ein Feiertag sein, so gilt der Börsentag davor.

| | Recht | Pflicht |
|---|---|---|
| Käufer (Long-Position) | Ausübung | Zahlung des Optionspreises |
| Verkäufer (Short-Position) | Erhalt des Optionspreises | Lieferung oder Abnahme des Basiswerts |

***Tabelle 3:*** *Rechte und Pflichten für Käufer und Verkäufer von Optionen*

## Beispiel

Der Käufer eines DCX Calls Basis 36 €, Verfall Juni, muss für sein Recht, die Option ausüben zu dürfen, einen Optionspreis von 1,25 € pro Aktie an den Optionsverkäufer zahlen. Da sich ein DCX-Optionskontrakt auf 100 DaimlerChrysler-Aktien bezieht, muss er für diese Option 100 x 1,25 € = 125 € bezahlen. Der Verkäufer dieser Option ist die Verpflichtung eingegangen, bis zum dritten Freitag im Juni abzuwarten, ob der Käufer seine Option ausüben will oder nicht (Einschränkung: Closing des Kontrakts, siehe Punkt 3.1.3 „Glattstellung“). Für diese Stillhalterfunktion erhält er den Optionspreis von 1,25 € pro Aktie.

## 3.1.2 Unterscheidungsmerkmale von Optionen

Optionen kann man unterscheiden nach:

- dem Optionstyp:
  - ob es sich um einen **Call** oder einen **Put** handelt;
- dem Zeitpunkt der Ausübung:
  hinsichtlich der Möglichkeit zur Ausübung ist zu unterscheiden zwischen
  - Optionen **amerikanischen Stils** (American Style Option), die während der gesamten Laufzeit zur Ausübung berechtigen und
  - Optionen **europäischen Stils** (European Style Option), die nur am letzten Handelstag, dem Ende der Laufzeit, ausgeübt werden können.
- dem Basiswert:
  Optionen unterscheiden sich aufgrund der Ware oder des Wertrechts, welche dem Vertrag zugrunde liegen. Das Handelsobjekt, welches der Option zugrunde liegt, wird als „Underlying" bezeichnet. Somit lassen sich hinsichtlich des Underlyings zum Beispiel Waren, Edelmetall-, Währungs- oder Wertpapieroptionen, insbesondere Renten- und Aktien-, aber auch Index- und Futuresoptionen unterscheiden. An der EUREX gibt es:
  - Optionen auf Aktienwerte,
  - Optionen auf Aktienindizes,
  - Optionen auf Futures.
- der Art der Lieferung bei Ausübung:
  - **Barausgleich** (Cash Settlement); bei Ausübung ist eine Lieferung der effektiven Stücke nicht möglich oder nicht vorgesehen, deshalb wird der Unterschiedsbetrag zwischen Basispreis und aktuellem Kurs des Basiswertes in Geld ausgeglichen. Dieses Prozedere wird an der EUREX bei DAX-Optionen angewendet. Eine Variante dieser Ausübungsart ist die **asiatische Option**. Dabei wird nicht der aktuelle Kurs des Basiswerts für die Ermittlung des Barzahlungsbetrages herangezogen, sondern der Durchschnittskurs eines bestimmten Zeitraumes. Diese Optionsart ist in Deutschland nicht gebräuchlich.
  - **Physische Lieferung** ist bei den EUREX-Aktienoptionen üblich, das heißt, das Underlying wird geliefert. Dies bedeutet, dass die Aktien ins Depot eingebucht werden, oder aus dem Depot ausgebucht werden. Eine entsprechende Geldbuchung erfolgt auf dem Konto.

### 3.1.3 Glattstellung von Optionen

Durch die Standardisierung und damit durch die Börsengängigkeit von Optionen ist eine **Glattstellung offener Kontrakte durch ein Gegengeschäft** jederzeit während der Restlaufzeit möglich, das heißt, noch vor Verfall der Option wird die Long-Position verkauft bzw. die Short-Position zurückgekauft. „Glattstellen" kann die Realisierung sowohl von Gewinnen als auch von Verlusten bedeuten.

Mit der Glattstellung sind sämtliche Rechte und Pflichten aus dem ehemals offenen Kontrakt für den bisherigen Optionsinhaber hinfällig.

## Beispiel

Der Käufer eines Siemens Calls hat 1,90 € gezahlt. Der Markt läuft gegen seine ursprüngliche Markterwartung und der Kurs ist inzwischen auf 1,50 € gefallen. Er erwartet nunmehr weitere Kursverluste. Deshalb entschließt er sich, seine Optionsposition zu verkaufen – damit hat er seine Position glattgestellt und einen Verlust von 0,40 € pro Aktie realisiert.

Wie bisher beschrieben, stehen sich Käufer und Verkäufer von Optionen in ihren Rechten und Pflichten immer spiegelbildlich gegenüber. Tabelle 4 soll dies verdeutlichen.

| | **Käufer** | **Verkäufer** |
|---|---|---|
| Strategische Position | Erwirbt das **Recht**,<br>- Aktien zu kaufen (Call)<br>- Aktien zu verkaufen (Put) | Geht die **Verpflichtung** ein,<br>- Aktien zu verkaufen (Call)<br>- Aktien zu kaufen (Put) |
| Chance | unbegrenzt | begrenzt<br>auf den erhaltenen Optionspreis |
| Risiko | begrenzt<br>auf den gezahlten Optionspreis<br>(=Kapitaleinsatz) | unbegrenzt<br>(Verlust kann deutlich über erhaltenem Optionspreis liegen) |

***Tabelle 4:*** *Rechte/Pflichten,Chancen/Risiken von Optionskäufern/-verkäufern*

### 3.1.4 Grundlegende Optionspositionen

Zur Einführung wollen wir zunächst **einfache Optionsstrategien** erläutern.

Die folgende Darstellung hat die vier Grundpositionen des Optionsgeschäftes zum Inhalt:

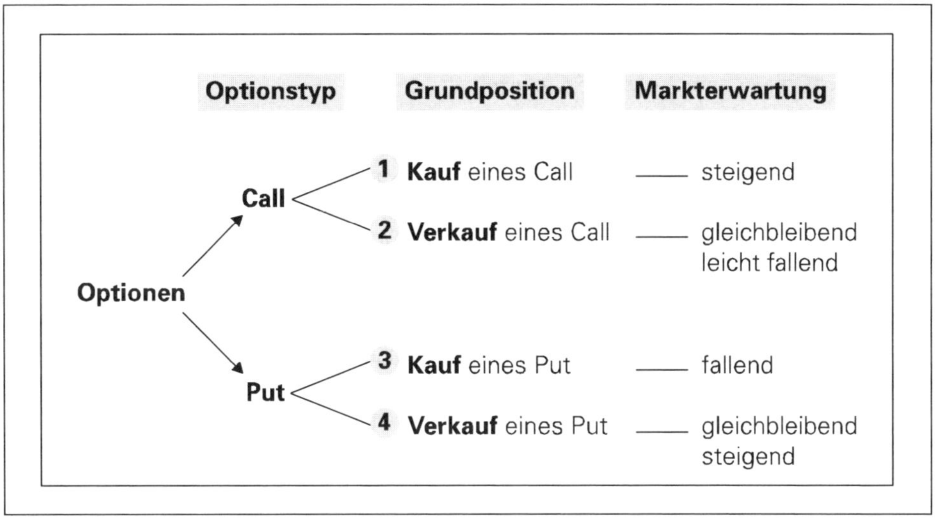


***Abbildung 6:*** *Grundpositionen im Optionsgeschäft*

Alle anderen Optionsstrategien basieren auf diesen vier Grundpositionen, möglicherweise ergänzt um den Kauf oder Verkauf des Basiswertes – zum Beispiel der Aktie – selbst.

Diese vier Grundstrategien erklären wir nachstehend anhand von Grafiken. Dabei werden wir insbesondere die **unterschiedlichen Chancen und Risiken** verdeutlichen.

Bei der Darstellung sind folgende Prämissen zu beachten:

- anfallende Kosten und Provisionen werden nicht berücksichtigt,
- die Strategien sind auf die **Betrachtung am letzten Handelstag** bezogen,
- Gewinn- und Verlustrechnungen beziehen sich immer auf **eine** Aktie.
- Zur Berechnung des Gesamtgewinnes/-verlustes muss jeweils mit der Kontraktgröße (zum Beispiel 100 Aktien) sowie mit der Anzahl der Kontrakte multipliziert werden.

## 3.1.4.1 Kauf eines Calls („Long Call„)

Durch den Kauf eines Calls erwirbt der Käufer das Recht, während bzw. am Ende der Laufzeit der Option den betreffenden Basiswert gegen Zahlung des vereinbarten Basispreises vom Verkäufer des Calls zu erwerben.

## Beispiel

Kauf eines DCX Calls, Basis 36 €, Verfallstermin Juni, Optionspreis 2,35 €

Der Käufer dieses Calls hat das Recht, die Option während der Restlaufzeit, das heißt bis zum dritten Freitag im Juni, auszuüben und die Aktien zum Kurs von 36 € zu kaufen. Für dieses Recht muss er pro Aktie 2,35 € zahlen.

Bei welcher Marktentwicklung wird er von diesem Recht Gebrauch machen?

Wenn der Kurs der Aktie über den Basispreis von 36 € gestiegen ist, kann er die Aktien zu 36 € vom Optionsverkäufer erwerben. Er kann diese Aktie behalten oder sofort wieder am Markt zu einem höheren Kurs verkaufen. Um seinen Gesamterfolg zu ermitteln, muss er seinen Einsatz – den aufgewendeten Optionspreis – vom Verkaufserlös abziehen.

Wenn diese Überlegung für jeden möglichen Kurs, den die Aktie annehmen könnte, durchgeführt wird, resultiert aus dieser Call-Position das in Abbildung 7 dargestellte Erfolgsdiagramm. Dieses und alle nachfolgenden Erfolgsdiagramme sind stichtagbezogen auf den Zeitpunkt der Optionsfälligkeit und berücksichtigen, wie bereits erwähnt, keine Transaktionskosten.

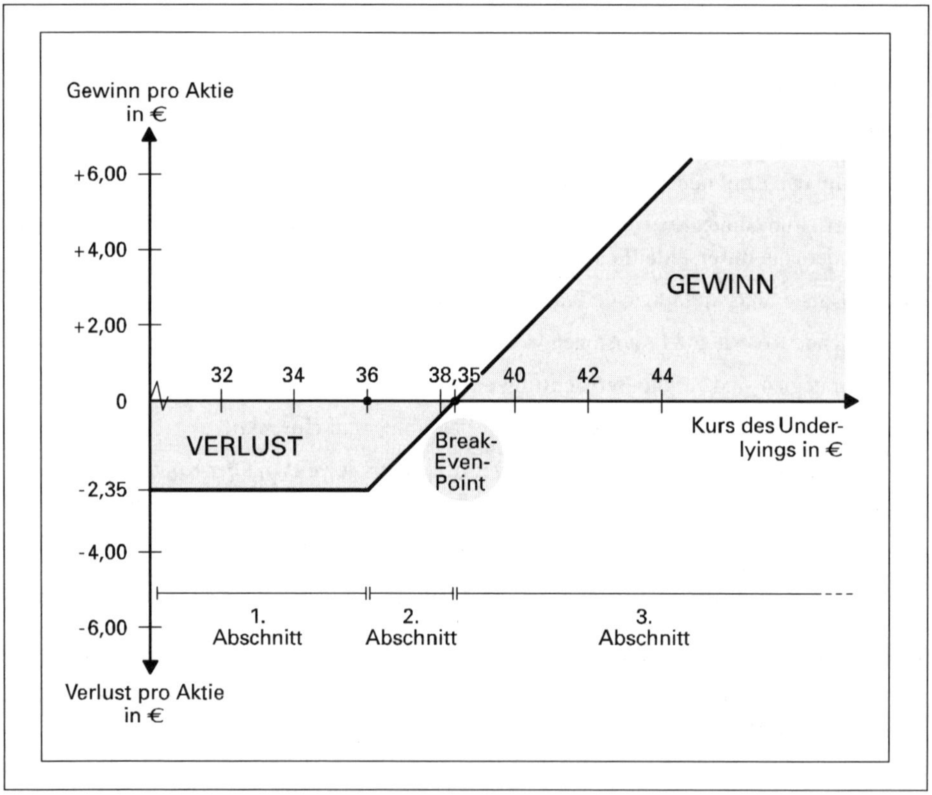


***Abbildung 7:*** *Kauf einer Kaufoption (Long Call)*

## Erklärung

Teilt man die Grafik in drei Abschnitte so ergibt sich folgende Interpretation:

**Abschnitt 1**: Der Aktienkurs liegt unter dem Basispreis von 36 €.

Der Käufer des Calls macht seinen maximalen Verlust.

Sollte der Kurs der DCX-Aktie unterhalb oder gleich dem Basispreis von 36 € liegen, wird der Käufer des Calls die Option verfallen lassen, denn er könnte die Aktie am Markt zu einem günstigeren Kurs erwerben, als beim Kontrahenten durch Ausübung der Option zum Basispreis. In diesem Fall trägt er einen Verlust in Höhe des gezahlten Optionspreises von 2,35 € pro Aktie.

**Abschnitt 2**: Der Aktienkurs liegt zwischen 36 € und 38,35 €.

Der Käufer des Calls macht einen verminderten Verlust.

Liegt der Kurs am letzten Handelstag über dem Basispreis von 36 €, so stellt er sich durch Ausübung der Option besser, als wenn er die Option verfallen lassen würde:

Angenommen, der Kurs sei bei 37 €: Der Käufer übt aus, erwirbt damit die Aktien zu 36 € und kann sie am Markt zu 37 € sofort wieder verkaufen. Durch diese Aktientransaktion verdient er pro Aktie 1 €. Der Käufer muss jedoch noch in seine Rechnung den gezahlten Optionspreis von 2,35 € einbeziehen und kommt insgesamt auf einen Verlust von 1,35 € pro Aktie.

Hätte er die Option nicht ausgeübt, wäre ein Verlust von 2,35 € – der gezahlte Optionspreis – eingetreten.

**Abschnitt 3**: Der Aktienkurs liegt über 38,35 €.

Der Käufer des Calls ist in der Gewinnzone.

Angenommen, der Kurs der Aktie sei bei Optionsausübung 40 €. Der Käufer kauft die Aktien zu 36 €, und kann sie am Markt sofort wieder zu 40 € verkaufen. Zieht er von seinem Aktiengewinn in Höhe von 4 € den gezahlten Optionspreis von 2,35 € ab, so ist sein Gesamtgewinn 1,65 € pro Aktie und entspricht somit 70 Prozent, bezogen auf den ursprünglichen Kapitaleinsatz von 2,35 €. Für einen Optionskontrakt ergibt sich ein Gewinn von 165 € (100 x 1,65 €).

Der **Break-Even-Point** beim Call ist der Punkt, der von den Marktpreisen überschritten werden muss, damit der Käufer des Calls bei Ausübung einen Gewinn macht (Gewinnschwelle).

In diesem Beispiel ist der Break-Even-Point 38,35 € **(Basispreis plus Optionspreis**: 36 € + 2,35 € = 38,35 €).

Der Käufer des Calls geht bei Eröffnung dieser Optionsposition in der Regel von der Erwartung aus, dass der Aktienkurs während der Optionslaufzeit diesen Punkt übersteigen wird.

### 3.1.4.2 Verkauf eines Calls („Short Call„)

Der Verkäufer eines Calls nimmt die Gegenposition zum Käufer des Calls ein. Er verpflichtet sich gegen Erhalt des Optionspreises, den Basiswert jederzeit während bzw. am Ende der Laufzeit bei Abruf durch den Optionskäufer zum vereinbarten Basispreis zu liefern.

Es lassen sich grundsätzlich zwei Situationen unterscheiden:

- „**Naked Call Writing**" (Grundposition im eigentlichen Sinne):
  Der Verkäufer verkauft einen Call, ohne im Besitz der Wertpapiere zu sein.
- „**Covered Call Writing**":
  Der Verkäufer besitzt die Wertpapiere bei Verkauf der Option und sperrt diese für die Laufzeit des Calls

#### Naked Call Writing

#### Beispiel

Verkauf DCX Call, Basis 36 €, Verfalltermin Juni, Optionspreis 2,35 €

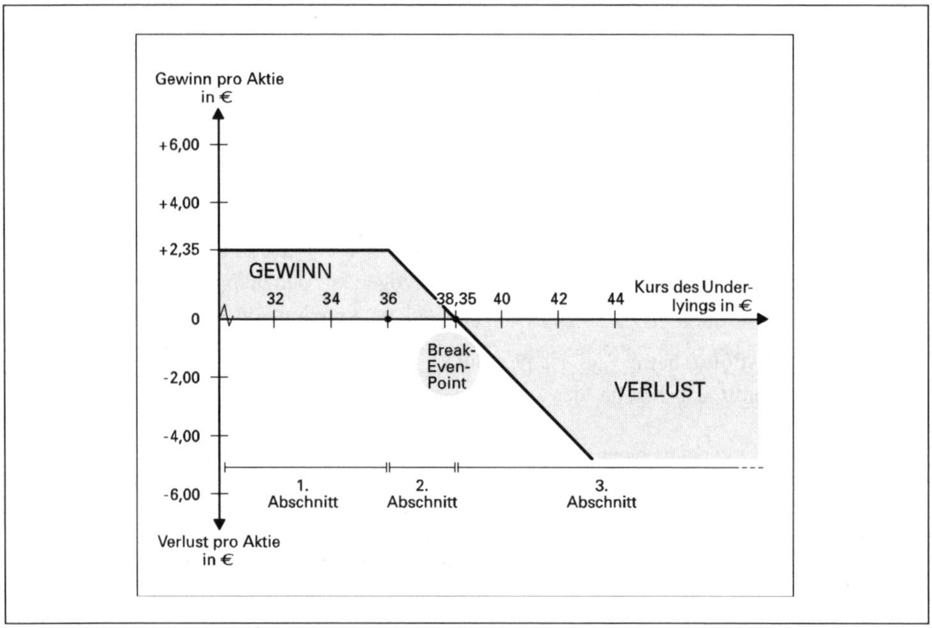


***Abbildung 8:*** *Verkauf einer Kaufoption (Short Call)*

## Erklärung

Die Gewinn-/Verlustsituation ist für den Verkauf spiegelbildlich zum Kauf einer Option. Auch diese Grafik kann in drei Abschnitte unterteilt werden:

**Abschnitt 1**: Der Aktienkurs liegt unter dem Basispreis.

Der Verkäufer des Calls macht seinen maximalen Gewinn.

Der Aktienkurs liegt zum Beispiel bei 35 €. Der Käufer des Calls wird nicht ausüben, das bedeutet, dass dem Verkäufer des Calls der erhaltene Optionspreis von 2,35 € pro Aktie als Gewinn bleibt.

**Abschnitt 2**: Der Aktienkurs liegt zwischen Basispreis 36 € und Break-Even-Point 38,35 €.

Der Verkäufer des Calls macht einen verminderten Gewinn.

Notiert der Aktienkurs am letzten Handelstag bei 37 €, wird der Käufer des Calls die Option ausüben. Das bedeutet für den Verkäufer des Calls, die Aktien zum Basispreis von 36 € an den Käufer des Calls verkaufen zu müssen. Da er nicht im Besitz der Aktien ist (Naked Call Writing), muss er sie am Markt zu 37 € einkaufen und macht einen Verlust von 1 €. Da er bei Positionseröffnung den Preis von 2,35 € erhalten hat, hat er insgesamt immer noch einen Gewinn von 1,35 € pro Aktie erzielt.

**Abschnitt 3**: Der Aktienkurs liegt über dem Break-Even-Point von 38,35 €.

Der Verkäufer des Calls ist in der Verlustzone.

Angenommen, der Call wird bei einem Marktkurs von 40 € durch den Käufer des Calls ausgeübt, so errechnet sich der Verlust des Verkäufers des Calls folgendermaßen: Erhalt des Optionspreises von 2,35 €, Kauf der Aktien an der Börse zu 40 € und Verkauf an den Kontrahenten zu 36 €. Somit ergibt sich ein Verlust von 1,65 € pro Aktie, was einem Gesamtverlust von 165 € pro Kontrakt entspricht.

**Achtung!**

*Das **Verlustpotenzial** ist bei steigenden Kursen **unbegrenzt**. Wenn der Call zum Beispiel bei einem Marktkurs der Aktie von 50 € ausgeübt wird, so hat der Verkäufer des Calls pro Aktie einen Verlust von 11,65 € (-50 € + 36 € + 2,35 €). Bezogen auf nur einen Optionskontrakt ergibt sich damit bereits ein Verlust von 1.165 €.*

*Die Strategie des Verkaufs eines Calls („Short Call") empfiehlt sich somit nur in Erwartung fallender oder stagnierender Kurse. Diese Strategie sollte wegen des unbegrenzten Risikos allerdings lediglich von termingeschäftserfahrenen Anlegern durchgeführt werden: Wegen des hohen Verlustpotenzials müssen diese Positionen besonders sorgfältig überwacht werden. Zudem ist die Stellung von Sicherheiten erforderlich (Näheres hierzu siehe Kapitel 8 „Margining").*

## Covered Call Writing (CCW)

Besitzt der Verkäufer des Calls die Aktien bei Verkauf der Option, spricht man von einer „Covered Short Call"-Position oder von „Covered Call Writing".

Bei dieser Strategie erwartet der Verkäufer des Calls nur geringe Kursveränderungen des Basiswerts. Die hohe Attraktivität und Verbreitung dieser Strategie begründet sich damit, dass Aktienbesitzer durch den Verkauf des Calls zusätzliche Einnahmen erzielen können. Diese Einnahmen entstehen aus dem vereinnahmten Optionspreis des Calls. Sie reduzieren rechnerisch die Anschaffungskosten der Aktienposition und sind damit zugleich ein gewisses Sicherheitspolster bei Aktienkursrückgängen.

## Beispiel

Ein Investor hat 1.000 DCX-Aktien (Einstandskurs 36 €) in seinem Depot, die aktuell zu einem Preis von 36 € gehandelt werden. Der Investor entscheidet sich dafür, 10 Calls, die sich auf 1.000 DCX-Aktien beziehen, Verfall Juni, Basispreis 36 €, zu verkaufen. Für diese Calls erhält er einen Preis von 2,35 € pro Aktie.

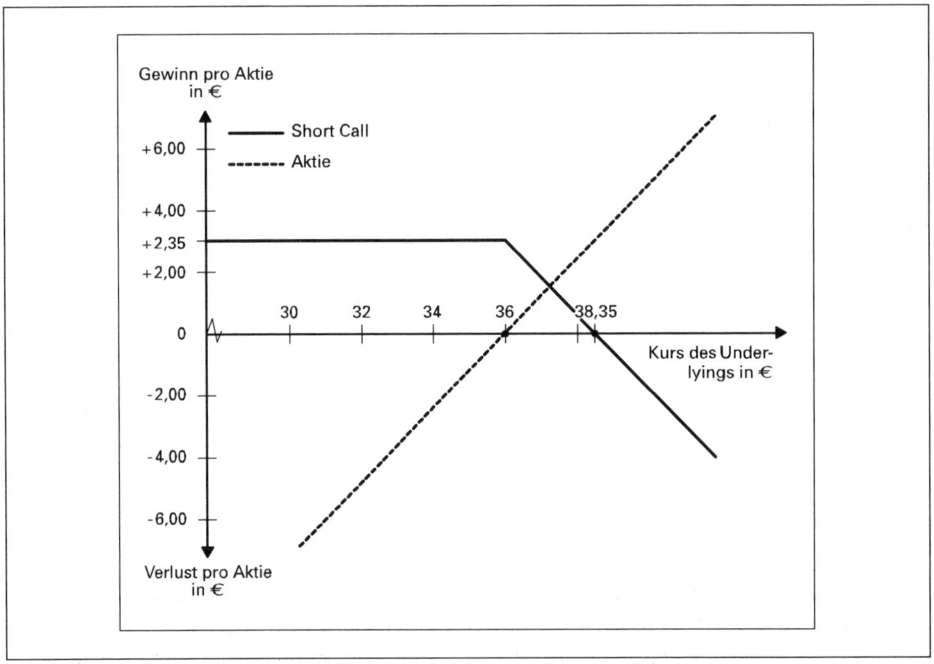


***Abbildung 9:*** *Verkauf einer gedeckten Kaufoption (Einzelposition) (Covered Short Call; Covered Call Writing)*

Die beiden Einzelstrategien (Long Aktie und Short Call) ergeben zusammen die in Abbildung 10 dargestellte Gesamtstrategie. Ihre Zusammensetzung wird anschließend erklärt.

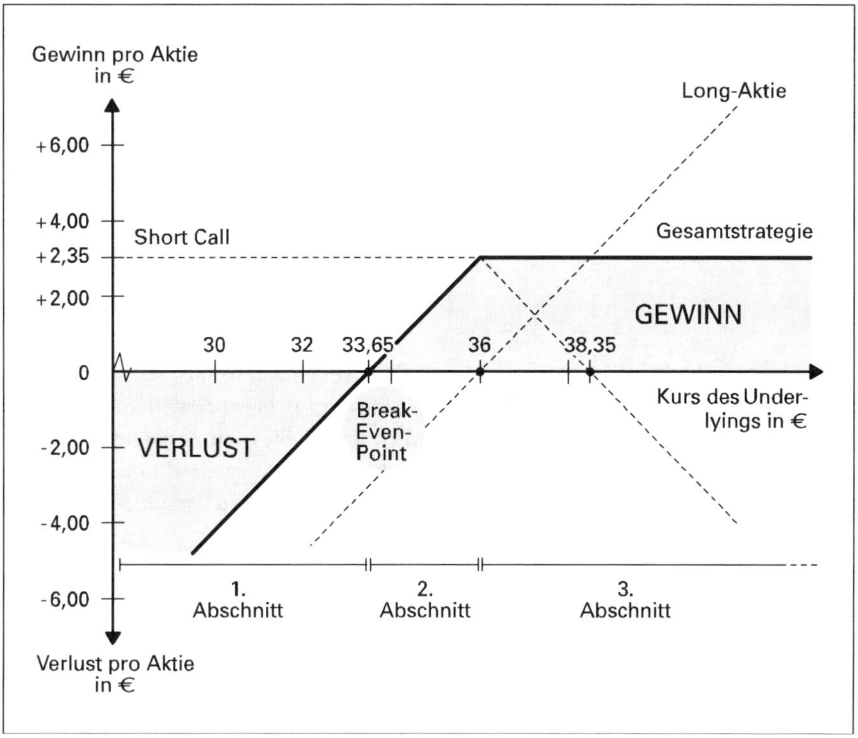


***Abbildung 10:*** *Verkauf einer gedeckten Kaufoption (Gesamtposition) (Covered Short Call; Covered Call Writing)*

## Erklärung

Man kann in dieser zusammengesetzten Grafik folgende Abschnitte unterscheiden:

**Abschnitt 1**: Aktienkurse unterhalb von 33,65 €

Liegt der Aktienkurs am letzten Handelstag unter 33,65 €, ist die Gesamtposition (Aktienposition plus Optionsposition) des Investors im Verlust. Die Aktienposition hat über 2.350 € an Wert verloren (1.000 x (36 € – 33,65 € )). Der Verlust in der Aktienposition wird aber durch den erhaltenen Optionspreis in Höhe von 2.350 € reduziert. Da die Calls einen Basispreis von 36 € haben, ist deren Ausübung für den Kontrahenten (Optionskäufer) nicht vorteilhaft. Sie verfallen wertlos.

Wie dieses Beispiel zeigt, ist der vereinnahmte Optionspreis nur ein Sicherheitspolster gegen moderate Kursrückgänge. Bei starken Kursrückgängen kann die Gesamtposition des Anlegers trotzdem stark in die Verlustzone gelangen.

**Abschnitt 2**: Aktienkurse zwischen 33,65 € und 36 €

In diesem Bereich macht der Investor einen begrenzten Gewinn. Die Calls verfallen wertlos. Der Gewinn, den der Investor aus der Einnahme erzielt, ist allerdings durch den Verlust aus der Aktienposition vermindert.

Bei einem Aktienkurs von 35 € ergibt sich die folgende Rechnung:

| | | |
|---|---|---|
| (Buch-) Verlust aus der Aktienposition: | (36 € – 35 €) x 1.000 = | -1.000 € |
| Einnahme: | | 2.350 € |
| Gewinn: | | 1.350 € |

**Abschnitt 3:** Aktienkurse oberhalb von 36 €

Bei Aktienkursen oberhalb von 36 € werden die Calls vom Kontrahenten des Anlegers ausgeübt. Dies bedeutet, dass der Anleger die DCX-Aktien zu dem vereinbarten Basispreis von 36 € liefern muss. Da er jedoch diese bereits im Bestand hält, kann er daraus seiner Lieferverpflichtung nachkommen. Er kann aber nicht mehr vom weiteren Gewinn der Aktienposition profitieren. Sein Maximalgewinn ist auf die Höhe des erhaltenen Optionspreises (2.350 €) begrenzt.

Im Vergleich zum unveroptionierten Aktienbestand entgehen dem Anleger bei der Covered Call Strategie sämtliche Kursgewinne in der Aktie, die er sonst oberhalb des Basispreises + Optionspreis (38,35 = 36 + 2,35) erzielen würde.

### 3.1.4.3 Kauf eines Puts („Long Put„)

Durch den Kauf eines Puts erwirbt der Käufer das Recht, während bzw. am Ende der Laufzeit der Option den betreffenden Basiswert gegen Erhalt des vereinbarten Basispreises an den Verkäufer des Puts zu liefern.

## Beispiel

Kauf DCX Put, Basis 36 €, Verfall Juni, Optionspreis 1,75 €

Der Käufer des Puts hat das Recht, durch Ausübung seiner Option die DCX-Aktien zu einem Kurs von 36 € zu verkaufen und muss dafür einen Preis in Höhe von 1,75 € pro Aktie bezahlen.

Bei welcher Marktentwicklung wird er von diesem Recht Gebrauch machen?

Wenn die Kurse unter 36 € fallen, kann er die Aktien zu einem günstigeren Kurs am Markt kaufen und zum höheren Basispreis an den Kontrahenten verkaufen. Bei dieser Grundstrategie „Kauf Put" wird unterstellt, dass der Käufer die betreffenden Aktien noch nicht im Bestand hat.

Besitzt der Käufer des Puts die zugrunde liegenden Aktien bereits, so werden die Kursrisiken dieser Aktien mit dem Put abgesichert. Somit entspricht der Optionskauf dem Abschluss einer Versicherung für eine bestimmte Zeit (Optionslaufzeit), die gegen Zahlung des Optionspreises einen Mindesterlös für den Aktienbestand in Höhe des Basispreises garantiert (siehe auch 10.2.1 „Strategien, die das Aktienrisiko mindern").

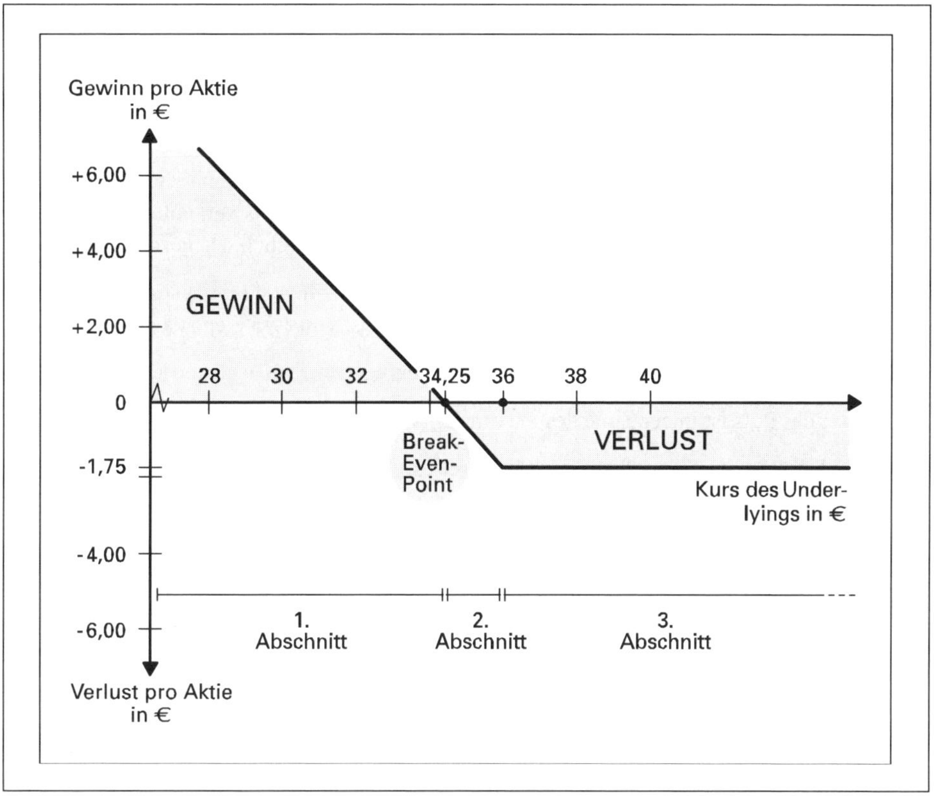


***Abbildung 11:*** *Kauf einer Verkaufsoption (Long Put)*

Der **Break-Even-Point** beim Put ist der Punkt, der von den Marktpreisen unterschritten werden muss, damit der Käufer bei Ausübung der Option einen Gewinn mit der Optionsposition macht.

In diesem Beispiel liegt der Break-Even-Point bei 34,25 €. Bei diesem Kurs wird der Käufer seine Option ausüben, das heißt, er kauft die Aktien am Markt zu 34,25 € und verkauft sie zum Basispreis von 36 €. Durch diese Aktientransaktion hat er 1,75 € pro Aktie Gewinn gemacht. Bei Positionseröffnung hat er jedoch 1,75 € pro Aktie zahlen müssen, sodass er insgesamt weder Gewinn noch Verlust hat; die Gewinnschwelle ist erreicht.

Auch diese Grafik kann in drei Abschnitte eingeteilt werden:

**Abschnitt 1**: Der Aktienkurs liegt unter dem Break-Even-Point von 34,25 €.

Der Käufer des Puts befindet sich in der Gewinnzone.

Liegt der Kurs der Aktie bei Optionsausübung bei 32 €, dann kauft er die Aktie am Markt zu 32 € und kann sie zu 36 € verkaufen. Zieht man von dem realisierten Gewinn von 4 € den für den Put gezahlten Optionspreis von 1,75 € ab, so ergibt sich ein Gesamtgewinn von 2,25 €.

**Abschnitt 2**: Der Aktienkurs liegt zwischen dem Basispreis 36 € und dem Break-Even-Point 34,25 €.

Der Käufer des Puts befindet sich in der Zone des verminderten Verlustes.

Liegt der Kurs der Aktie am letzten Handelstag der Option bei 35 €, dann kauft er die Aktie am Markt zu 35 € und kann diese zu 36 € an den Verkäufer des Puts verkaufen. Durch diese Transaktion hat er einen Gewinn von 1 € pro Aktie erzielt. Abzüglich des gezahlten Optionspreises von 1,75 € verbleibt ein Verlust von 0,75 €.

Würde er die Option verfallen lassen, dann wäre ein Verlust von 1,75 € entstanden.

**Abschnitt 3**: Der Aktienkurs liegt über dem Basispreis.

Der Käufer des Puts ist in der Zone des maximalen Verlustes.

Sollte der Kurs der Aktie oberhalb des Basispreises von 36 € liegen, so lässt der Käufer die Option verfallen, da er die Aktie am Markt zu einem höheren Kurs verkaufen kann. Sein Verlust beläuft sich auf 1,75 € pro Aktie, den gezahlten Optionspreis.

Die Strategie des Kaufs eines Puts bietet sich in **Erwartung fallender Kurse** an.

### 3.1.4.4 Verkauf eines Puts („Short Put„)

Der Verkäufer eines Puts nimmt die Gegenposition zum Käufer des Puts ein. Er verpflichtet sich gegen Erhalt des Optionspreises, den Basiswert jederzeit während bzw. am Ende der Laufzeit bei Andienung durch den Optionskäufer zum vereinbarten Basispreis zu kaufen.

#### Beispiel

Verkauf DCX Put, Basis 36 €, Verfall Juni, Optionspreis 1,75 €.

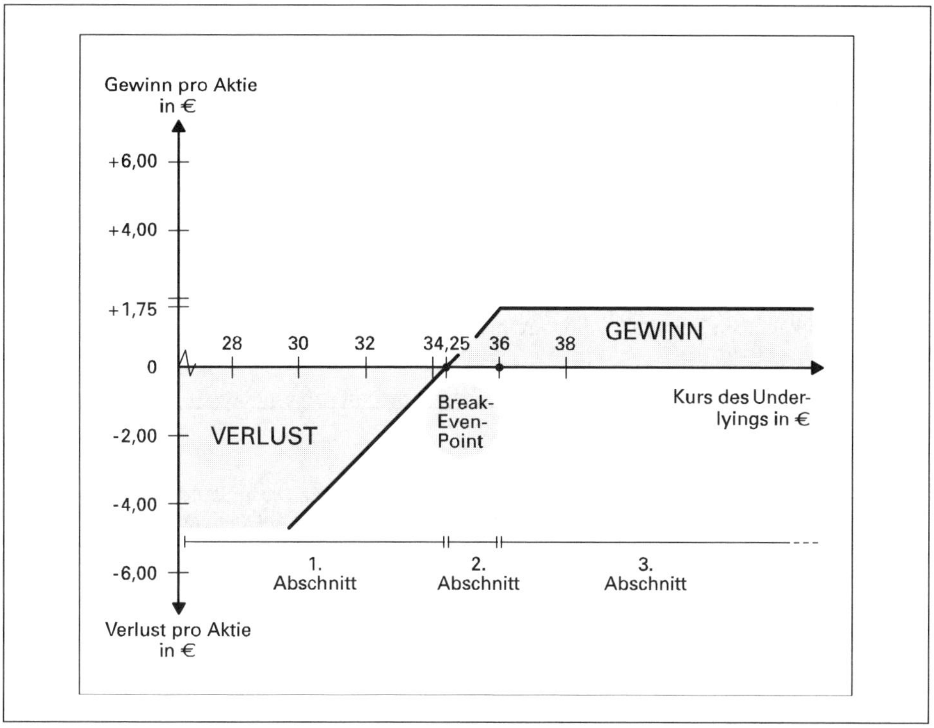


***Abbildung 12:*** *Verkauf einer Verkaufsoption (Short Put)*

Auch diese Grafik kann in drei Abschnitte eingeteilt werden:

**Abschnitt 1**: Der Aktienkurs liegt unter dem Break-Even-Point von 34,25 €.

Der Verkäufer des Puts befindet sich in der Verlustzone.

Je stärker die Aktie fällt, desto größer wird sein Verlust. Liegt der Aktienkurs bei 32 €, dann wird der Käufer des Puts die Option ausüben. Der Verkäufer des Puts muss die Aktie zum Basispreis von 36 € übernehmen, und kann sie an der Börse nur zu 32 € verkaufen. Daraus entstehen 4 € Verlust, vermindert um den erhaltenen Optionspreis von 1,75 €. Sein Gesamtverlust beträgt 2,25 € (+1,75 € – 4 €).

**Abschnitt 2**: Der Aktienkurs liegt zwischen dem Basispreis 36 € und dem Break-Even-Point 34,25 €.

Der Verkäufer des Puts befindet sich in der Zone des verminderten Gewinnes.

Liegt der Aktienkurs bei 35 €, dann wird der Käufer des Puts die Option ausüben. Der Verkäufer des Puts muss die Aktie zum Basispreis (36 €) übernehmen, und kann sie an der Börse zu 35 € wieder verkaufen. Daraus entsteht 1 € Verlust. Verrechnet mit dem erhaltenen Optionspreis von 1,75 € ergibt sich ein Gewinn von 0,75 € pro Aktie.

**Abschnitt 3**: Der Aktienkurs liegt über dem Basispreis von 36 €.

Der Verkäufer des Puts erzielt den maximalen Gewinn in Höhe des erhaltenen Optionspreises von 1,75 € pro Aktie, da der Käufer des Puts diesen nicht ausübt.

Diese Strategie kann vor dem Hintergrund folgender Varianten eingegangen werden:

- Spekulative Variante
  Die Ausübung, das heißt der Erwerb der Aktien ist nicht eingeplant. Einer begrenzten Gewinnmöglichkeit steht ein „quasi" unbegrenzter Verlust gegenüber. Der Verkäufer kann in obigem Beispiel maximal 34,25 € pro Aktie verlieren, da die Aktie schlimmstenfalls auf 0 € fallen kann. Im Vergleich zum vereinnahmten Preis von 1,75 € ist dies jedoch rund das 20-fache.

**Achtung!**

*Das* ***Verlustpotenzial*** *ist bei fallenden Kursen* ***(fast) unbegrenzt****. Diese Strategie sollte wegen dieses hohen Risikos lediglich von termingeschäftserfahrenen Anlegern durchgeführt werden. Wegen des hohen Verlustpotenzials müssen diese Positionen besonders sorgfältig überwacht werden. Genau wie beim ungedeckten Call müssen hier ebenfalls Sicherheitsleistungen hinterlegt werden (siehe Kap. 8 „Margining").*

- Konservative Variante
  Hat der Verkäufer des Puts die Absicht, die Aktien ins Depot zu nehmen und steht ihm der Gegenwert dafür bereits bei Positionseröffnung zur Verfügung, spricht man von „Covered Short Put". Bei dieser Strategie erwartet der Verkäufer des Puts eine Andienung des Basiswerts vom Käufer des Puts. Die wachsende Bedeutung dieser Strategie begründet sich damit, dass sich Aktienkäufer durch den Verkauf des Puts zusätzliche Einnahmen sichern und damit ggf. die Aktien zu günstigeren Kursen erwerben können als zum aktuellen Marktpreis. Diese Einnahmen entstehen aus dem vereinnahmten Optionspreis des Puts. Sie reduzieren die Anschaffungskosten der Aktienposition (siehe auch 10.2.1.4 „Covered-Short-Put").

## Beispiel

Ein Investor hat 36.000 € Guthaben, das er in DCX-Aktien investieren möchte. Aktuell wird die Aktie zu einem Preis von 36 € gehandelt. Der Investor entscheidet sich dafür, 10 Puts, die sich insgesamt auf 1.000 DCX-Aktien beziehen, Verfall Juni, Basispreis 36 €, zu verkaufen. Für diese Puts erhält er einen Preis von 1,75 € pro Aktie, zusammen also 1.750 €.

Bezug nehmend auf Abbildung 12 ergeben sich bei dieser Strategievariante folgende Alternativen:

**Abschnitt 1 und 2**: Aktienkurse unterhalb von 36 €

Fällt der Aktienkurs am letzten Handelstag unter 36 €, wird der Käufer die Option ausüben. Der Verkäufer des Puts bekommt die Aktien zu 36 € angedient. Da er bereits einen Preis in Höhe von 1,75 € vereinnahmt hat, vermindert sich sein Einstandskurs auf 34,25 €. Das Risiko eines Kursrückganges ist dann nicht der Option, sondern der Kassaposition (also der Aktie) zuzuschreiben. Dieser Verlust wäre auch bei einem direkten Aktienkauf (ohne Covered Short Put) eingetreten. Er läge allerdings um 1,75 € pro Aktie höher.

Merke: Zum Zeitpunkt des Optionsverkaufs wurde eine potenzielle Kaufentscheidung für die Aktie getroffen.

**Abschnitt 3**: Aktienkurse oberhalb von 36 €

Bei Aktienkursen oberhalb von 36 € werden die Puts nicht ausgeübt. Dies bedeutet, dass der Investor die DCX-Aktien **nicht** erhält. Er hat jedoch den Preis in Höhe von 1,75 € pro Aktie vereinnahmt. Dies bedeutet einen Maximalgewinn aus der Optionsposition von 1.750 €.

Sollte sich die Aktie nicht wesentlich verändert haben, kann er eine erneute Covered Short Put Strategie eingehen. Sollte die Aktie allerdings deutlich angestiegen sein, konnte er an diesem Kursgewinn nicht partizipieren.

## 3.2 Optionspreisbestimmung

**Optionspreise** geben den **Wert einer Option** an. Dieser Wert ist neben Angebot und Nachfrage unter anderem abhängig von der Höhe des Aktienkurses und kann theoretisch berechnet werden. Hierzu gibt es verschiedene Optionspreisbewertungsmodelle (Black & Scholes-Modell, Binomialmodell nach Cox-Ross-Rubinstein). Auf eine Beschreibung solcher Modelle wird in diesem Buch der Komplexität wegen verzichtet.

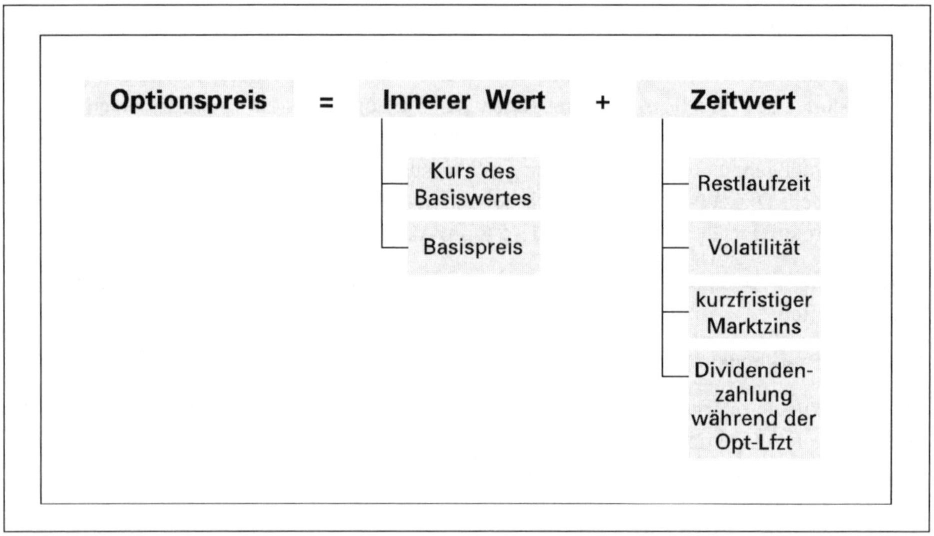


***Abbildung 13:*** *Zusammensetzung des Optionspreises*

## 3.2.1 Innerer Wert

Der Innere Wert einer Option ist der positive Differenzbetrag aus Basispreis und aktuellem Kurs des Basiswertes.

### 3.2.1.1 Innerer Wert des Calls (Aktienkurs – Basispreis)

Ein Call hat einen Inneren Wert, wenn der Kurs des Basiswertes über dem Basispreis liegt. Dies bedeutet in der Fachsprache, die Option ist **„im Geld“** (der Käufer der Option befindet sich bei Ausübung entweder in der Zone verminderten Verlustes oder in der Gewinnzone).

## Beispiel

DCX Call Basispreis 36 €
aktueller Kurs der DCX-Aktie ist 37 €
der Innere Wert beträgt 37 – 36 = 1 €
der Call ist 1 € im Geld

Hat der Call keinen Inneren Wert, dann ist die Option entweder genau „am Geld“ oder „aus dem Geld“.

**Am Geld** ist ein Call, wenn der Kurs des Basiswertes in unmittelbarer Nähe des Basispreises notiert. Die Option hat keinen oder nur einen sehr geringen Inneren Wert.

## Beispiel

> DCX Call Basispreis 36 €
> aktueller Kurs der DCX-Aktie ist 36 €
> der Innere Wert beträgt 36 – 36 = 0 €

**Aus dem Geld** ist der Call, wenn der Kurs des Basiswertes unter dem Basispreis liegt. Der Call hat keinen Inneren Wert.

## Beispiel

> DCX Call Basispreis 36 €
> aktueller Kurs der DCX-Aktie ist 34 €
> der Innere Wert beträgt 34 – 36 = 0 €
> (der Innere Wert kann nicht negativ werden!)

### 3.2.1.2 Innerer Wert des Puts (Basispreis – Aktienkurs)

Ein Put hat – im Gegensatz zum Call – dann einen Inneren Wert, wenn der Kurs des Basiswertes unter dem Basispreis liegt. Der Put ist dann **im Geld**.

## Beispiel

> DCX Put Basispreis 36 €
> aktueller Kurs der DCX-Aktie ist 35 €
> der Innere Wert ist 36 – 35 = 1 €
> der Put ist 1 € im Geld

**Am Geld** ist der Put, genauso wie der Call, wenn der Kurs des Basiswertes in unmittelbarer Nähe des Basispreises notiert. Die Option hat keinen oder nur einen geringen Inneren Wert.

Der Put ist **aus dem Geld**, wenn der Kurs des Basiswertes über dem Basispreis liegt. Der Innere Wert ist Null.

### 3.2.1.3 Zusammenfassung

| | Calls | Puts |
|---|---|---|
| im Geld (in the money) | Aktienkurs > Basispreis | Aktienkurs < Basispreis |
| am Geld (at the money) | Aktienkurs = Basispreis | Aktienkurs = Basispreis |
| aus dem Geld (out of the money) | Aktienkurs < Basispreis | Aktienkurs > Basispreis |

***Tabelle 5:*** *Innerer Wert von Calls und Puts*

Die Bezeichnung „am Geld" wird in der Praxis auch für Positionen verwendet, deren Basispreis in unmittelbarer Nähe des Basiswertkurses liegt, die also minimal im oder aus dem Geld notieren.

## 3.2.2 Zeitwert

Würde sich der Optionspreis nur am Inneren Wert einer Option ausrichten, könnten nur „im Geld" liegende Optionen einen Preis haben. Die Realität zeigt jedoch, dass auch für am und aus dem Geld liegende Optionen Preise gezahlt werden. Darüber hinaus werden auch im Geld liegende Optionen zu Preisen gehandelt, die den Inneren Wert übersteigen. Diese **Differenz zwischen Optionspreis und Innerem Wert wird als Zeitwert bezeichnet.**

## Beispiel

| | |
|---|---|
| Position: | DaimlerChrysler Put Basispreis 36 |
| aktueller Aktienkurs: | 35,00 € |
| Optionspreis: | 1,50 € |
| Innerer Wert: | 1,00 € (36,00 €– 35,00 €) |
| Zeitwert: | 0,50 € ( 1,50 € – 1,00 €) |

Der Zeitwert ist umso größer, je länger die Restlaufzeit der Option ist.

Eine Option beinhaltet – wie bereits dargestellt – das Recht, den Basiswert zu einem bestimmten Basispreis zu kaufen oder zu verkaufen. Je länger die Restlaufzeit ist, desto größer ist die Chance, dass die Option im Geld endet und für den Käufer bei einer Ausübung einen Gewinn bringt. Diese Chance für den Käufer ist das Risiko für den Verkäufer. Für dieses Risiko muss der Käufer dem Verkäufer einen finanziellen Ausgleich bieten.

Der **Zeitwert wird mit abnehmender Restlaufzeit kleiner**. Die Verminderung des Zeitwertes ist nicht linear, sondern verstärkt sich gegen Ende der Laufzeit einer Option. Dieses Phänomen wird dann verständlich, wenn man sich verdeutlicht, dass die Verkürzung der Optionslaufzeit um einen Tag von geringerem Gewicht ist, wenn die Option eine relativ lange Restlaufzeit besitzt (zum Beispiel 90 Tage). Verbleibt jedoch nur noch eine verhältnismäßig kurze Restlaufzeit (zum Beispiel 4 Tage), wirkt sich eine Laufzeitverkürzung um einen Tag auf die Chance, dass eine Option noch im Geld enden wird, ungleich stärker aus.

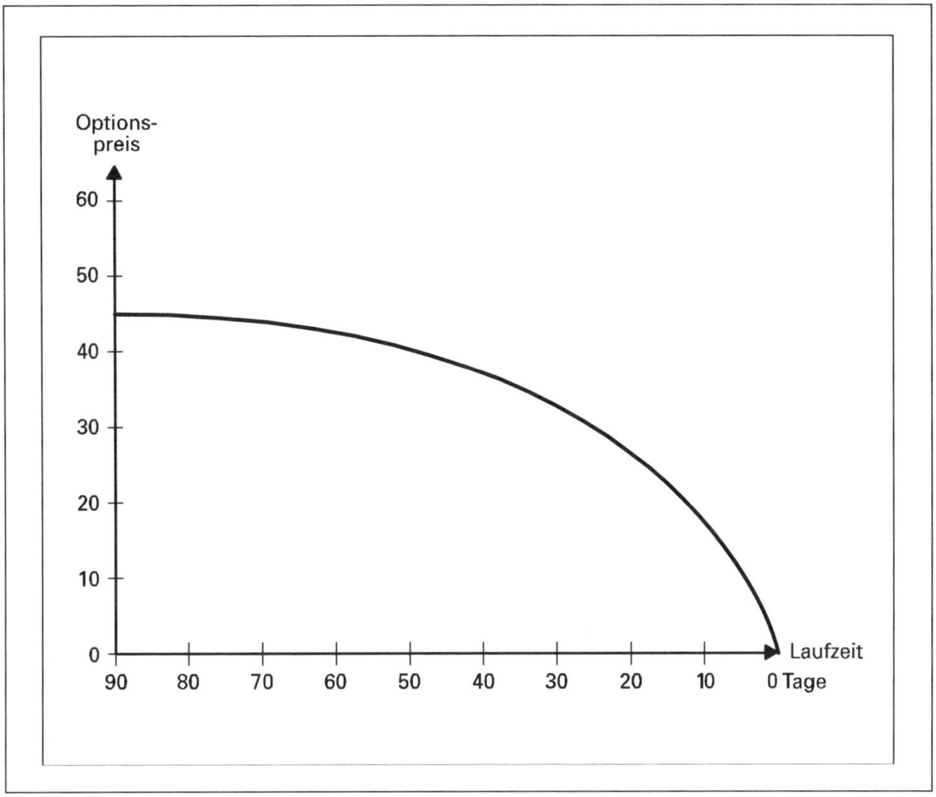


***Abbildung 14:*** *Zeitwertverfall einer Option (idealtypisch)*

## Beispiel

Ein Kunde ist überzeugt, dass eine bestimmte Aktie steigen wird und beschließt, einen Call mit drei Monaten Restlaufzeit zu kaufen. In den beiden Folgemonaten macht die Aktie eine Seitwärtsbewegung, das heißt, sie verändert kaum ihr Kursniveau. Ist der Kunde weiterhin vom Anstieg der Aktienkurse überzeugt, sollte er die bestehende Option schließen und eine neue Optionsposition mit einer längeren Laufzeit wieder neu eröffnen. Würde er dies nicht tun, hätte er nur noch einen Monat Zeit, mit der bestehenden Optionsposition am erwarteten Kursanstieg zu partizipieren. Steigt die Aktie in diesem Zeitraum nicht über den Basispreis, hat er seinen Kapitaleinsatz, den er in die Optionsposition gesteckt hat, verloren.

Aus der umgekehrten Überlegung heraus wird in der Regel empfohlen, kurzlaufende Optionen zu verkaufen.

**Merke:**

Beim Options**kauf** sollten **längere Laufzeiten** bevorzugt werden.
Beim Options**verkauf** sollten **kürzere Laufzeiten** bevorzugt werden.

Abbildung 15 verdeutlicht die Beziehung zwischen dem Inneren Wert und dem Zeitwert eines Calls. Wie zu erkennen ist, hat eine Aus-dem-Geld-Option (zum Beispiel Basispreis 32, Preis der Aktie 31) keinen Inneren Wert. Dieser stellt sich erst ab Kursen oberhalb von 32 ein. Der Wert der Option besteht vollständig aus ihrem Zeitwert. Wenn die Option durch den Anstieg des Aktienkurses ins Geld läuft, beginnt der Innere Wert der Option zu steigen. Mit zunehmendem Kursanstieg des Underlyings wird der Innere Wert der Option immer größer. Der Zeitwert dagegen nimmt immer stärker ab, bei tief im Geld liegenden Optionen wird kein Zeitwert mehr bezahlt. Der Innere Wert stellt den Wert dar, den eine im Geld notierende Option mindestens aufweisen muss. Es ist der Betrag, der bei einer Ausübung und gleichzeitigem Gegengeschäft an der Börse erzielt wird.

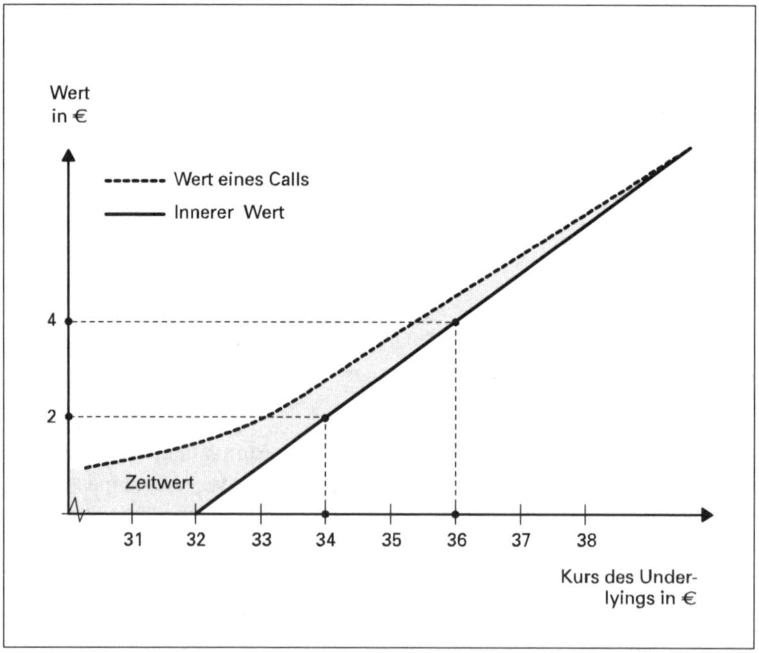


***Abbildung 15:*** *Beziehung zwischen Innerem Wert und Zeitwert bei einem Call*

## 3.2.3 Einflussfaktoren auf den Optionspreis

Wie bereits beschrieben, setzt sich der Wert einer Option aus dem Inneren Wert und dem Zeitwert zusammen. Sowohl der Innere Wert als auch der Zeitwert der Option hängen von verschiedenen Einflussfaktoren ab.

Im Folgenden werden diese Einflussfaktoren näher dargestellt. Weiterhin wird verdeutlicht, wie diese einzelnen Faktoren den Optionspreis beeinflussen und wie stark dieser Einfluss ist.

### 3.2.3.1 Kurs des Underlyings

Wenn man sich erneut die Zusammensetzung des Optionspreises verinnerlicht, merkt man sehr deutlich den Einfluss des Kurses des Underlyings auf den Optionspreis.

Der Kurs des Underlyings hat sehr entscheidenden Einfluss auf den Inneren Wert der Option. Bei Calls im Geld steigt der Innere Wert der Option an, wenn der Kurs des Underlyings ansteigt, andererseits nimmt bei Puts im Geld der Innere Wert bei Anstieg des Underlyings ab.

Generell gilt folgender Zusammenhang:

| | **Preis eines Calls** | **Preis eines Puts** |
|---|---|---|
| Kurs des Underlyings steigt | steigt | fällt |
| Kurs des Underlyings fällt | fällt | steigt |

***Tabelle 6:*** *Veränderung des Optionspreises bei Kursänderung des Basiswertes*

### 3.2.3.2 Volatilität

Die Volatilität ist ein statistisches Maß für die Intensität, mit der Wertpapierkurse innerhalb eines gewissen Zeitraums schwanken. Sie gibt das **Ausmaß der Schwankung,** nicht aber die Richtung der Bewegung an.

Während der Kurs des Underlyings einen sehr wichtigen Einfluss auf den Inneren Wert einer Option ausübt, ist der Zeitwert der Option in erheblichem Maße von der Volatilität des Underlyings abhängig.

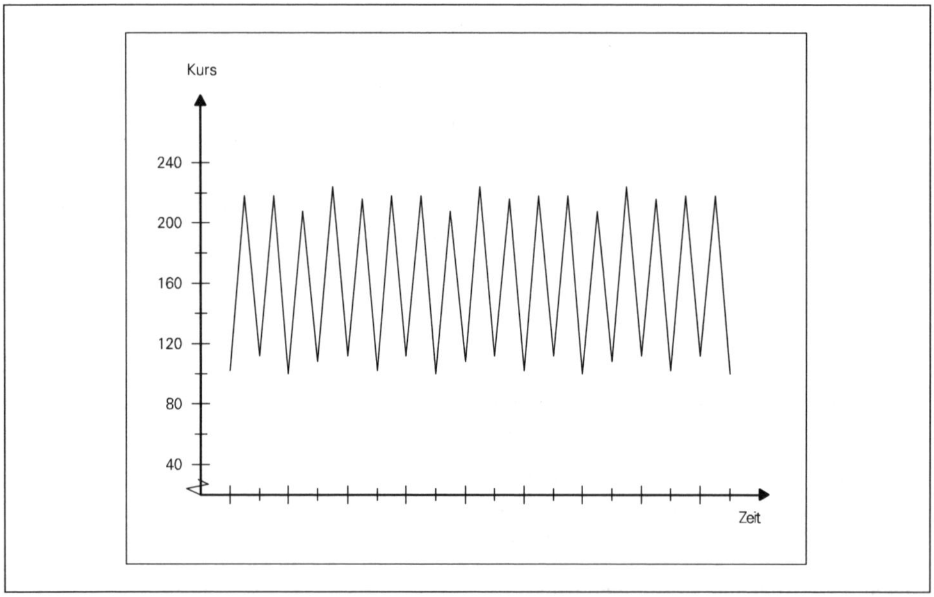


***Abbildung 16:*** *Hohe Volatilität*

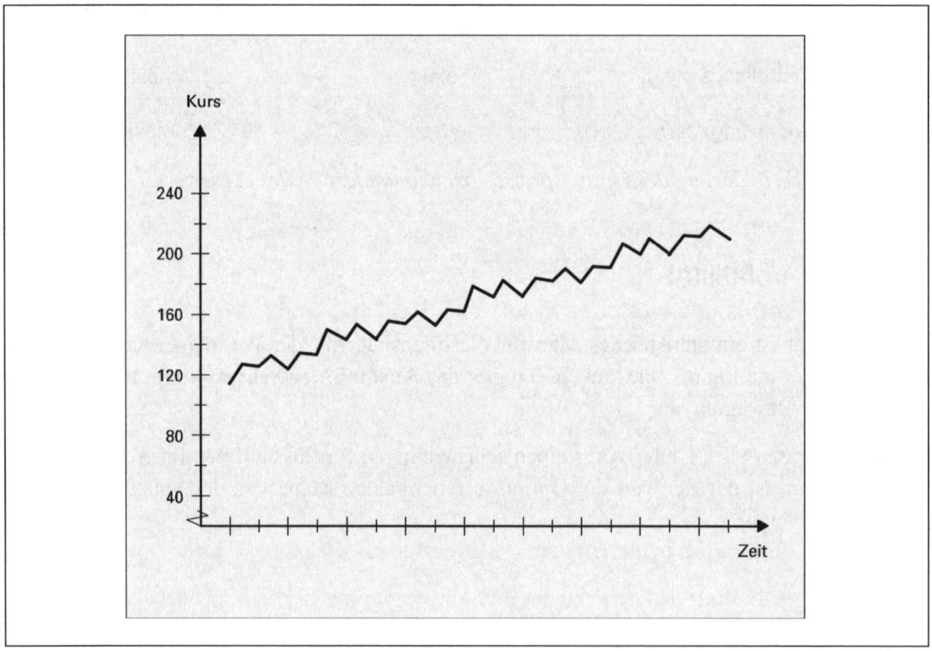


***Abbildung 17:*** *Niedrige Volatilität*

**Je höher die Volatilität, desto höher ist der Zeitwert und damit der Optionspreis.** Denn die Möglichkeit einer gewinnbringenden Ausübung ist umso größer, je höher die Volatilität der Option ist. Aus diesem Grund sind Optionen auf Wertpapiere mit höherer Volatilität teurer als Optionen auf Wertpapiere mit geringerer Volatilität.

| | Preis eines Calls | Preis eines Puts |
|---|---|---|
| Anstieg der Volatilität | steigt | steigt |
| Rückgang der Volatilität | fällt | fällt |

***Tabelle 7:*** *Einfluss der Volatilität auf den Optionspreis*

## Implizite Volatilität

Obwohl man aus den historischen Kursen eines Underlyings für eine gewisse Laufzeit genau die historische Volatilität des Underlyings bestimmen kann, hängt die aktuelle Volatilität sehr stark von den subjektiven Erwartungen der Marktteilnehmer ab.

Diese Erwartungen spiegeln sich in der „impliziten Volatilität" wider. Die implizite Volatilität lässt sich aus dem aktuell gehandelten Marktpreis der Option mit Hilfe der Optionspreisformel rückrechnen. Sie spiegelt die Volatilitätseinschätzung der Marktteilnehmer in Bezug auf die künftige Entwicklung des Underlyings wider.

## 3.2.3.3 Marktzins

Der Marktzins ist ebenfalls ein Einflussfaktor auf den Zeitwert einer Option. Wir wollen dies aus unterschiedlichen Perspektiven anhand einfacher Beispiele erläutern:

Der **Käufer einer Aktie** muss diese finanzieren, er hat also entsprechende, vom Geldmarktzins abhängige Finanzierungskosten.

Der **Käufer eines Calls** hingegen erspart sich diese Finanzierungskosten für die Dauer der Optionslaufzeit, stattdessen erfährt der Preis des Calls einen entsprechenden Aufschlag.

Der **Verkäufer eines gedeckten Calls** (Covered Call Writing) konnte den ursprünglichen Kauf der Aktien auf zwei Arten finanzieren:

- **durch Fremdkapital**; in diesem Fall entstehen ihm Finanzierungskosten,
- **durch Eigenkapital**; dadurch entgeht ihm ein Zinsertrag, der sich aus dem Marktzins errechnet, denn er hat sein Geld in Aktien gebunden.

Dieser Nachteil wird ihm durch den oben genannten Zinsaufschlag beim Call ausgeglichen.

Ein **Aktienbesitzer**, der fallende Kurse erwartet, hat die Möglichkeit, a) die Aktien zu verkaufen oder b) einen Put zur Absicherung zu erwerben.

Zu a): Der **Aktienverkäufer** erhält Liquidität, die er zum Geldmarktsatz anlegen kann. Er hat somit einen Zinsvorteil.

Zu b): Beim **Käufer eines Puts** entfällt dieser Vorteil, da er die Aktien ja nicht verkauft. Dies wird ihm durch einen entsprechenden Zinsabschlag im Optionspreis des Puts ausgeglichen.

**Der Verkäufer eines Puts** wird das für die eventuelle Andienung der Aktien vorhandene Eigenkapital in Höhe des Marktzinses während der Optionslaufzeit verzinst bekommen bzw. muss erst bei Andienung der Aktien Fremdkapital aufnehmen und spart bis dahin Finanzierungskosten. In beiden Fällen wird der Verkäufer des Puts aufgrund seines Zinsvorteils bereit sein, die Option mit einem entsprechenden Abschlag zu veräußern.

Aus obiger Erläuterung ergibt sich, dass unter ausschließlicher Berücksichtigung des Marktzinses und bei sonst gleichen Parametern der Call rechnerisch teurer ist als der Put.

Ein steigender Marktzins wirkt sich bei einem Call erhöhend auf den Optionspreis aus, bei einem Put entsprechend ermäßigend. Umgekehrt fällt der Call bei einem fallenden Marktzins, während der Put steigt.

| | **Preis eines Calls** | **Preis eines Puts** |
|---|---|---|
| Anstieg des Marktzinses | steigt | fällt |
| Rückgang des Marktzinses | fällt | steigt |

***Tabelle 8:*** *Einfluss des Marktzinses auf den Optionspreis*

Ergänzend ist jedoch festzustellen, dass der Einfluss des Marktzinses auf die Optionspreise im Vergleich zu den anderen Faktoren äußerst gering ist.

### 3.2.3.4 Dividenden

Dividenden sind von großer Bedeutung für die Optionspreise, wenn sie während der Laufzeit der Option gezahlt werden. Wie wir bereits festgestellt haben, ist ein Call umso mehr wert, je höher der Preis des zugrunde liegenden Underlyings notiert. Umgekehrt, je niedriger der Kurs des Underlyings ist, desto weniger ist der Call wert.

Im Falle einer Dividendenausschüttung ermäßigt sich der Wert des Underlyings durch den Dividendenabschlag. Dadurch geht der Wert des Calls theoretisch zurück, insbesondere dann, wenn er sich im Geld befindet. Je weiter der Call aus dem Geld ist, umso geringer ist dieser Effekt.

Puts gewinnen an Wert, wenn der Aktienkurs fällt. Dividendenausschüttungen bewirken demnach – durch den von ihnen verursachten Kursrückgang – theoretisch die Aufwertung von Puts.

Der Zeitwert tendiert bei kürzer laufenden Optionen kurz vor der Dividendenzahlung bei Calls gegen 0, bei Puts auf die Höhe des erwarteten Dividendenabschlages, wohingegen langlaufende Optionen in der Regel einen leicht darüber hinaus gehenden Zeitwert haben.

In der Praxis preist der Markt den Dividendenabschlag bereits im Vorfeld des Dividendentermins (HV-Tag, nicht Ex-Tag) in den Optionspreis ein. Dadurch wird an diesem Termin keine – dem Aktienkursrückgang angemessene – Veränderung des Optionspreises sichtbar. Der Ausgleich erfolgt schrittweise über einen bei Calls sich vermindernden bzw. bei Puts sich erhöhenden Zeitwert.

**Achtung:** Da zum Zeitpunkt der Dividendenzahlung dem Aktienhalter die Dividende zusteht, findet – vor allem bei kurzen Restlaufzeiten von im Geld befindlichen Calls – oftmals eine Ausübung kurz vor der Dividendenzahlung statt. Daher sollte bei CCW-Beständen besonders auf Dividendentermine geachtet werden.

Bei Optionen europäischen Stils findet dieser Einfluss der Dividendenzahlung auf den Optionspreis nicht statt. Hier ist der während der Optionslaufzeit erwartete Dividenenabschlag in den Optionskurs eingepreist.

| | Preis eines Calls | Preis eines Puts |
|---|---|---|
| Dividendenzahlung | fällt | steigt |

***Tabelle 9:*** *Einfluss von Dividenden auf den Optionspreis*

**Hinweis:**

Am Tag des Dividendenbeschlusses (Hauptversammlung, HV) können gemäß EUREX-Reglement aus abwicklungstechnischen Gründen Optionen der betreffenden Aktien **nicht** ausgeübt werden. Fällt der letzte Handelstag einer Option auf einen solchen HV-Tag, so endet die Laufzeit dieser Option bereits am Tag davor (siehe auch Punkt 3.5.1 „Aktienoptionen“).

### 3.2.3.5 Restlaufzeit der Option

Wie bereits erwähnt, setzt sich der Preis der Option aus dem Inneren Wert und dem Zeitwert zusammen. Die Höhe des Zeitwertes hängt entscheidend von der Laufzeit der Option ab. Denn je länger die Restlaufzeit einer Option ist, desto höher ist die Wahrscheinlichkeit, dass die Option „ins Geld läuft“ und am Ende der Laufzeit gewinnbringend ausgeübt werden kann (siehe auch 3.2.2 „Zeitwert“).

### 3.2.3.6 Zusammenfassung aller Einflussparameter

Tabelle 10 soll nochmals zusammenfassend einen Überblick über die Auswirkungen der verschiedenen Parameter auf den Optionspreis geben.

| Einflussparameter | | Call-Optionspreis | Put-Optionspreis |
|---|---|---|---|
| Underlying | ↑ | ↑ | ↓ |
| | ↓ | ↓ | ↑ |
| Volatilität | ↑ | ↑ | ↑ |
| | ↓ | ↓ | ↓ |
| Restlaufzeit | ↓ | ↓ | ↓ |
| | ↑ | ↑ | ↑ |
| Marktzins | ↑ | ↑ | ↓ |
| | ↓ | ↓ | ↑ |
| Dividendenzahlung | | | |
| (american Style) | | ↓ | ↑ |
| (european Style) | | → | → |

***Tabelle 10:*** *Zusammenfassung aller Einflüsse auf den Optionspreis*

## 3.2.4 Sensitivitätsfaktoren des Optionspreises (Griechen)

Gemäß den bisherigen Ausführungen kann man aus der Abhängigkeit des Optionspreises von den Einflussparametern verschiedene Sensitivitätsfaktoren ableiten. Diese nennt man auch „Griechen", da zur Bezeichnung griechische Buchstaben verwendet wurden.

Diese Sensitivitätsfaktoren quantifizieren, wie sich der Wert einer Option, bei einer entsprechenden Veränderung eines Einflussparameters, verändert.

Um eine Unterscheidung zwischen Long- und Short-Positionen vornehmen zu können, haben wir diese im Folgenden mit den Vorzeichen „+" bzw. „–" gekennzeichnet. Dadurch wird in den Beispielen die rechnerische Veränderung durch die positiv bzw. negativ wirksamen Sensitivitätsfaktoren deutlich.

| | Optionspreis Long Position | Optionspreis Short Position |
|---|---|---|
| Call | + 20 € | - 20 € |
| Put | + 30 € | - 30 € |

***Tabelle 11:*** *Beispiel der Darstellung von Long- bzw. Short-Positionen durch unterschiedliche Vorzeichen*

## 3.2.4.1 Delta

Wie wir bereits gesehen haben, hängt der Wert einer Option entscheidend von der Veränderung des Preises des Underlyings ab. Um genau zu quantifizieren, um wie viel sich der Wert der Option bei einer Veränderung des Wertes des Underlyings verändert, benutzt man den Delta-Faktor.

Der Delta-Faktor wird aus einer Optionsbewertungsformel abgeleitet und ist ein Maß dafür, um **wie viele Punkte sich der Wert einer Option verändert, wenn sich der Kurs des zugrunde liegenden Underlyings um einen Punkt verändert**.

Das Delta wird bei einer strategiebezogenen Betrachtung bei Long Calls und Short Puts zwischen 0 und +1 und bei Long Puts und Short Calls zwischen 0 und -1 angegeben. Das folgende Beispiel verdeutlicht diesen Zusammenhang.

## Beispiel

Ein am Geld liegender DAX-Long-Call mit einem Basispreis von 6.000 hat ein Delta von circa + 0,5 (das heißt bei einem DAX-Anstieg um einen Punkt steigt der DAX Long Call um 0,5 Punkte, beispielsweise von +150,00 auf +150,50). Steigt zum Beispiel der Kurs des DAX auf über 8.000, nähert sich das Delta dem Faktor + 1. Dies bedeutet, dass sich der Wert der Long Option nahezu 100-prozentig mit dem Wert des Underlyings verändern wird.

Andererseits ändert sich ein DAX-Short-Call mit dem Delta -0,5 von -150,00 auf -150,50 bei einem DAX-Anstieg um einen Punkt von 6.000 auf 6.001. Hierdurch kommt zum Ausdruck, dass der Anleger im Short Call bei einem DAX-Anstieg einen Verlust erleidet.

Fällt dagegen der Kurs des Underlyings unter den Basispreis, so ist der Call aus dem Geld. Sehr weit aus dem Geld liegende Optionen haben ein Delta von nahezu Null (zum Beispiel Basispreis 6.000, DAX bei 4.000). Die Folge: der Optionspreis ändert sich bei geringen Indexänderungen kaum noch. Das gilt sowohl für die Long als auch für die Short Position.

Die Abbildungen 18 und 19 sollen beispielhaft verdeutlichen, wie das Delta die Call- und Put-Preise bei einem Basispreis von 6.000 und bei einer Veränderung des Underlying-Kurses beeinflusst.

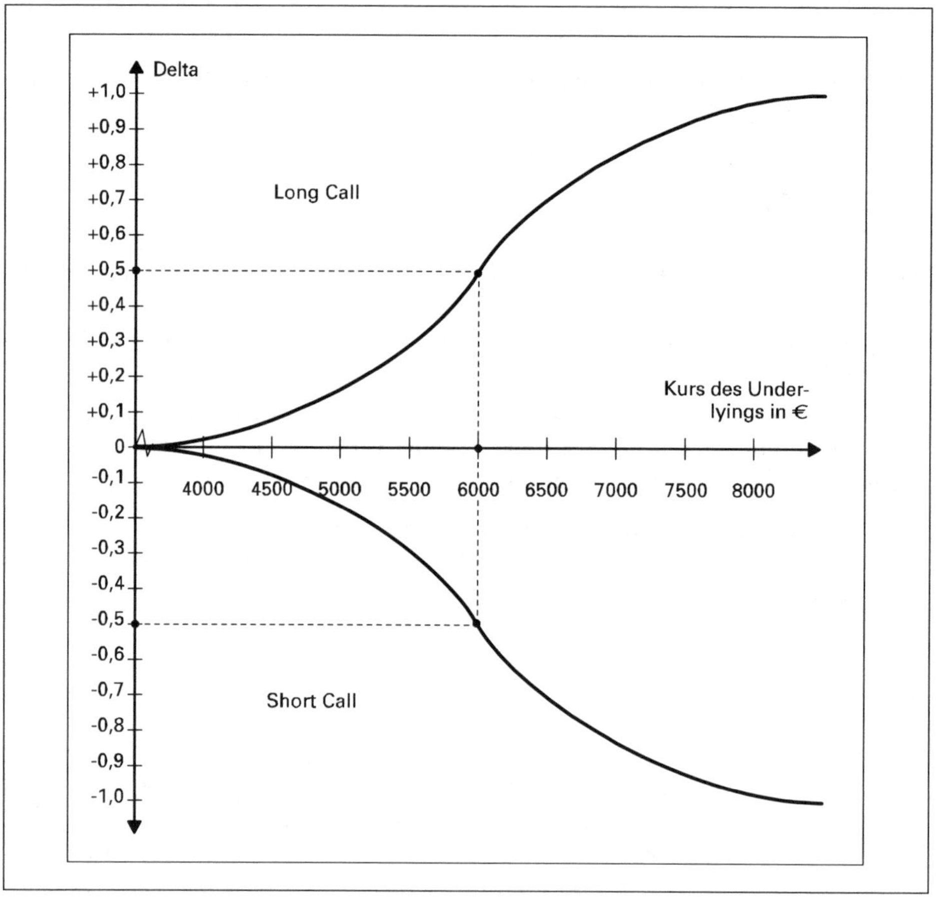


***Abbildung 18:*** *Delta eines Calls in Abhängigkeit vom Kurs des Underlyings*

Aus Abbildung 18 geht hervor, dass Optionen

- am Geld ein Delta von circa 0,5 (-0,5),
- tief im Geld ein Delta von +1 (-1)
- stark aus dem Geld ein Delta von 0 aufweisen.

Wir nennen diese nicht unbedingt typische Art der grafischen Delta-Darstellung den „Delta-Trichter“, wobei wir eine strategiebezogene Betrachtung zugrunde gelegt haben.

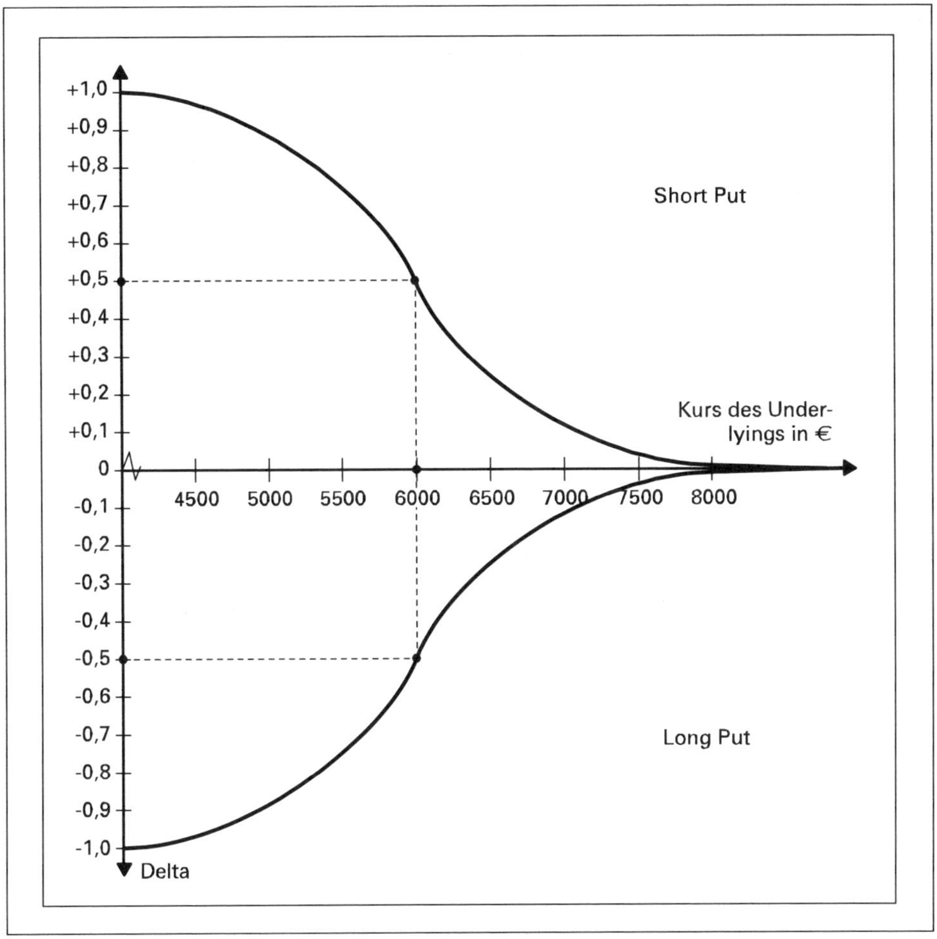


***Abbildung 19:*** *Delta eines Puts in Abhängigkeit vom Kurs des Underlyings*

Der Delta-Faktor wird mit einem Vorzeichen angegeben. Ein **positives Delta**, wie es bei Long Calls und Short Puts angegeben wird, bedeutet, dass der Wert der Option rechnerisch ansteigt, wenn der Preis des Underlyings steigt und umgekehrt.

| DAX | Delta | Optionspreis Long Call 6.000 | Optionspreis Short Put 6.000 |
|---|---|---|---|
| 6000 | | +200,00 | -150,00 |
| + 1 | + 0,5 | + 0,50 | + 0,50 |
| 6001 | | +200,50 | -149,50 |

***Tabelle 12:*** *Beispiel für ein positives Delta*

Bei den vorgenannten Strategien profitiert der Anleger von einem DAX-Anstieg bzw. verliert bei einem Rückgang, was sich im positiven Delta ausdrückt.

Entsprechend haben Long Puts und Short Calls ein **negatives Delta**, da bei einem Anstieg des Preises des Underlyings der Wert der Option rechnerisch fällt.

| DAX | Delta | Optionspreis Short Call 6.000 | Optionspreis Long Put 6.000 |
|---|---|---|---|
| 6000 | | -200,00 | +150,00 |
| + 1 | - 0,5 | - 0,50 | - 0,50 |
| 6001 | | -200,50 | +149,50 |

***Tabelle 13:*** *Beispiel für ein negatives Delta*

Bei den vorgenannten Strategien verliert der Anleger bei einem DAX-Anstieg bzw. gewinnt bei einem Rückgang, was sich im negativen Delta ausdrückt.

Je nach dem, wie weit eine Option im oder aus dem Geld ist, verändert sich das Delta.

| | out-of-the-money | at-the-money | in-the-money |
|---|---|---|---|
| Delta eines Long Call oder Short Put | ca. 0 bis +0,5 | ca. +0,5 | ca. +0,5 bis +1 |
| Delta eines Long Put oder Short Call | ca. 0 bis -0,5 | ca. -0,5 | ca. -0,5 bis -1 |

***Tabelle 14:*** *Delta in unterschiedlichen Optionssituationen*

## 3.2.4.2 Gamma

Während das Delta die Optionspreisveränderung im Verhältnis zum Underlying angibt, informiert das Gamma darüber, **um wie viel sich das Delta einer Option verändert, wenn sich der Kurs des Underlyings um einen Punkt verändert**.

Das Gamma ist bei gekauften Call- und Put-Optionen positiv, bei verkauften Call- und Put-Optionen negativ. Das Gamma ist bei Optionen am Geld am höchsten. Dies zeigt an, dass die Deltaveränderung am Geld bei Veränderung des Underlyings am stärksten ausfällt. Bei Optionen tief im und tief aus dem Geld bewegt sich das Gamma gegen Null.

| | DAX = 6.000 | Gamma | DAX = 6.001 (+1) | DAX = 5.999 (-1) |
|---|---|---|---|---|
| Delta Long Call | + 0,5000 | +0,0018 | **+0,5018** | **+0,4982** |
| Delta Short Put | +0,5000 | -0,0018 | **+0,4982** | **+0,5018** |
| Delta Short Call | -0,5000 | -0,0018 | **-0,5018** | **-0,4982** |
| Delta Long Put | - 0,5000 | +0,0018 | **-0,4982** | **-0,5018** |

***Tabelle 15:*** *Beispiele für Delta und Gamma bei Calls und Puts mit Basispreis 6.000*

Somit stellt das Gamma die Berechnungsgrundlage des „neuen" Delta dar.

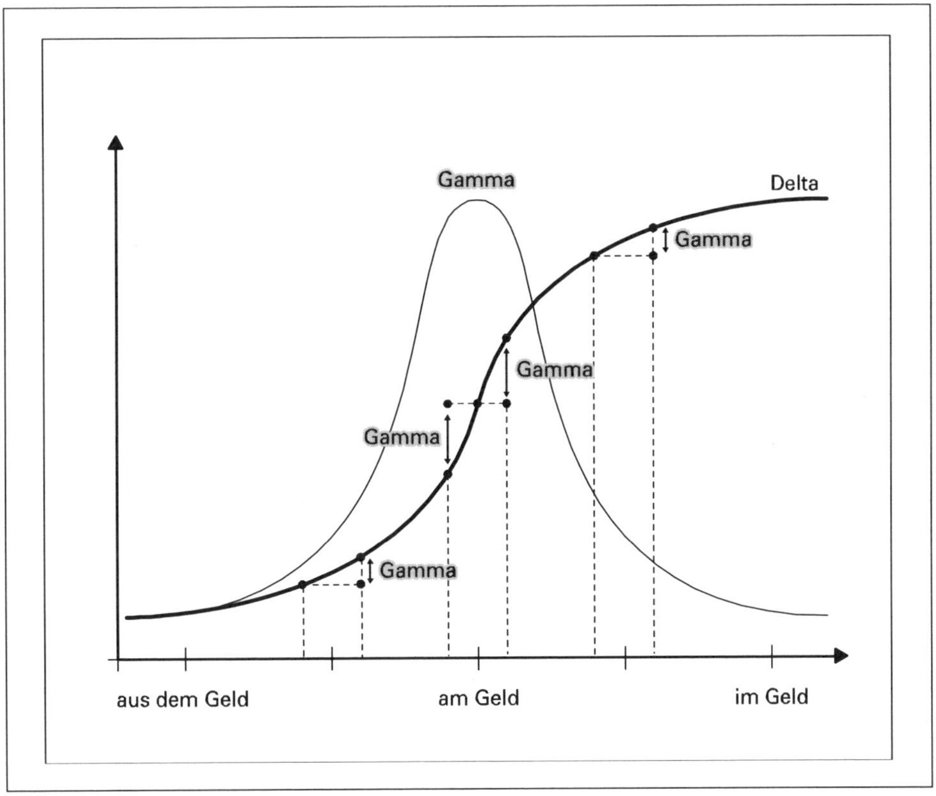


***Abbildung 20:*** *Gamma bei einer Long-Position*

### 3.2.4.3 Vega

Die quantitative Abhängigkeit des Optionspreises von der impliziten Volatilität kommt im Vega zum Ausdruck. Das Vega einer Option gibt an, **um wie viel sich der Optionspreis verändert, wenn sich die implizite Volatilität um einen Prozentpunkt verändert**.

> **Merkhilfe:**
>
> *Dass das Vega in Beziehung zur Volatilität steht, kann man sich am besten dadurch merken, dass beide Begriffe mit einem „V" beginnen.*

Wie bereits erwähnt, besteht zwischen der Volatilität und dem Optionspreis ein positiver Zusammenhang. **Darum ist das Vega bei gekauften Call- und Put-Optionen positiv, bei verkauften Optionen dagegen negativ.** Das Vega wird in einem absoluten Geldbetrag angegeben.

Wenn eine Option bei einer impliziten Volatilität von 15 Prozent ein Vega von 1,40 € hat, bedeutet dies, dass sich bei einem Anstieg der impliziten Volatilität von 15 Prozent auf 16 Prozent – bei Konstanz aller anderen Parameter – der Wert der Option um 1,40 € erhöht.

| | Volatilität | Vega | **Optionspreis** |
|---|---|---|---|
| Long Call | 15 %<br>16 % | +1,40 | **+10,00**<br>**+11,40** |
| Short Call | 15 %<br>16 % | -1,40 | **-10,00**<br>**-11,40** |
| Long Put | 15 %<br>16 % | +1,40 | **+10,00**<br>**+11,40** |
| Short Put | 15 %<br>16 % | -1,40 | **-10,00**<br>**-11,40** |

***Tabelle 16:*** *Einfluss der Volatilität auf den Optionspreis (Vega)*

Am Geld reagiert der Optionspreis auf Volatilitätsveränderungen am stärksten. Weit aus dem Geld bzw. tief im Geld dagegen am schwächsten.

Bei den Long-Positionen läuft das Vega **für** den Investor, bei Short-Positionen **gegen** ihn. Dies kommt durch die unterschiedlichen Vorzeichen zum Ausdruck. Anders ausgedrückt: Eine sich ausweitende Volatilität macht Optionspreise teurer und ist daher für den Optionsschreiber (Short Position) negativ, da er auf einen Verfall der Option spekuliert.

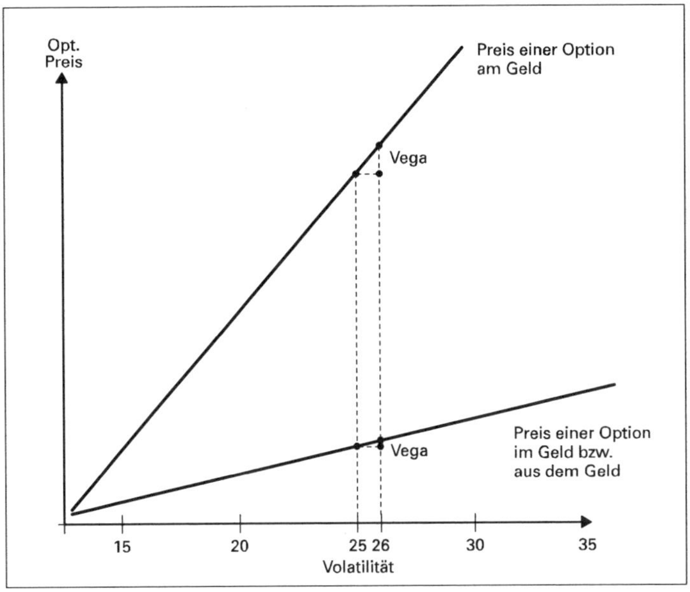


***Abbildung 21:*** *Vega*

## 3.2.4.4 Theta

Das Theta ist ein quantitatives Maß für den Zeitwertverlust der Option. Es gibt an, um **wie viel eine Option von einem auf den anderen Tag an Zeitwert verliert, wenn sich die übrigen Parameter nicht verändern.** Das Theta wird in absolutem Geldbetrag angegeben.

> **Merkhilfe:**
>
> *Der Begriff Theta beginnt mit T, genau wie das englische Wort für Zeit (time). Somit beginnen die mit Zeit in Verbindung gebrachten Begriffe beide mit „T".*

Wie bereits unter 3.2.2 beschrieben, verliert eine Option immer mehr an Zeitwert, je mehr sie sich ihrem Verfallsdatum nähert. Dies gilt insbesondere für Optionen, die sich am Geld befinden. Bei Optionen im Geld und aus dem Geld verläuft der Zeitwertverlust nahezu linear, wie in Abbildung 22 zu sehen ist. Dabei ist der Zeitwert bei im Geld befindlichen Optionen am Ende der Laufzeit aufgebraucht, während bei Aus-dem-Geld-Optionen schon früher kein Zeitwert mehr vorhanden ist (der genaue Zeitpunkt ist nicht feststehend und ist in Abbildung 22 nur als Beispiel zu verstehen). **Generell gilt: Am Geld ist das Theta am größten. Im Geld entsprechend kleiner und aus dem Geld am kleinsten.**

Wenn eine Option ein Theta von 0,25 aufweist, bedeutet dies, dass die Option „über Nacht" 0,25 € an Wert verliert.

| | Zeit | Theta | **Optionspreis** |
|---|---|---|---|
| Long Call | heute<br>morgen | -0,25 | **+10,00**<br>**+9,75** |
| Short Call | heute<br>morgen | +0,25 | **-10,00**<br>**-9,75** |
| Long Put | heute<br>morgen | -0,25 | **+10,00**<br>**+9,75** |
| Short Put | heute<br>morgen | +0,25 | **-10,00**<br>**-9,75** |

***Tabelle 17:*** *Einfluss des Zeitablaufes auf den Optionspreis (Theta)*

Bei den Long-Positionen läuft das Theta **gegen** den Investor, bei Short-Positionen **für** ihn. Dies kommt durch die unterschiedlichen Vorzeichen zum Ausdruck.

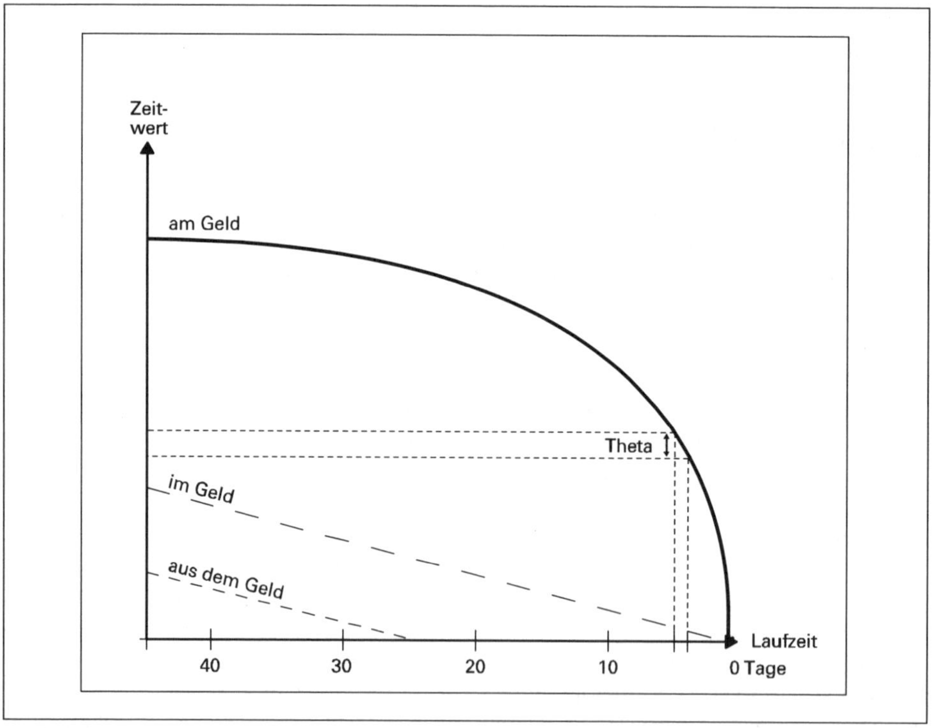


***Abbildung 22:*** *Theta*

Der Optionsschreiber (-Verkäufer) ist am Verfall der Option interessiert. Vom Zeitwertverfall profitiert er, während der Käufer von Tag zu Tag mehr verliert.

### 3.2.4.5 Rho

Das Rho einer Option ist ein quantitativer Sensitivitätsfaktor für den Zusammenhang zwischen der Veränderung des Marktzinses und dem Preis der Option. **Das Rho wird in absolutem Geldbetrag angegeben. Es quantifiziert, um wie viel sich der Optionspreis ändert, wenn sich der Zinssatz um einen Prozentpunkt verändert (Zinssatz = aktueller, der Optionsrestlaufzeit entsprechender Geldmarktzins).**

> **Merkhilfe:**
>
> *Da Rho mit den Zinsen in Verbindung steht und Zinsen auch als Rendite bezeichnet werden, beginnen auch hier beide maßgeblichen Begriffe mit dem gleichen Buchstaben „R".*

Das Rho eines Long Calls und Short Puts ist positiv, das Rho eines Long Puts und Short Calls ist negativ.

Ein Call hat einen Preis von 121,30 €. Das Rho dieses Long Calls beträgt 3,64 € bei einem Zinssatz von 3,1 Prozent. Steigt der Zins von 3,1 Prozent auf 4,1 Prozent, so steigt der Wert der Option von 121,30 € um 3,64 € auf 124,94 €.

| | Zins | Rho | **Optionspreis** |
|---|---|---|---|
| Long Call | 3,10 %<br>4,10 % | +3,64 | **+121,30**<br>**+124,94** |
| Short Call | 3,10 %<br>4,10 % | -3,64 | **-121,30**<br>**-124,94** |
| Long Put | 3,10 %<br>4,10 % | -3,64 | **+121,30**<br>**+117,66** |
| Short Put | 3,10 %<br>4,10 % | +3,64 | **-121,30**<br>**-117,66** |

***Tabelle 18:*** *Einfluss des Marktzinses auf den Optionspreis (Rho)*

Ein steigender Zins führt zu steigenden Call-Preisen und fallenden Put-Preisen (siehe hierzu auch 3.2.3.3 „Marktzins").

## 3.2.5 Übersicht der Sensitivitätsfaktoren

Zusammenfassend soll an dieser Stelle eine Übersicht der verschiedenen Vorzeichen bei den Sensitivitätsfaktoren dargestellt werden.

| | Delta | Gamma | Vega | Theta | Rho |
|---|---|---|---|---|---|
| Long Call | + | + | + | – | + |
| Short Call | – | – | – | + | – |
| Long Put | – | + | + | – | – |
| Short Put | + | – | – | + | + |

***Tabelle 19:*** *Übersicht der Sensitivitätsfaktoren und deren Vorzeichen*

## 3.2.6 Einfluss von Kapitalmaßnahmen

Übernahmen und Fusionen gehören seit einigen Jahren zum üblichen Geschehen an den Kapitalmärkten. Ebenso finden Sonderausschüttungen wegen außergewöhnlicher Erträge immer häufiger statt. Solche Ereignisse verändern naturgemäß die Liefermodalitäten von Derivaten. Die veränderten Kapitalverhältnisse erfordern somit eine Anpassung dergestalt, dass die beiden Kontraktparteien sich genauso stellen, wie vor der Maßnahme. Keinem darf aus dieser Veränderung ein Vor- oder Nachteil erwachsen. Dabei unterscheidet man nach Fusionen und Übernahmen, Sonderdividenden sowie Barausgleichen bei Kapitalmaßnahmen.

### 3.2.6.1 Fusionen und Übernahmen

Bei Fusionen oder Firmenübernahmen kann es zu reinen Aktienangeboten, gemischten Angeboten mit Aktien- und Baranteil, oder reinem Barausgleich kommen.

Bei einem reinen **Aktienangebot** (sowie bei gemischten Angeboten mit mindestens 33 Prozent Aktienanteil) erfolgt ein Umtausch entsprechend des festgelegten Verhältnisses der Aktien der übernommenen Gesellschaft zur übernehmenden Gesellschaft. Die Kontraktgröße und der Basispreis werden im entsprechenden Verhältnis angepasst. Zur Kennzeichnung erhalten diese angepassten Kontrakte eine um 1 erhöhte Versionsnummer. Diese ist ursprünglich 0 und wird meist gar nicht erwähnt. Gleichzeitig werden neue Kontrakte mit standardisierten Kontraktgrößen und Basispreisen sowie der Versionsnummer „0“ eingeführt. Die Anpassung wird mit dem erfolgreichen Zustandekommen der Transaktion relevant.

Ein **Barangebot** (sowohl komplett, als auch gemischt Aktien/bar, sofern der Baranteil mindestens 67 Prozent entspricht) findet nach der Fair-Value-Methode statt. Dabei wird der faire Wert einer Option nach dem Binomialmodell nach Cox-Ross-Rubinstein ermittelt. Als Berechnungsgrundlage wird der Preis des Angebotes herangezogen. Die Berechnung wird für jede Optionsserie separat vorgenommen, wobei die individuelle Restlaufzeit, die geschätzte Dividende und der risikolose Zinssatz zugrunde gelegt werden. Zu diesem Preis werden die Optionen abgerechnet.

## 3.2.6.2 Sonderdividenden

Wenn eine Gesellschaft eine Dividende ausschüttet, hat dies im Regelfall keinen Einfluss auf die Kontraktspezifikation eines Wertes. Anders sieht es aus, wenn eine Sonderdividende zur Ausschüttung kommt. In diesem Fall wird die EUREX eine Anpassung der Kontraktgröße und des Basispreises vornehmen.

Bei Schweizer Aktien werden Dividenden oft auch als Nennwertrückzahlungen vorgenommen. Diese werden, sofern sie in ihrer Höhe nicht ungewöhnlich sind, wie normale Dividenden behandelt und führen zu keiner Anpassung der Kontraktgrößen und Basispreise. Bei außerordentlich hohen Dividendenzahlungen werden der Basispreis und die Kontraktgröße im entsprechenden Verhältnis angepasst (siehe 3.2.6.1). Damit es an verschiedenen Börsen nicht aufgrund unterschiedlicher Interpretationen zu einer Ungleichbehandlung kommt, stimmen sich diese im Vorfeld der Zahlung untereinander ab.

## 3.2.6.3 Barausgleich bei Kapitalmaßnahmen

Kapitalmaßnahmen, zum Beispiel Kapitalerhöhungen, werden durch Anpassung der Kontraktgröße und des Basispreises berücksichtigt. Dies hat zur Folge, dass die Kontraktgröße nicht mehr auf den Standardwert (zum Beispiel 100 Aktien) lautet, sondern ein „krummer" Wert (zum Beispiel 104,1836 Aktien) entsteht. Da keine Aktienbruchteile geliefert werden können, erfolgt bei Ausübung die Lieferung nur der ganzzahligen Aktien. Die sogenannten Spitzen (Aktienbruchteile) werden bar abgerechnet. Dies bedeutet, dass nach obigem Beispiel 104 Aktien geliefert werden und 0,1836 Aktien in bar ausgeglichen werden. Auch hier erfolgt, wie bereits beschrieben, mit der Anpassung der Kontraktspezifikationen eine Erhöhung der Versionsnummer um 1.

## 3.3 Hedging mit Optionen

Bei der Berechnung des sogenannten „Hedge-Ratio" (Absicherungsverhältnis) wird die Bedeutung des Deltas deutlich. Da das Delta einer Option angibt, inwieweit sich der Wert einer Option bei einer Veränderung des Preises des Underlyings verändert, kann es zur Berechnung eines optimalen Absicherungsverhältnisses herangezogen werden.

**Das Hedge-Ratio gibt an, wie viele Optionen im Verhältnis zur Anzahl der Aktien benötigt werden, um eine Aktienposition gegen Kursverluste abzusichern**. Die Zahl der benötigten Optionen hängt vom Delta der Option ab und wird wie folgt berechnet:

Anzahl der benötigten Kontrakte =

Aktienanzahl : Kontraktgröße : Delta der Option

Das Delta-Hedging (auch „Delta-neutrales Hedging" genannt) kann in der Praxis aus vielerlei Gründen Sinn machen, zum Beispiel wenn ein Anleger mit einem größeren Aktienportfolio seine Aktienposition aufgrund der noch nicht abgelaufenen Spekulationsfrist nicht verkaufen, aber gegen Kursrückgänge schützen will.

Das folgende Beispiel soll einen Einsatz des Delta-Hedging näher beschreiben:

### Beispiel

Ein Investor hat 2.500 DCX-Aktien in seinem Depot. Die DCX-Aktie notiert aktuell bei 36 €. Der Investor erwartet kurzfristig einen Rückgang der Aktienkurse und will sich den aktuellen Kurs von 36 € sichern. Dafür entschließt er sich, DCX-Puts mit einem Basispreis von 36 € zu kaufen.

Anzahl der benötigten Kontrakte =

2.500 : 100 : (-0,5) = -50 Kontrakte (Kauf 50 Puts)

Das Vorzeichen des Deltas spielt bei der Bestimmung der Optionspreisveränderung immer eine Rolle. Bei der Berechnung des Hedge-Ratios dagegen findet das Vorzeichen keine Anwendung, da nur die erforderliche Anzahl von Kontrakten ermittelt werden soll.

Was geschieht, wenn der Kurs der DCX Aktie um 1 € fällt?

- Der Wert der Aktien vermindert sich um 2.500 € (2.500 x (-1 €)).
- Der Wert der Puts erhöht sich um 2.500 € (50 x 100 x (-1 €) x (-0,5)).

**Fazit**

Der Verlust in der Aktienposition wird in voller Höhe durch einen Gewinn in der Optionsposition kompensiert.

Zu beachten ist allerdings, dass bei einem veränderten Aktienkurs durch die Veränderung des Deltas in Höhe des Gammas (siehe 3.2.4.1 und 3.2.4.2) die Optionsposition laufend überwacht und das Hedge-Ratio ggf. angepasst werden muss!

Das Delta einer Option kann mit den gängigen Optionspreisformeln oder den zahlreichen im Internet angebotenen Optionsrechnern ermittelt werden.

## Beispiel

Die DCX Aktie ist um 2 € auf 34 € gefallen. Das Delta des Puts mit Basis 36 ist dadurch auf – 0,6 gefallen. Es ergibt sich folgende neue Rechnung:

$$2.500 : 100 : (-0{,}6) = -41{,}7$$

Zur Absicherung der Position sind jetzt nur noch (gerundet) 42 Long Puts erforderlich. Der Investor muss daher 8 Puts durch Verkauf glattstellen.

# 3.4 Kombinierte Optionsstrategien

Kombinierte Optionsstrategien bestehen mindestens aus zwei Grundstrategien; das heißt, die Gesamtposition ergibt sich aus der Summe bzw. dem Saldo der Einzelpositionen.

## 3.4.1 Straddle

Unter einem Straddle versteht man

- den gleichzeitigen Kauf oder Verkauf
- der gleichen Anzahl von Calls und Puts,
- mit gleichem Underlying,
- gleicher Laufzeit und
- gleichen Basispreisen.

Für diese Strategie ist **nur das Ausmaß** der Kursveränderung der Aktie entscheidend**, nicht** jedoch die **Richtung** der Kursentwicklung.

### 3.4.1.1 Long Straddle

Der Long Straddle besteht aus

- einem Long Call und
- einem Long Put,
- mit gleicher Laufzeit,
- und gleichen Basispreisen.

Beim Long Straddle kann der Anleger sowohl auf starke Kursveränderungen des Underlyings, als auch auf einen Anstieg der Volatilität während der Laufzeit der Option setzen. Die Richtung der Kursentwicklung ist dabei unbedeutend, da beim Long Straddle sowohl bei stark steigenden als auch bei stark fallenden Aktienkursen die Möglichkeit besteht, mit der Kursveränderung Geld zu verdienen. So wird ein Anleger eine Long-Straddle-Position eingehen, wenn er stark kursbeeinflussende Nachrichten über die betreffende Aktie erwartet, aber nicht weiß, ob sie positiv oder negativ sein werden (zum Beispiel Dividendenbekanntmachung, Quartalsberichte, oder Fusionsankündigungen).

Das Gewinnpotenzial bei dieser Strategie ist unbegrenzt, das Verlustpotenzial auf die für die Calls und Puts in der Summe gezahlten Optionspreise begrenzt.

| Position | Basispreis | Verfall | Preis |
|---|---|---|---|
| Kauf 1 DCX Put | 36 € | Juni | 1,10 € |
| Kauf 1 DCX Call | 36 € | Juni | 1,50 € |
| Aufwand | | | 2,60 € |

***Tabelle 20:*** *Beispiel für Positionen eines Long Straddles*

Ein 36 Juni DCX Call kostet 1,50 €, ein 36 Juni DCX Put 1,10 €. Der Preis für den Long Straddle ist die Summe der beiden einzelnen Optionen, also 2,60 €.

Da auf jeden Fall nur eine der beiden Optionen per Verfall im Gewinn enden kann, muss der Gewinn der einen Option den Aufwand für die andere Option mit ausgleichen. Daraus folgt, dass der Break-Even-Punkt bei einem Long Straddle weiter vom Basispreis entfernt ist, als bei einem Long Call oder einem Long Put. Der Long Straddle hat nicht nur einen Break-Even-Point, sondern zwei, die beide gleich weit vom Basispreis der Optionen entfernt sind.

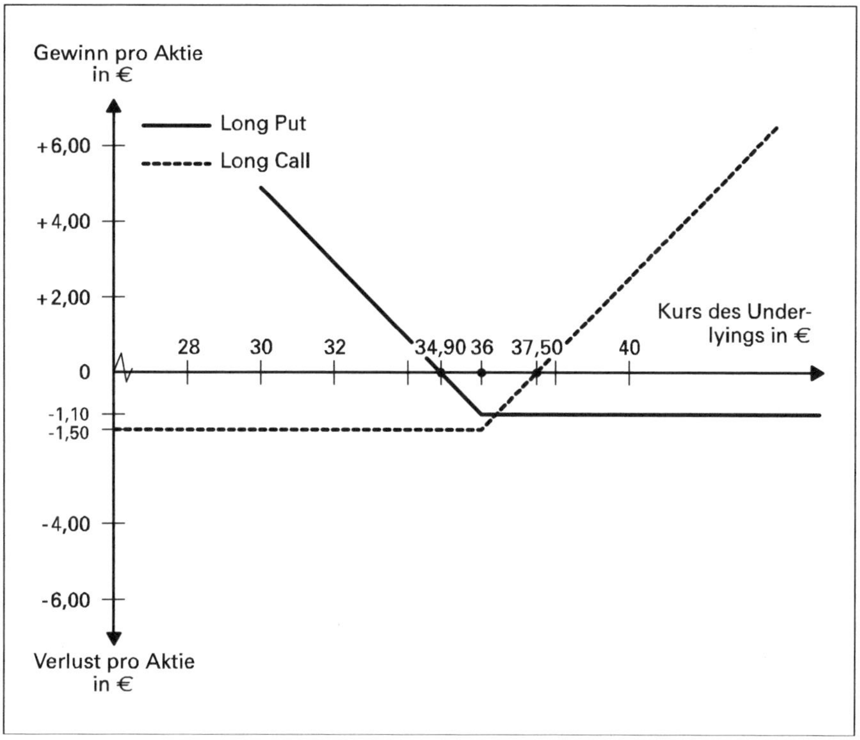


***Abbildung 23:*** *Long Straddle (Einzelpositionen)*

| **Aktienkurs bei Optionsverfall** | **30 €** | **33,40 € Break Even** | **36 €** | **38,60 € Break Even** | **42 €** |
|---|---|---|---|---|---|
| Wert Long Call 36 | 0,00 € | 0,00 € | 0,00 € | 2,60 € | 6,00 € |
| Wert Long Put 36 | 6,00 € | 2,60 € | 0,00 € | 0,00 € | 0,00 € |
| Kapitaleinsatz für Gesamtposition | - 2,60 € | - 2,60 € | - 2,60 € | - 2,60 € | - 2,60 € |
| **G/V Gesamtposition** | + 3,40 € | 0,00 € | - 2,60 € | 0,00 € | + 3,40 € |

***Tabelle 21:*** *Errechnung des Gewinnes/Verlustes der Gesamtposition per Verfall*

In Abbildung 24 finden Sie die grafische Darstellung des Gewinnes/Verlustes der Gesamtposition sowie daran anschließend die Erklärung, wie die Errechnung der Gesamtposition zustande kommt.

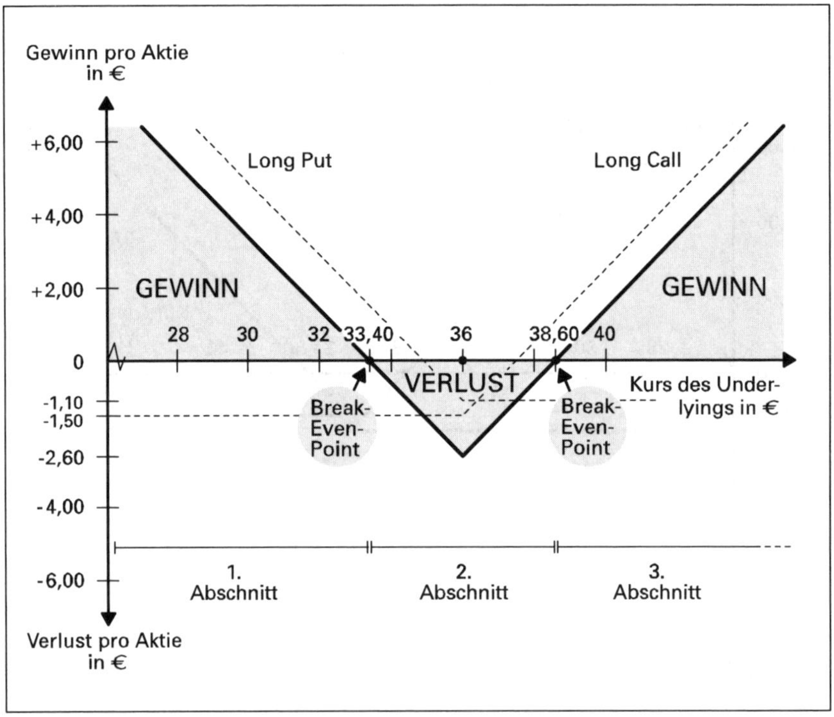


***Abbildung 24:*** *Long Straddle (Gesamtposition)*

Die oben gezeigte Grafik kann in 3 Abschnitte unterteilt werden:

**Abschnitt 1**: Der Aktienkurs liegt unter dem niedrigeren Break-Even-Punkt von 33,40 €.

Fällt der Kurs der Aktie unter 33,40 €, ist der gezahlte Preis für beide Optionspositionen verdient worden. Die Gesamtposition ist im Gewinn, wobei der gesamte Gewinn der Position vom Put kommt. Das Gewinnpotenzial ist (nahezu) unbegrenzt.

**Abschnitt 2**: Der Aktienkurs liegt zwischen den beiden Break-Even-Punkten.

Notiert der Kurs der Aktie per Optionsverfall bei genau 36 €, sind beide Optionen wertlos und die gezahlten Preise gehen komplett verloren. Die Wahrscheinlichkeit eines Verlustes in voller Höhe ist jedoch nicht sehr hoch, wohl aber die eines mehr oder weniger großen Teilverlustes (Aktienkurs notiert am letzten Handelstag zwischen 33,40 € und 38,60 €).

**Abschnitt 3**: Der Aktienkurs liegt über dem höheren Break-Even-Punkt von 38,60 €.

Notiert der Aktienkurs am letzten Handelstag über 38,60 €, ist der Long Straddle im Gewinn. Die gezahlten Optionspreise sind durch den Kursanstieg des Calls verdient worden. Je weiter der Aktienkurs über 38,60 € steigt, desto höher fällt der Gewinn aus. Das Gewinnpotenzial, das ausschließlich durch die Call-Position zustande kommt, ist unbegrenzt.

### 3.4.1.2 Short Straddle

Der Short Straddle ist das genaue Gegenstück zum Long Straddle. Der Anleger erwartet, dass der Aktienkurs sich nahe dem Basispreis bewegen wird bzw. die Volatilität zurückgeht und verkauft sowohl einen Put als auch einen Call. Basispreis und Laufzeit der beiden Optionen sind, wie beim Long Straddle, bei beiden Optionen gleich.

| Position | Basispreis | Verfall | Preis |
|---|---|---|---|
| Verkauf 1 DCX Put | 36 € | Juni | 1,10 € |
| Verkauf 1 DCX Call | 36 € | Juni | 1,50 € |
| Einnahme | | | 2,60 € |

***Tabelle 22:*** *Beispiel für Positionen eines Short Straddles*

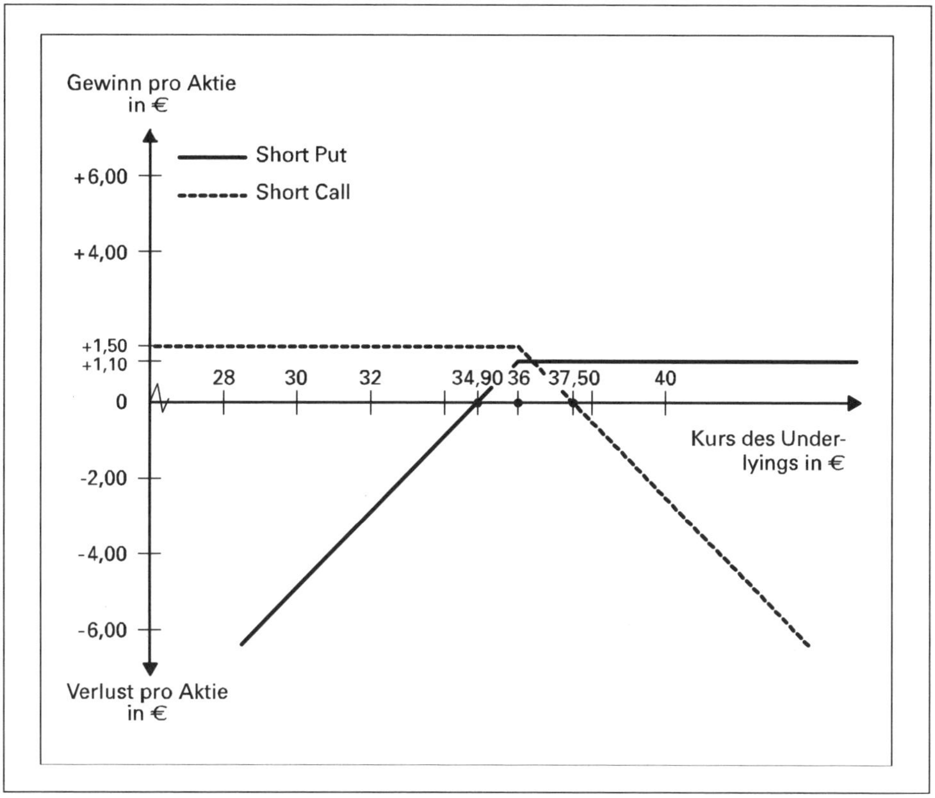


***Abbildung 25:*** *Short Straddle (Einzelpositionen)*

| aktueller Aktienkurs | 30 € | 33,40 € Break Even | 36 € | 38,60 € Break Even | 42 € |
|---|---|---|---|---|---|
| Wert Short Call 36 | 0,00 € | 0,00 € | 0,00 € | -2,60 € | -6,00 € |
| Wert Short Put 36 | -6,00 € | 2,60 € | 0,00 € | 0,00 € | 0,00 € |
| Opening-Verkaufserlös Gesamtposition | +2,60 € | +2,60 € | +2,60 € | +2,60 € | +2,60 € |
| **G/V Gesamtposition** | -3,40 € | 0,00 € | +2,60 € | 0,00 € | -3,40 € |

***Tabelle 23:*** *Errechnung des Gewinnes/Verlustes der Gesamtposition per Verfall.*

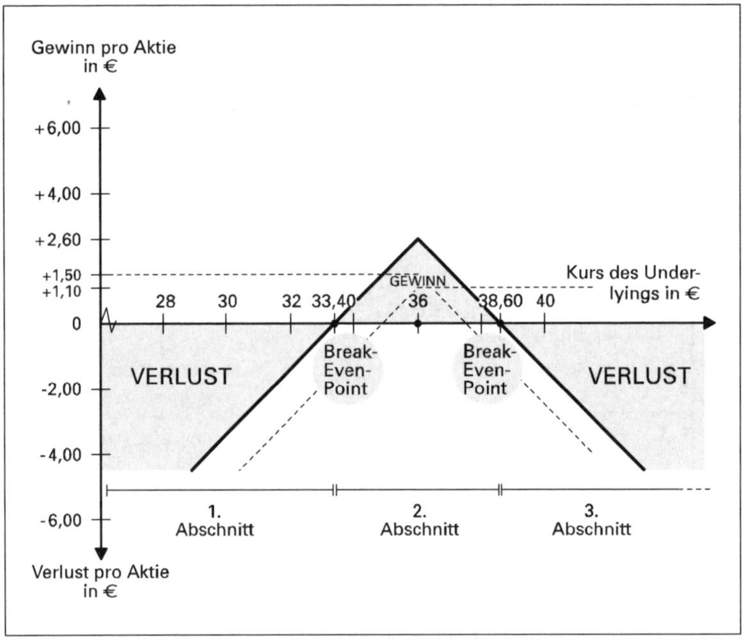


***Abbildung 26:*** *Short Straddle (Gesamtposition)*

Bei einer Einnahme für den Short Call in Höhe von 1,50 € sowie einer Einnahme für den Short Put in Höhe von 1,10 € ergibt sich Folgendes:

Schauen wir uns auch hier die drei Abschnitte der Grafik im Detail an.

**Abschnitt 1:** Sinkt der Aktienkurs unter 33,40 €, gerät die Gesamtposition in den Verlust. Der Verlust entsteht aus der Short-Put-Position. Der erlittene Verlust in der Short-Put-Position übersteigt die Einnahmen aus den beiden Optionspreisen. Je weiter sich der Aktienkurs vom Basispreis der Optionen entfernt, desto höher ist der Verlust, der dem Anleger aus dem Short Straddle entsteht.

**Abschnitt 2:** Notiert die Aktie am letzten Handelstag zwischen 33,40 € und 38,60 €, liegt die Position für den Anleger im Gewinn. Der maximale Gewinn in Höhe der Einnahme fällt für den Anleger an, wenn der Aktienkurs am letzten Handelstag genau am Basispreis notiert. Bei diesem Preis (36 €) verfallen sowohl der Call als auch der Put wertlos. Der Gewinn des Short Straddles ist begrenzt auf die Summe der beiden vereinnahmten Preise.

**Abschnitt 3:** Steigt der Kurs der Aktie über 38,60 €, läuft die Position ebenfalls in den Verlust. Der Verlust wird umso höher, je weiter der Kurs der Aktie über 38,60 € steigt. Das Verlustpotenzial ist theoretisch unbegrenzt. Der erlittene Verlust aus der Short-Call-Position übersteigt die Einnahmen aus beiden Optionsverkäufen beim Opening.

**Achtung!**

*Das Verlustpotenzial ist sowohl bei stark steigenden als auch bei stark fallenden Kursen unbegrenzt. Diese Strategie sollte wegen des unbegrenzten Risikos lediglich von termingeschäftserfahrenen Anlegern getätigt werden. Wegen des hohen Verlustpotenzials auf beiden Seiten müssen diese Positionen besonders sorgfältig überwacht werden. Auch hier ist, wie bei anderen Short-Geschäften auch, die Stellung von Sicherheiten erforderlich (näheres hierzu siehe Kapitel 8 „Margining“).*

## 3.4.2 Strangle

Unter einem Strangle versteht man

- den gleichzeitigen Kauf oder Verkauf,
- der gleichen Anzahl von Calls und Puts,
- mit gleichem Basiswert,
- gleichem Verfallsdatum,
- aber unterschiedlichen Basispreisen.

Demnach unterscheiden sich Strangles von Straddles nur dadurch, dass Calls und Puts **unterschiedliche Basispreise** aufweisen.

**Merkhilfe:**

*Wie kann man den Begriff des Straddles von dem des Strangels unterscheiden bzw. diese richtig zuordnen? Da beim Straddle alles bis auf die Optionsart gleich ist und das Wort „Straddle“ in der Mitte zwei gleiche Buchstaben hat, kann man sich darüber den Straddle am besten merken. Beim Strangle sind die Basispreise verschieden, der Begriff hat auch keine gleichen Buchstaben.*

### 3.4.2.1 Long Strangle

Die strategische Überlegung bei der Wahl dieser Strategie ist ähnlich der beim Long Straddle. Nur sollte der Anleger noch stärkere Kursausschläge erwarten. Das Gewinnpotenzial ist auch bei dieser Strategie unbegrenzt und das Verlustpotenzial auf die gezahlten Optionspreise begrenzt.

Durch die Wahl der unterschiedlichen Basispreise entsteht bei einem Strangle eine relativ breit gespannte Verlustzone (in Abbildung 28 der 2. Abschnitt). Das kommt daher, weil beide Basispreise, im Vergleich zum Straddle, weiter vom aktuellen Aktienkurs entfernt sind. Die Basispreise liegen über (Call) bzw. unter (Put) dem aktuellen Aktienkurs.

| Position | Basispreis | Verfall | Preis |
|---|---|---|---|
| Kauf 1 DCX Put | 34 € | Juni | 0,40 € |
| Kauf 1 DCX Call | 38 € | Juni | 0,70 € |
| Aufwand | | | 1,10 € |

***Tabelle 24:*** *Beispiel für Positionen eines Long Strangles*

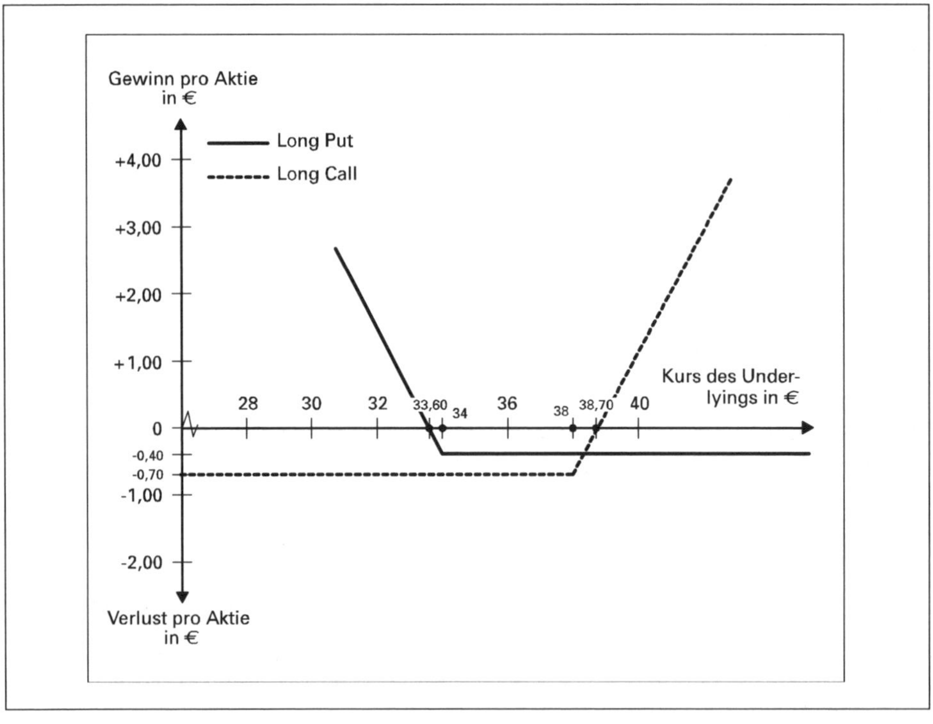


***Abbildung 27:*** *Long Strangle (Einzelpositionen)*

| **aktueller Aktienkurs** | **30 €** | **32,90 € Break Even** | **36 €** | **39,10 € Break Even** | **42 €** |
|---|---|---|---|---|---|
| Wert Long Call 38 | 0,00 € | 0,00 € | 0,00 € | + 1,10 € | + 4,00 € |
| Wert Long Put 34 | + 4,00 € | + 1,10 € | 0,00 € | 0,00 € | 0,00 € |
| Beim Opening gezahlte Preise | - 1,10 € | - 1,10 € | - 1,10 € | - 1,10 € | - 1,10 € |
| **G/V Gesamtposition** | + 2,90 € | 0,00 € | - 1,10 € | 0,00 € | + 2,90 € |

***Tabelle 25:*** *Errechnung des Gewinnes/Verlustes der Gesamtposition per Verfall*

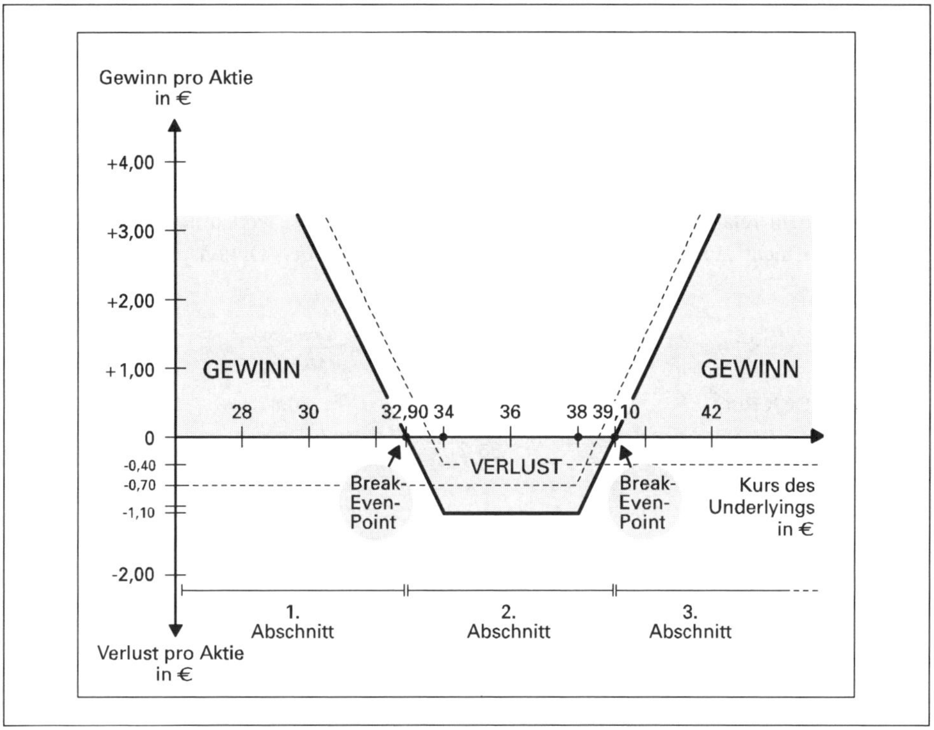


***Abbildung 28:*** *Long Strangle (Gesamtposition)*

Folgende drei Abschnitte sind in der Betrachtung der Gesamtposition von Bedeutung:

**Abschnitt 1**: Der Aktienkurs liegt unter dem niedrigeren Break-Even-Punkt 32,90 €.

Liegt der Aktienkurs am letzten Handelstag unter 32,90 €, ist die Gesamtposition im Gewinn. Dieser Gewinn wird durch den Long Put erzielt. Der Anleger kann Aktien zu einem Preis unter 32,90 € an der Börse kaufen und diese zum Basispreis des Puts (34 €) an seinen Kontrahenten verkaufen. Der Gewinn dieser Transaktion übersteigt die gezahlten Optionspreise. Das Gesamtpotenzial ist nahezu unbegrenzt.

**Abschnitt 2**: Der Aktienkurs liegt zwischen den beiden Break-Even-Punkten.

Notiert der Aktienkurs zwischen 32,90 € und 39,10 €, so ist die Position im Verlust. Der Verlust ist am größten, wenn der Kurs der Aktie bei Optionsverfall zwischen den Basispreisen der beiden Optionen liegt. Befindet sich der Aktienkurs unter 34 € oder über 38 €, entsteht lediglich ein Teilverlust. Denn dann weist eine der beiden Optionen einen Wert auf und „rettet" einen Teil der gezahlten Preise.

**Abschnitt 3**: Der Aktienkurs liegt über dem höheren Break-Even-Punkt 39,10 €.

Steigt die Aktie über 39,10 €, ist die Gesamtposition im Gewinn. Der Wert des Calls ist höher, als der Anleger an Preisen für beide Optionen bezahlt hat. Das Gewinnpotenzial, das ausschließlich durch die Call-Position zustande kommt, ist unbegrenzt.

## 3.4.2.2 Short Strangle

Der Short Strangle ist das Spiegelbild zum Long Strangle. Der Anleger erwartet, dass sich die Kurse in einem relativ engen Rahmen bewegen werden. Seine verkauften Puts und Calls kämen dann nicht zur Ausübung und er könnte die erhaltenen Optionspreise als Gewinn buchen.

| Position | Basispreis | Verfall | Preis |
|---|---|---|---|
| Verkauf 1 DCX Put | 34 € | Juni | 0,40 € |
| Verkauf 1 DCX Call | 38 € | Juni | 0,70 € |
| Einnahme | | | 1,10 € |

***Tabelle 26:*** *Beispiel für Positionen eines Short Strangles*

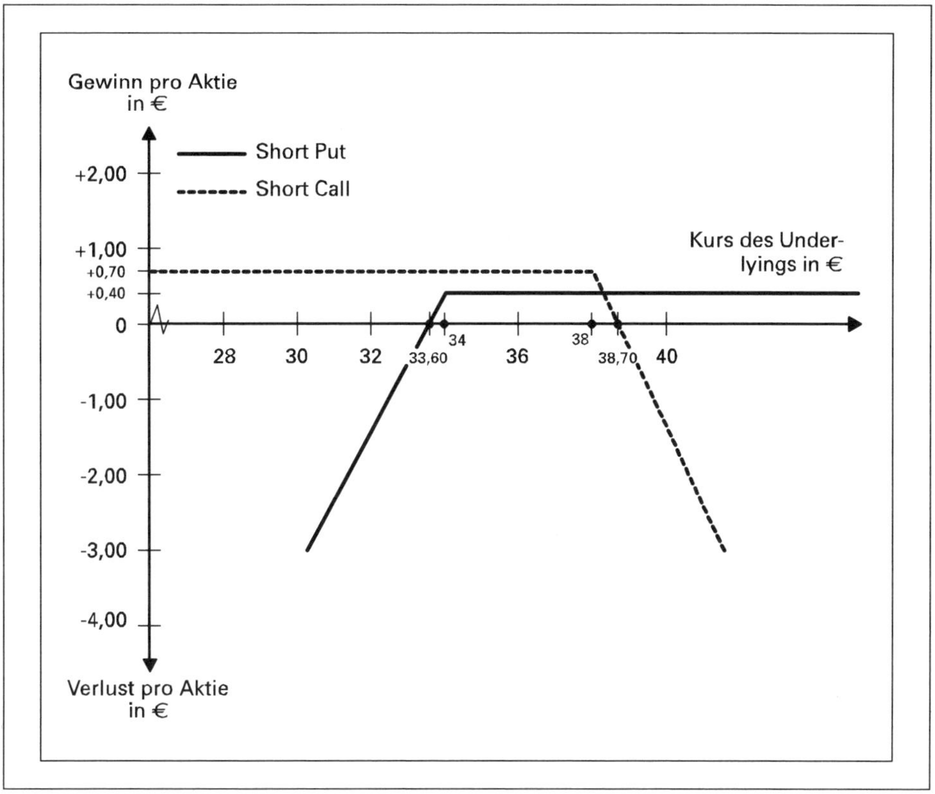


***Abbildung 29:*** *Short Strangle (Einzelpositionen)*

| **aktueller Aktienkurs** | **30 €** | **32,90 € Break Even** | **36 €** | **39,10 € Break Even** | **42 €** |
|---|---|---|---|---|---|
| Wert Short Call 38 | 0,00 € | 0,00 € | 0,00 € | - 1,10 € | - 4,00 € |
| Wert Short Put 34 | - 4,00 € | - 1,10 € | 0,00 € | 0,00 € | 0,00 € |
| Beim Opening erhaltener Verkaufserlös | + 1,10 € | + 1,10 € | + 1,10 € | + 1,10 € | + 1,10 € |
| **G/V Gesamtposition** | - 2,90 € | 0,00 € | + 1,10 € | 0,00 € | - 2,90 € |

***Tabelle 27:*** *Errechnung des Gewinnes/Verlustes der Gesamtposition per Verfall*

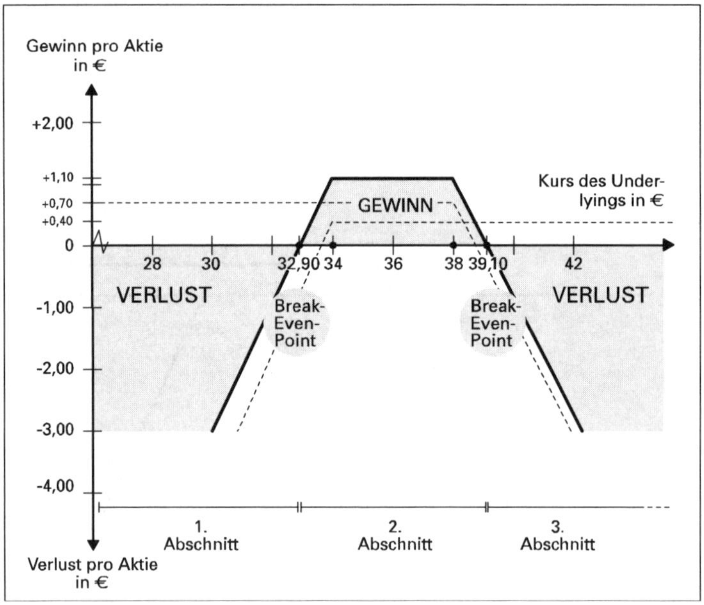


***Abbildung 30:*** *Short Strangle (Gesamtposition)*

**Abschnitt 1:** Sinkt der Aktienkurs unter 32,90 €, gerät die Gesamtposition in den Verlust. Je weiter der Kurs unter 32,90 € liegt, desto höher fällt der Verlust aus. Das Gesamtverlustpotenzial ist (nahezu) unbegrenzt, der Verlust entsteht dabei aus der Short-Put-Position.

**Abschnitt 2:** Wenn der Aktienkurs zwischen 32,90 € und 39,10 € liegt, befindet sich der Short Strangle im Gewinn. Der maximale Gewinn tritt ein, wenn der Aktienkurs am letzten Handelstag zwischen den beiden Basispreisen, also zwischen 34 € und 38 €, liegt. Dann verfallen beide Optionen wertlos.

**Abschnitt 3:** Steigt der Kurs der Aktie über 39,10 €, macht der Anleger einen Verlust. Dieser Gesamtverlust entsteht aus der Short-Call-Position und ist umso größer, je höher die Aktie steigt. Er ist theoretisch unbegrenzt.

**Achtung!**

*Das Verlustpotenzial ist sowohl bei stark steigenden als auch bei stark fallenden Kursen unbegrenzt. Diese Strategie sollte wegen des unbegrenzten Risikos lediglich von termingeschäftserfahrenen Anlegern durchgeführt werden. Wegen des hohen Verlustpotenzials auf beiden Seiten müssen diese Positionen besonders sorgfältig überwacht werden. Auch hier ist, wie bei anderen Short-Geschäften auch, die Stellung von Sicherheiten erforderlich (näheres hierzu siehe Kap. 8 „Margining“).*

## 3.4.3 Spreads

Unter einem Spread versteht man den gleichzeitigen Kauf und Verkauf einer Option desselben Typs, zum Beispiel Kauf und Verkauf eines DCX Calls. Die beiden verwendeten Optionen unterscheiden sich im Basispreis und/oder Verfallsdatum.

Die EUREX bezeichnet Spreads, denen eine eher bullishe (positive) Markterwartung zugrunde liegen, mit „**Bull-Spreads**“, Kombinationen für eine abwärts gerichtete (bearishe) Erwartung werden als „**Bear-Spreads**“ bezeichnet. Weiterer Bestandteil der Bezeichnung ist, ob es sich um einen Spread mit Calls oder mit Puts handelt. Wir schließen uns dieser von der EUREX praktizierten Namensgebung an. An anderen Börsen bzw. in der diversen Literatur tauchen für die gleichen Konstruktionen auch andere Namen auf, die wir der EUREX-Bezeichnung in Klammer beifügen.

Je nach Auswahl der Basispreise muss der Investor für die Kombination per Saldo bezahlen (= gekaufter Spread oder Debit-Spread) oder er erhält per Saldo eine Einnahme gutgeschrieben (= verkaufter Spread oder Credit-Spread).

### 3.4.3.1 Bull-Call-Spread (Gekaufter Bull-Spread/Debit-Spread mit Calls)

Der Bull-Call-Spread besteht aus:

- Kauf Call mit niedrigerem Basispreis und
- Verkauf Call mit höherem Basispreis
- bei gleichem Basiswert und
- gleichem Verfallsdatum.

Diesem Spread liegt die Erwartung zugrunde, dass der Kurs des Underlyings nur im begrenzten Umfang ansteigt. Durch den Erlös des verkauften Calls werden die Einstandskosten für den gekauften Call reduziert. Per Saldo bleibt ein zu zahlender Betrag. Man bezeichnet eine solche Kombination daher auch als Debit-Spread.

Durch die Kombination der beiden Calls sind sowohl das Risiko als auch die Gewinnmöglichkeiten begrenzt. Der größtmögliche Gewinn entsteht, wenn die Aktie am Verfalltag am oberen Basispreis oder darüber notiert. Er errechnet sich aus der Differenz der beiden Basispreise abzüglich der beim Opening gezahlten Optionspreisdifferenz.

Der maximale Verlust in Höhe der Optionspreisdifferenz entsteht, wenn der Kurs der Aktie unter den tieferen Basispreis sinkt und damit beide Optionen wertlos verfallen.

| Position | Basispreis | Verfall | Preise |
|---|---|---|---|
| Kauf 1 DCX Call | 36 € | Juni | - 2,80 € |
| Verkauf 1 DCX Call | 40 € | Juni | + 0,70 € |
| Aufwand (Debit) | | | - 2,10 € |

***Tabelle 28:*** *Beispiel für Positionen eines Bull-Call-Spreads*

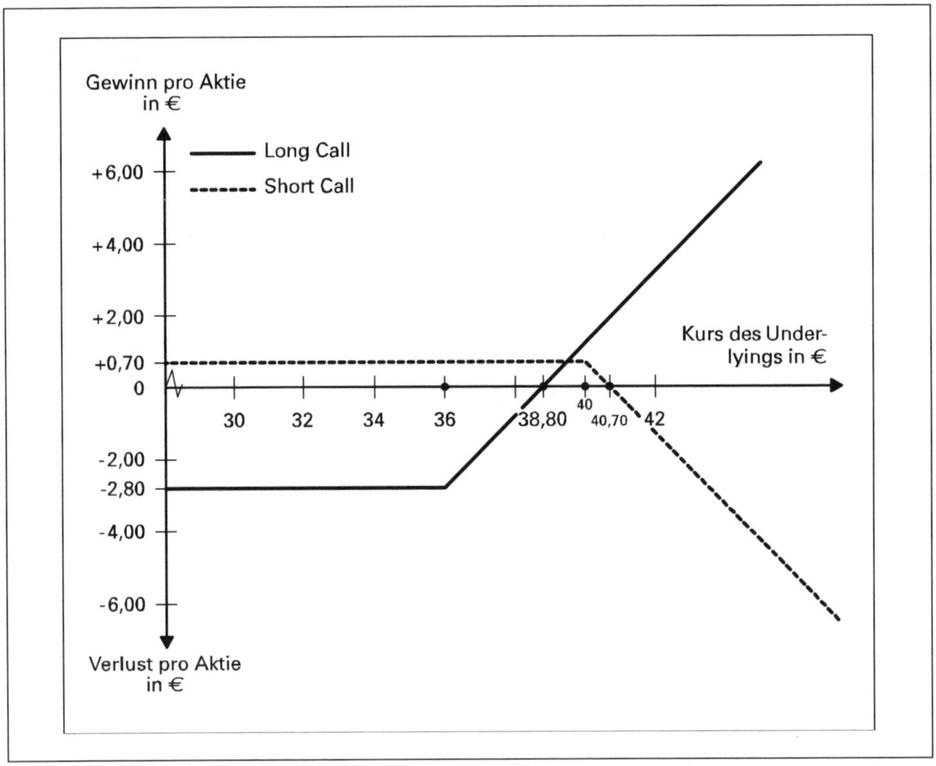


***Abbildung 31:*** *Bull-Call-Spread (Einzelpositionen)*

| aktueller Aktienkurs | 34 € | 36 € | 38,10 € Break Even | 40 € | 42 € |
|---|---|---|---|---|---|
| Wert Long Call 36 | 0,00 € | 0,00 € | + 2,10 € | + 4,00 € | + 6,00 € |
| Wert Short Call 40 | 0,00 € | 0,00 € | 0,00 € | 0,00 € | - 2,00 € |
| Kapitaleinsatz für Gesamtposition | - 2,10 € | - 2,10 € | - 2,10 € | - 2,10 € | - 2,10 € |
| **G/V Gesamtposition** | - 2,10 € | - 2,10 € | 0,00 € | + 1,90 € | + 1,90 € |

***Tabelle 29:*** *Errechnung des Gewinnes/Verlustes der Gesamtposition per Verfall*

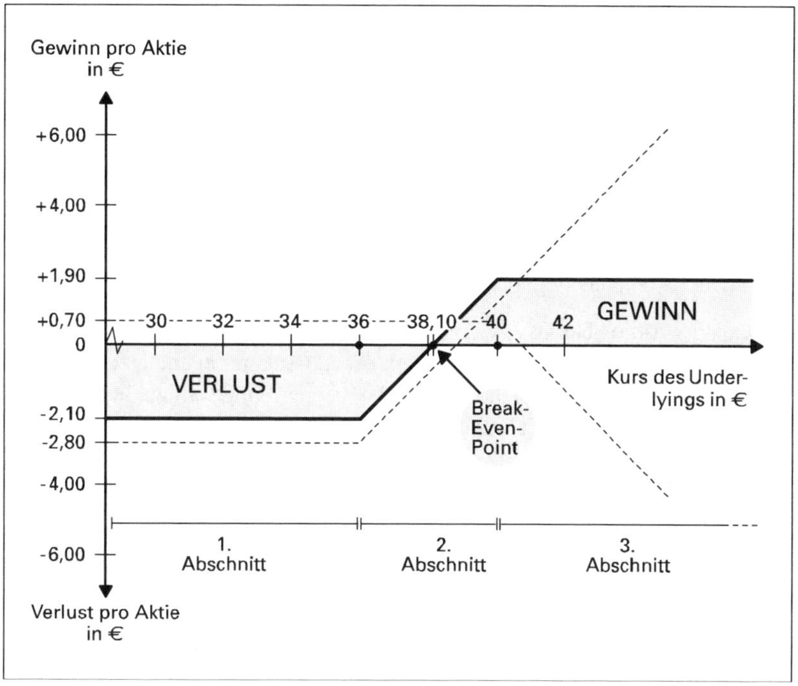


***Abbildung 32:*** *Bull-Call-Spread (Gesamtposition)*

Die Gesamtposition kann in drei Abschnitte unterteilt werden:

**Abschnitt 1**: Der Aktienkurs liegt unterhalb des niedrigeren Basispreises.

Fällt der Kurs der Aktie unter 36 €, sind beide Optionen „aus dem Geld" und verfallen wertlos. Der Anleger erleidet einen Verlust in Höhe der gezahlten Optionspreisdifferenz (2,10 €).

**Abschnitt 2**: Der Aktienkurs liegt zwischen den beiden Basispreisen.

a) Liegt der Aktienkurs am letzten Handelstag zwischen 36 € und 38,10 €, so erleidet der Anleger einen reduzierten Verlust. Der verkaufte Call verfällt wertlos, der gekaufte Call hat einen rechnerischen Wert in Höhe der Differenz von Basispreis und Aktienkurs. Da diese Differenz geringer ist als der netto gezahlte Optionspreis, verbleibt dem Anleger ein verminderter Verlust. Das nachfolgende Beispiel soll dies verdeutlichen:

> Bei einem Aktienkurs von 37 € ergibt sich folgende Rechnung:
>
> | | |
> |---|---|
> | Gewinn aus dem gekauften Call mit Basispreis 36 €: 37 € – 36 € = | + 1,00 € |
> | Aufwand beim Opening der Gesamtposition: | - 2,10 € |
> | Somit ergibt sich ein Verlust von: | - 1,10 € |

b) In unserem Beispiel liegt der Break-Even-Punkt für den Anleger bei 38,10 €. Zu diesem Aktienkurs kann der Anleger den Call mit dem Basispreis 36 € gewinnbringend ausüben. Er kann die Aktien zu 36 € beziehen und zum Börsenkurs von 38,10 € verkaufen. Diese Transaktion bringt ihm einen Ertrag in Höhe von 2,10 €. Dieser Gewinn entspricht exakt seinem Aufwand.

c) Liegt der Aktienkurs am letzten Handelstag zwischen 38,10 € und 40 €, so erzielt der Anleger einen begrenzten Gewinn. Der verkaufte Call verfällt wertlos, der gekaufte Call hat einen Wert in Höhe der Differenz zwischen aktuellem Aktienkurs und Basispreis.

**Abschnitt 3**: Der Aktienkurs liegt oberhalb des höheren Basispreises.

Steigt der Kurs der Aktie über 40 €, werden beide Optionen ausgeübt, wobei beim Long Call der Anleger aktiv werden muss. Nehmen wir an, der Aktienkurs sei am letzten Handelstag der Option bei 45 €. Der Anleger kann die Aktien über seinen Long Call zu 36 € beziehen, muss sie aber aufgrund des verkauften Calls zum vereinbarten Basispreis von 40 € wieder verkaufen.

Der Maximalgewinn des Anlegers beträgt 1,90 € (Differenz der Basispreise 4,00 € – 2,10 € Aufwand).

## Beispiel

Bei einem Aktienkurs von 45 € ergibt sich folgende Rechnung:

| | | |
|---|---|---|
| Gewinn aus dem gekauften Call Basispreis 36: | 45 € – 36 € = | + 9,00 € |
| Verlust aus dem verkauften Call Basispreis 40: | 40 € – 45 € = | - 5,00 € |
| Aufwand beim Opening der Position: | | - 2,10 € |
| Somit ergibt sich der Maximalgewinn von | | + 1,90 € |

## 3.4.3.2 Bull-Put-Spread (Verkaufter Bear-Spread/Credit-Spread mit Puts)

Der Bull-Put-Spread besteht aus:

- Verkauf Put mit höherem Basispreis und
- Kauf Put mit niedrigerem Basispreis
- bei gleichem Basiswert und
- gleichem Verfallsdatum.

Diesem Spread liegt die Erwartung zugrunde, dass sich der Markt seitwärts oder leicht aufwärts bewegt, wobei für den (unerwarteten) Fall eines kräftigen Kursrückgangs eine „Sicherung“ durch den Long Put eingebaut ist.

Durch den Verkauf des Puts mit höherem Basispreis nimmt der Anleger mehr ein, als er für den Kauf des Puts mit niedrigerem Basispreis aufwendet. Diese Differenz aus Aufwand und Erlös stellt für ihn den größtmöglichen Gewinn dar. Der maximale Verlust errechnet sich aus der Differenz der beiden Basispreise abzüglich des Netto-Erlöses bei Eröffnen der Position.

| Position | Basispreis | Verfall | Preis |
|---|---|---|---|
| Verkauf 1 DCX Put | 36 € | Juni | + 2,30 € |
| Kauf 1 DCX Put | 32 € | Juni | - 0,40 € |
| Einnahme (Credit) | | | + 1,90 € |

***Tabelle 30:*** *Beispiel für Positionen eines Bull-Put-Spreads*

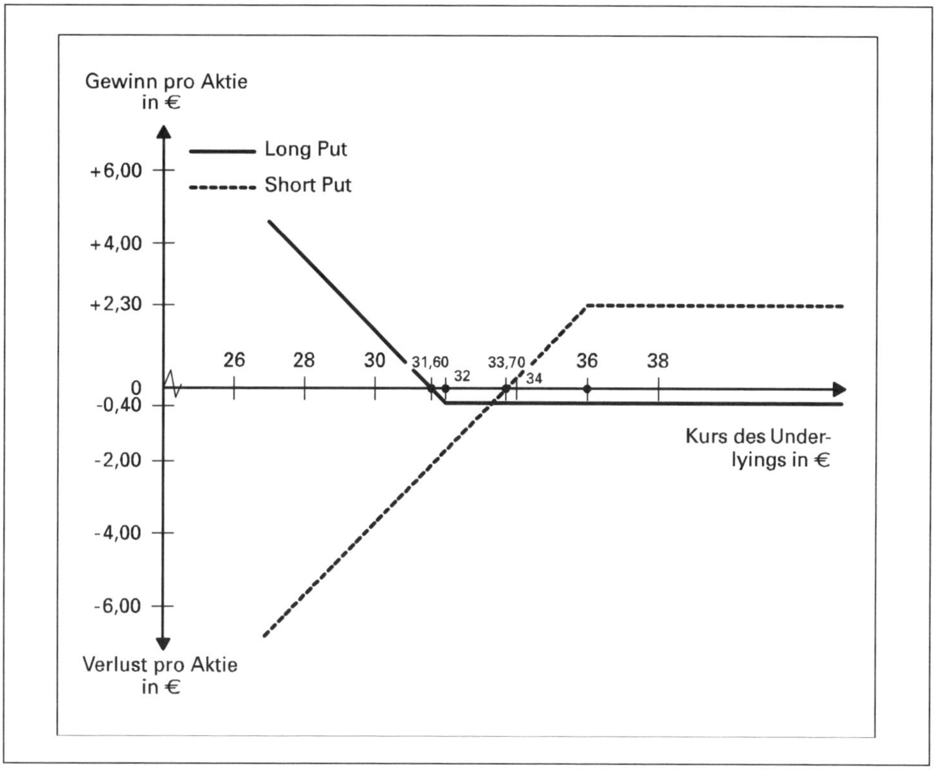


***Abbildung 33:*** *Bull-Put-Spread (Einzelpositionen)*

| aktueller Aktienkurs | 30 € | 32 € | 34,10 € Break Even | 36 € | 38 € |
|---|---|---|---|---|---|
| Wert Long Put 32 | + 2,00 € | 0,00 € | 0,00 € | 0,00 € | 0,00 € |
| Wert Short Put 36 | - 6,00 € | -4,00 € | - 1,90 € | 0,00 € | 0,00 € |
| Kapitaleinnahme Gesamtposition | + 1,90 € | + 1,90 € | + 1,90 € | + 1,90 € | + 1,90 € |
| **G/V Gesamtposition** | - 2,10 € | -2,10 € | 0,00 € | + 1,90 € | + 1,90 € |

***Tabelle 31:*** *Errechnung des Gewinnes/Verlustes der Gesamtposition per Verfall*

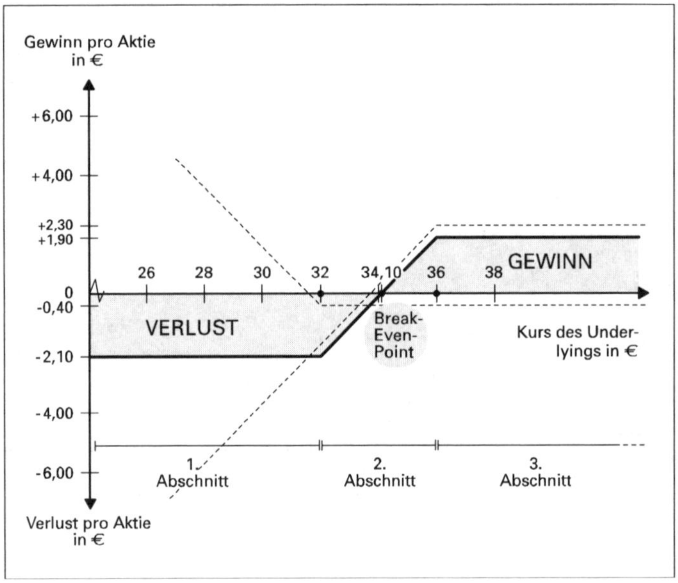


***Abbildung 34:*** *Bull-Put-Spread (Gesamtposition)*

**Abschnitt 1:** Liegt der Kurs der Aktie am letzten Handelstag unter 32 €, werden beide Optionen ausgeübt. Es entsteht ein Verlust in Höhe von 4 € aus der Differenz der Basispreise. Davon wird der erhaltene (Netto-)Optionspreis (1,90 €) abgezogen, und es verbleibt ein Verlust von 2,10 €, was den maximal möglichen Verlust darstellt.

**Abschnitt 2:** Liegt der Aktienkurs zwischen den beiden Basispreisen, verfällt der gekaufte Put wertlos, der verkaufte Put hat einen Inneren Wert in Höhe der Differenz von Basispreis und Aktienkurs. Ist der Innere Wert höher als der netto erhaltene Optionspreis, verbleibt ein Verlust, anderenfalls ein Gewinn.

**Abschnitt 3:** Steigt der Kurs der Aktie über 36 €, werden beide Optionen wertlos. Der Gewinn des Anlegers besteht in der eingenommenen Differenz von 1,90 €.

### 3.4.3.3 Bear-Call-Spread (Verkaufter Bull-Spread/Credit-Spread mit Calls)

Der Bear-Call-Spread besteht aus:

- Verkauf Call mit niedrigerem Basispreis und
- Kauf Call mit höherem Basispreis
- bei gleichem Basiswert und
- gleichem Verfallsdatum.

Diesem Spread liegt die Erwartung zugrunde, dass sich der Markt seitwärts oder leicht abwärts bewegt, wobei für den nicht erwarteten Fall eines kräftigen Kursanstieges eine „Sicherung“ durch den Long Call eingebaut ist.

| Position | Basispreis | Verfall | Preis |
|---|---|---|---|
| Verkauf 1 DCX Call | 36 € | Juni | + 2,80 € |
| Kauf 1 DCX Call | 40 € | Juni | - 0,70 € |
| Einnahme (Credit) | | | + 2,10 € |

***Tabelle 32:*** *Beispiel für Positionen eines Bear-Call-Spreads*

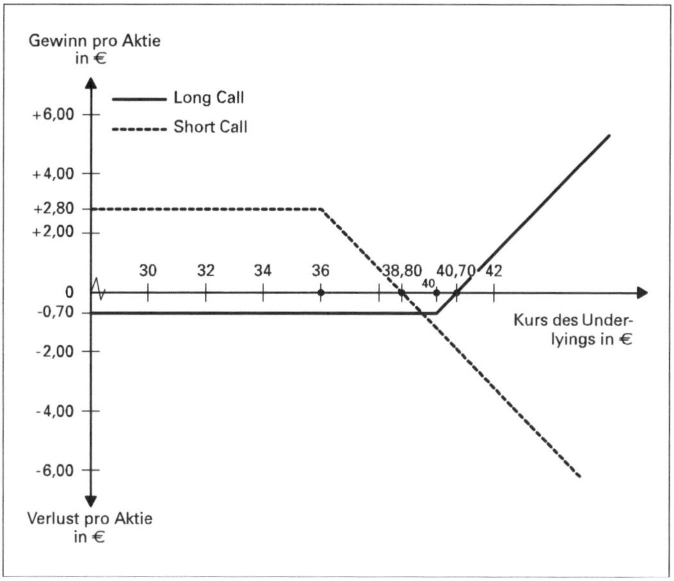


***Abbildung 35:*** *Bear-Call-Spread (Einzelpositionen)*

| aktueller Aktienkurs | 32 € | 36 € | 38,10 € Break Even | 40 € | 42 € |
|---|---|---|---|---|---|
| Wert Long Call 40 | 0,00 € | 0,00 € | 0,00 € | 0,00 € | + 2,00 € |
| Wert Short Call 36 | 0,00 € | 0,00 € | - 2,10 € | - 4,00 € | - 6,00 € |
| Kapitaleinnahme Gesamtposition | + 2,10 € | + 2,10 € | + 2,10 € | + 2,10 € | + 2,10 € |
| **G/V Gesamtposition** | + 2,10 € | + 2,10 € | 0,00 € | - 1,90 € | - 1,90 € |

***Tabelle 33:*** *Errechnung des Gewinnes/Verlustes der Gesamtposition per Verfall*

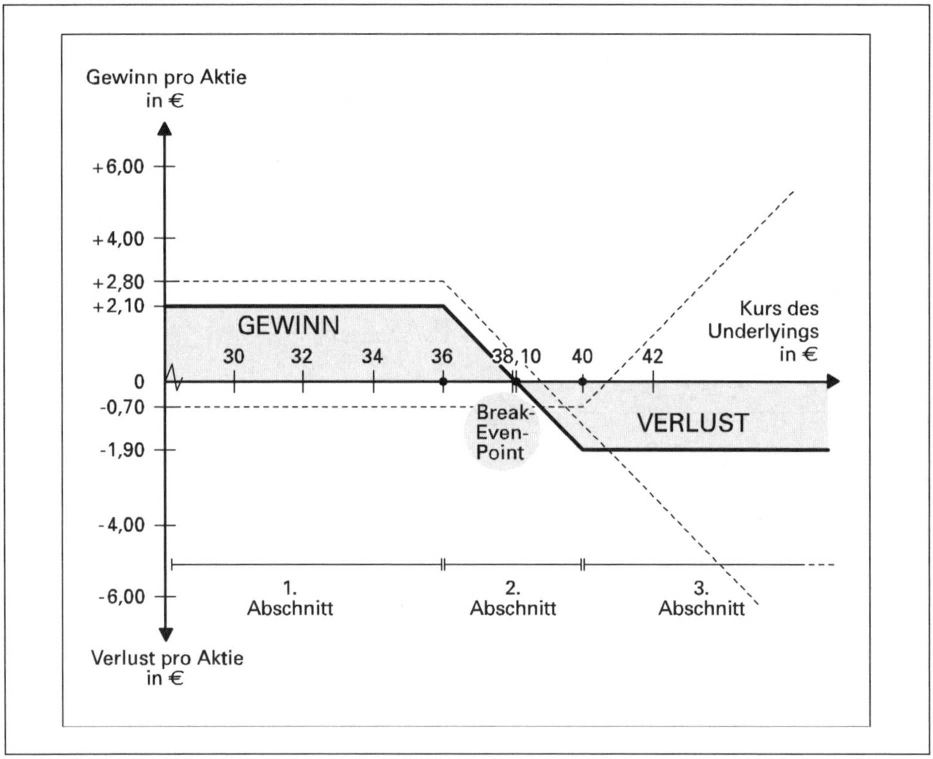


***Abbildung 36:*** *Bear-Call-Spread (Gesamtposition)*

Die Gesamtposition kann in drei Abschnitte unterteilt werden:

**Abschnitt 1**: Der Aktienkurs liegt unterhalb des niedrigeren Basispreises.

Fällt der Aktienkurs auf 36 € oder darunter, verfallen beide Calls wertlos. Dadurch erzielt der Anleger einen Gewinn in Höhe von 2,10 €, dem Saldo aus dem beim Opening bezahlten und erhaltenen Preis. Dieser Betrag ist der maximal erzielbare Gewinn aus dieser Strategie.

**Abschnitt 2**: Der Aktienkurs liegt zwischen den beiden Basispreisen.

Notiert der Aktienkurs zwischen den beiden Basispreisen, wird der verkaufte Call ausgeübt und der gekaufte Call verfällt wertlos. Durch die Ausübung des verkauften Calls entsteht ein Verlust in Höhe der Differenz von Basispreis und Aktienkurs. Ist diese Differenz kleiner als der netto erhaltene Optionspreis, verbleibt dem Anleger ein Gewinn, andernfalls erleidet er einen Verlust.

In unserem Beispiel liegt der Break-Even-Punkt bei 38,10 €. Bei diesem Aktienkurs entspricht der Verlust aus dem verkauften Call exakt der beim Opening erhaltenen Optionspreisdifferenz.

**Abschnitt 3**: Der Aktienkurs liegt oberhalb des höheren Basispreises.

Der Anleger erleidet einen Verlust, da sein Call mit dem niedrigeren Basispreis (36 €) ausgeübt wird. Er muss die Aktie zu 36 € liefern. Um in den Besitz der Aktien zu kommen, übt der Anleger seinerseits seinen gekauften Call zu 40 € aus. Der Maximalverlust des Anlegers beträgt 1,90 € (Differenz der Basispreise abzüglich der beim Opening erhaltenen Optionspreisdifferenz).

### 3.4.3.4 Bear-Put-Spread (Gekaufter Bear-Spread/Debit-Spread mit Puts)

Der Bear-Put-Spread besteht aus:

- Kauf Put mit höherem Basispreis und
- Verkauf Put mit niedrigerem Basispreis
- bei gleichem Basiswert und
- gleichem Verfallsdatum.

Diesem Spread liegt die Erwartung zugrunde, dass sich der Markt leicht nach unten bewegt.

| Position | Basispreis | Verfall | Preis |
|---|---|---|---|
| Kauf 1 DCX Put | 40 € | Juni | - 2,30 € |
| Verkauf 1 DCX Put | 36 € | Juni | + 0,40 € |
| Aufwand (Debit) | | | - 1,90 € |

***Tabelle 34:*** *Beispiel für Positionen eines Bear-Put-Spreads*

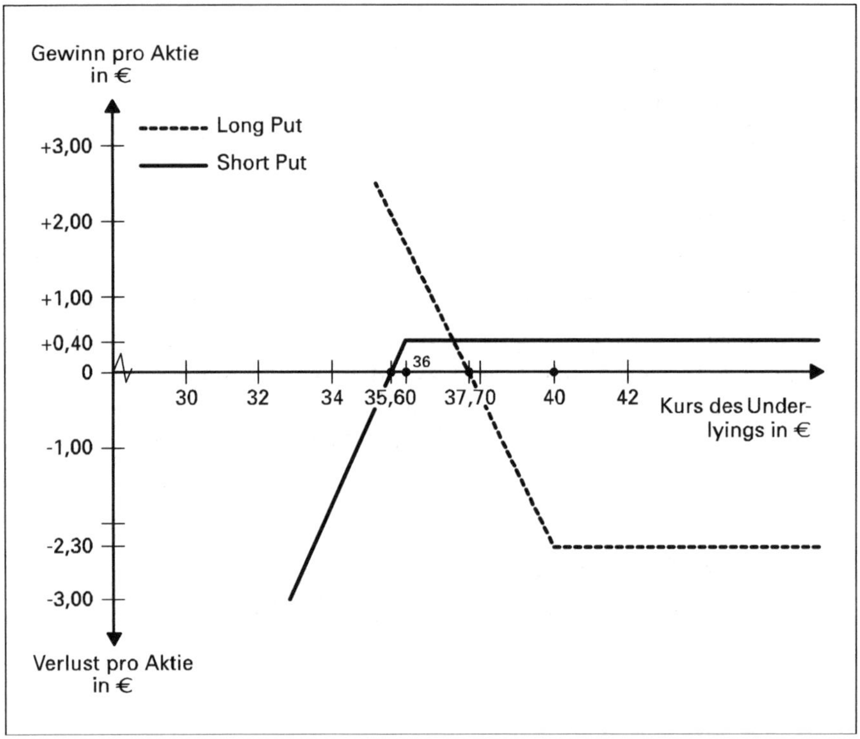


***Abbildung 37:*** *Bear-Put-Spread (Einzelpositionen)*

| **aktueller Aktienkurs** | **32 €** | **36 €** | **38,10 € Break Even** | **40 €** | **42 €** |
|---|---|---|---|---|---|
| Wert Long Put 40 | + 8,00 € | + 4,00 € | + 1,90 € | 0,00 € | + 2,00 € |
| Wert Short Put 36 | - 4,00 € | 0,00 € | 0,00 € | 0,00 € | 0,00 € |
| Kapitaleinsatz für Gesamtposition | - 1,90 € | - 1,90 € | - 1,90 € | - 1,90 € | - 1,90 € |
| **G/V Gesamtposition** | + 2,10 € | + 2,10 € | 0,00 € | - 1,90 € | - 1,90 € |

***Tabelle 35:*** *Errechnung des Gewinnes/Verlustes der Gesamtposition per Verfall*

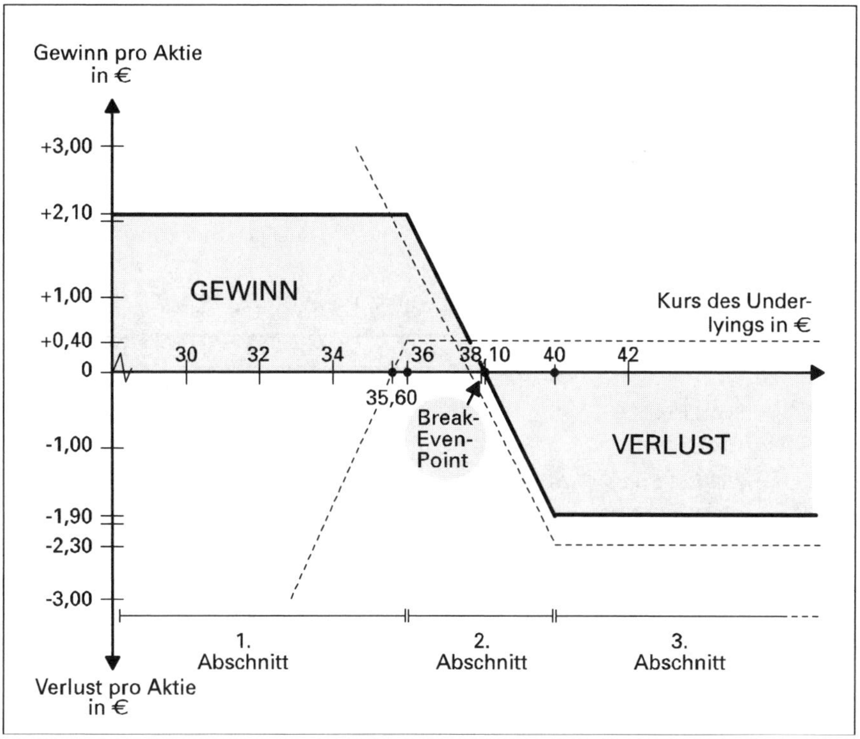


***Abbildung 38:*** *Bear-Put-Spread (Gesamtposition)*

**Abschnitt 1:** Fällt der Aktienkurs am letzten Handelstag unter 36 €, werden beide Optionen ausgeübt. Der Anleger erzielt einen Maximalgewinn in Höhe von 2,10 €, der der Basispreisdifferenz abzüglich der beim Opening gezahlten und erhaltenen Optionspreise entspricht.

**Abschnitt 2:** Notiert der Aktienkurs zwischen den beiden Basispreisen, verfällt der verkaufte Put wertlos. Der gekaufte Put hat einen Inneren Wert in Höhe der Differenz zwischen aktuellem Aktienkurs und Basispreis. Ist der Innere Wert geringer als der netto gezahlte Optionspreis, verbleibt ein Verlust, im umgekehrten Fall entsteht ein Gewinn.

**Abschnitt 3:** Übersteigt der Kurs des Basiswerts am letzten Handelstag den höheren Basispreis (40 €), verfallen beide Optionen wertlos. Der Maximalverlust besteht aus der beim Opening gezahlten Optionspreisdifferenz.

## 3.4.4 Zusammenfassung

Abschließend möchten wir alle vorgestellten Optionsstrategien in einer Übersicht zusammenfassen (Basispreise beispielhaft):

| Markt-erwartung | Position | Weitere Namen an anderen Börsen | Gewinnchance | Verlustrisiko |
|---|---|---|---|---|
| kräftig steigend | **Long Call** +Call 36 | | unbegrenzt | maximal bezahlter Preis |
| leicht steigend | **Bull-Call-Spread** +Call 36/-Call 40 | Gekaufter Bull-Spread oder Debit-Spread mit Calls | maximal Basis-preisdifferenz minus Nettoaufwand | maximal Nettoaufwand |
| schwach steigend | **Short Put** -Put 36 | | maximal erhaltener Preis | nahezu unbegrenzt |
| seitwärts | **Bull-Put-Spread** +Put 36/-Put 40 | Verkaufter Bear-Spread oder Credit-Spread mit Puts | maximal Nettoerlös | maximal Basis-preisdifferenz minus Nettoerlös |
| seitwärts | **Bear-Call-Spread** +Call 40/-Call 36 | Verkaufter Bull-Spread oder Credit-Spread mit Calls | maximal Nettoerlös | maximal Basis-preisdifferenz minus Nettoerlös |
| schwach fallend | **Short Call** -Call 40 | | maximal erhaltener Preis | unbegrenzt |
| leicht fallend | **Bear-Put-Spread** +Put 36/-Put 32 | Gekaufter Bear-Spread oder Debit-Spread mit Puts | maximal Basis-preisdifferenz minus Nettoaufwand | maximal Nettoaufwand |
| kräftig fallend | **Long Put** +Put 36 | | nahezu unbegrenzt | maximal bezahlter Preis |
| stark schwankend | **Long Straddle** +Call 36/+Put 36 | | nahezu unbegrenzt | begrenzt auf gezahlten Preis |
| sehr stark schwankend | **Long Strangle** +Call 38/+Put 34 | | nahezu unbegrenzt | begrenzt auf gezahlten Preis |
| um die Basispreise schwankend | **Short Straddle** -Call 36/-Put 36 | | begrenzt auf erhaltenen Preis | nahezu unbegrenzt |
| zwischen den Basispreisen schwankend | **Short Strangle** -Call 38/-Put 34 | | begrenzt auf erhaltenen Preis | nahezu unbegrenzt |

***Tabelle 36:*** *Optionsstrategien in der Übersicht mit Markterwartung sowie Gewinn- und Verlustpotenzial*

*(Weitere Strategien siehe Kap. 10.2 „Praxis von Optionsstrategien“).*

# 3.5 Optionsprodukte an der EUREX

## 3.5.1 Aktienoptionen

An der EUREX werden unter anderem Optionen auf diverse europäische, russische und US-amerikanische Aktien gehandelt.

Die Handelszeit der deutschen Aktienoptionen ist in der Regel börsentäglich von 9:00 Uhr bis 17:30 Uhr; ausländische Produkte haben teilweise davon abweichende Handelszeiten.

Die an der EUREX gehandelten Aktienoptionen weisen bestimmte Kontraktspezifikationen auf: Die kleinste handelbare Einheit, ein Optionskontrakt, beinhaltet in der Regel das Recht, 100 Aktien des zugrunde liegenden Basiswertes zu beziehen (Call) oder zu verkaufen (Put). Es werden aber auch – je nach Aktiengattung – 10, 50, 200, 500 oder 1.000 Aktien als Kontraktgröße geführt.

Alle an der EUREX gehandelten Aktienoptionen sind „amerikanischer Art"; das heißt, sie geben dem Käufer eines Calls bzw. Puts die Möglichkeit, seine Option jederzeit während der gesamten Laufzeit auszuüben (Ausnahme: Russische Aktienoptionen).

Hinsichtlich der Basispreise gibt es eine Staffelung in Abhängigkeit von der Höhe des Kurses des entsprechenden Underlyings. Die für EUREX-Aktienoptionen möglichen Basispreise sind in Tabelle 37 dargestellt:

| **Basispreise in EUR bzw. CHF** | **Basispreisintervalle in EUR bzw. CHF für Laufzeiten** | | |
|---|---|---|---|
| | bis zu 3 Monaten | von 4 bis 12 Monaten | von mehr als 12 Monaten |
| Bis 2 | 0,05 | 0,10 | 0,20 |
| Zwischen 2 und 4 | 0,10 | 0,20 | 0,40 |
| Zwischen 4 und 8 | 0,20 | 0,40 | 0,80 |
| Zwischen 8 und 20 | 0,50 | 1,00 | 2,00 |
| Zwischen 20 und 52 | 1,00 | 2,00 | 4,00 |
| Zwischen 52 und 100 | 2,00 | 4,00 | 8,00 |
| Zwischen 100 und 200 | 5,00 | 10,00 | 20,00 |
| Zwischen 200 und 400 | 10,00 | 20,00 | 40,00 |
| Größer als 400 | 20,00 | 40,00 | 80,00 |

***Tabelle 37:*** *Basispreisstaffel bei Aktienoptionen an der EUREX*

Bei Einführung der Optionskontrakte stehen für jede Fälligkeit mit Laufzeiten von bis zu 24 Monaten mindestens sieben verschiedene Basispreise zur Verfügung, bei Laufzeiten von mehr als 24 Monaten sind es mindestens fünf Basispreise. Die angebotenen Basispreise liegen dem letzten Börsenkurs der Aktie am nächsten:

- 3 bzw. 2 Basispreise sind „in-the-money",
- 1 weiterer Basispreis „at-the-money" und schließlich
- 3 bzw. 2 weitere Basispreise „out-of-the-money".

## Beispiel

(bezieht sich auf Call-Optionen mit elf Monaten Restlaufzeit)

Der Aktienkurs liegt bei 33,70 €

| | |
|---|---|
| ➔ Basispreise: | 28 (in-the-money) |
| | 30 (in-the-money) |
| | 32 (in-the-money) |
| | 34 (at-the-money) |
| | 36 (out-of-the-money) |
| | 38 (out of the-money) |
| | 40 (out-of-the-money) |

Zusätzlich werden neue Serien eröffnet, wenn die oben angegebene Mindestanzahl an Basispreisen im oder aus dem Geld nicht mehr zur Verfügung steht. Eine neue Optionsserie wird grundsätzlich nicht eingeführt, wenn sie in weniger als fünf Börsentagen ausliefe, es sei denn, dass die Marktverhältnisse eine Neueinfühung erforderlich machen (gilt nicht für „Weekly-Optionen" die später behandelt werden).

Gemäß oben genanntem Beispiel würde bei einem Aktienkurs von zum Beispiel 35,90 € der nächst höhere Basispreis (42) eingeführt werden.

Die Preise für Optionen auf deutsche Aktien werden in Preisintervallen (Ticks) von 0,01 € gehandelt. Bei europäischen Werten können auch Intervalle von 0,0005 € oder 0,01 CHF zum Tragen kommen.

Für EUREX Aktienoptionen gibt es standardmäßig sieben Verfalltermine, und zwar die drei folgenden Monate, die darauf folgenden drei Quartalsendmonate (März, Juni, September, Dezember), sowie die nachfolgenden zwei Halbjahresendmonate (Juni, Dezember). Zusätzlich werden bei bestimmten, von der EUREX festgelegten, Aktiengattungen andere Laufzeitstaffelungen mit anfänglich bis zu 60 Monaten angeboten.

Der letzte Handelstag bei allen Aktienoptionen ist der dritte Freitag des Verfallsmonats. Wenn dieser ein Feiertag ist, gilt der Börsentag davor (Ausnahme: Italienische Aktienoptionen).

Optionen können am Tage des Dividendenbeschlusses der zugrunde liegenden Aktie nicht ausgeübt werden. Fällt der letzte Handelstag auf einen Hauptversammlungstermin, wird die betreffende Option am Börsentag davor letztmals gehandelt. Fällt der Tag des Dividendenbeschlusses nicht auf einen Börsentag, ist eine Ausübung an dem davor liegenden Börsentag nicht möglich. Wird eine deutsche Aktienoption vor dem Tag der Hauptversammlung ausgeübt, steht die Gutschrift der Dividende einschließlich des zugehörigen anrechenbaren Steuerbetrages dem neuen Eigentümer der Aktien zu.

Die genauen und aktuellen Spezifikationen aller an der EUREX gehandelten Kontrakte können Sie auch der Website der EUREX www.eurexchange.com entnehmen.

## 3.5.2 Optionen auf Aktienindizes (zum Beispiel ODAX)

Um dem Anleger die Möglichkeit zu eröffnen, an der Entwicklung des Gesamtmarktes zu partizipieren und gleichzeitig die mit Aktienoptionen verbundenen branchen- und unternehmensspezifischen Risiken einer Einzelanlage auszuschalten, erfolgte im Jahr 1991 die börsenmäßige Einführung von Optionen auf den Deutschen Aktienindex (DAX). In der Folgezeit wurden auf zahlreiche europäische Indizes Optionen eingeführt.

Die nachfolgenden Erläuterungen beziehen sich der Einfachheit halber nur auf Optionen auf den DAX (ODAX).

### 3.5.2.1 Kontraktspezifikationen

**Basiswert** der DAX-Optionen ist der Deutsche Aktienindex.

Der **Kontraktwert** errechnet sich durch Multiplikation des aktuellen Indexstandes mit dem Indexmultiplikator, der 5 € beträgt.

#### Beispiel

| | |
|---|---|
| Aktueller DAX-Stand: | 6.000 |
| Kontraktwert: | 6.000 x 5 € = 30.000 € |

Die kleinstmögliche Preisveränderung, ein **Tick**, beträgt 0,10 Punkte und hat damit einen Wert von 0,50 €.

Der Optionsgegenwert, den der Optionskäufer an den -verkäufer zahlt, errechnet sich aus der Anzahl der Kontrakte multipliziert mit dem Optionspreis mal Indexmultiplikator.

#### Beispiel

| | |
|---|---|
| Transaktion: | Verkauf von 12 Calls ODAX |
| Basispreis: | 6.000 |
| Optionspreis: | 20,40 € |
| Gegenwert: | 12 x 20,40 x 5 € = 1.224 € |

Bei DAX-Optionen stehen **Laufzeiten** bis zu insgesamt 60 Monaten (fünf Jahre) zur Verfügung: Die nächsten drei Monate, die folgenden drei Quartalsendmonate, die folgenden vier Halbjahresendmonate sowie die folgenden zwei Dezember-Fälligkeiten.

Ebenso wie bei den Aktienoptionen stehen bei Optionseinführung für jede Laufzeit von bis zu 24 Monaten mindestens sieben verschiedene **Basispreise** zur Verfügung. Bei Laufzeiten von mehr als 24 Monaten sind es mindestens fünf Basispreise.

Die entsprechende Basispreisstaffel sehen Sie in Tabelle 38.

| Optionen auf | Basispreisintervalle in Indexpunkten für Laufzeiten | | | | |
|---|---|---|---|---|---|
| | bis zu 3 Monaten | von 4 bis 12 Monaten | von 13 bis 24 Monaten | von 25 bis 36 Monaten | von mehr als 36 Monaten |
| DJ EURO STOXX 50 | 50 | 50 | 50 | 50 | 100 |
| DAX<br>SMI | 50 | 50 | 100 | 200 | 200 |
| DJ EURO STOXX Sector Indizes<br>Dow Jones Global Titans 50<br>Dow Jones STOXX 600 Sector Indizes<br>TecDAX<br>SMIM | 5 | 10 | 20 | | |
| MDAX<br>DJ Italy Titans 30<br>DJ STOXX 50 | 50 | 50 | 100 | | |
| DJ STOXX 600<br>DJ STOXX Mid 200 | 5 | 5 | 10 | | |
| OMXH 25 | 25 | 25 | | | |

***Tabelle 38:*** *Basispreisstaffelung bei Indexoptionen an der EUREX*

Zusätzlich werden neue Basispreise eingeführt, wenn die oben angegebene Mindestanzahl an Basispreisen im oder aus dem Geld nicht mehr zur Verfügung steht. Eine neue Optionsserie wird grundsätzlich nicht eingeführt, wenn sie in weniger als fünf Börsentagen ausliefe, es sei denn, dass die Marktverhältnisse eine Neueinführung erforderlich machen. Außerdem haben institutionelle Anleger die Möglichkeit, bei der EUREX individuell Basispreise eröffnen zu lassen.

Die **Handelszeit** für DAX-Optionen ist von 9:00 Uhr bis 17:30 Uhr. In dieser Zeit findet gleichzeitig im Computerhandelssystem XETRA ein Handel mit allen im DAX befindlichen Aktien statt. Auf Basis dieser Kurswerte kann somit während dieses Zeitraums der XETRA-DAX berechnet werden.

**Letzter Handelstag** ist der dritte Freitag des jeweiligen Abrechnungsmonats, sofern dies kein Feiertag ist, andernfalls ist der letzte Handelstag der davor liegende Börsentag. Für die auslaufenden Serien schließt der Handel um 13.00 Uhr. Verfalltag einer Optionsserie ist der auf den letzten Handelstag folgende Börsentag.

DAX-Optionen sind **europäischen Stils**, das heißt, der Käufer der Option kann nur am letzten Handelstag von seinem Recht zur Ausübung („Exercise") Gebrauch machen. Erfüllungstag ist der Börsentag nach dem Ausübungstag. Die Abwicklung erfolgt in bar als sogenanntes „Cash-Settlement".

### 3.5.2.2 Weekly-Options

Zusätzlich zu den bisher beschriebenen Index-Optionen, bietet die EUREX seit 2006 sogenannte Weekly-Options auf den DAX an. Mit diesen Optionen hat der Anleger die Möglichkeit, im kurzfristigen Bereich Optionen zu handeln, die im Wochenrhythmus fällig werden, auch wenn kein turnusgemäßer Fälligkeitstermin (dritter Freitag im Monat) ansteht. So werden immer die nächsten vier oder fünf Freitage als Fälligkeit angeboten. Zur Unterscheidung hat die EUREX zur Kontraktbezeichnung die Ziffern 1, 2, 4 oder 5 beigefügt (zum Beispiel ODX2). Dabei stehen die einzelnen Ziffern für den jeweiligen Freitag im Kalendermonat, die Ziffer 2 also für den zweiten Freitag des Monats. Hat ein Monat keine fünf Freitage, wird der nächstmögliche fünfte Freitag eines Monats zum Handel geöffnet, unabhängig davon, wie viele Monate noch dazwischen liegen. Zum besseren Verständnis haben wir Tabelle 39 als Ausschnitt aus dem Jahr 2007 aufgeführt:

| **letzter Hdl.-Tag** ⇨ | 05.10. 2007 | 12.10. 2007 | 19.10. 2007 | 26.10. 2007 | 02.11. 2007 | 09.11. 2007 | 16.11. 2007 | 23.11. 2007 | 30.11. 2007 |
|---|---|---|---|---|---|---|---|---|---|
| **Aktuelles Datum** ⇩ | 1. Fr. ODX1 | 2. Fr. ODX2 | 3. Fr. ODAX | 4. Fr. ODX4 | 1. Fr. ODX1 | 2. Fr. ODX2 | 3. Fr. ODAX | 4. Fr. ODX4 | 5. Fr. ODX5 |
| 01.10.07 | X | X | O | X | | | O | | X |
| 08.10.07 | | X | O | X | X | | O | | X |
| 15.10.07 | | | O | X | X | X | O | | X |
| 22.10.07 | | | | X | X | X | O | | X |
| 29.10.07 | | | | | X | X | O | X | X |

***Tabelle 39:*** *Beispiel für Fälligkeiten der DAX-Weekly-Options*

Die Kreuze in Tabelle 39 stellen die angebotenen Fälligkeitstermine der Weekly Options dar, die monatlichen Optionen mit Fälligkeit am dritten Freitag sind mit „O" angegeben. Jeden Freitag werden zu Handelsbeginn die Weekly Options für die gleiche Woche des Folgemonats eingeführt.

Alle Kontraktspezifikationen entsprechen mit Ausnahme der Laufzeitenstaffel denen der bisher beschriebenen DAX-Optionen.

### 3.5.2.3 Ausübungsprozedere

Bei der EUREX eingehende Aufträge zur Ausübung von Long-Positionen (Exercises) gehen in die Nachtverarbeitung ein. Hier werden alle Clearingteilnehmer mit entsprechenden Short-Positionen ermittelt, auf diese werden per Auslosungsverfahren die Ausübungen zugeteilt. Die Clearinghäuser losen ihrerseits Kunden mit entsprechenden Short-Beständen aus, sodass am folgenden Morgen die betroffenen Kunden feststehen und entsprechende Abrechnungen erstellt werden können.

Der Wert des Barausgleichs, zum Beispiel bei Indexoptionen, errechnet sich aus der Differenz zwischen dem Basispreis und dem **Schlussabrechnungspreis** des Index multipliziert mit dem Indexmultiplikator (5 € beim DAX).

Der Schlussabrechnungspreis für den DAX wird von der EUREX am letzten Handelstag von 13.00 Uhr bis 13.05 Uhr in einer untertägigen Auktion aller DAX-Aktien festgestellt. Hier geben die Handelsteilnehmer Gebote zum Kauf oder Verkauf der einzelnen Aktien ab. Aus diesen verbindlichen Orders wird, ähnlich der früheren Kassakursfeststellung, der Preis der einzelnen Aktien ermittelt. Diese stellen die Grundlage zur Berechnung des Schlussabrechnungspreises dar. Zu den oben genannten Geboten werden die Geschäfte auch tatsächlich abgewickelt. In der Regel befinden sich in dieser Phase institutionelle Marktteilnehmer und Makler unter sich. Dies kann zur Folge haben, dass der Schlussabrechnungspreis mehr oder weniger deutlich von den zuletzt festgestellten DAX-Kursen abweicht.

## Beispiel

| | |
|---|---|
| Basispreis des DAX-Calls: | 6.000 € |
| Schlussabrechnungspreis des DAX: | 6.051 € |

Der Käufer von 6 DAX-Calls übt seine Optionen aus, da sie im Geld sind.

Er erhält (6.051-6.000) x 6 x 5,00 € = 1.530 €

Der gleiche Betrag wird dem Verkäufer der Optionen belastet.

# 4. Devisenoptionen

## 4.1 Einleitung

Optionen können nicht nur auf Aktien oder Indizes gehandelt werden, sondern auf viele andere Underlyings, wie zum Beispiel auch auf Devisen. Doch zunächst wollen wir den **Devisenhandel** als solchen näher beleuchten.

Gegenstand des Devisenhandels sind Forderungen und Verbindlichkeiten in fremder Währung. Der Devisenhandel in seiner heutigen Form begann um 1880 durch die Möglichkeit, Zahlungen ins Ausland zu tätigen. Dadurch wurde eine Umrechnung in die Auslandswährung notwendig.

Vom damaligen Goldstandard, worin die Währungsreserven in Gold gehalten wurden, ging man 1944 in Bretton Woods zum Gold-Devisen-Standard über, bei dem die offiziellen Währungsreserven aus Gold und Reservewährungen (Dollar) bestanden, die jederzeit in Gold getauscht werden konnten. Anfang der Sechzigerjahre wurde nicht unumstritten auf einen Umtausch des Dollars in Gold verzichtet. Im August 1971 wurde die Goldkonvertibilität völlig aufgehoben. Die wichtigsten Währungen gingen zum „Floaten" über, das heißt, die Kursentwicklung der Währungen erfolgte nun frei nach Angebot und Nachfrage.

Im Devisenhandel werden verschiedene Währungen miteinander konvertiert und valutengerecht gebucht.

Der Devisenkurs ist

- der Preis für eine fremde Währung, ausgedrückt in Heimatwährung (**Preisnotiz**) bzw.
- der Preis für die Heimatwährung, ausgedrückt in Fremdwährung (**Mengennotiz**).

Bei flexiblen Wechselkursen kommt eine Preisbildung ausschließlich durch das Zusammenspiel von Angebot und Nachfrage zustande.

## 4.2 Kassageschäfte

Im Devisenkassahandel verpflichten sich die beiden Kontrahenten, die gehandelten Devisen in der Regel am zweiten Arbeitstag nach dem Handelstag bereitzustellen.

Teilnehmer des Kassahandels sind Zentralbanken, Geschäftsbanken, Devisenmakler, Unternehmen und Privatkunden. Devisenmakler und Banken fungieren als eine Art Erfassungsstelle von Angebot und Nachfrage, sie ersetzen quasi das Börsenparkett. Dies geschieht durch den ständigen Kontakt untereinander über Telefon oder elektronische Verbindungen. Permanent werden im Markt auf Anfrage Geld- und Briefkurse gestellt, die nur im Moment der Notierung Gültigkeit haben, da der Kurs sich ständig ändert.

Devisenkurse können auf zwei Arten festgestellt werden:

- Die Preisnotierung ist die Notierung, bei der der **Preis für eine feststehende Einheit der Auslandswährung in Inlandswährung angegeben** wird.
  Beispiel aus der Sicht eines Schweizer Anlegers: 1 $ = 1,6600 CHF
- Die Mengennotierung ist die Notierung, die angibt, welche **Menge** einer **ausländischen Währung** aufzuwenden ist, um **eine feststehende Einheit** an **inländischer Währung** zu erhalten.
  Beispiel aus deutscher Sicht: 1 € = 1,3000 $

**Theoretisch** könnte man jede Währung sowohl preis- als auch mengennotiert darstellen. Entscheidend ist dabei die internationale Usance bzw. die Blickrichtung des Betrachters.

## Beispiel

Ein Schweizer Bürger betrachtet den Kurs 1 € = 1,55 CHF aus seiner Schweizer Sicht als Preisnotiz, da der Preis für eine Fremdwährungseinheit (1 €) in seiner Heimatwährung ausgedrückt wird.

Ein Niederländer dagegen liest aus der gleichen Kursangabe eine Mengennotiz, da angegeben ist, welche Menge an Fremdwährung (1,55 CHF) für eine Einheit der Heimatwährung (1 €) aufzubringen ist.

**Praktisch** wird an den Devisenmärkten nur eine einheitliche Betrachtungsweise (Blickrichtung) angewendet:

So wird der **€** grundsätzlich gegen alle Währungen **mengennotiert** (1 € = x Währung).

Das **£** (Pfund Sterling) ist in der Regel ebenfalls **mengennotiert** (1 £ = x Währung), lediglich beim Handel **£ gegen €** wird das Pfund **preisnotiert** (1 € = x £).

Der Dollar ist gegen Euro und Pfund preisnotiert (1 €/£ = x $); gegenüber allen anderen Währungen mengennotiert (1 $ = x Währung).

Bei Cross-Rates (siehe Punkt 4.3) kommt es bei der Kursdarstellung auf die Blickrichtung des Betrachters an.

## Beispiel

Der Schweizer wird den ¥-Kurs in CHF ausdrücken, der Japaner den CHF-Kurs in ¥.

# 4.3 „Cross-Rate“

Mit der Einführung der Konvertierbarkeit aller europäischen Währungen Ende 1958 war es im internationalen Devisenhandel üblich, dass Banken untereinander alle **Währungen fast nur noch gegen Dollar** handelten. Seit dem Zusammenschluss mehrerer europäischer Länder zur Eurozone werden alle Nicht-Euro-Währungen gegen einen Euro gehandelt.

Wenn Währungen nicht direkt am Devisenmarkt gegeneinander gehandelt werden, müssen sie als sogenannte **„Cross-Rates“** ermittelt werden. Als „Cross-Rate“ bezeichnet man den Wechselkurs zwischen zwei Währungen, der über die jeweilige Parität zu einer dritten Währung ermittelt wird. Zum Beispiel ¥/CHF über den €.

## Beispiel

Ein Japaner möchte für eine Europareise einen Teil seiner Yen in Schweizer Franken tauschen. Es liegen am Devisenmarkt folgende Kurse vor:

| | Geld (Nachfrage) | Brief (Angebot) |
|---|---|---|
| **1 € gegen ¥:** | 106,90 ¥ | 107,00 ¥ |
| **1 € gegen CHF:** | 1,4780 CHF | 1,4790 CHF |

Vorgehensweise:

a) Die Bank muss die von ihrem Kunden erhaltenen Yen verkaufen und dafür Euro kaufen. Am Devisenmarkt kann 1 € für 107,00 ¥ gekauft werden.

b) Die gekauften Euro verkauft die Bank dann am Devisenmarkt gegen CHF weiter, und zwar zum Kurs von 1,4780 CHF für 1 €.

Per Saldo hat die Bank 1,4780 CHF für 107,00 ¥ bekommen. Daraus ergibt sich für 100 ¥ ein Interbankenkurs von 1,3813 CHF.

Berechnung:

$$\frac{1{,}4780 \cdot 100^{*}}{107{,}00} = 1{,}3813 \text{ Ankaufskurs JPY/CHF}$$

* Anmerkung: Diese Berechnung ist nicht standardisiert. Die Multiplikation mit dem Faktor 1, 100 oder 1.000 ist davon abhängig, in welchen Einheiten (1, 100 oder 1.000) die ausländische Währung notiert wird. In diesem Fall wird der Yen in 100 Einheiten notiert.

Wie schon erwähnt, wird diese Art der Devisenkursberechnung „Cross-Rate“-Berechnung genannt, da man den Kurs ¥/CHF „über Kreuz” (Cross) aus dem €/¥ – und dem €/CHF – Kurs errechnet.

Die oben gezeigte Vorgehensweise gilt für alle Fälle, in denen die Bezugswährung gegen beide zu berechnenden Währungen gleichartig notiert ist (im Beispiel €/¥ und €/CHF; in beiden Fällen Mengennotiz des Euro).

Ist die Bezugswährung sowohl mengen- als auch preisnotiert, ergibt sich folgende Berechnung:

## Beispiel

Ein Franzose möchte für seine Urlaubsreise Euro in mexikanische Peso tauschen. Zurzeit ist kein direkter Kurs zu erhalten. Wie kommt der €/Peso Kurs zustande?

Es liegen folgende Marktkurse vor:

| | | Geld | Brief |
|---|---|---|---|
| €/$ | = | 0,9210 | 0,9260 |
| | | x | x |
| $/Peso | = | 9,3000 | 9,5000 |
| | | = | = |
| €/Peso | | 8,565 | 8,797 |

Vorgehensweise:

a) Die Bank muss die vom Kunden erhaltenen Euro verkaufen und dafür Dollar kaufen. Am Devisenmarkt erhält sie für 1 € 0,9210 $.

b) Die gekauften Dollar verkauft die Bank dann am Devisenmarkt gegen Peso weiter zum Kurs von 9,3000 Peso für 1 $.

Für 1 € hat die Bank 0,9210 $ bekommen, und dafür anschließend 8,5653 Peso (0,9210 x 9,3000). Daraus ergibt sich für 1 € ein Kurs von 8,5653 Peso.

# 4.4 Devisentermingeschäfte

## 4.4.1 Unterscheidung zwischen Kassapreis und Terminpreis

Im Gegensatz zum Kassahandel, dessen Erfüllung zwei Arbeitstage nach dem Abschluss zu erfolgen hat, werden Devisentermingeschäfte zu einem späteren, im Voraus **fest vereinbarten Zeitpunkt** (Termin) fällig. **Der Kurs der auf Termin gehandelten Währung wird aber bereits am Abschlusstag festgelegt**. Diesen Kurs bezeichnet man als **Terminkurs**.

Vergleicht man am Devisenmarkt zum Beispiel den Kassakurs des Euro gegenüber dem Dollar mit dessen Terminkurs, so sind Kursunterschiede festzustellen. Die Differenz zwischen Termin- und Kassakurs wird als **Swapsatz** bezeichnet. Ist der Terminkurs größer als der Kassakurs, heißt der Swapsatz **„Aufschlag" (Report)**. Ein Aufschlag bedeutet, dass der Euro per Termin teurer ist, als per Kasse. Wird der Terminkurs niedriger als der Kassakurs gehandelt, nennt man die Differenz **„Abschlag" (Deport)**, das heißt, der Euro kann per Termin billiger gekauft werden als per Kasse.

Der Unterschied zwischen dem Kassakurs und dem Terminkurs hängt von der Zinsdifferenz zwischen den beiden Währungen ab. Dies ist Gegenstand des folgenden Abschnittes.

## 4.4.2 Zinsparitäten

Die Zusammenhänge zwischen Kassa- und Terminkursen einerseits, sowie den Zinssätzen in verschiedenen Ländern andererseits, werden als Zinsparität bezeichnet. Bei der Berechnung der Zinsparität geht man davon aus, dass das Ergebnis aus einer risikolosen Anlage (Geldmarkt) in der Heimatwährung ebenso hoch sein sollte, wie das in Heimatwährung umgerechnete Ergebnis aus einer Fremdwährungsanlage bei gleicher Laufzeit.

Konkret bedeutet dies, dass man bei einer Anlage in Dollar und der anschließenden Rückübertragung auf den Euro theoretisch keinen höheren Ertrag erzielen sollte, als bei der gleichen Anlage im Euro selbst, obwohl die Dollarzinsen über den Eurozinsen liegen (gemeint sind in diesem Zusammenhang die jeweiligen Geldmarktsätze).

Erläuterung zur Herleitung des Swapsatzes:
Dabei gilt:

| | | |
|---|---|---|
| ri | = | Zinssatz Inland |
| ra | = | Zinssatz Ausland |
| KKt | = | aktueller Währungskassakurs |
| $TKt^2$ | = | Währungsterminkurs |
| Laufzeit: | | in Jahren ausgedrückt<br>(bei Tagesangaben diese durch 360 teilen) |

1 € am Geldmarkt zum Zeitpunkt t angelegt, liefert zum Zeitpunkt $t^2$ einen sicheren Rückfluss von

$$1\,€ \cdot (1 + ri \cdot Laufzeit)$$

Alternativ kann ein Euro heute zum Kassakurs KKt in Fremdwährung konvertiert und zum ausländischen Zinssatz (ra) angelegt werden. Damit diese Transaktion risikolos ist, muss der Rückfluss aus der Fremdwährung in die Heimatwährung gesichert werden. Dies geschieht durch den Terminverkauf der Fremdwährung zum Terminpreis $TKt^2$. Somit ergibt sich folgender Rückfluss:

$$1\,€ \cdot KKt \cdot (1 + ra \cdot Laufzeit) : TKt^2$$

Unter der Annahme, dass in beiden Ländern der gleiche risikolose Ertrag erzielt werden soll, muss der Rückfluss aus der Fremdwährung inklusive Zinsen gleich dem Rückfluss in der heimischen Währung sein, sodass sich die folgende Gleichung ergibt:

1 € · (1 + ri · Laufzeit) = 1 € · KKt · (1 + ra · Laufzeit) : $TKt^2$

Hieraus ergibt sich die folgende Gleichung für den Terminkurs:

$TKt^2$ = 1 € · KKt · (1 + ra · Laufzeit) : 1 € · (1 + ri · Laufzeit)

Der Swapsatz ergibt sich durch Subtraktion des Kassakurses vom Terminkurs:

Swapsatz = $TKt^2$ – KKt

Die folgenden drei Beispiele sollen den Einfluss der Zinsdifferenz auf den Terminkurs näher darstellen. Dabei gelten folgende Annahmen:

- Der Kassakurs des Euro notiert bei 0,925 $.
- Der Terminkurs wird unter Heranziehung der 3-Monats-Geldmarktzinsen für Dollar bzw. Euro berechnet.
- Als Laufzeit werden 3 Monate = 0,25 Jahre angenommen.

## Beispiel 1: Keine Zinsdifferenz

Der 3-Monatszins beträgt sowohl in Euro als auch in Dollar 4% (Zinsdifferenz = 0):

Wir verwenden die oben ermittelte Formel
$TKt^2$ = 1 € · KKt · (1 + ra · Laufzeit) : 1 € · (1 + ri · Laufzeit)

Hieraus errechnet sich der Terminkurs wie folgt:
$TKt^2$ = 1 € · 0,925 · (1 + 0,04 · 0,25) : 1 € · (1 + 0,04 · 0,25) = 0,925

Somit gibt es weder einen Auf-, noch einen Abschlag auf den Kassakurs.
Der Swapsatz ist 0.

## Beispiel 2: Negative Zinsdifferenz

Der 3-Monatszins für Euro beträgt 8%, für Dollar 5% (Zinsdifferenz = – 3%):

$TKt^2$ = 1 € · 0,925 · (1 + 0,05 · 0,25) : 1 € · (1 + 0,08 · 0,25) = 0,9182

Somit ergibt sich ein Abschlag (Deport) von – 0,0068 $ (0,9182 – 0,9250)

### Beispiel 3: Positive Zinsdifferenz

> Der 3-Monatszins für Euro beträgt 3%, für Dollar 8% (Zinsdifferenz = + 5 %):
>
> $TKt^2 = 1\,€ \cdot 0{,}925 \cdot (1 + 0{,}08 \cdot 0{,}25) : 1\,€ \cdot (1 + 0{,}03 \cdot 0{,}25) = 0{,}9365$
>
> Somit ergibt sich ein Aufschlag (Report) von + 0,0115 \$ (0,9365 – 0,9250)

# 4.5 Devisenoptionen auf Kassageschäfte

Devisenoptionen können in zwei Klassen eingeteilt werden, in

- Nicht standardisierte OTC-Optionen und
- Standardisierte (börsennotierte) Optionen

## 4.5.1 Nicht standardisierte OTC-Optionen

Nicht standardisierte OTC-Optionen (Over-the-Counter-Optionen) unterliegen **keinerlei formalen Beschränkungen.** Basispreis, Kontraktgröße und Laufzeit werden zwischen zwei Partnern frei ausgehandelt.

Die OTC-Option ist eine Vereinbarung zwischen Bank und Kunde oder zwei sonstigen Kontrahenten. Der Vertragspartner ist also nicht anonym.

- Vorteile:
  Nicht standardisierte OTC-Optionen können auf jede Währung, jede Laufzeit und jeden Basispreis gehandelt werden, sofern ein Kontrahent vorhanden ist. Diese Freiheit macht den Markt interessant für große Firmen, die maßgeschneiderte Optionen als Alternative zum Termingeschäft oder standardisierten Optionen vorziehen. Nicht standardisierte OTC-Optionen werden in europäischem oder amerikanischem Stil angeboten. Sie sind heute unverzichtbare Bestandteile bei der Konstruktion von Zertifikaten.
- Nachteile:
  Ein nicht standardisierter OTC-Markt besitzt eine mangelnde Liquidität. Denn im Gegensatz zu den Börsen, an denen es für eine einmal eröffnete Option in der Regel einen Preis geben wird, ist dies im OTC-Markt nicht gegeben.

### 4.5.2 Devisenoptionen an der Philadelphia Stock Exchange (PHLX)

Eine große Börse für Währungen ist die PHLX. Sie bietet verschiedene Währungsoptionen an. Im Folgenden wollen wir exemplarisch den €/$ – Kontrakt näher beleuchten:

| Kontrakt | €/$ |
|---|---|
| Kontrakt-Gegenwert | 62.500 € |
| Tick | 0,0001 $ je € |
| Tick-Wert | 6,25 $ |
| Handelszeit | 2.30 – 14.30 Uhr New York Time |
| Ausübung | european Style, Ausübung nur am letzten Handelstag |
| Verfallmonate | Nächste 2 Monate und folgende 4 Quartalsendmonate |
| Letzter Handelstag | Freitag vor dem dritten Mittwoch |
| Belieferung | Effektive Währungsbeträge |

***Tabelle 40:*** *Kontraktspezifikationen des EUR-Kontrakts an der PHLX*

### 4.5.3 Anwendungsmöglichkeiten

Wie bei allen Optionsstrategien gibt es verschiedene Anwendungsmöglichkeiten, die sowohl spekulativer als auch konservativer Natur sein können. Wie wir bereits erläutert haben, stellen Spekulanten in der Regel die nötige Liquidität zur Verfügung, damit Absicherungsstrategien möglich werden (Verlagern von Risiken).

Unser Hauptaugenmerk soll den €/$-Optionen als **Risikoabsicherung** von Dollarpositionen gelten. Konkrete Beispiele für die Anwendung von Devisenoptionen werden im nachfolgenden Abschnitt ausführlich dargestellt.

# 4.6 Strategien mit €/$-Devisenoptionen

## 4.6.1 Absicherung gegen steigenden Euro (sinkenden Dollar)

### Beispiel

Ein Investor hat amerikanische Staatsanleihen gekauft. Er will die erste Kuponzahlung in 6 Monaten in Höhe von 70.000 $ bei dem aktuellen Kurs von 1,10 $ gegen einen fallenden Dollar sichern. Für diesen Zweck kauft er einen Euro-Call über 62.500 € mit einem Basispreis von 1,10 $, Verfall in 6 Monaten. Für den Call zahlt er bei einem Optionspreis von 0,05 $ eine Prämie von 3.125 $ (62.500 x 0,05 $ pro €). 62.500 € entsprechen bei einem Kurs von 1,10 $ einem Gegenwert von 68.750 $.

Wenn der Euro-Kurs sich am Ende der Laufzeit der Option, deren Gegenwert in diesem Fall mit der Kuponzahlung der Anleihe nahezu übereinstimmt, unterhalb von 1,10 $ befindet (also der Dollar gegenüber dem Euro gestiegen ist), lässt der Investor den Call wertlos verfallen und verkauft die Dollars aus der Kupongutschrift zum aktuell günstigeren Kassakurs.

Befindet sich dagegen der Euro-Kurs oberhalb von 1,10 $ (das abzusichernde Ereignis ist also eingetreten), kann der Investor seine Option ausüben und entsprechend die Dollars aus der Kuponeinnahme fast vollständig zu einem Kurs von 1,10 $ verkaufen.

**Erläuterung:** Da es sich bei der Option um einen Euro-Call handelt, werden bei Ausübung Euro gekauft was einem Verkauf von Dollars entspricht.

Wie oben beschrieben, trägt unser Investor zwischen dem Kauf der Staatsanleihen und dem Termin der ersten Kuponzahlung das volle Risiko fallender Dollar-Kurse (steigender Euro-Kurse). Sichert er sich nicht ab, und steigt der Dollar (fällt der Euro), erhöht sich sein Profit. Fällt dagegen der Dollar (steigt der Euro), kann es ohne Absicherung zu nicht kalkulierbaren Verlusten kommen.

Erwirbt der Investor dagegen einen Euro-Call, welcher ihm das Recht gewährt, Euro zu erwerben und damit Dollar an seinen Kontrahenten zu einem Kurs von 1,10 $ zu verkaufen, ist er zum Zeitpunkt der ersten Kuponzahlung abgesichert. Steigt der Kurs des Euro über den Basispreis, erzielt er mit der Option einen Gewinn, während er am Grundgeschäft verliert. Ist jedoch der Euro unter den Basispreis gefallen, lässt er die Option wertlos verfallen. Der auf die bezahlte Optionsprämie begrenzte Verlust verrechnet sich mit dem Devisenkursgewinn, den er mit der erhaltenen Dollar-Zahlung aufgrund des gestiegenen Dollars (gefallenen Euro) erzielt. Abbildung 39 soll zum Verständnis dieser Situation beitragen.

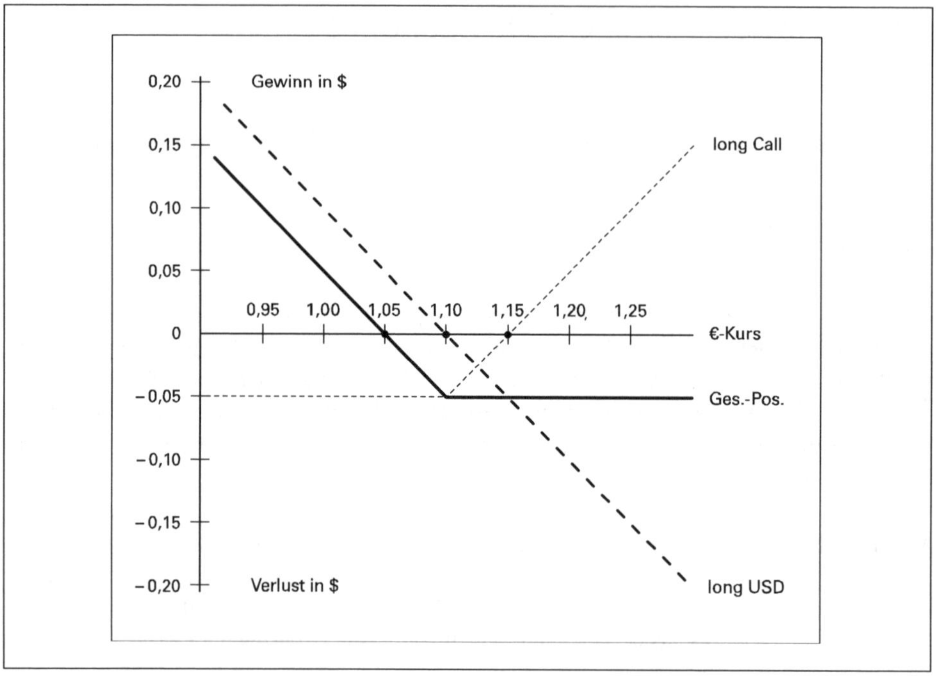


***Abbildung 39:*** *Absicherung gegen steigenden Euro (sinkenden Dollar)*

Zusammengefasst ergeben die beiden Einzelpositionen die mit dem durchgezogenen Strich gekennzeichnete synthetische Gesamtposition.

Wie man deutlich sieht, ist der Aufwand für die Absicherung des Investors auf die einmalige Prämienzahlung in Höhe von 0,05 $ je € = 3.125 $ beschränkt. Daraus ergibt sich ein bei 1,05 $ abgesicherter Kurs (Break Even).

## 4.6.2 Absicherung gegen fallenden Euro (steigenden Dollar)

### Beispiel

Ein Importeur hat Waren im Wert von 275.000 $ zur Lieferung in 3 Monaten gekauft. Der aktuelle Wechselkurs beträgt 1,10 $. Da der Importeur die Waren auch erst in drei Monaten bezahlen muss, will er sich zur Vermeidung von Währungsrisiken den aktuellen Wechselkurs sichern. Für diesen Zweck kauft er 4 Euro-Puts mit einem Basispreis von 1,10, Laufzeit 3 Monate (4 Kontrakte x 62.500 € = 250.000 € x 1,10 = 275.000 $). Dafür zahlt er bei einem Optionspreis von 0,05 $ eine Prämie von 12.500 $ (62.500 x 4 Kontrakte x 0,05 $ pro €).

Fällt der Eurokurs (steigt der Dollarkurs) in drei Monaten unter 1,10 $, übt der Importeur seine Puts aus und verkauft den Eurobetrag zum Basispreis. Entsprechend erwirbt er 275.000 $ und zahlt dafür 250.000 €.

Befindet sich der Euro-Kurs am letzten Handelstag der Option oberhalb von 1,10 $, so lässt der Importeur seine Puts verfallen. Er kauft den benötigten Dollarbetrag am Kassamarkt zum günstigeren aktuellen Kurs. Den erzielten Kursvorteil muss er mit dem Aufwand für die erworbenen Puts verrechnen.

Wie oben beschrieben, hat unser Importeur die gekauften Waren in Dollar zu begleichen. Er trägt somit das volle Risiko steigender Dollar-Kurse (fallender Euro-Kurse) vom Zeitpunkt der Warenbestellung bis zum Zeitpunkt der Rechnungsbegleichung. Sichert er nicht ab und fällt der Dollar (steigt der Euro), erhöht sich sein Profit. Steigt dagegen der Dollar (fällt der Euro), kann es ohne Wechselkursabsicherung zu nicht kalkulierbaren Verlusten kommen.

Abbildung 40 stellt die Gewinn- und Verlustsituation des Importeurs bei verschiedenen Entwicklungen des Dollarkurses dar.

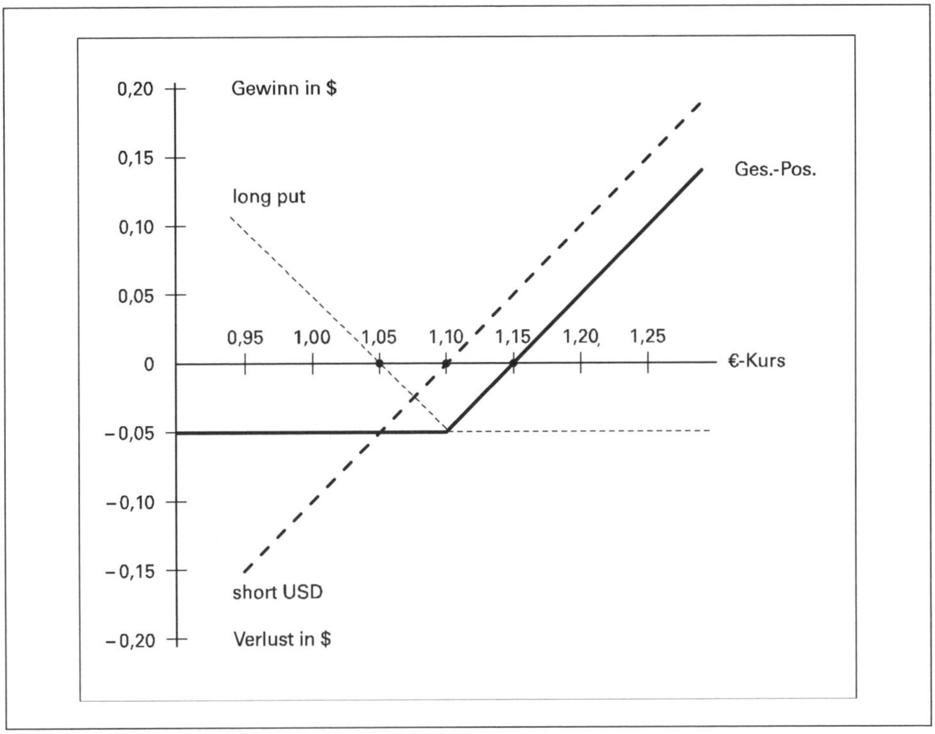


***Abbildung 40:*** *Absicherung gegen sinkenden Euro (steigenden Dollar)*

Zusammengefasst ergeben die beiden Einzelpositionen die mit dem durchgezogenen Strich gekennzeichnete synthetische Gesamtposition.

Wie man deutlich sieht, ist der Absicherungsaufwand des Importeurs auf seine einmalige Optionspreiszahlung in Höhe von 0,05 $ je € = 12.500 $ begrenzt. Der Break-Even-Punkt verschiebt sich für ihn auf 1,15 $ (1,10 + 0,05). Steigt der Euro (fällt der Dollar) über 1,15 $, so profitiert der Importeur unbegrenzt davon, vermindert um den bezahlten Optionspreis.

| Markterwartung | Strategie |
|---|---|
| Euro fällt (Dollar steigt) | Kauf Euro-Put und/oder Verkauf Euro-Call |
| Euro steigt (Dollar fällt) | Kauf Euro-Call und/oder Verkauf Euro-Put |

***Tabelle 41:*** *Strategien mit Devisenoptionen bei unterschiedlichen Markterwartungen*

## 4.6.3 Aufbau eines Fence

Wie wir in den letzten beiden Beispielen gesehen haben, müssen zwecks Absicherung der Kassaposition Prämien für Optionen gezahlt werden. Diese stellen Absicherungskosten für den Investor dar.

Gegenstand eines Fence (übersetzt = Zaun) ist eine Optionskombination, die sich zum Beispiel zusammensetzt aus:

- Kassa-Währungsposition
- Kauf von Euro-Calls zur Absicherung und
- Verkauf von Euro-Puts zur (Teil)-Finanzierung der Absicherungskosten

### Beispiel

Ein Niederländer möchte sein in Dollar angelegtes Vermögen über 575.000 $ zum derzeitigen Euro-Kurs von 1,15 $ auf einen Zeitraum von 3 Monaten gegen steigenden Euro (fallenden Dollar) mit einem Fence absichern (575.000 $ zu 1,15 = 500.000 € : 62.500 € je Kontr. = 8 Kontrakte):

| | | |
|---|---|---|
| Kauf von 8 Calls | Basispreis 1,15 | Optionspreis – 0,08 $ |
| Verkauf von 8 Puts | Basispreis 1,05 | Optionspreis + 0,06 $ |
| Nettoaufwand | | – 0,02 $ |

Der Prämienaufwand von netto 0,02 $ bedeutet für den Anleger einen Gesamtaufwand von 10.000 $ (500.000 € x 0,02 $ pro € = 10.000 $).

Wie oben beschrieben, trägt unser Anleger für einen Zeitraum von 3 Monaten das volle Risiko fallender Dollar-Kurse (steigender Euro-Kurse). Sichert er nicht ab, und steigt der Dollar (fällt der Euro), erhöht sich sein Profit. Fällt dagegen der Dollar (steigt der Euro), kann es zu nicht kalkulierbaren Verlusten kommen.

Dieses Risiko kann er durch den Erwerb der Euro-Calls absichern. Diese gewähren ihm das Recht, Euros zum Kurs von 1,15 zu beziehen (Dollars zu verkaufen). Steigt der Kurs des Euro über den Basispreis, erzielt er mit den Long Calls einen Gewinn. Fällt der Euro unter den Basispreis, lässt er sie wertlos verfallen. Der Verlust aus dem Optionsgeschäft bleibt auf den gezahlten Optionspreis begrenzt.

Gleichzeitig hat der Anleger aber auf der anderen Seite Euro-Puts verkauft. Er hat mit diesen Short Puts die Verpflichtung übernommen, seinem Kontrahenten in 3 Monaten Euro zum Kurs von 1,05 $ abzunehmen, das heißt Dollar zu verkaufen. Sein Kontrahent wird seinerseits die Puts nur ausüben, wenn der Kurs des € unter 1,05 $ gefallen ist.

Abbildung 41 verdeutlicht die Gewinn- und Verlustsituation der drei einzelnen Positionen sowie der Gesamtposition (Fence).

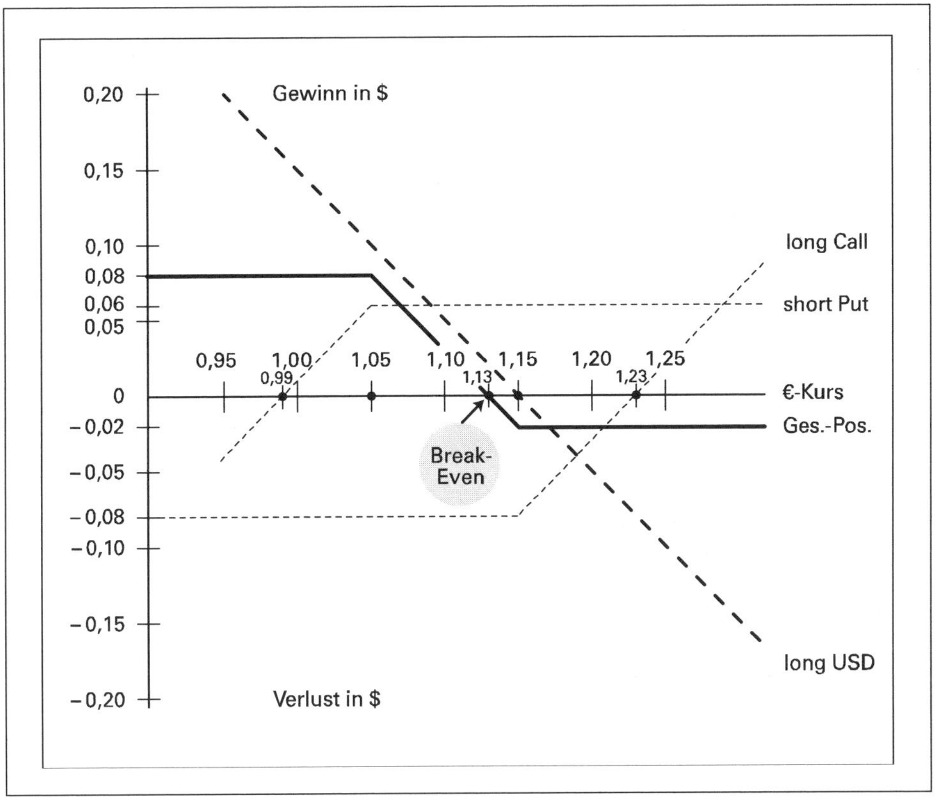


***Abbildung 41:*** *Fence*

Zusammengefasst ergeben die drei Einzelpositionen die mit dem durchgezogenen Strich gekennzeichnete synthetische Gesamtposition.

## Erklärung

Mit dem alleinigen Kauf von Calls wäre der Anleger ab einem Euro-Kurs von 1,23 $ (1,15 + 0,08) abgesichert gewesen. Durch den zusätzlichen Verkauf des Puts erzielt er eine Prämieneinnahme von 0,06 $. Dies verbessert seinen Absicherungskurs auf 1,17 $ (1,23 – 0,06). Weitere Verluste bei steigendem Euro werden vermieden durch entsprechende Gewinne aus dem gekauften Euro-Call.

Der Break-Even-Punkt per Verfall (gewinn- und verlustfreie Gesamtposition) liegt bei 1,13 $ (0,02 $ (Buch-)Gewinn in der Dollar-Kassa-Position und 0,02 $ Verlust aus den beiden verfallenden Optionspositionen).

An weiter fallenden Euro-Kursen (steigenden Dollar-Kursen) partizipiert er bis zu einem Eurokurs von 1,05 $. Von Kursen unter 1,05 $ profitiert der Anleger nicht weiter, da er sich durch den verkauften Put verpflichtet hat, den Euro zum Basispreis von 1,05 $ zu kaufen (also Dollar zu verkaufen). Da der Fence 0,02 $ gekostet hat, beträgt der effektive Kaufkurs des Euro 1,07 $. (1,05 $ für den Euro + 0,02 $ für den Fence) und ist damit um 0,08 $ billiger als zum Zeitpunkt der Absicherung.

Steigt der Euro-Kurs über 1,15 $ wird er seinen Call ausüben und die Euro zu 1,15 $ kaufen. Da er bereits für den Fence 0,02 $ bezahlt hat, beträgt sein Kaufkurs für den Euro maximal 1,17 $ und liegt damit maximal 0,02 $ über dem Kurs bei Absicherung.

Nachstehend haben wir die verschiedenen Szenarien des Fence in einer Tabelle zusammengefasst:

| Devisenkurs Dollar je Euro > | 0,95 | 0,99 | 1,00 | 1,05 | 1,13 | 1,15 | 1,23 |
|---|---|---|---|---|---|---|---|
| Gewinn/Verlust in der Dollar-Kassaposition, ausgehend von 1,15 | +0,20 | +0,16 | +0,15 | +0,10 | +0,02 | --- | -0,08 |
| Wert des Long Calls 1,15 per Verfall | --- | --- | --- | --- | --- | --- | +0,08 |
| Wert des Short Puts 1,05 per Verfall | -0,10 | -0,06 | -0,05 | --- | --- | --- | --- |
| Saldierter Aufwand für Positionseröffnung von Long Calls und Short Puts | -0,02 | -0,02 | -0,02 | -0,02 | -0,02 | -0,02 | -0,02 |
| Gesamt-Gewinn/-Verlust | +0,08 | +0,08 | +0,08 | +0,08 | --- | -0,02 | -0,02 |

***Tabelle 42:*** *Gewinn und Verlust des Fence per Verfall*

**Fazit:**

Die Absicherung mit einem Fence „zäunt" die bestehende Kassaposition zwischen den beiden Basispreisen ein.

Durch den gekauften Call ist das Verlustrisiko der Dollaranlage bei steigendem Euro auf 0,02 $ begrenzt. Der verkaufte Put vermindert einerseits die Absicherungskosten, andererseits begrenzt er die Gewinnchancen der Dollar-Kassaposition bei fallendem Euro auf 0,08 $.

# 5. Optionsscheine

## 5.1 Einleitung

Unter Optionsscheinen versteht man handelbare Wertpapiere, die bestimmte, unterschiedlich gestaltbare Rechte an anderen Wertpapieren, Waren oder sonstigen Werten verbriefen. In Deutschland stellen Optionsscheine, auch **Warrants** genannt, besonders bei Privatanlegern eine sehr beliebte Anlage- bzw. Spekulationsalternative dar. Im Vergleich zur Aktienanlage haben Optionsscheine einen **Hebeleffekt**, das heißt, mit einem geringeren Kapitaleinsatz kann ein prozentual höherer Gewinn oder Verlust als mit Aktien erzielt werden (siehe Punkt 5.3.4 „Hebel").

Die rasante Entwicklung des Wertpapiermarktes in den letzten Jahren setzte der Anlagephantasie keine Grenzen. Dank der Kreativität von Finanzstrategen kann der Anleger inzwischen unter vielen Optionsscheinvarianten wählen. Alle diese Produktvarianten weisen aber im Grunde genommen ein ähnliches Strickmuster auf.

Die in Bezug auf ihre Basiswerte geläufigsten Produktvarianten sind:

- Aktienoptionsscheine
  - von Unternehmen im Rahmen eigener Optionsanleihen begeben
  - von Banken im Rahmen vorhandener Eigenbestände an fremden Aktien begeben (Covered Warrants)
- Währungsoptionsscheine
- Indexoptionsscheine
- Zinsoptionsscheine
- Warenoptionsscheine

Wie die Optionen berechtigen auch Optionsscheine den Inhaber, Wertpapiere, Währungsbeträge oder Waren innerhalb einer festgelegten Frist zu festgelegten Basispreisen und Bedingungen zu erwerben bzw. zu veräußern. Bei Index-, Zins- und Warenoptionsscheinen erfolgt in der Regel ein Barausgleich (Cash-Settlement) in Höhe der Differenz zwischen dem Basispreis und dem aktuellen Wert des Underlyings.

Auch Optionsscheine gehören zur Kategorie der derivativen (abgeleiteten) Anlageinstrumente. Daher ist vor einem Engagement die fundierte Analyse des zugrunde liegenden „Underlyings" unbedingt empfehlenswert.

Im Hinblick auf die Ausübung unterscheidet man bei Optionsscheinen zwischen verschiedenen Optionsscheintypen:

- amerikanischer Typ:
  Ausübung während der Laufzeit möglich
- europäischer Typ:
  Ausübung nur am Ende der Laufzeit möglich
- asiatischer Typ:
  Hier wird zum Cash-Settlement nicht der aktuelle Kurs des Basiswerts herangezogen, sondern der sich während der Laufzeit des Optionsscheines ergebende Durchschnittskurs. Dieser OS-Typ ist in Bezug auf Kursschwankungen des Basiswertes weit weniger reagibel als die beiden anderen Typen. Wahrscheinlich spielt er in Deutschland deshalb kaum eine Rolle.

Obwohl Optionsscheine eng mit Optionen verwandt sind und auch die gleichen wirtschaftlichen Chancen und Risiken aufweisen, gibt es einige Unterschiede. Tabelle 43 soll diese verdeutlichen.

| | **Traditioneller Optionsschein aus Optionsanleihe** | **Gedeckter Optionsschein Covered Warrant** | **Optionen** |
|---|---|---|---|
| **Entstehung** | Emissionskonsortium im Auftrag der kapitalbeschaffenden AG | Emittent: Banken oder Brokerhäuser | am Optionsmarkt bei Ausführung von opening-Orders im Kauf und Verkauf |
| **Verbriefung** | Sammelurkunde bzw. effektive Stücke | Sammelurkunde | unverbrieft |
| **Underlying (Basiswert)** | Aktien | Aktien<br>Währungen<br>Indizes<br>Zinsfutures<br>Waren, Rohstoffe | Aktien<br>Währungen<br>Indizes<br>Zinssätze<br>Zinsfutures<br>Waren, Rohstoffe |
| **Laufzeit** | in der Regel ca. 5 – 10 Jahre | meist 1 – 2 Jahre | bis zu 5 Jahren |
| **Emissionsvolumen** | durch Bezugsverhältnis und Ausstattung der Optionsanleihe bestimmt | durch den Emittenten festgelegt | variabel, täglich wechselndes „open interest"; siehe 9.2.3.1.2 |
| **Auswirkung der Ausübung** | neue Aktien werden begeben, Gesellschaftskapital erhöht sich | am Markt erworbene Aktien werden vom Emittenten geliefert | am Markt erworbene Aktien werden vom Kontrahenten geliefert/übernommen |

***Tabelle 43:*** *Unterschiede zwischen Optionsscheinen und Optionen*

Die Ausgestaltung von Optionsscheinen kann von den Emittenten sehr unterschiedlich vorgenommen werden. Wir befassen uns in diesem Buch mit den einfach „gestrickten" Optionsscheinen mit „normalen" Ausstattungsmerkmalen, auch **„Plain-Vanilla-Warrants"** genannt. Darüber hinaus gibt es am Markt eine Vielzahl von Optionsscheinen mit Sonderausstattungen die sogenannten „Exotischen" Optionsscheine (zum Beispiel „Barrier-" oder „Knock-out-Optionsscheine").

## 5.2 Optionsanleihen und Aktienoptionsscheine

Im traditionellen Sinne werden Optionsscheine im Rahmen von Optionsanleihen begeben. Optionsanleihen sind **Anleihen mit Zusatzrecht(en)**. Den Gläubigern der Anleihe wird das Recht eingeräumt, während einer feststehenden Frist eine bestimmte Anzahl von Aktien des Emittenten der Optionsanleihe zu einem vorher festgelegten Kurs zu erwerben. Dieses Recht wird separat von der Anleihe in Form des Optionsscheines verbrieft. Optionsanleihen sind neben dem Optionsschein wie „normale" Anleihen ausgestattet, das heißt, sie

- lauten auf eine bestimmte Währung,
- haben eine feste Nominalverzinsung und
- festgelegte Laufzeit und Rückzahlungsmodalitäten.

Die Nominalverzinsung von Optionsanleihen liegt angesichts des zusätzlichen Optionsrechts in der Regel **unter** dem Marktzins.

### 5.2.1 Traditionelle Optionsscheine (Warrants)

Wie bereits erwähnt, hat der Inhaber von Aktienoptionsscheinen das Recht, eine bestimmte Anzahl von Aktien zu einem (bei der Emission) festgelegten Bezugskurs (Basispreis) innerhalb einer bestimmten Optionsfrist bzw. zu einem bestimmten Zeitpunkt zu beziehen. Dieses **Optionsrecht ist in einem Optionsschein verbrieft**. Einige Zeit nach Anleiheemission kann der Inhaber den Optionsschein von der Anleihe trennen. Dieser wird dann separat an der Börse gehandelt. Identisch wie bei Optionen, verfällt nach Ablauf der Optionsfrist das Recht des Bezuges, gleichzeitig wird der Optionsschein wertlos. Die Anleihe dagegen wird bei Fälligkeit zum Nennwert zurückgezahlt.

Während der Laufzeit der Optionsanleihe gibt es an der Börse drei verschiedene Kursnotierungen:

- Vor Abtrennung des Optionsscheines:
  - Anleihe „cum" (Kurs für die Anleihe mit Optionsschein)

- Nach Abtrennung des Optionsscheines:
  - Anleihe „ex“ (Kurs für die Anleihe allein)
  - Optionsschein

Wenn der Anleger sich für die **Anleihe „cum“** entscheidet, erwirbt er eine „Kombination“ aus Anleihe und Optionsschein. Der Kurs der Optionsanleihe „cum“ richtet sich sowohl nach der Zins- als auch nach der Aktienkursentwicklung. Der Investor partizipiert also gleichzeitig an der Kursentwicklung am Rentenmarkt sowie an der Kursentwicklung der zugrunde liegenden Aktien. Darüber hinaus erhält er den vereinbarten Zins für die Optionsanleihe.

Beim Besitzer der **Anleihe „ex“**, basieren die Gewinnchancen bzw. Verlustrisiken lediglich auf einer Renditeveränderung am Rentenmarkt. Die Anleihe wird einen ihrer Restlaufzeit und Nominalverzinsung entsprechenden Kurs annehmen und die marktübliche Rendite aufweisen, bis sie am Ende der Laufzeit zum Nennwert zurückgezahlt wird.

Der spekulativ eingestellte Investor richtet sein Augenmerk auf den **reinen Optionsschein**. Durch die Ausstattungsmerkmale bietet ein von der Anleihe getrennter Optionsschein, aufgrund des geringeren Kapitaleinsatzes im Vergleich zur Aktienanlage überproportionale Gewinne oder Verluste. Denn eine Veränderung des Aktienkurses bewirkt in der Regel eine prozentual stärkere Veränderung des Optionsscheinkurses (siehe 5.3.4 „Hebel“).

Bei **Ausübung** traditioneller Optionsscheine erwirbt dessen Besitzer neu zu emittierende Aktien, die im Rahmen der von der Hauptversammlung genehmigten „bedingten Kapitalerhöhung“ begeben werden.

## 5.2.2 Covered Warrants

Neben dem traditionellen Optionsschein gibt es auch sogenannte gedeckte Optionsscheine (Covered Warrants). Covered Warrants berechtigen zum Bezug bereits existierender Aktien. Im Gegensatz zum traditionellen Optionsschein sind der Emittent der gedeckten Optionsscheine und die Aktiengesellschaft, deren Aktien mit dem Optionsrecht bezogen werden können, **nicht** identisch. Emittenten von Covered Warrants sind in der Regel Banken und Brokerhäuser. Diese Emittenten begeben Optionsscheine auf Eigenbestände an fremden Aktien oder sichern ihr eigenes Risiko aus der Optionsscheinbegebung über Terminmärkte ab. Nimmt der Anleger sein Optionsrecht in Anspruch, bezieht er somit (im Gegensatz zu „traditionellen“ Optionsscheinen) Aktien, die sich bereits im Umlauf befinden.

Die wichtigsten Unterschiede zwischen traditionellen und gedeckten Optionsscheinen wollen wir in Tabelle 44 vertiefen (siehe auch Tabelle 43).

| Traditionelle Optionsscheine | Gedeckte Optionsscheine (Covered Warrants) |
|---|---|
| Emittent und kapitalbeschaffendes Unternehmen sind **identisch**. | Emittent und Unternehmen, auf dessen Aktien sich die Optionsscheine beziehen, sind **nicht identisch**. Die entsprechende Anzahl an Aktien wird vom Emittenten hinterlegt oder abgesichert. Emittenten sind in der Regel Banken und Brokerhäuser. |
| Bei der Ausübung des Optionsscheines **erhöht sich das Grundkapital** der Aktiengesellschaft (= des Emittenten). | Bei der Ausübung des Optionsrechts **bleibt der Aktienbestand gleich**; die sich im Umlauf befindlichen Aktien wechseln lediglich den Besitzer. |
| **Das Umtauschverhältnis** ist meistens **niedriger** als bei Covered Warrants, das heißt für den Bezug einer Aktie braucht man weniger Optionsscheine als beim Covered Warrant. Das führt zu einem optisch höheren Marktpreis des traditionellen Optionsscheines. | **Das Umtauschverhältnis** ist meistens deutlich **höher** als bei traditionellen Optionsscheinen, das heißt für den Bezug einer Aktie braucht man mehrere Optionsscheine. Das führt wiederum zu einem optisch niedrigeren Marktpreis des Covered Warrants. |

***Tabelle 44:*** *Unterschiede zwischen Traditionellen und Gedeckten Optionsscheinen*

## 5.3 Bewertung von Optionsscheinen

Hinsichtlich der Bewertung von Optionsscheinen spielen verschiedene **Kennzahlen** eine wichtige Rolle. Sie ermöglichen es, den **Wert des Optionsscheines im Vergleich zu einer Aktie zu errechnen** und die Investitionsentscheidung zu erleichtern. Ebenso lassen sich durch diese Kennzahlen verschiedene Optionsscheine miteinander vergleichen. Insbesondere sind folgende Kennzahlen von großer Bedeutung:

- Innerer Wert,
- Zeitwert,
- Aufgeld,
- Prämie,
- Hebel.

Bevor wir die einzelnen Kennzahlen in einer Beispielrechnung verdeutlichen, zählen wir hier noch einmal die wichtigsten Begriffe zur Erinnerung auf:

- Der **Optionsscheinkurs** ist der Preis, der entrichtet werden muss, wenn man am Markt einen Optionsschein erwerben möchte. Dieser wird auf der Grundlage mathematischer Preismodelle ermittelt und durch Angebot und Nachfrage am Markt relativiert.
- Der **Bezugskurs,** auch **Ausübungspreis** oder **Basispreis** genannt, ist der Geldbetrag, den der Optionsscheininhaber zum Bezug der Aktie investieren muss, bzw. der bei einem Cash-Settlement am Ende der Laufzeit als Grundlage für die Berechnung des fälligen Differenzbetrages dient. Er wird bei Emission des Optionsscheines festgelegt.
- Das **Bezugsverhältnis** gibt an, wie viele Aktien der Investor durch seine Optionsscheine beziehen kann. Ein Bezugsverhältnis von 2:1 bedeutet, dass 2 Optionsscheine zum Bezug einer Aktie berechtigen. In angelsächsischen Ländern wird dieses Verhältnis umgekehrt dargestellt. „1:2“ bedeutet hier „one for two“, das heißt man bekommt 1 Aktie für 2 Optionsscheine.
- Die **Optionsfrist** ist die Zeitspanne, innerhalb derer bzw. an deren Ende das Optionsrecht ausgeübt werden kann.

## Beispiel

Eine Optionsanleihe cum im Nennwert von 1.000 € beinhaltet 3 Optionsscheine. Jeder Optionsschein berechtigt zum Bezug von einer Aktie (Bezugsverhältnis 1:1) zum Preis von 200 € je Aktie.

| | |
|---|---|
| Aktienkurs | 300 € |
| Optionsscheinkurs | 150 € |
| Bezugskurs pro Aktie | 200 € |
| Bezugsverhältnis | 1:1 |
| Optionsfrist | 1999/2009 |
| Optionstyp | amerikanischer Typ |
| Innerer Wert | Erklärungen |
| Zeitwert/Prämie | folgen auf |
| Aufgeld | den nächsten |
| Hebel | Seiten |

## 5.3.1 Innerer Wert

Der „Innere Wert“ eines Optionsscheines wird errechnet, indem man die Differenz zwischen Aktienkurs (Underlying-Instrument) und Bezugskurs durch das Bezugsverhältnis dividiert. Der „Innere Wert“ wird oft auch als **Substanzwert** bezeichnet.

$$\text{Innerer Wert} = (\text{Aktienkurs} - \text{Bezugskurs}) : \text{Bezugsverhältnis}$$

In unserem Beispiel würde der Innere Wert des Optionsscheines 100 € betragen.

Innerer Wert = (300 € – 200 €) : (1:1) = 100 €

Der an der Börse festgestellte Optionsscheinkurs von 150 € liegt somit deutlich oberhalb des „Inneren Wertes“ von 100 €.

## 5.3.2 Zeitwert („Prämie“)

Der Zeitwert eines Optionsscheines ergibt sich aus der Differenz zwischen dem Optionsscheinkurs und dem „Inneren Wert“. Er wird in absoluten Zahlen ausgedrückt und gibt den Mehrpreis an, den der Investor für den Bezug einer Aktie zu entrichten hat, wenn er diese durch Ausübung des Optionsscheines erwirbt.

Zeitwert = Optionsscheinkurs – Innerer Wert

Wie wir bereits in 3.2.2 „Zeitwert“ gesehen haben, verringert sich der Zeitwert mit abnehmender Optionslaufzeit. Der Zeitwertverfall wird dabei umso größer, je näher der Verfallszeitpunkt des Optionsscheines heranrückt.

In unserem Beispiel würde der Zeitwert des Optionsscheines 50 € betragen.

Zeitwert = 150 € – 100 € = 50 €

Im Zusammenhang mit Optionsscheinen wird der Zeitwert häufig auch als „Prämie“ bezeichnet.

In diesem Beispiel muss der Anleger 50 € mehr bezahlen, um eine Aktie über den Optionsschein zu beziehen. Er entrichtet zunächst 150 € für den Optionsschein, später 200 € für den Bezug der Aktie, insgesamt also 350 €. Über den Aktienmarkt gekauft, würde die Aktie nur 300 € kosten.

Warum sollte der Investor mehr Geld ausgeben, als beim direkten Kauf der Aktie?

Er ist bereit, die Prämie zu zahlen aufgrund der überproportionalen Kurschancen, die durch den deutlich geringeren Kapitaleinsatz beim Erwerb von Optionsscheinen bestehen (siehe hierzu unter 5.3.4 die Ausführungen zur Hebelwirkung).

## 5.3.3 Aufgeld

Aus dem Zeitwert (der Prämie) lässt sich problemlos das Aufgeld ermitteln. Es wird in Prozent des Aktienkurses angegeben und ist zum Vergleich unterschiedlicher Warrants geeigneter als die Prämie.

Aufgeld (in %) = Zeitwert : Aktienkurs x 100

In unserem Beispiel beträgt das Aufgeld des Optionsscheines 16,7 Prozent:

Aufgeld = 50 € : 300 € = 0,1666 x 100 = 16,7 %

Der Erwerber einer Aktie würde diese durch das Aufgeld des Optionsscheines um 16,6 Prozent teurer als zum Marktpreis beziehen.

Die Höhe des Zeitwertes und damit des Aufgeldes hängt ab:

- vom erwarteten Kurspotenzial der Aktie,
- von der Schwankungsintensität des Aktienkurses („Volatilität"),
- vom Kurs des Optionsscheines,
- vom Bezugskurs,
- vom Bezugsverhältnis und
- von der Restlaufzeit.

## 5.3.4 Hebel

Um den Veränderungen des Optionsscheinkurses im Vergleich zu den Veränderungen des Aktienkurses Rechnung zu tragen, wurde die Kennziffer „Hebel" geschaffen. In seiner einfachsten Form errechnet man den **Hebel** als **Quotient aus dem Kurs der Aktie und dem Preis des Optionsscheines, multipliziert mit dem Bezugsverhältnis**.

Hebel = Aktienkurs : (Optionsscheinkurs x Bezugsverhältnis)

In unserem Beispiel hat der Optionsschein einen Hebel von 2.

Hebel = 300 € : [150 € x (1:1)] = 2

Der Hebel besagt, dass sich bei einer einprozentigen Aktienkursänderung und unverändertem Zeitwert der Kurs des Optionsscheines um 2 Prozent (das Zweifache) verändern wird.

| Bezugskurs in Euro | Börsenkurs der Aktie in Euro | Prozentuale Veränderung der Aktie zu 300 € | innerer Wert des Optionsscheines in Euro | Preis des Optionsscheines bei unverändert 50 € Zeitwert | Prozentuale Veränderung des Optionsscheines zu 150 € |
|---|---|---|---|---|---|
| 200 | 400 | 33,3 % | 200 | 250 | 66,7 % |
| 200 | 350 | 16,7 % | 150 | 200 | 33,3 % |
| **200** | **300** | --- | **100** | **150** | --- |
| 200 | 250 | - 16,7 % | 50 | 100 | - 33,3 % |
| 200 | 200 | - 33,3 % | 0 | 50 | - 66,7 % |

***Tabelle 45:*** *Beispiele (unter der Annahme eines unveränderten Zeitwertes, ausgehend von der bereits beschriebenen Situation eines Aktienkurses von 300 € und eines Optionsscheinpreises von 150 €)*

Steigt also der Aktienkurs in unserem Beispiel um 33,3 Prozent erhöht sich der Optionsscheinkurs um 66,7 Prozent.

> **Achtung!**
>
> *Man darf auf keinen Fall vernachlässigen oder gar vergessen, dass der Hebel in beide Richtungen wirkt. Fällt nämlich der Aktienkurs um 33,3 Prozent, so verliert in unserem Beispiel der Optionsschein 66,7 Prozent seines Wertes. Am Markt existieren auch Optionsscheine, die einen deutlich größeren Hebel aufweisen. So sind 10- oder 20-fache Hebelwirkungen nicht außergewöhnlich. Dies bedeutet bei nur geringer Kursveränderung der zugrunde liegenden Aktie in die „falsche" Richtung ein* ***erhebliches Verlustpotenzial****.*

Vorteile einer Optionsanleihe für den Emittenten:

- Billiges Fremdkapital für die Aktiengesellschaft, da der Zinssatz der Optionsanleihe niedriger ist als die marktüblichen Zinsen.
- Kaufanreiz für Anleger durch das Bezugsrecht. Das erleichtert die Platzierung der Anleihe.
- Mit der Optionsanleihe ist eine eventuelle Eigenkapitalaufstockung verbunden. Die Aktiengesellschaft braucht keine aufwändige Platzierung junger Aktien vorzunehmen.

## 5.4 Währungsoptionsscheine

Ein Währungsoptionsschein verbrieft das Recht, einen festgelegten Eurobetrag gegen Zahlung (Call) bzw. Erhalt (Put) einer bestimmten Fremdwährung zu einem festen Devisenkurs (= Basispreis) innerhalb einer festgelegten Bezugsfrist vom Emittenten zu erwerben (Call) bzw. an ihn zu veräußern (Put). Für dieses Recht entrichtet der Käufer den Optionspreis. **Der Emittent** des Währungs-Warrants fungiert jeweils als **Stillhalter**.

Währungsoptionsscheine können auch in Verbindung mit Währungsoptionsanleihen begeben werden. Naked Warrants haben allerdings in der Praxis eine wesentlich höhere Bedeutung. Währungsoptionsscheine sind in der Regel **amerikanischen Typs** und beziehen sich meist auf 100 €.

Bei der Berechnung der **Optionsscheinkennzahlen** (Prämie, Aufgeld, Innerer Wert und Hebel) gelten die analogen Ausführungen zu Aktienoptionsscheinen (siehe 5.3).

## Beispiel
## für die Kursermittlung eines €/$-Optionsscheines in Deutschland:

| | |
|---|---|
| Aktueller Devisenkurs: | 1,10 $ je € |
| Basispreis des Calls: | 1,05 $ |
| Innerer Wert: | 0,05 $ |
| angenommener Zeitwert *) | 0,02 $ |
| Kurs des Optionsscheines (0,05+0,02) | 0,07 $ |
| Umgerechnet zum akt. Dev-Kurs (1,10): | 0,0636 € |
| Bezogen auf einen 100-er Schein: | 6,36 € |

Der Preis für den Optionsschein wird zunächst in Dollar ermittelt und, umgerechnet zum aktuellen Devisenkurs, in Euro an der Börse notiert.

**) Der Zeitwert errechnet sich individuell mit der schon früher erwähnten Optionsformel (siehe auch 5.3.3).*

**Anwendungsmöglichkeiten**:
Währungsoptionsscheine eignen sich

- zum Hedgen:
  Der Investor will sich den Kauf- bzw. Verkaufspreis einer Fremdwährung sichern.
- zur Spekulation.
  Der Spekulant will von den Kursschwankungen am Devisenmarkt profitieren. Durch den hohen Hebeleffekt sind überproportionale Gewinne/Verluste zu erzielen.

## Beispiel

Fritz Maus, Importeur von US-Automobilen, hat einen Kaufvertrag zum Bezug von Sportwagen in Höhe von 5.000.000 $ (aktueller Eurokurs: 1,1000 $) abgeschlossen, zahlbar bei Lieferung in 3 Monaten. Ein bis dahin im Wert steigender Dollar (= fallender Eurokurs) würde diesen Einkauf entsprechend verteuern. Um das Risiko hieraus entstehender Währungsverluste zu vermeiden, entschließt sich Herr Maus, den Euro über einen Währungsoptionsschein abzusichern. Er kauft deshalb Euro-Put-Warrants (Restlaufzeit 3 Monate, Basispreis 1,0500) zum Kurs von 2,73 € pro 100er Schein.

Bei Fälligkeit ergibt sich je nach Devisenkurs folgende Situation:

a) Euro/Dollar liegt unter dem Basispreis 1,0500 $:

Herr Maus wird seine Optionsscheine ausüben und den Euro zu einem Preis von 1,0500 $ je Euro verkaufen. Das heißt, er zahlt 4.761.900 € für die benötigten 5.000.000 $. Darüber hinaus muss er den Aufwand für die gekauften Optionsscheine berücksichtigen.

| Transaktion | Kurs | EUR | USD |
|---|---|---|---|
| Kauf St. 47.619 Euro-Put-OS (Kontraktgröße 100 €), Kontraktgegenwert = 4.761.905 €, ergibt bei 1,05 Basispreis 5 Mio. $ | 2,73 € pro 100er Schein | - 130.000 | |
| Optionsschein-Ausübung | 1,05 $ | - 4.761.900 | + 5.000.000 |
| Saldo | | - 4.891.900 | + 5.000.000 |

Hieraus errechnet sich ein Einstandskurs von 1,0221 $ je € (5.000.000 : 4.891.900)

b) Euro/Dollar liegt auf oder über dem Basispreis 1,0500 $:

Herr Maus wird seinen Optionsschein verfallen lassen und stattdessen die Euro zum aktuellen (höheren) Kurs am Devisenmarkt gegen Dollar verkaufen. Das heißt, je höher der Dollar steigt, desto weniger Euro muss er verkaufen, um die benötigten 5.000.000 $ zu erhalten. Die gezahlte Prämie in Höhe von 130.000 € muss er bei der Gesamtkalkulation als Absicherungskosten berücksichtigen.

**Fazit:**

Herr Maus kann also, losgelöst von der künftigen Devisenkursentwicklung, mit einem Kaufpreis für die bestellten Autos in Höhe von maximal 4.891.900 € rechnen und so seinen Wiederverkaufspreis entsprechend sicher kalkulieren.

## 5.5 Indexoptionsscheine

Indexoptionsscheine verbriefen das Recht auf die Auszahlung des Differenzbetrages (Cash-Settlement) zwischen dem Indexstand zum Zeitpunkt der Ausübung und dem Basispreis, welcher bei der Emission festgelegt wurde. Indexoptionsscheine beziehen sich in der Regel auf Aktienindizes, wie etwa Gesamtmarktindizes (zum Beispiel DAX) oder Branchenindizes (zum Beispiel Dow Jones EuroStoxx Banks). Indexoptionsscheine sind meistens amerikanischen Typs, das heißt, eine Ausübung des Rechts ist jederzeit während der Laufzeit möglich. Sie sind in der Regel in Form von Sammelurkunden verbrieft.

Auch hier unterscheiden wir zwischen zwei Optionstypen:

- Bull- oder Call-Warrant: Der Käufer setzt auf **steigende** Index-Kurse.
- Bear- oder Put-Warrant: Der Käufer setzt auf **sinkende** Index-Kurse.

## Beispiel

Fritz Maus möchte einen Teil seiner Gewinne aus dem Automobilgeschäft in Indexoptionsscheine investieren. Da er für die nächste Zukunft einen Kursanstieg bei deutschen Blue Chips erwartet, entscheidet er sich zum Kauf von DAX-Bull Warrants (Laufzeit 3 Monate, Basispreis 6.500). Pro Optionsschein zahlt er 30 €. Jeder Optionsschein, bei dem wir ein Bezugsverhältnis von 1:1 zugrunde gelegt haben, gewährt ihm das Recht auf Erhalt eines Differenzbetrages in Euro. Dieser entspricht der Differenz, um die der DAX am Fälligkeitstag den im Optionsschein vereinbarten Basispreis überschreitet.

Bei Fälligkeit ergibt sich je nach DAX-Stand folgende Situation:

a) DAX über 6.500

Herr Maus wird seinen Optionsschein ausüben und die Differenz zwischen aktuellem DAX und dem festgelegten Basispreis erhalten. Allerdings wird sein Gewinn durch die gezahlte Prämie in Höhe von 30 € je Optionsschein geschmälert.

Bei einem Indexstand zwischen 6.500 und 6.530 würde daher der Saldo aus Cash-Settlement und gezahlter Prämie nicht zu einem Gesamtgewinn, sondern nur zu einem verminderten Verlust führen.

b) DAX unter 6.500

Herr Maus wird seinen Optionsschein verfallen lassen. Der gezahlte Preis stellt einen Komplettverlust des eingesetzten Kapitals dar.

Bei der Bewertung von Indexoptionsscheinen wird die gleiche Vorgehensweise wie bei Aktienoptionsscheinen angewandt. Es gelten somit die analogen Ausführungen (siehe 5.3).

# 5.6 Zinsoptionsscheine

Der Zinsoptionsschein berechtigt den Inhaber, vom Emittenten die Zahlung eines Differenzbetrages zu verlangen, wobei der Differenzbetrag das Ergebnis zwischen dem festgelegten Basispreis und dem Kurs des Underlyings bzw. der Höhe des zugrunde liegenden Zinssatzes im Ausübungszeitpunkt ist.

## Beispiel

| | |
|---|---|
| Underlying: | Euro-Bund-Future oder US-Treasury-Future |
| Basispreis: | bestimmter Futurekurs |
| Typ: | in der Regel amerikanisch:<br>eine Ausübung während der Optionsscheinlaufzeit ist jederzeit möglich |
| Laufzeit: | in der Regel 1 bis 2 Jahre |

Auch hier gilt bezüglich des Optionsscheintyps:

- **Call**: Der Anleger setzt darauf, dass der Futurekurs zum Ausübungszeitpunkt **über** dem Basispreis liegt.
- **Put**: Der Anleger setzt darauf, dass der Futurekurs zum Ausübungszeitpunkt **unter** dem Basispreis liegt.

Kauft der Anleger Call-Optionsscheine, rechnet er mit steigenden Anleihe- und damit Futurekursen, also mit sinkenden Zinsen. Beim Kauf von Put-Optionsscheinen erwartet er dagegen steigende Zinsen (fallende Anleihe- und Futurekurse). Zinsoptionsscheine können sowohl der Spekulation als auch der Absicherung von bestehenden Anleihepositionen dienen, zum Beispiel durch den Kauf von entsprechenden Puts.

Bei der Berechnung der Optionsscheinkennzahlen (Innerer Wert, Prämie, Aufgeld, und Hebel) gelten die analogen Ausführungen wie bei Aktienoptionsscheinen (siehe 5.3):

## Beispiel:
## Berechnung von Kennzahlen bei Zins-Optionsscheinen

| | | |
|---|---|---|
| Euro-Bund-Future | 116,31 | |
| Optionsscheinkurs | 2,88 € | |
| Basispreis | 115,43 | |
| Bezugsverhältnis | 1:1 | (ein OS zu 1 Future-Kontrakt) |
| Optionstyp | amerikanischer Typ | |
| Innerer Wert | 0,88 € | (116,31 – 115,43) |
| Zeitwert (Prämie) | 2,00 | (2,88 – 0,88) oder (115,43 + 2,88 – 116,31) |
| Aufgeld | 1,72 % | (2,00 :116,31 x 100) |
| Hebel | 39,3 | (116,31 : 2,88) |

## 5.7 Warenoptionsscheine

Warenoptionsscheine berechtigen den Inhaber in der Regel ebenso wie die Zins-OS zur Zahlung eines Differenzbetrages zwischen dem aktuellen Wert des Underlyings (Basiswertes) und dem Basispreis, das heißt, es erfolgt ein Cash-Settlement.

Am Markt gibt es Optionsscheine auf sehr unterschiedliche Warengruppen:

- Rohöl zum Beispiel Brent, WTI
- Edelmetalle zum Beispiel Platin, Gold, Silber
- Metalle zum Beispiel Blei, Kupfer, Zink
- Landwirtschaftliche Produkte zum Beispiel Mais, Sojabohnen, Weizen, Zucker

Auch hier gilt wie bei allen anderen Optionsscheinarten:

Der Käufer eines Call erwartet steigende Preise des Basiswerts, der Put-Käufer erwartet fallende Preise.

Ein Anleger muss sich, wenn er sich in diesem Produktbereich engagieren möchte, mit den – je nach Basiswert sehr unterschiedlichen – Einflüssen auf die Preisgestaltung des Basiswerts beschäftigen.

So spielen zum Beispiel klima- und wetterbezogene Einflüsse bei den **landwirtschaftlichen Produkten** eine sehr große Rolle. Dagegen sind zum Beispiel bei **Rohöl** mehr die Lagerbestände, Förderquoten und ggf. politische Einflüsse von großer Bedeutung. **Edelmetallpreise** unterliegen neben der Spekulation vor allem fundamentalen Einflüssen, wie zum Beispiel Bedarf der Schmuckindustrie oder der Zahntechnik und der Wunsch nach „Reservenbildung". Die **Metallpreise** sind dagegen stark von weltweiten konjunkturellen Entwicklungen im Industriesektor abhängig.

Wie bei allen Optionsscheinarten ist auch hier bei Verfall des Optionsscheines maximal „nur" der Komplettverlust des eingesetzten Kapitals möglich. Verluste, die über den ursprünglichen Kapitaleinsatz hinausgehen können, lernen wir im nächsten Kapitel „Futures" kennen.

Aus diesem Grunde sollte ein Anleger niemals sein gesamtes Vermögen in Optionsscheine investieren. Eine „gesunde" Mischung aus risikoreichen und -armen Produkten, je nach persönlicher Mentalität, ist in jedem Falle anzuraten (siehe 10.1.1.1 „Verfügbares Kapital").

# 6. Futures

## 6.1 Terminkontrakte – Forwards und Financial Futures

### 6.1.1 Anfänge

Termingeschäfte sind keine Erfindung moderner Finanzmärkte. Vielmehr stellen sie seit Beginn der Entwicklung von Finanzmärkten einen festen Bestandteil dieser dar. Die ersten Terminkontrakte wurden in Europa bereits im späten 17. Jahrhundert gehandelt bzw. verabredet. Zu dieser Zeit konnte man von einem geregelten, liquiden Marktgeschehen allerdings noch nicht sprechen.

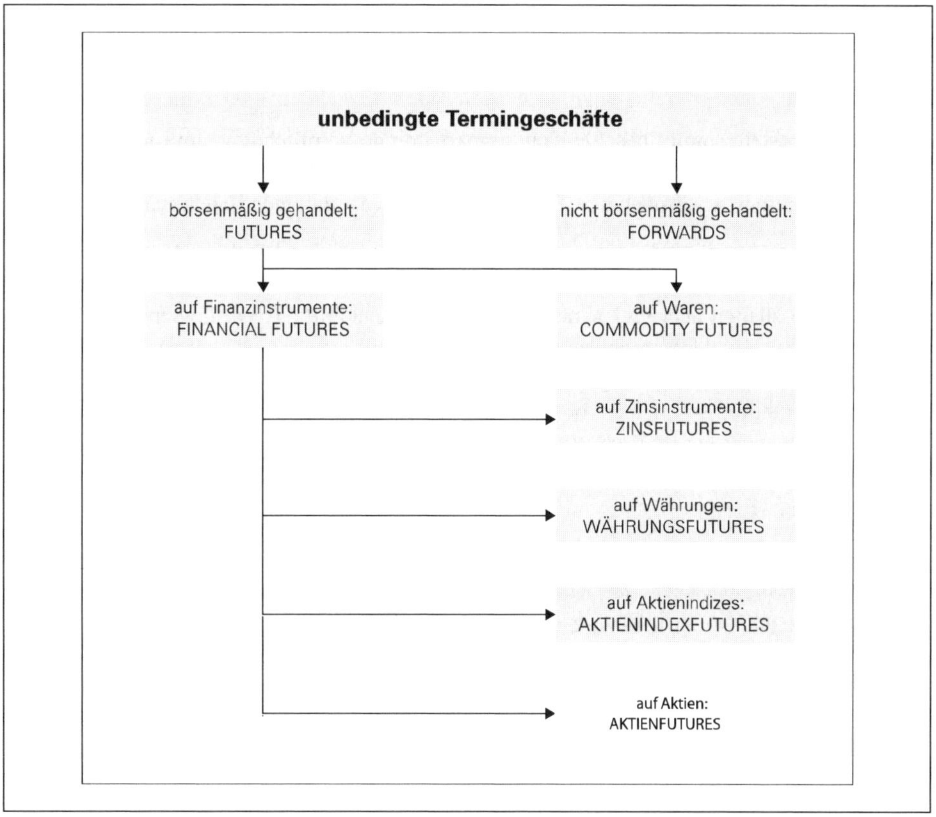


***Abbildung 42:*** *Abgrenzung unbedingter Termingeschäfte*

Die ersten Terminvereinbarungen hatten Tulpenzwiebeln in Holland (Tulpenzwiebel-Hausse, der am Ende auch Rembrandt zum Opfer fiel) und Baumwolle in England als Handelsgegenstand. Bereits im 16. Jahrhundert wurden in Japan die ersten Terminvereinbarungen auf Reis abgeschlossen. Seit dieser Zeit haben sich die Kontraktgegenstände immer wieder den Erfordernissen der Märkte und der Bedürfnisse seiner Teilnehmer angepasst. Die ersten Financial-Futures, die auch heute noch gehandelt werden, wurden am 22.08.1977 an der CME in Chicago abgeschlossen. Der Handelsgegenstand war der US-Treasury Bond.

Heute kann man Termingeschäfte auf fast alle Waren bzw. Finanzinstrumente abschließen. Zur Systematisierung soll Abbildung 42 dienen.

## 6.1.2 Begriffsdefinitionen im Terminhandel

Allen Termingeschäften ist eines gemeinsam: Sie dienen dem Ziel, die Unsicherheit und Ungewissheit über zukünftige Preisschwankungen des zugrunde liegenden Handelsgegenstandes auszuschließen. Dies erreicht man dadurch, dass sich zwei Marktteilnehmer auf einen Handelsgegenstand einigen, der zu einem festgelegten Preis und einer festgelegten Menge zu einem vorher bestimmten Zeitpunkt in der Zukunft geliefert bzw. übernommen und bezahlt wird.

Bei **Futures** besteht somit für beide Kontraktpartner eine Verpflichtung, am Liefertermin den Handelsgegenstand zum vereinbarten Preis, in bestimmter Menge und in einer bestimmten Qualität zu liefern bzw. abzunehmen. Diese Verpflichtung ist für beide Handelspartner bindend.

In dieser Verpflichtung beider Kontraktparteien besteht der grundsätzliche **Unterschied zwischen Futures und Optionen**. Durch das Hedging mit Futures können, wie auch durch Optionen, Ungewissheiten über Preisveränderungen in der Zukunft ausgeschlossen werden. Auch hier werden bei Geschäftsabschluss der Kontraktgegenstand, die Menge, das Fälligkeitsdatum und der Preis festgelegt. Aber am Fälligkeitsdatum oder während der Laufzeit, kann der Inhaber einer Option entscheiden, ob er sein Recht auf Lieferung ausüben möchte oder nicht. Bei Futures dagegen hat er diese Wahlmöglichkeit nicht. Man spricht in diesem Zusammenhang bei Futures von unbedingten Termingeschäften und bei Optionen von bedingten Termingeschäften.

Der grundlegende **Unterschied zwischen Forwards und Futures** liegt darin, dass Forwards individuelle Vereinbarungen zwischen Marktteilnehmern darstellen und keine Börse oder Clearingstelle für die Erfüllung des Geschäftes haftet (vergleichbar mit OTC-Optionen). Dagegen stellen Futures standardisierte Terminkontrakte dar, die an einer eigens dafür geschaffenen Börse gehandelt werden. Gerade die Standardisierung der Kontraktspezifikationen ermöglicht eine schnelle Handelbarkeit und Liquidität. Um einen reibungslosen Austausch zu gewährleisten, ist eine Clearingstelle zwischengeschaltet. Diese garantiert, dass die Verpflichtungen, die sich aus dem Handel mit Futures und Optionen ergeben, auch erfüllt werden.

Die Vorteile von Futuremärkten sind vielfältig:

- Standardisierung der Kontraktmerkmale, dadurch hohe Handelsliquidität,
- geringe Transaktionskosten,
- geringer Kapitaleinsatz und die damit verbundene Hebelwirkung,
- Möglichkeiten zur Absicherung von Kassapositionen.

### 6.1.3 Bedeutung der Börse und des Clearings

Wie bereits erwähnt, tritt beim Futureshandel die Terminbörse als Mittler zwischen den Kontraktparteien auf. Sie sorgt dafür, dass ein geregelter Handel ermöglicht wird. Dies erfolgt in der Zusammenführung von Angebot und Nachfrage durch Ermittlung und Weitergabe von Preisen und Bestätigung von Geschäftsabschlüssen.

Da sich die Kontraktparteien nicht selbst gegenüberstehen, sondern die Clearingstelle als Kontrahenten haben, erhebt die Clearingstelle von den Kontraktparteien im Rahmen des Clearings **Sicherheitsleistungen („Margins“)**. Diese werden zur Absicherung der finanziellen Verpflichtung, die die Kontraktparteien eingehen, von beiden Parteien erhoben. Sie sollen gewährleisten, dass die Kontraktpartner jederzeit in der Lage sind, ihre Position zu schließen bzw. ihre Verpflichtung zu erfüllen. Die Clearingstelle tritt für die finanziellen Folgen des Ausfalls einer Kontraktpartei ein (siehe auch 8.1 „Clearingsystem“).

Die Clearingstelle ermittelt täglich für jeden einzelnen Marktteilnehmer die Anzahl der offenen Kontrakte. Hierfür errechnet sie auf Basis der von der Börse festgestellten Schlusskurse (auch Settlementpreise) und den produktspezifisch festgelegten Marginparametern, die zu hinterlegende Sicherheitsleistung (siehe unten „Initial Margin“).

Außerdem ermittelt sie die gesamte Anzahl bestehender offener Kontrakte. Hierunter versteht man die Kontrakte, die geöffnet und noch **nicht** durch Verfall, Ausübung oder Gegengeschäft geschlossen wurden. Man nennt diese Kennzahl „offenes Interesse“ oder **„Open Interest“** (siehe 9.2.3.1.2).

Erzielt eine Position aufgrund einer Preisbewegung gegenüber dem Vortagesschlusskurs einen Gewinn, so wird dieser dem betreffenden Kontraktpartner gutgeschrieben. Wenn ein Verlust entsteht, wird dieser entsprechend belastet.

- **Initial Margin**
  Alle Clearingmitglieder, die am Handel mit Futures teilnehmen, müssen bei der Clearingstelle ein „Marginkonto“ eröffnen. Auf diesem Konto muss bei Positionseröffnung eine bestimmte Mindestsumme pro Kontrakt hinterlegt sein, die sogenannte Initial Margin. Dies gilt unabhängig von der eingegangenen Position der Kontraktpartner, das heißt, die Marginpflicht besteht sowohl für den Käufer als auch für den Verkäufer des Futures.

- **Variation Margin**
  Während der Laufzeit von Futures variieren die Preise der Kontraktgegenstände. Dies führt dazu, dass ggf. täglich Gewinne oder Verluste aus den Futurepositionen entstehen. Diese werden den Kontraktpartnern in vollem Umfang gutgeschrieben bzw. belastet. Der Ausgleich von Gewinnen und Verlusten heißt „Variation Margin". Die Variation Margin ist unabhängig von der Initial Margin und wird börsentäglich ermittelt. Dabei wird verglichen, wie sich der Tagesschlusskurs (Settlement) der Futureposition gegenüber dem vorherigen Börsentag (bzw. dem Einstandskurs bei gleichtägiger Positionseröffnung) verändert hat. Ergibt sich eine positive Differenz (Kursanstieg), so erfolgt eine Gutschrift auf dem Marginkonto des Halters der Long Position. Der Halter der Short Position wird dagegen mit dem gleichen Betrag belastet. Liegt eine negative Differenz (Kursrückgang) vor, erhält der Long Inhaber eine Belastung, der Short Inhaber bekommt die Gutschrift.

Dieses Verfahren wird auch als **„Mark-to-Market„**-Bewertung bezeichnet. Eine ausführliche Darstellung der „Marginberechnung bei Futures" finden Sie unter 8.3.1.

## 6.2 DAX-Future an der EUREX

### 6.2.1 DAX

Der Deutsche Aktienindex DAX bildet die Wertentwicklung der 30 größten und umsatzstärksten deutschen Aktien ab.

- Auszüge aus dem Regelwerk der Deutschen Börse für den DAX:
  - Der DAX ist ein sogenannter **Laufindex**. Er wird jede Sekunde auf Basis der XETRA-Kurse neu berechnet.
  - Er wurde am 1.7.1988 von der Frankfurter Wertpapierbörse, der Arbeitsgemeinschaft der Deutschen Wertpapierbörsen und der „Börsen-Zeitung" eingeführt. Basis der Indexberechnung ist der 30.12.1987 mit einem Wert von 1.000 Punkten. Historische Indexdaten können bis 1959 zurückgerechnet werden.
  - Der DAX setzt sich aus den **30 umsatzstärksten deutschen Aktien** (Blue Chips) zusammen. Damit repräsentiert er rund 75 Prozent des gesamten Grundkapitals inländischer börsennotierter Aktiengesellschaften und etwa 85 Prozent der in deutschen Beteiligungspapieren getätigten Börsenumsätze.
  - Kriterien für die **Gewichtung** der einzelnen Aktien im DAX sind: Börsenumsatz und Marktkapitalisierung auf Basis des „**Freefloat**" und Branchenzugehörigkeit. Unter Freefloat definiert die Börse alle frei verfügbaren Aktien eines Unternehmens. Anteile eines Aktionärs oder einer Aktionärsfamilie, die kumuliert mindestens 5 Prozent des Grundkapitals ausmachen, sowie Aktien, die einer Sperrfrist von mindestens 6 Monaten unterliegen, gelten als Festbesitz und fließen somit nicht in die Indexgewichtung ein.

Dagegen gelten Aktienbestände bei Vermögensverwaltern oder Investmentfonds als Freefloat-Besitz, sofern deren Anteil nicht 25 Prozent des Grundkapitals des betreffenden Unternehmens überschreitet. Diese Methode hat zur Folge, dass Gesellschaften mit hoher Gewichtung den DAX stärker beeinflussen als solche mit geringer Gewichtung. Die Gewichtungen werden von der Deutschen Börse vierteljährlich überprüft und ggf. angepasst.

- Die **Zusammensetzung** des DAX-Indexportfolios wird regelmäßig im September eines jeden Jahres überprüft und ggf. angepasst. Darüber hinaus kann ein Austausch von Unternehmen außerhalb der ordentlichen Überprüfungstermine vorgenommen werden, wenn ein DAX-Unternehmen bei den Kriterien Marktkapitalisierung und Börsenumsatz nicht mehr zu den 45 größten Gesellschaften zählt, ein Nicht-DAX-Unternehmen bei gleichen Kriterien aber zu den 25 größten Unternehmen gehört. Ein Austausch erfolgt dann zum nächsten Verkettungstermin (siehe unten).
- Die **Berechnung** des DAX basiert auf einer abgewandelten Laspeyres-Formel (von Étienne Laspeyres konzipierte Formel). Für die Berechnung des Index werden stets die zuletzt im elektronischen Handelssystem XETRA notierten Kurse der im Index enthaltenen Aktiengattungen herangezogen. Bei Kursaussetzung wird mit dem zuletzt festgestellten Kurs weitergerechnet, bzw. bei Kursaussetzung vor Börsenbeginn mit dem Schlusskurs des Vortages.
- Im Falle von **systematischen Kursveränderungen** durch Kapitalmaßnahmen, Dividenden- oder Bonuszahlungen, Fusionen, Spin-offs oder Splits der im Index enthaltenen Titel erfolgt die Bereinigung des DAX mit Hilfe von aktienspezifischen Korrekturfaktoren.
- Die **Indexverkettung** erfolgt vierteljährlich und berücksichtigt alle oben aufgeführten Maßnahmen sowie eventuelle außerplanmäßige Änderungen in der Index-Zusammensetzung. Durch die Berechnung eines Verkettungsfaktors wird vermieden, dass es durch die genannten Maßnahmen zu Indexsprüngen kommt.

Diese Ermittlungssystematik des DAX soll nicht nur den Anlegern die jeweils aktuelle Tendenz des Marktes darstellen. Vielmehr soll der DAX auch als sogenannter **Performanceindex** die in der Vergangenheit erzielten Erträge aus den betreffenden Aktien widerspiegeln. Dies lässt sich dadurch erreichen, dass die **Bardividenden** der zugrunde liegenden Aktien **rechnerisch reinvestiert** werden. Die Bereinigung der Kurse um den Dividendenabschlag erfolgt am Tag der jeweiligen Dividendenzahlung mit Hilfe eines Bereinigungsfaktors.

Üblicherweise werden die meisten Dividenden in Deutschland innerhalb weniger Monate von Mai bis Juli ausgeschüttet. Würde man diese komplizierte Rechnungsmethode nicht anwenden, würden in diesen Monaten erhebliche Verzerrungen im Indexverlauf auftreten.

Aufgrund der beschriebenen Maßnahmen wird die Kursentwicklung des DAX als Performanceindex rechnerisch immer über der eines reinen Kursindex liegen. Dies ist leicht nachvollziehbar, da ein **Dividendenabschlag bei einem reinen Kursindex als Kursverlust gilt.**

**Der international bekannteste Kursindex ist der Dow Jones Industrial Average**. Er besteht aus 30 großen amerikanischen Titeln. Seine Berechnungsmethode ist sehr einfach und wird prinzipiell noch immer so berechnet, wie vor gut 100 Jahren bei seiner Einführung. Es werden die Kurse der 30 Titel addiert und durch einen flexiblen Divisor (Korrekturfaktor) geteilt. Dies stellt sicher, dass zum Beispiel Aktiensplitts bzw. Aktienzusammenlegungen berücksichtigt werden. Bei seiner Einführung wurde lediglich durch 30 dividiert. Dividendenabschläge gehen als Kursverluste in den Index ein.

## 6.2.2 DAX-Future

Der an der EUREX gehandelte DAX-Future bezieht sich auf den Deutschen Aktienindex. Futures auf Aktienindizes haben das besondere Merkmal, dass als **Underlying kein am Kassamarkt gehandeltes Wertpapier existiert**. Damit kann **bei Fälligkeit** auch **keine effektive Lieferung von Wertpapieren** stattfinden.

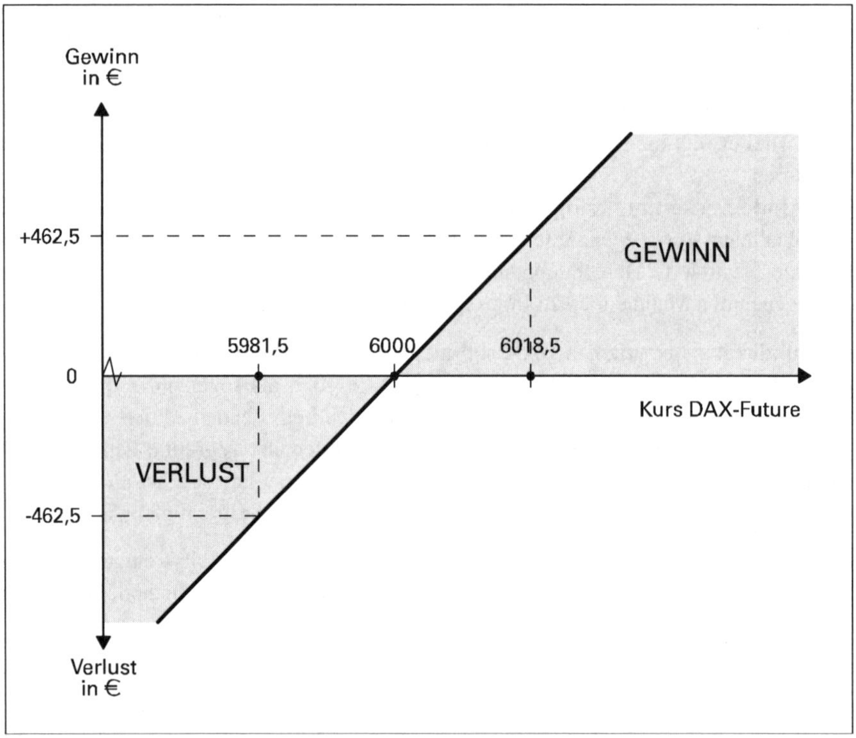


***Abbildung 43:*** *Long DAX-Future*

Es ist zwar theoretisch denkbar, am Fälligkeitstermin die im DAX enthaltenen Aktien in entsprechender Anzahl zu liefern bzw. abzunehmen. Dies ist aber nicht praktikabel. Anstelle der effektiven Lieferung der im DAX enthaltenen Wertpapiere erfolgt deshalb ein **Barausgleich**, das sogenannte **Cash-Settlement**.

Dem DAX-Future liegen **25 € pro Indexpunkt** zugrunde; notiert der DAX bei 6.000, so beträgt der **Kontraktwert 25 € x 6.000 = 150.000 €**.

Die Kursveränderungen des DAX-Futures vollziehen sich in Schritten von **0,5 Punkten**. Die kleinste Preisänderung, die sogenannte Tickgröße oder Tick, beträgt damit 0,5 Punkte. **Bei einem Wert von 25 € pro Indexpunkt ergibt sich ein Wert von 12,50 € pro Tick**.

Verändert sich der Futurepreis zum Beispiel von 6.000,0 auf 6.018,5, so ergibt sich eine Wertveränderung um 18,5 Punkte oder 37 Ticks. Dies entspricht einem Gewinn für den Futureskäufer von 462,50 € (37 x 12,50 €). Für den Verkäufer bedeutet dies analog einen Verlust von 462,50 €.

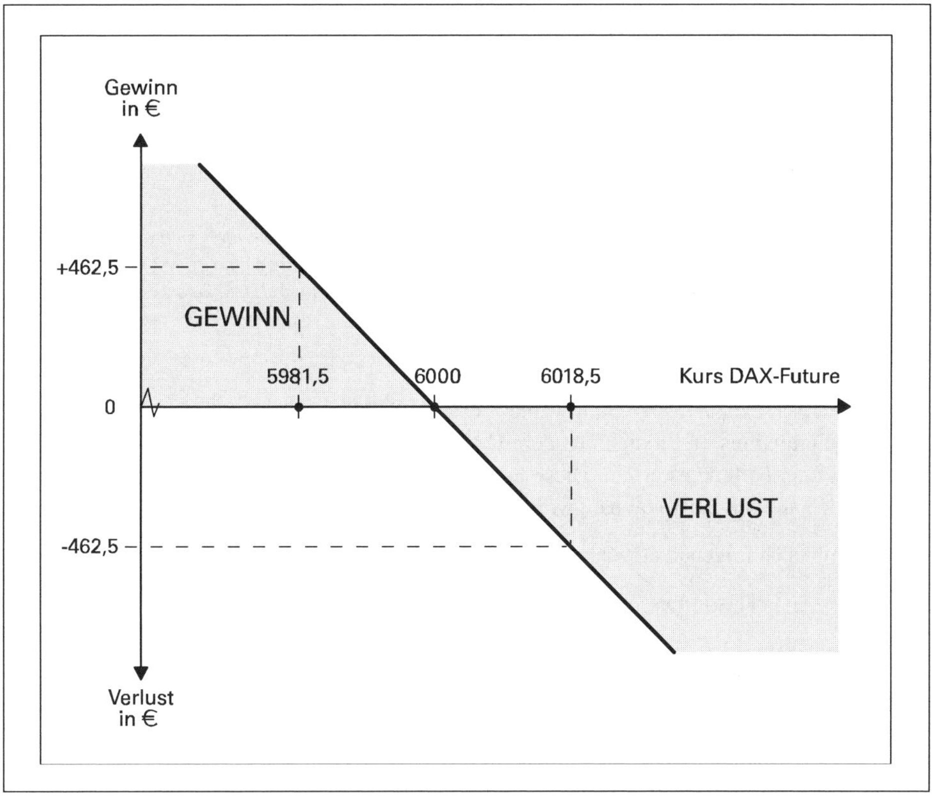


***Abbildung 44:*** *Short DAX-Future*

An der EUREX werden drei Fälligkeitstermine angeboten. Dabei handelt es sich immer um die nächsten drei Quartalsendmonate (März, Juni, September, Dezember). Somit stehen maximal neun Monate Laufzeit zur Verfügung. Der letzte Handelstag ist immer der dritte Freitag im Verfallmonat (sofern dies kein Börsentag ist, gilt der Handelstag davor).

### 6.2.3 Preisermittlung des DAX-Futures

Zwischen der Preisbildung am Kassamarkt und der Preisgestaltung eines Futures besteht eine enge Beziehung. Die Differenz zwischen dem Futurespreis und dem Kassakurs **(Kassapreis minus Futurekurs)** bezeichnet man als Basis.

Zum Fälligkeitstermin muss der Preis des Futures identisch mit dem Kassapreis des Kontraktgegenstandes sein. Dieser Zusammenhang wird auch als **Konvergenz der Basis bezeichnet**, das heißt, der Abstand zwischen Terminpreis und Kassapreis tendiert zum Fälligkeitstermin gegen Null.

Die Basis kann positiv oder negativ sein. Sie ist positiv, wenn der Future kleiner ist als die Kasse und negativ, wenn der Future größer ist als die Kasse (siehe Abbildung 45; vgl. auch 3.5.1).

**Merkhilfe:**

*Um sich besser einprägen zu können, wie die Basis ermittelt wird, stellt man sich am besten die Frage: Was war zuerst da? Das Kassainstrument oder der Future? Das zuerst vorhandene Instrument (Kasse) steht also bei der Subtraktion vorn. Anders gesagt: Die Basis ist positiv, wenn der Basiswert größer ist als der Future.*

Der rechnerisch exakte Wert („Fair Value") des DAX-Futures lässt sich sehr einfach ermitteln: Der Futurepreis ergibt sich aus dem DAX-Stand plus den aufgezinsten Finanzierungskosten bis zum Fälligkeitstermin. Diese Finanzierungskosten, auch „Cost-of-Carry" genannt, ergeben sich aus den laufzeitabhängigen Zinsen.

Damit ergibt sich folgende Formel:

$$\text{Kassapreis} + \text{Cost-of-Carry} = \text{Fair Value des DAX-Futures}$$

$$\text{Cost-of-Carry} = \text{DAX Kassapreis x (Geldmarktzins/100) x (Restlaufzeit in Tagen/360)}$$

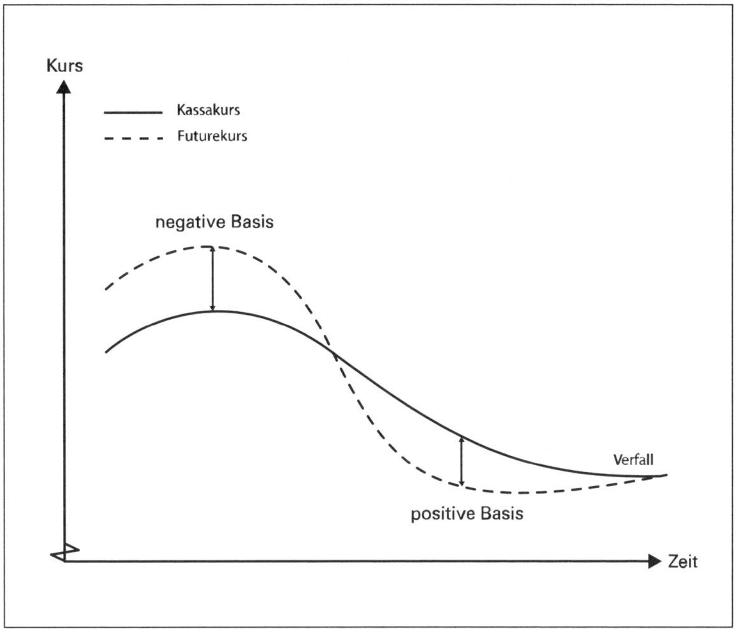


***Abbildung 45:*** *Futures- und Kassakurs-Konvergenz*

Der Fair Value des Futures ist dann gegeben, wenn sich der Kassapreis und der Futurekurs gemäß oben genannter Formel im Gleichgewicht befinden. Entstehen während der Laufzeit Unterschiede zum rechnerischen Wert, so ließen sich risikolos Gewinne, sogenannte **Arbitragegewinne**, realisieren:

Wäre zum Beispiel der Future im Vergleich zum Kassaindex zuzüglich Cost-of-Carry zu teuer, würde man den Future verkaufen und ein entsprechendes DAX-Portfolio am Kassamarkt kaufen. In der Praxis wird dies mit den Schwergewichten des DAX getan, was dem Index annähernd entspricht. Ist im umgekehrten Fall der Future zu billig, so kauft man den Future und verkauft das DAX Portfolio am Kassamarkt.

Dies würde solange geschehen, bis sich wieder ein fairer Preis zwischen Kasse und Future eingestellt hat, also ein Gleichgewicht zwischen Kasse und Future herrscht. Ein Beispiel soll die Berechnung des „Fair Value" verdeutlichen:

| | |
|---|---|
| DAX: | 6.000 Punkte |
| Fälligkeitszeitpunkt:: | in 2 Monaten (= 60 Tage) |
| Zins für den Zeitraum: | 3,5 % p.a. |
| | |
| Cost-of-Carry: | 6.000 x (3,5/100) x (60/360) = 35,00 |
| **DAX-Future:** | **6.000 + 35,00 = 6.035,00** |

Im Normalfall notiert der Futurepreis demnach über dem Kassapreis (= negative Basis). Je länger die Laufzeit des Futures, desto höher ist sein Preis.

Es können sich aber Marktsituationen ergeben, in denen der „Fair Value“ trotz Arbitrage nicht mit dem aktuellen Futurekurs übereinstimmt. Gelegentlich notiert der Future auch unter der Kasse.

Gründe für ein Abweichen vom Fair Value können sein:

- Kurzfristig hektisches Marktgeschehen, zum Beispiel durch Bekanntgabe wichtiger Nachrichten oder kurz vor dem Verfallstermin.
- Sondersituationen bei Einzelaktien, zum Beispiel noch unklare Informationslage zu bevorstehenden Ereignissen wie Übernahmen und Ähnliches.
- Extrem positive oder negative kurzfristige Erwartungen der Marktteilnehmer.

Da der DAX ein Performanceindex ist, wirken sich Dividendenzahlungen weder beim Index noch beim Future auf die Preisbildung aus.

Dagegen haben Dividendenzahlungen bei einem Kursindex wie dem Dow Jones folgende Auswirkung: Die zu zahlende Dividende stellt einen Liquiditätsfluss dar, sofern er in die Futurelaufzeit fällt. Dieser ist in der Berechnung der „Cost-of-Carry“ nicht enthalten und wirkt sich daher vermindernd auf den Futurepreis aus.

## 6.2.4 Lieferung und Final Settlement

Der DAX-Future wird am Liefertag auf der Basis des **Schlussabrechnungspreises in bar** abgerechnet. Dieser Preis ergibt sich aus den im XETRA-Handel im Rahmen einer untertägigen Auktion zwischen 13.00 Uhr und 13.05 Uhr ermittelten Kursen aller 30 DAX-Titel. Dieser Schlussabrechnungspreis ist für alle noch offenen Kontrakte maßgeblich. Ein Beispiel soll dies verdeutlichen:

> Ein Marktteilnehmer geht am Tag vor dem letzten Handelstag eine DAX-Future Long Position ein, das heißt, er kauft einen Future zum Kurs von 6.000. Am Abend desselben Tages ist der Schlussstand des DAX-Futures 6.012.
>
> Der Unterschied zum Einstandskurs beträgt +12 Punkte. Dem Marktteilnehmer werden 12 x 25 € = 300 € auf seinem Konto gutgeschrieben.
>
> Am darauf folgenden Tag (letzter Handelstag) wird an der Position nichts verändert. Aus der untertägigen Auktion ergibt sich ein Schlussabrechnungspreis von 6.040 Punkten (ein Plus von 28 Punkten ggü. Vortagsschluss). Dem Marktteilnehmer werden weitere 28 x 25 € = 700 € gutgeschrieben.
>
> Sein Gewinn aus der Futureposition beträgt somit insgesamt 1.000 € (300 € + 700 €).

**Hinweis**

Es ist schon häufiger vorgekommen, dass der Settlementpreis deutlich vom zuletzt berechneten DAX-Stand entfernt war. Hier traten zum Teil Abweichungen von mehreren 100 Punkten auf. Dies kann passieren, wenn unterschiedliche Interessensgruppen während der untertägigen Auktion mit großen Volumina versuchen, den Settlementpreis zu ihren Gunsten zu bewegen. Die Motivationen sind mannigfaltig und reichen von Spekulation bis zu Hedgeoperationen. Trotz dieser Tatsache gilt auch ein deutlich abweichender Settlementpreis als richtig oder regelkonform, da ihm ausschließlich am Markt getätigte und abgerechnete Geschäfte zugrunde liegen und die Aktien geliefert und bezahlt wurden.

## 6.3 Futures auf Aktien

Um Hedging und Spekulationen noch gezielter vornehmen zu können, hat die EUREX im Jahr 2005 Futures auf Aktien eingeführt. Diese unterscheiden sich lediglich in der Art des Underlyings von den Indexfutures. In der Regel haben die Aktienfutures eine Kontraktgröße von 100 Stück Aktien. Auf eine Lieferung am Ende der Laufzeit wird ebenso wie beim DAX-Future verzichtet. Es erfolgt ein Cash-Settlement. Die kleinste Kursveränderung (Tick) ist 0,01 Punkte, was einem Wert von 1,00 € entspricht.

| **1 Kontrakt BASF-Future (Größe = 100 Aktien)** | **Futurekurs** | **Geldfluss (Variation Margin)** |
|---|---|---|
| Tag 1<br>Kauf Opening | 61,25 | 0,00 € |
| Tag 1<br>Settlement zum Schlusskurs | 62,80 | + 155,00 € |
| Tag 2<br>Settlement zum Schlusskurs | 62,53 | - 27,00 € |
| Tag 3<br>Verkauf Closing | 61,12 | - 141,00 € |
| **Gesamt:** | | **- 13,00 €** |

***Tabelle 46:*** *Beispiel eines Engagements eines 3-Tage laufenden Long Future auf BASF Aktien.*

Das Gesamtergebnis entspricht der Kursdifferenz des Future zwischen Opening und Closing (-61,25 + 61,12 = -0,13), multipliziert mit der Kontraktgröße (100).

Wie unter 6.2.3 bereits erwähnt, können Dividendenzahlungen während der Futurelaufzeit einen Einfluss auf deren Preisgestaltung haben. Dies macht sich bei einem Aktienfuture besonders deutlich bemerkbar. Da sich bei einem Kursindex die Dividendenzahlungen der einzelnen Aktien über einen längeren Zeitraum verteilen, entsteht hier ein gewisser Verwässerungseffekt. Bei der Einzelaktie hingegen wird der komplette Dividendenabschlag an einem bestimmten Zeitpunkt vorgenommen. Dadurch ergibt sich ein erheblicher Einfluss auf die Preisgestaltung des betreffenden Aktienfutures.

## Beispiel

| | |
|---|---|
| Aktienkurs am 19.Januar: | 48,82 € |
| Dividendenzahlung am 4. April | 1,50 € |
| Futures-Kurse am 19. Januar: | |
| Verfall Februar | 48,96 |
| Verfall März | 49,09 |
| Verfall April | 47,77 |
| Verfall Mai | 47,92 |

Es wird deutlich, dass bei den nach der Dividendenzahlung fälligen Futures der Abschlag bereits im Preis berücksichtigt wurde. Der Abschlag entspricht nicht exakt dem Dividendenbetrag (1,50), da durch die längere Laufzeit entsprechend höhere „Cost-of-Carry" anfallen (siehe 6.2.3).

# 6.4 Zinsfutures an der EUREX

## 6.4.1 Underlying

Zinsfutures sind börsengehandelte Zinsterminkontrakte. Sie beinhalten die Verpflichtung, ein durch die Kontraktspezifikationen beschriebenes Underlying zu einem festgelegten Termin und zu einem im voraus vereinbarten Preis zu kaufen (Long Future) bzw. zu verkaufen (Short Future).

Die EUREX bietet verschiedene Zinsfutures an. Mit diesen Futures ist es möglich, das gesamte Laufzeitenband von einem Monat bis zu 30 ½ Jahren abzudecken. Man hat damit Instrumente zur Verfügung, die sowohl den Geldmarkt als auch den Kapitalmarkt umfassen. Das Unterscheidungsmerkmal dieser beiden Marktsegmente liegt in ihrer unterschiedlichen Laufzeit:

- Den **Geldmarktfutures** liegen Laufzeiten des Underlying von bis zu drei Monaten zugrunde,
- den **Kapitalmarktfutures** dagegen Underlying-Laufzeiten ab 1 ¾ Jahren aufwärts.

Um das Segment der Geldmarktpapiere abzudecken, hält die EUREX **zwei Terminkontrakte** zur Verfügung:

- **Einmonats-EONIA-Future** auf den Monatsdurchschnitt der EZB-Tagesgeldsätze,
- **Dreimonats-EURIBOR-Future** auf den Zinssatz für Dreimonats-Termingelder in Euro.

Das Segment der deutschen Kapitalmarktpapiere wird durch folgende Futures abgedeckt:

- **Euro-SCHATZ-Future**
  auf Schuldverschreibungen des Bundes mit einer Restlaufzeit von 1 ¾ bis 2 ¼ Jahren
- **Euro-BOBL-Future**
  auf Bundesanleihen und -obligationen mit einer Restlaufzeit von 4 ½ bis 5 ½ Jahren
- **Euro-BUND-Future**
  auf Bundesanleihen mit einer Restlaufzeit zwischen 8 ½ und 10 ½ Jahren
- **Euro-BUXL-Future**
  auf Bundesanleihen mit einer Restlaufzeit zwischen 24 und 35 Jahren

Damit eine Anleihe in den jeweiligen Future geliefert werden kann, muss sie ein Mindest-Emissionsvolumen von 5 Milliarden € (BUXL-Future 10 Mrd. €) haben. Den Futures liegen Anleihen mit einem fiktiven Kupon von 6,0 Prozent (BUXL-Future = 4 Prozent) zugrunde.

Am Beispiel des Euro-Bund-Future soll nachfolgend die Funktionsweise der Kapitalmarktfutures erklärt werden.

## 6.4.2 Euro-Bund-Future

Anders als beim DAX-Future, dem ein abstraktes (nicht lieferbares) Underlying zugrunde liegt, findet beim Euro-Bund-Future bei Fälligkeit die **effektive Lieferung** eines Wertpapieres statt.

Dem Euro-Bund-Future liegt folgender Basiswert zugrunde:

Fiktive Schuldverschreibung des Bundes mit einem Kupon von 6 Prozent und einer Restlaufzeit zwischen 8 ½ und 10 ½ Jahren im Nominalwert von 100.000 €.

Es wird also ein Korb von Anleihen zur Lieferung zugelassen, die am Fälligkeitsdatum des Futures den genannten Laufzeitkriterien entsprechen, und das oben genannte Mindest-Emissionsvolumen erfüllen. Das Auswahlverfahren, nach dem eine dieser in Frage kommenden Anleihen ermittelt wird, ist unter 6.4.3.2 dargestellt.

Die Preisstellung eines Euro-Bund-Future-Kontraktes erfolgt in Prozent vom Nominalwert auf zwei Nachkommastellen genau. Die kleinste Preisveränderung („Tick") ist demnach 0,01 Prozent. Da die Kontraktgröße von der EUREX auf nominell 100.000 € festgelegt wurde, beträgt der Tickwert 10 €.

$$\text{Tickwert} = 100.000\ € \times 0{,}01\ \% = 10\ €$$

Damit ergibt sich bei einer kleinstmöglichen Kurssteigerung eines Euro-Bund-Future-Kontraktes für den Käufer ein Gewinn in Höhe von 10 € pro Kontrakt und für den Verkäufer entsprechend ein Verlust in gleicher Höhe.

Wie beim DAX-Future existieren drei Fälligkeitstermine, nämlich die nächsten drei Quartalsendmonate. Abweichend vom DAX-Future ist der letzte Handelstag zwei Börsentage vor dem Liefertag. Liefertag ist der zehnte Kalendertag des Fälligkeitsmonats. Sollte dies kein Börsentag sein, so gilt der darauf folgende Börsentag. Das genaue Lieferszenario wird unter 6.4.4 beschrieben. Am letzten Handelstag wird der Handel um 12.30 Uhr beendet.

## 6.4.3 Preisermittlung beim Euro-Bund-Future

### 6.4.3.1 Grundlagen des Pricings

Das grundlegende Prinzip der Preisfindung bei einem Future haben wir bereits im Kapitel über den DAX-Future kennen gelernt. Das gleiche Prinzip wird auch hier angewendet. Zusätzlich werden bei der Ermittlung der Haltekosten (Cost-of-Carry) die Zinszahlungen aus dem Kupon der zu liefernden Anleihe bzw. die anteiligen Stückzinsen berücksichtigt.

Um den **„Fair Value"** des **Euro-Bund-Futures** zu ermitteln, werden Arbitragerechnungen zwischen dem Geldmarktzins, dem Kassakurs der entsprechenden Bundesanleihe und dem Kurs des Futurekontraktes angestellt. Arbitrage würde nicht einsetzen, wenn aus der folgenden Rechnung ein Null-Ergebnis entsteht:

- Kauf einer Bundesanleihe am Kassamarkt
- gleichzeitiger Verkauf des Bund-Futures
- abzüglich Finanzierungskosten für die gekaufte Anleihe (Geldmarktzins für die Restlaufzeit des Futures)
- zuzüglich Zinserträge aus der gekauften Anleihe (Anleihekupon, bezogen auf die Future-Restlaufzeit)
- bei Future-Fälligkeit: Lieferung der Anleihe

Dies bedeutet, der Future hat dann einen fairen Preis, wenn sich kein Arbitragegewinn erzielen lässt.

## Beispiel

| **Positionseröffnung:** | **Geldfluss** |
|---|---|
| Kauf einer 6 % Bundesanleihe zu 100 % | - 100.000 € |
| Verkauf des Euro-Bund-Futures mit 3 Monaten Laufzeit zu 99,50 | 0 € |
| **während der Future Laufzeit:** | |
| Finanzierungskosten für die Anleihe (4 % auf 3 Monate) | - 1.000 € |
| Kuponzahlungen (6 % auf 3 Monate) | + 1.500 € |
| Variation Margin Bundfuture (Kursrückgang von 99,5 auf 96) | + 3.500 € |
| **bei Future Fälligkeit:** | |
| Lieferung der Anleihe in den Future zu 96 % | + 96.000 € |
| **Saldo** | **0 €** |

Somit sind für das Pricing eines noch 3 Monate laufenden Futures sowohl der Kurs einer lieferbaren Bundesanleihe, deren Kuponzahlungen als auch der Geldmarktsatz zu berücksichtigen.

Fair Value bei Zinsfutures =
(Kurs des CTD : Preisfaktor) – Kupon (für 3 Monate) + Geldmarktzins (für 3 Monate)

(100 % : 1) – (6 % x 3/12) + (4 % x 3/12)
= 99,5 % Fair Value

(Erläuterungen zu „CTD" und „Preisfaktor" siehe 6.4.3.2 und 6.4.3.3)

## 6.4.3.2 CTD-Anleihe

Wie wir wissen, stehen zur Belieferung des Euro-Bund-Futures alle Bundesanleihen mit einer Restlaufzeit zwischen 8 ½ und 10 ½ Jahren zur Verfügung.

Am Fälligkeitstag des Futures wird der Inhaber der Short-Position aus diesen lieferbaren Anleihen eine auswählen, am Markt kaufen und in den Future liefern. Er wird dabei diejenige Anleihe auswählen, die ihm zwischen Anleihekauf und Futurebelieferung den größten Gewinn oder den geringsten Verlust bringt. Die so ermittelte Anleihe nennt man nach der englischen Bezeichnung **„Cheapest to Deliver" (CTD).** Der „Fair Value" des Futures richtet sich nach dieser CTD-Anleihe.

| a) Kauf der Anleihe | 3 1/2 Bund Anleihe 05/16 | 4 Bund Anleihe 06/16 |
|---|---|---|
| **Kurs:** | 98,25 % | 102,00 % |
| **Stückzinsen** vom letzten Kupontermin bis zum Liefertag: | - 3.062,50 € | - 1.566,66 € |
| **ausmachender Betrag:** | - (100.000 x 98,25 %) - 3.062,50 | - (100.000 x 102,00 %) - 1.566,66 |
| | **= - 101.312,50 €** | **= - 103.566,66 €** |
| **b) Belieferung des Futures** | | |
| **Futurekurs:** | 117,40 | 117,40 |
| **Preisfaktor:** | 0,828937 | 0,857165 |
| | (100.000 x 117,40 % x 0,828937) + 3.062,50 | (100.000 x 117,40 % x 0,857165) + 1.566,66 |
| **Erlös aus der Belieferung des Futures:** | **= + 100.379,70 €** | **= + 102.197,83 €** |
| **c) Ergebnis bei Lieferung:** | | |
| | **100.379,70 - 101.312,50 = - 932,80 €** | **102.197,83 - 103.566,66 = - 1.368,83 €** |

***Tabelle 47:*** *Beispiel zur Verdeutlichung der Berechnung der CTD (Berechnungsdatum 10.10.2006)*

Aus diesem Beispiel ergibt sich, dass die erste Anleihe den geringeren Verlust ausweist. Sie ist somit die CTD.

Durch Handelsaktivitäten gegen Ende der Futurelaufzeit wird die Differenz zwischen CTD und Euro-Bund-Future stark zusammenschmelzen. Dies ist besonders seit 2002 der Fall, seitdem die Deutsche Finanzagentur die Abwicklung der Bundeswertpapiere übernommen hat. Sie hat die Möglichkeit, Repo- oder Leihgeschäfte über das vorhandene Anleihevolumen hinaus zu tätigen und damit eine eventuelle Materialknappheit (im Vergleich zum Futurevolumen) zu vermeiden. Diese hatte früher des öfteren zu Preisverwerfungen geführt.

### 6.4.3.3 Preisfaktor und Abrechnungspreis

Der Preisfaktor (auch „Conversion Factor" genannt) hat die Funktion, die unterschiedlichen Kupons und Laufzeiten der tatsächlich lieferbaren Anleihen den standardisierten Kontraktspezifikationen des Bund-Futures anzugleichen.

Seine Berechnung erfolgt wie nachstehend beschrieben:

- Bestimmen der Restlaufzeit der zu liefernden Anleihe, gerechnet vom Liefertag des Future an, auf volle Monate abgerundet.

- Berechnen des Preises, bei dem die zu liefernden Anleihen für die ermittelte Restlaufzeit eine 6-prozentige Rendite erwirtschaften würden.
- Der Preisfaktor ergibt sich durch Division dieses Preises durch 100.

## Beispiel

| | |
|---|---|
| 3,75 % Bundesanleihe | fällig am 4.1.2016 |
| Kurs der Anleihe | 98,70 |
| abgerundete Restlaufzeit | 8 Jahre 9 Monate |

Um eine sechsprozentige Rendite zu erwirtschaften, müsste die Anleihe über die Renditeberechnungsformel einen theoretischen Kurs von 84,9146 haben.
Somit liegt der Preisfaktor bei 0,849146 (84,9146/100)

Seine Funktion erfüllt der Preisfaktor erst am Fälligkeitstermin des Futures, wenn der entsprechende Abrechnungsbetrag ermittelt wird. Dies geschieht wie folgt: Exchange-Delivery-Settlement-Price (EDSP = der am letzten Handelstag ermittelte, offizielle Futures-Schlusskurs) x 100.000 € x Preisfaktor + aufgelaufene Stückzinsen.

## Beispiel

Abrechungsbetrag = (102,84 x 100.000 € x 0,849146) + 676,23 = 88.002,40 €

## 6.4.4 Lieferverfahren

Hält ein Marktteilnehmer einen Short-Future-Kontrakt bis zum letzten Tag, muss er anzeigen, welche Anleihe er liefern wird. Der letzte Handelstag ist somit auch der Anzeigetag („Notification Day“). Während der folgenden nächtlichen Datenverarbeitung weist die EUREX die zur Lieferung anstehenden Anleihen mit Hilfe eines Zufallsverfahrens den noch offenen Long-Future-Positionen zu. Dieser Prozess wird als „Allocation Process“ bezeichnet.

Nach der Zuordnung erfolgt die Berechnung des Abrechnungsbetrages. Am ersten Börsentag nach dem letzten Handelstag erfolgt die Benachrichtigung der betroffenen Marktteilnehmer, welche Anleihen geliefert werden und zu welchem Betrag. Am zweiten Börsentag nach dem letzten Handelstag wird die Belieferung und Abrechnung über die EUREX Clearing AG abgewickelt.

## 6.4.5 Zusammenhang zwischen Zinsstrukturkurve und Futuresmarkt

### 6.4.5.1 Ermittlung der Basis

Auf das Pricing eines Zinsfutures übt die Zinsstrukturkurve einen erheblichen Einfluss aus. Die kurzfristigen Zinsen beeinflussen die Refinanzierungskosten einer Anleiheinvestition, während die längerfristigen Zinsen (Anleihekupons) den Anlageertrag bestimmen. Im Falle einer normalen Zinsstrukturkurve (kurze Zinsen sind niedrig, lange Zinsen sind hoch) ergeben sich positive Haltekosten („Cost-of-Carry"), da der erhaltene Anlagezins höher ist als die zu zahlenden Finanzierungskosten.

**Zur Errechnung des Fair-Value eines Zinsfutures gilt:**

F = (K : P) – E + Fk

| dabei bedeutet: | | **Beispielzahlen** |
|---|---|---|
| F | = Fair Value des Futures | |
| K | = Kurs der Kassaposition (CTD) | 98,55 |
| P | = Preisfaktor | 0,953876 |
| E | = Kuponerträge während der Futures-Laufzeit | 5,375 % p.a. |
| Fk | = Finanzierungskosten der Kassaposition während der Futures-Laufzeit | 3,00 % p.a. |

## Beispiel

F = (98,55 : 0,953876) – (5,375 x 28/360) + (3 x 28/360)
F = ( 103,315 ) – ( 0,418 ) + ( 0,233 )
F = 103,13 = Fair Value

Durch Umformung obiger Gleichung kann man zwei Bestandteile isolieren:

K : P – F = E – Fk

## Beispiel

98,55 : 0,953876 – 103,13 = 5,375 x 28/360 – 3 x 28/360
103,315 – 103,13 = 0,418 – 0,233
0,185 = 0,185
aktuelle Basis = theoretische Basis

Wenn die aktuelle und die theoretische Basis gleich sind (wie in oben genanntem Beispiel), handelt es sich um einen fairen Futurespreis.

Im Beispiel ergibt sich eine positive Basis. Der Grund hierfür liegt darin, dass die langfristigen Zinsen (Kupon 5,375 %) höher sind als die kurzfristigen Finanzierungskosten (3 %). Bei dieser Konstellation spricht man von einer „normalen" Zinsstrukturkurve.

**Merkhilfe:**

*Beim Kauf der Anleihe bleibt ein finanzieller Vorteil (Kupons höher als Finanzierungskosten). Zum Ausgleich bringt der als Gegengeschäft getätigte Futureverkauf entsprechend weniger Erlös, er ist also billiger als die Anleihe.*

## 6.4.5.2 Normale Zinsstrukturkurve

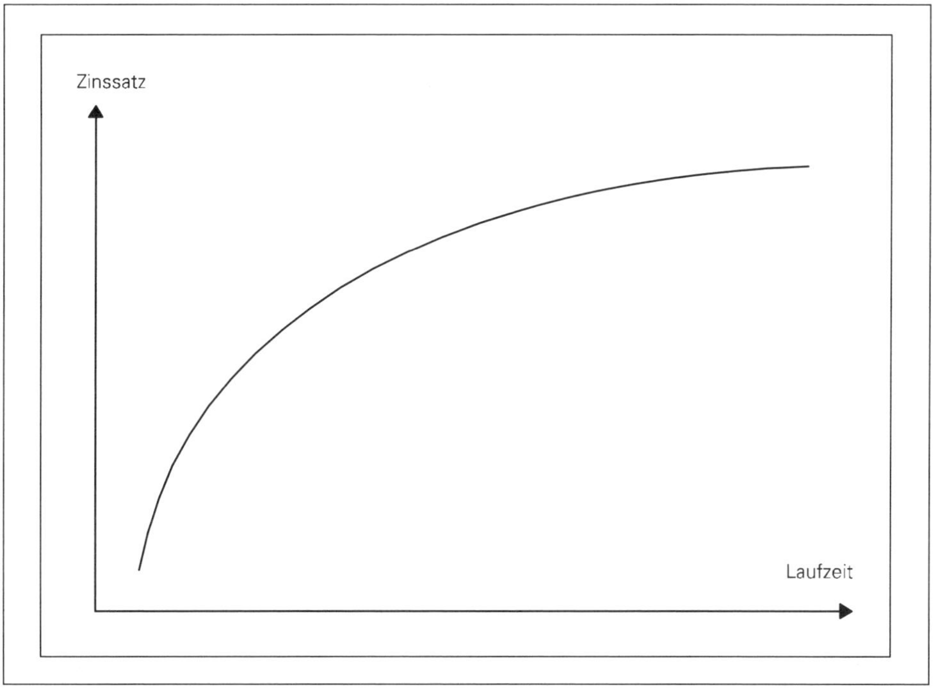


***Abbildung 46:*** *Normale Zinsstrukturkurve*

Wenn man den fairen Preis des darauf folgenden Future (Laufzeit 90 Tage länger) berechnen will, ergibt sich analog der oben genannten Formel folgende Rechnung:

## Beispiel

$$F = (98{,}55 : 0{,}953876) - (5{,}375 \times 118/360) + (3{,}00 \times 118/360)$$
$$F = (\ 103{,}315\ ) - (\ 1{,}762\ ) + (\ 0{,}983\ )$$
$$F = 102{,}54 = \text{Fairer Preis}$$

Hier wird deutlich, dass in einer normalen Zinsstruktur Zinsfutures mit längerer Laufzeit niedriger notieren als Futures mit kürzerer Laufzeit.

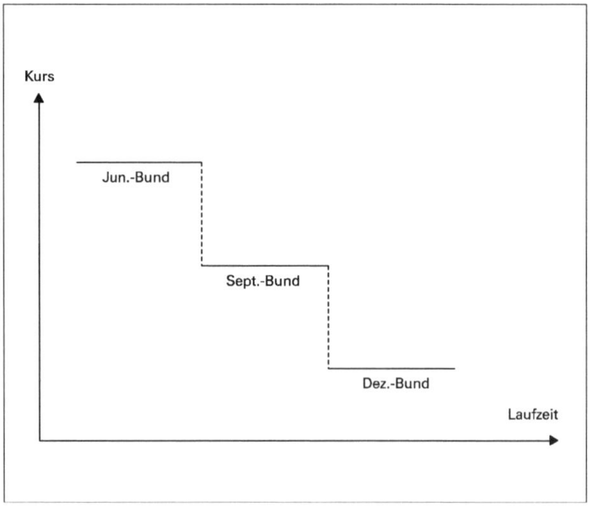


***Abbildung 47:*** *Kursniveau verschiedener Zinsfuture-Laufzeiten bei normaler Zinsstruktur*

Zusammenfassend kann man sagen:

Bei normaler Zinsstruktur ergibt sich folgender Zusammenhang zwischen der Preisnotierung am Kassa- und Terminmarkt:

- Der Kassapreis der Anleihe liegt über dem Terminpreis (positive Basis).
- Je länger die Laufzeit des Futures, desto geringer ist sein Preis.

### 6.4.5.3 Inverse Zinsstrukturkurve

Man spricht von einer inversen Zinsstrukturkurve, wenn die kurzfristigen Zinsen höher sind als die langfristigen Zinsen. Entsprechend entstehen in einer solchen Zinssituation negative

Haltekosten da die kurzfristigen Finanzierungskosten (zum Beispiel 5 %) über den langfristigen Erträgen (zum Beispiel 3,5 %) liegen. Damit ergibt sich eine negative Basis und somit ein Futurekurs, der über dem Kassapreis liegt.

Bei inverser Zinsstruktur gilt somit in einem fairen Futuresmarkt: K < F.

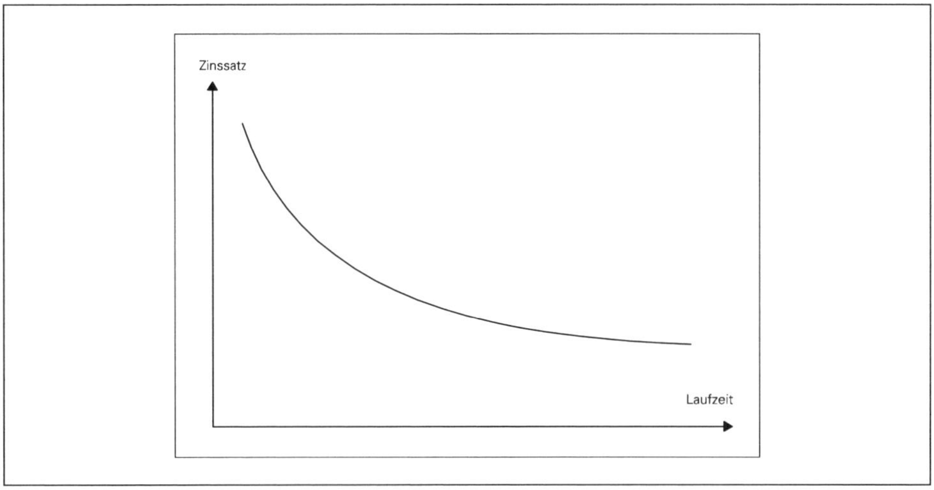


***Abbildung 48:*** *Inverse Zinsstrukturkurve*

Dementsprechend notieren in einer inversen Zinsstruktur die Futures mit kurzer Laufzeit unter denen mit längerer Laufzeit.

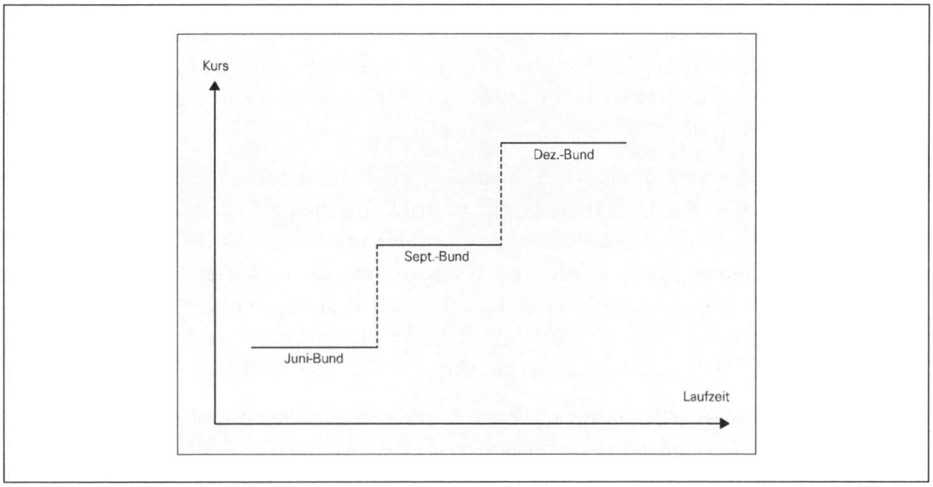


***Abbildung 49:*** *Kursniveau verschiedener Zinsfuture-Laufzeiten bei inverser Zinsstruktur*

Zusammenfassend kann man sagen:

Bei inverser Zinsstruktur ergibt sich folgender Zusammenhang zwischen der Preisnotierung am Kassa- und Terminmarkt:

- Der Kassapreis der Anleihe liegt unter dem Terminpreis (negative Basis).
- Je länger die Laufzeit des Future, desto höher ist sein Preis.

# 6.5 Anwendung von Zins- und Aktienindexfutures

Grundsätzlich lassen sich drei Motive für den Einsatz von Terminkontrakten erkennen:

- Spekulation,
- Absicherung eines Portfolios („Hedging“) sowie
- Arbitrage (risikoloses Ausnutzen von Preisungleichgewichten zwischen Kassa- und Terminmarkt).

## 6.5.1 Spekulation

### 6.5.1.1 Spekulation mit dem DAX Future

Mit Hilfe des DAX-Futures kann ein Spekulant sowohl auf einen steigenden wie auch auf einen fallenden Markt setzen. Er wird bei positiver Markterwartung den Future kaufen („im Future long gehen“), entsprechend wird er bei Erwartung fallender Kurse den Future verkaufen („im Future short gehen“).

Durch den Kauf oder Verkauf eines DAX-Futures ist es für einen Anleger möglich, **mit einer einzigen Transaktion den gesamten Markt nachzuvollziehen**, so wie ihn der DAX abbildet. Anstatt eine Fülle von Transaktionen durchzuführen (Kauf der 30 DAX-Aktien in ihrer jeweiligen Gewichtung), kann er dies mit geringen Transaktionskosten durch den Future darstellen. Das Kapital, welches er beim Eingehen der Position „einsetzt“, beschränkt sich neben den Transaktionskosten zunächst auf die Initial Margin, von zurzeit 12.350 € je Kontrakt (Stand: April 2007, Exchange minimum ohne evtl. Bankaufschlag).

Da im Vergleich zur Kasse zunächst nur ein Bruchteil des Kapitalaufwandes für die Marginhinterlegung nötig ist, wird der prozentuale Gewinn bzw. Verlust ein Vielfaches dessen betragen, was sich mit einer entsprechenden Kassaposition ergeben würde. Diesen Zusammenhang nennt man **Hebelwirkung oder Leverage-Effekt**. Ein Beispiel soll dies verdeutlichen:

## Beispiel

| | | |
|---|---|---|
| Annahme: | DAX | 7.000 Punkte |
| | DAX-Future | 7.050 Punkte |
| | Position: | 1 DAX-Future long |
| | | (Kontraktwert = 7.050 x 25 € = 176.250 €) |
| | Initial Margin: | 12.350 € |

1.) Der DAX steigt um 10 % bis zum Verfall des Futures

| | |
|---|---|
| DAX | 7.700 Punkte |
| DAX-Future | 7.700 Punkte |
| Gewinn pro Kontrakt: | 16.250 € (650 x 25 €) |

Der Gewinn entspricht 132 % der ursprünglich hinterlegten Margin!

2.) Der DAX fällt um 15 % bis zum Verfall des Futures

| | |
|---|---|
| DAX | 5.950 Punkte |
| DAX-Future | 5.950 Punkte |
| Verlust pro Kontrakt: | 27.500 € (1.100 x 25 €) |

Der Verlust entspricht 223 % der ursprünglich hinterlegten Margin!

**Achtung!**

*An dieser Stelle soll besonders auf die Wirkung des Hebels hingewiesen werden. Bei richtiger Einschätzung des Marktes verhilft die Hebelwirkung zu großen Gewinnchancen. Der Hebel wirkt aber auch in umgekehrter Richtung und birgt erhebliche Verlustrisiken. Die oben genannten Beispiele galten jeweils nur für den Kauf von einem Kontrakt. Die Gewinnchancen und Verlustrisiken multiplizieren sich für den Fall, dass die Position mehrere Kontrakte umfasst.*

## 6.5.1.2 Spekulation mit dem Euro-Bund-Future

Annähernd vergleichbar verhält sich die Spekulation mit dem Euro-Bund-Future. Wenn jemand der Meinung ist, dass das Zinsniveau sinkt und analog dazu die Anleihekurse steigen, wird er einen Zinsfuture kaufen. Erwartet ein Investor dagegen steigende Zinsen und damit sinkende Anleihe-Kurse, wird er einen Future verkaufen.

Auch hier ist, wie beim DAX-Future, die Initial Margin, also die zunächst zu hinterlegende Sicherheitsleistung in Höhe von 1.400 € (Stand April 2007; Exchange minimum ohne evtl. Bankaufschlag), wesentlich geringer als bei einer entsprechenden Kassaposition (100.000 €). **Dadurch existiert auch hier der Leverage-Effekt!**

Diese Hebelwirkung soll wieder anhand eines Beispiels verdeutlicht werden:

| | |
|---|---|
| Euro-Bund-Future | 99,50 % |
| Position: | 10 €-Bund-Future long |
| Initial Margin: | 10 x 1.400 € = 14.000 € |

Der Bund-Future steigt um 34 Ticks (= 0,34 %-Punkte);
die Position wird durch Verkauf glattgestellt.

| | |
|---|---|
| Bund-Future | 99,84 % |
| **Gewinn:** | 34 Ticks x 10 € pro Punkt (Tickwert) x 10 Kontrakte = **3.400 €** |

Der Anleger hat einen Gewinn von 3.400 € erzielt. Dies entspricht einem Gewinn von 24,3 Prozent bezogen auf die ursprünglich hinterlegte Margin, obgleich der Futures selbst lediglich um 0,34 Prozentpunkte (= + 0,342 %) gestiegen ist. Entsprechend gilt für den Verkäufer des Futures, dass er in der gleichen Situation einen Verlust von 3.400 € hinnehmen muss.

## 6.5.2 Hedging mit dem DAX-Future

Die moderne Portfoliomanagementtheorie versucht Methoden zu ermitteln, mit denen man eine möglichst gute Streuung von einzeltitelspezifischen Risiken, in der Fachterminologie auch als „unsystematisches Risiko" bezeichnet, erzielen kann. Das verbleibende (Rest-)Risiko, auch „Marktrisiko" oder „systematisches Risiko" genannt, gilt es mit geeigneten Instrumenten zu begrenzen (ausführlich unter 6.5.2.1 „Sicherung von Aktienportefeuilles" dargestellt).

Als hierfür geeignete Instrumente haben sich Futures erwiesen, da hier unter Aufwendung verhältnismäßig geringer Transaktionskosten schnell eine Sicherungsposition zum entsprechenden Aktiendepot aufgebaut werden kann. Durch das Eingehen einer der Kassaposition entgegengesetzten Futureposition sind Anleger in der Lage, sich für die Laufzeit des Futures dem Marktrisiko weitgehend zu entziehen. Allerdings verzichten sie damit auch auf die Chancen des Marktes.

Es muss immer überprüft werden, in welchem Maße sich das Portefeuille des Anlegers im Verhältnis zum DAX bewegt, da der Anleger in der Regel nicht genau die Aktien in der entsprechenden Gewichtung im Portefeuille hält, die im DAX enthalten sind. Zudem ist eine Absicherung kleinerer Portefeuilles aufgrund des relativ hohen Kontraktwertes des DAX-Future nicht bzw. in zu starkem Maße möglich („overhedged").

Unter 6.2.4 „Preisermittlung des DAX-Future" wurde erläutert, dass ein enger Zusammenhang zwischen Kasse und Terminmarkt besteht, der in Form der „Basis" dargestellt wird. Dieser Zusammenhang lässt sich zur Sicherung eines Portefeuilles nutzen. Da sich der Futurepreis mit geringen Einschränkungen (Veränderung der Basis) im gleichen Maße wie der Kassapreis bewegt, ist die Absicherung einer Kassaposition gegen Preisrisiken dadurch möglich, indem man eine entgegengesetzte Position im Terminmarkt eingeht. So kann eine

Long-Position am Kassamarkt durch eine Short-Position am Terminmarkt gesichert werden. Ein auftretender Verlust in der Kassaposition wird durch einen Gewinn im Terminmarkt ausgeglichen und umgekehrt.

Eine vollkommene Sicherung (Vollabsicherung) ist nur dann möglich, wenn sich die Basis konstant entwickelt. Man tauscht somit das Marktrisiko gegen das Basisrisiko (Zinsrisiko) ein.

### 6.5.2.1 Sicherung von Aktienportefeuilles

Die Sicherung eines bestehenden Engagements ist eine der Hauptaufgaben eines langfristig orientierten Anlegers oder Vermögensverwalters. Die moderne Portfoliomanagementtheorie bietet ein verbreitetes Verfahren, um das Risiko am Kapitalmarkt einzuschätzen und zu quantifizieren. Man trennt das Anlagerisiko in ein systematisches und in ein unsystematisches Risiko.

Beim **unsystematischen Risiko** handelt es sich um das **Risiko, das aus der Aktie selbst resultiert**, das heißt durch die Performance des einzelnen Wertes, unabhängig von der Marktentwicklung. Man kann dieses Risiko dadurch minimieren oder diversifizieren, indem man mehrere unterschiedliche Aktien in ein Portefeuille einfügt, deren Kursentwicklung im Idealfall entgegengesetzt ist. Hiervon ist aber nur der Teil des unsystematischen Risikos einer Aktienbewegung betroffen. In der Praxis bedeutet dies, dass das schwerer kalkulierbare Risiko einer einzelnen Aktie zu Gunsten des systematischen Risikos (Marktrisiko) minimiert wird.

Beim **systematischen Risiko** handelt es sich um den Teil des Anlagerisikos der alle Werte gleichermaßen betrifft, also ein **Marktrisiko**. Bei der Beurteilung eines Portfoliorisikos spielt das systematische Risiko eine größere Rolle als das unsystematische, da erfahrungsgemäß der weitaus größere Anteil an einer Aktienkursbewegung auf die Marktbewegung zurück zu führen ist, denn Aktienkurse bewegen sich überwiegend in Markt- oder Branchentrends. Wie stark die Wirkung des Marktes auf einzelne Aktien ist, wird mit der Kennzahl Beta (siehe unten) gemessen.

Aus statistischen Datenreihen der Vergangenheit lässt sich für jede einzelne Aktie ermitteln, in wie weit sie die Entwicklung des DAX (bzw. eines anderen Indexes) nachvollzieht.

Um darzustellen, ob sich der Einzelwert mit oder gegen den Markt (Index) entwickelt, betrachtet man zunächst die Kennzahl des **Korrelationskoeffizienten (r)**.

Der Korrelationskoeffizient nimmt Werte zwischen -1 und +1 an. Das bedeutet:

- $r = +1$
  vollkommen positiver Zusammenhang, das heißt, die beiden betrachteten Werte bewegen sich im Gleichlauf bezüglich ihrer Richtung (an **allen** beobachteten Tagen).

- $r = 0$
  kein Zusammenhang, zufallsbedingt

- r = -1
  vollkommen gegensätzliche Entwicklung (an **allen** beobachteten Tagen).

Zusätzlich zum Gleichlauf ist die Stärke (Intensität) der Bewegung einer Aktie in Relation zum Index von großer Bedeutung. Diese Kennzahl nennt man **Beta**.

- Ein Beta von 1 bedeutet, dass sich die Aktie genauso stark wie der gesamte Markt bewegt. Steigt der Markt um ein Prozent, so steigt die Aktie ebenso um ein Prozent. Umgekehrt, fällt der Markt um ein Prozent, dann fällt die Aktie ebenso um ein Prozent.
- Ein Beta von größer 1, etwa von 1,5, bedeutet, dass die Aktie um 1,5 Prozent steigt, wenn der Gesamtmarkt um 1 Prozent steigt. Analoges gilt für Betas zwischen 0 und 1.
- Im Falle eines negativen Korrelationskoeffizienten ergibt sich entsprechend auch ein negatives Beta.

Das Beta errechnet sich nach folgender Formel:

Beta = Korrelationskoeffizient x Volatilität der Aktie : Volatilität des Index

Mit dieser Methode erhalten Anleger ein Instrument in die Hand, um zu berechnen, wie viele Kontrakte eines Futures nötig sind, um ein Portefeuille zu sichern. Die Kennzahl, mit der die Anzahl von Kontrakten ermittelt wird, die zur Sicherung einer Position nötig sind, nennt man **Hedge-Ratio**.

Hedge-Ratio bei DAX-Futures =

Portfoliobeta x (Kurswert d. Portfolios) : (DAX-Future-Kurs x 25 €)

Als **Portfoliobeta** wird der gewichtete Durchschnitt aller Betas der im Portfolio befindlichen Wertpapiere bezeichnet.

Es soll an dieser Stelle darauf hingewiesen werden, dass es sich bei den Kennziffern Beta und Korrelationskoeffizient um vergangenheitsbezogene Daten handelt, die man für die Zukunft als Schätzwerte heranziehen kann.

## 6.5.2.2 Short Hedge

Um sich gegen Kursverluste zu sichern, hat ein Anleger zwei Möglichkeiten. Entweder er verkauft sein gesamtes Portfolio, was im Hinblick auf ein langfristiges Engagement sowie entsprechend hohe Transaktionskosten wenig sinnvoll ist, oder er **verkauft die entsprechende Anzahl an Futures**. Um einen möglichst exakten Hedge seiner Kassaposition zu erreichen, muss der Anleger das Gesamt-Beta seines Portfolios ermitteln.

Dazu bildet der Anleger einen gewichteten Durchschnitt aller Betas der im Portfolio befindlichen Wertpapiere. Gewichtete Betas deshalb, weil nicht alle Aktien mit der gleichen Stückzahl und Kurs im Portfolio enthalten sind.

## Beispiel

| Aktie | Anzahl | Kurs | Kurswert | Beta | Anteil |
|---|---|---|---|---|---|
| BMW | 17.000 | 26 | 442.000 | -0,979 | 23,57 % |
| RWE St. | 20.000 | 32 | 640.000 | 0,963 | 34,13 % |
| SAP Vz. | 4.000 | 102 | 408.000 | 1,205 | 21,76 % |
| BASF | 5.000 | 45 | 225.000 | 1,089 | 12,00 % |
| CBK | 4.000 | 40 | 160.000 | 0,961 | 8,53 % |
| **Summe** | | | **1.875.000** | | **100,00 %** |

Das Beta des gesamten Portefeuilles errechnet sich wie folgt (Beta x Anteil):

| | | | |
|---|---|---|---|
| | (-0,979 x 0,2357) | = | -0,231 |
| + | (0,963 x 0,3413) | = | 0,329 |
| + | (1,205 x 0,2176) | = | 0,262 |
| + | (1,089 x 0,1200) | = | 0,131 |
| + | (0,961 x 0,0853) | = | 0,082 |
| **=** | **Summe** | **=** | **0,573** |

Bei einem DAX-Future-Stand von 7.050 Punkten ergibt sich folgende Berechnung zur Ermittlung des Hedge-Ratio:

(0,573 x 1.875.000 €) : (7.050 x 25 €) = 6,09

Das Portfolio wäre durch den Verkauf von 6 DAX-Futures nahezu abgesichert.

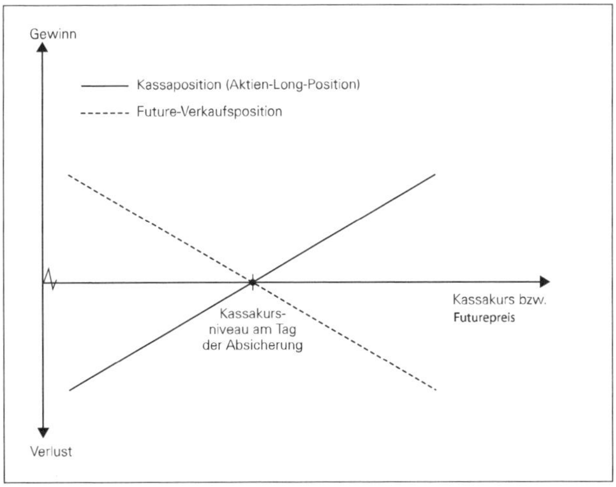


***Abbildung 50:*** *Short Hedge zur Absicherung eines vorhandenen Aktienbestandes*

### 6.5.2.3 Long Hedge

Eine weitere Variante des Hedgings besteht darin, sich **gegen Kurssteigerungen zu sichern**. Auch wenn es zunächst überrascht, sich gegen Kurszuwächse zu sichern, wird es in der Praxis häufig angewandt, etwa für den Fall, dass ein Anleger zu einem späteren Zeitpunkt Geldmittelzuflüsse erwartet, aber heute von steigenden Kursen ausgeht. Um nicht später höhere Einstandskurse für sein Portfolio akzeptieren zu müssen, kann er sich durch den Kauf von Futures bereits heute ein günstiges Einstiegsniveau sichern.

## Beispiel

Erwarteter Mittelzufluss von 2,5 Mio. € in 30 Tagen,
Investition in ein DAX-Portfolio (angenommenes Beta = 1) geplant.

Der DAX steigt innerhalb dieser Zeit von 7.000 auf 8.000 Punkte (+14,3 %). Der DAX-Future steigt im gleichen Zeitraum um 980 Punkte von 7.050 auf 8.030 Punkte.

Anzahl der notwendigen Kontrakte = Hedge-Ratio:
2,5 Mio € : (7.050 x 25 €) = 14,18 => 14 Kontrakte

Hedge: Kauf von 14 DAX-Futures beim Stand von 7.050 Punkten.

Am Ende des Absicherungszeitraumes: Verkauf der 14 DAX-Futures beim Stand von 8.030 Punkten.

Gewinn aus der Futures-Position: = 343.000,00 € (14 Kontrakte x 980 Punkte x 25,00 €)

Die Anlage am Kassamarkt wird nach Mittelzufluss getätigt. Durch den zwischenzeitlich um 14,3 % gestiegenen DAX sind hierfür 357.500 € mehr aufzuwenden als bei einer Anlage zum Zeitpunkt des Hedgeaufbaus. Diese Mehrkosten werden größtenteils kompensiert durch den Futuresgewinn.

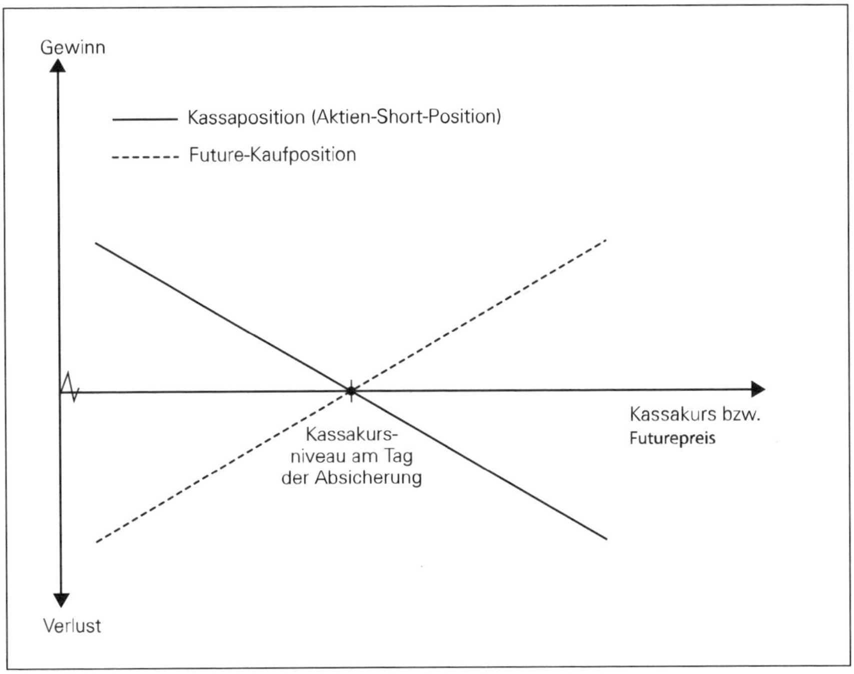


***Abbildung 51:*** *Long Hedge zur Absicherung eines geplanten Aktienkaufes*

## 6.5.2.4 Indexarbitrage

Das Prinzip der Arbitrage ist bereits bei der Preisbestimmung von Futures angesprochen worden. Bei der Arbitrage geht es darum, risikolosen Gewinn aus Preisungleichgewichten zwischen Termin- und Kassamarkt zu realisieren.

Preisungleichgewichte treten dann auf, wenn die aktuelle Basis markant von der theoretischen Basis abweicht (siehe 6.2.4 „Preisermittlung des DAX-Futures").

Das Prinzip ist einfach erklärt: Ist die aktuelle Basis größer als die theoretische Basis, ist der Future zu billig. Man wird also den Future kaufen und den DAX verkaufen. In diesem Fall spricht man von Cash and Carry Arbitrage.

| | DAX | DAX-Future | Basis | Transaktions-gegenwert |
|---|---|---|---|---|
| ursprüngliche Situation: Future fair bewertet | 6.500 | 6.570 | -70 | |
| neue Situation: Future unterbewertet | 6.500 | 6.540 | -40 | |
| Aktivität: | | | | |
| Verkauf 25 x DAX *) | 6.500 | | | + 162.500 € |
| Kauf 1 DAX-Future | | 6.540 | | - 163.500 € |
| spätere Situation: Future fair bewertet | 6.490 | 6.560 | -70 | |
| Aktivität: | | | | |
| Kauf 25 x DAX *) | 6.490 | | | - 162.250 € |
| Verkauf 1 DAX-Future | | 6.560 | | + 164.000 € |
| **Gesamtergebnis:** | | | | **+ 750 €** |

**) zum Kauf/Verkauf des DAX siehe übernächster Absatz*

***Tabelle 48:*** *Beispiel für eine Index-Arbitrage mit dem DAX-Future*

Stellt sich die aktuelle Basis als zu gering gegenüber der theoretischen Basis dar, ist der DAX-Future gegenüber dem DAX zu teuer. Um dies auszunutzen, wird man den DAX-Future verkaufen und gleichzeitig den DAX kaufen. Man spricht bei dieser Transaktion auch von **Reverse Cash and Carry**.

Den DAX-**Future** an der Terminbörse zu handeln, ist kein Problem. Wie aber kann man den DAX kaufen und verkaufen? Es ist leicht einzusehen, dass man schnell handeln muss, wenn man Preisungleichgewichte ausnutzen will. Müsste man 30 Aktien mit spezifischer Gewichtung kaufen, würde das unter Umständen sehr lange dauern und die Arbitragechance würde schwinden.

Um dennoch Arbitrage betreiben zu können, verwendet man ein **Hilfsmittel:** Wie bereits erwähnt, ist der DAX ein synthetisches Portfolio aus den 30 größten deutschen Standardwerten. Man wählt nur diejenigen Aktien aus dem DAX aus, die ein Beta von circa 1 haben und gleichzeitig einen hohen Korrelationskoeffizienten aufweisen. Mit diesem Korb von wenigen DAX-Aktien kann man den DAX zwar nicht identisch nachbilden, jedoch kommt man seiner Entwicklung damit sehr nahe. Dieser eingeschränkte Korb („Basket“) ist wesentlich fungibler als alle 30 DAX-Aktien. Untersuchungen haben gezeigt, dass bereits wenige DAX-Werte ausreichen, um den DAX nahezu identisch abbilden zu können.

Diese Index-Arbitrage wird in der Regel nur von Institutionellen Anlegern wahrgenommen, da Ungleichgewichte in der Bewertung des Futures meist nur in geringem Umfang und nur für sehr kurze Zeit vorkommen. Es gilt also, den Markt ständig zu beobachten, wofür sich Institutionelle spezieller Computerprogramme bedienen. Darüber hinaus muss die Arbitrage, um zu wirtschaftlich sinnvollen Erfolgen zu führen, mit großen Volumina durchgeführt werden (zum Beispiel 100 Futurekontrakte), wofür der Privatanleger meist nicht den erforderlichen finanziellen Hintergrund hat.

## 6.5.3 Hedging mit Zinsfutures

Die Mechanismen, mit denen man Zinsportfolios sichert, sind prinzipiell die gleichen, wie sie beim Hedging von Aktienportfolios verwendet werden. Die marktspezifischen Unterschiede des Instrumentariums werden in diesem Abschnitt erläutert.

### 6.5.3.1 Methoden zur Bestimmung der Hedge-Ratio

- **Preisfaktor- und Nominalwertmethode**

  Die einfachste Methode zur Bestimmung der Hedge-Ratio ist die Preisfaktor- und Nominalwertmethode. Hierzu werden lediglich folgende Daten benötitigt:

  - der Nominalwert der Kassaposition,
  - der Nominalwert der Futureposition (beim Euro-Bund-Future sind dies 100.000 €) und
  - der Preisfaktor der CTD-Anleihe ($PF_{CTD}$).

  $$\text{Hedge-Ratio} = (\text{Nominal}_{Kasse} : \text{Nominal}_{Future}) \times PF_{CTD}$$

  Diese Methode sollte nur dann angewendet werden, wenn man die CTD-Anleihe sichern möchte. Bei der Anwendung auf andere Anleihen ist das Ergebnis zu ungenau.

- **Durationsmethode**

  Eine weitere Methode ist die Durationsmethode. Die **Duration** ist eine Maßzahl für die **Preisreagibilität einer Anleihe auf Marktzinsänderungen**. Sie ist definiert als der gewichtete Durchschnitt der Zins- und/oder Tilgungszahlungen einer Anleihe bis zur Fälligkeit. Bei dieser Methode wird die Preisreagibilität der abzusichernden Anleihe in Verbindung mit der der CTD-Anleihe vergleichbar gemacht.

  $$\text{Hedge-Ratio} = (\text{Nominal}_{Kasse} : \text{Nominal}_{Future}) \times (\text{Duration}_{Kasse.} : \text{Duration}_{CTD}) \times PF_{CTD}$$

- **Basis-Point-Value-Methode**

  In der Praxis kommt häufig die Basis-Point-Value-Methode zur Anwendung.

  Hierbei wird ermittelt, inwieweit der Kurs einer Anleihe sich verändert, wenn sich die Rendite der Anleihe um einen Basispunkt verändert. Dies wird sowohl für die Kassaposition als auch für die maßgebliche CTD-Anleihe durchgeführt und zueinander ins Verhältnis gesetzt.

  $$\text{Hedge-Ratio} = (\text{Nominal}_{Kasse} : \text{Nominal}_{Future}) \times (\text{WV}_{Kasse}\,\text{BP} : \text{WV}_{CTD}\,\text{BP}) \times PF_{CTD}$$

  WV Kasse BP = Wertveränderung der Kassaposition pro Rendite-Basispunkt
  WV CTD BP = Wertveränderung der CTD-Anleihe pro Rendite-Basispunkt

  *Anmerkung: Die WV-Daten errechnen sich aus der Renditeformel.*

- **Regressionsmethode**
  Eine ebenso verbreitete Methode ist die Regressions-Hedge-Methode. Dabei werden die Preisveränderungen am Kassamarkt und dem Futuremarkt ausgewertet, um den Grad des Zusammenhanges zu ermitteln. Das Ergebnis wird danach als Schätzwert für den zukünftigen Verlauf dieser Märkte verwendet.

  $$\text{Hedge-Ratio} = (\text{Nominal}_{\text{Kasse}} : \text{Nominal}_{\text{Future}}) \text{ x RK}$$

  RK = Regressionskoeffizient

  Diese Methode findet nicht nur bei der Sicherung auf gleichen Märkten statt. Vielmehr ergibt sich aus der Methode, zwei Märkte in einen funktionalen Zusammenhang zu bringen, die Möglichkeit, dieses Verfahren auch beim sogenannten Cross Hedge zu verwenden. Es soll darauf später noch eingegangen werden.

## 6.5.3.2 Long Hedge

Im Fall des Long Hedges möchte ein Anleger zu einem späteren Zeitpunkt in Anleihen investieren und sich das aktuelle, attraktive **Zinsniveau sichern.**

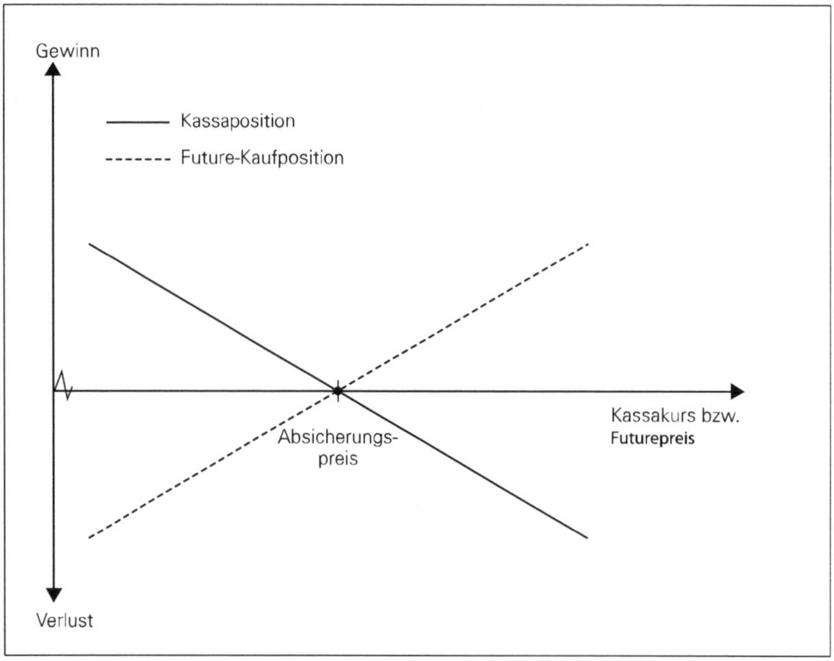


***Abbildung 52:*** *Long Hedge zur Absicherung einer geplanten Anlage am Kapitalmarkt*

Der Anleger erwartet beispielsweise **zu einem späteren Zeitpunkt Mittelzuflüsse, die er dann in entsprechende Anleihen investieren möchte.** Gleichzeitig erwartet er, dass das **gegenwärtige Zinsniveau** nicht erhalten bleibt, sondern tendenziell **sinken wird.** Sollte das gegenwärtige Zinsniveau sinken, bedeutet das für den Anleger steigende Anleihekurse, die er später bezahlen müsste. Es besteht jetzt die Möglichkeit, in geeignetem Umfang Bund-Futures zu kaufen, um sie zum Zeitpunkt des Mittelzuflusses zu einem höheren Kurs zu verkaufen und dann die gewünschten Anleihen zu erwerben.

Der teurere „Einstieg“ in den Kassamarkt wird durch einen annähernd gleich hohen Gewinn im Futuresmarkt ausgeglichen.

Im umgekehrten Falle (Zinsanstieg) wird er die Anleihe preiswerter erwerben können, aber einen Verlust im Bund-Future realisieren.

### 6.5.3.3 Short Hedge

Im Falle des Short Hedges bestehen **zwei Einsatzmöglichkeiten.**

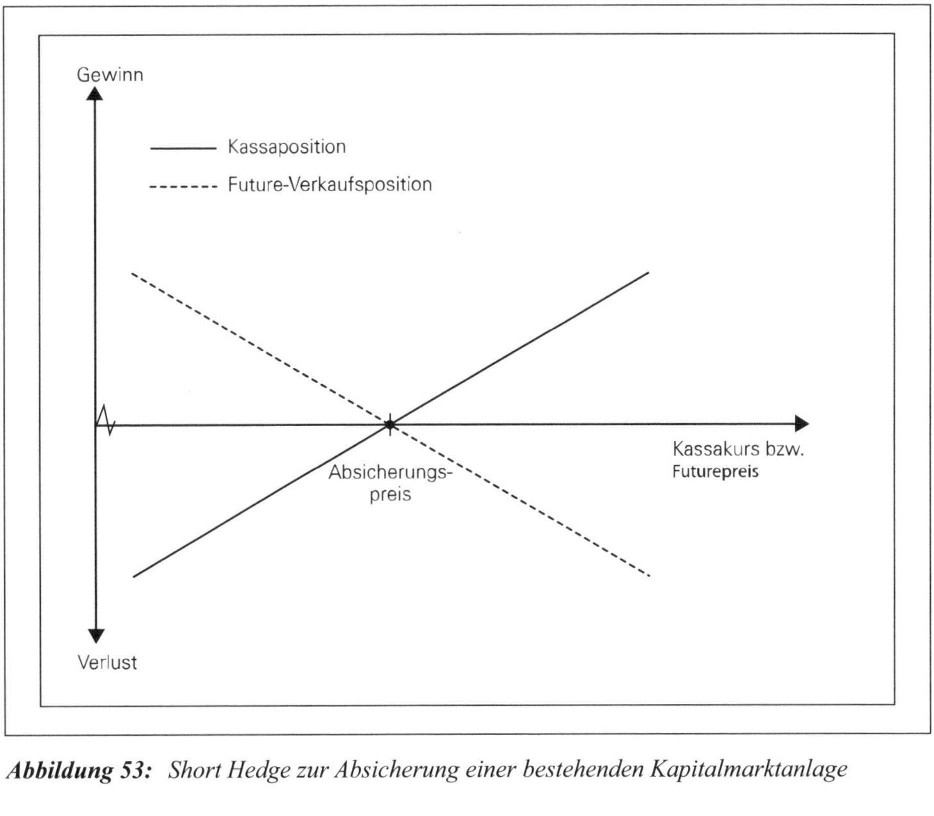


***Abbildung 53:*** *Short Hedge zur Absicherung einer bestehenden Kapitalmarktanlage*

Zum einem werden bei einem Short Hedge Futures verkauft, um ein gegebenes **Portfolio von Anleihen gegen Kursverluste abzusichern**, wenn der Anleger von einem steigenden Zinsniveau ausgeht. Er hat die Alternative, sich von seinen Anleihen zu trennen, oder statt dessen die entsprechende Anzahl von Bund-Future Kontrakten zu verkaufen. Sein erlittener Verlust im Portefeuille wird durch einen annähernd gleich hohen Gewinn in der Future-Position ausgeglichen.

Ein weiteres Anwendungsbeispiel für einen Short Hedge im institutionellen Bereich ist die **geplante Emission einer Festzinsanleihe**. Der Emittent verkauft eine vom Emissionsvolumen abhängige Anzahl von Futures. Dadurch sichert er sich gegen das Risiko eines Zinsanstieges bis zum tatsächlichen Emissionszeitpunkt ab. Der Sicherungseffekt durch den Verkauf von Bund-Futures besteht darin, dass durch den zeitlich vorgezogenen Verkauf der notwendigen Anzahl von Bund-Futures das aktuelle Renditeniveau für die spätere Emission gesichert werden kann. So lässt sich ohne großen Aufwand Planungssicherheit für den Emittenten herstellen.

### 6.5.3.4 Cross Hedge

Eine weitere Möglichkeit des Hedgings ist die **Sicherung von Positionen, die unterschiedliche Referenzzinssätze aufweisen.** Bei den bisherigen Anwendungsbeispielen wurde davon ausgegangen, dass die zu sichernden Anleihen im lieferbaren Bereich des Bund-Futures lagen. Rentenportfolios weisen jedoch sehr häufig unterschiedliche Anleihearten auf, zum Beispiel Anleihen ausländischer Schuldner, Bankschuldverschreibungen oder Industrieanleihen.

Damit solche Anleihen nicht ungesichert bleiben, wird das Cross Hedge angewendet. Das Cross Hedging ist wesentlich komplizierter und risikoreicher als der Hedge von lieferbaren Anleihen. Es müssen zum einen die CTD-Anleihe und der Future in Beziehung zueinander gesetzt werden und zum anderen die zu sichernde Anleihe und die CTD-Anleihe.

Damit zerfällt die Basis in zwei Komponenten. Die erste Komponente ist die Differenz zwischen der lieferbaren Bundesanleihe und dem Future; die zweite Komponente ist die Preisdifferenz zwischen dieser Bundesanleihe und der zu sichernden Anleihe. Um diesen Zusammenhang abzubilden, wird das Hedge-Ratio mit der Methode des **Regressionskoeffizienten** ermittelt. Es wird dabei ein funktionaler Zusammenhang aus der Vergangenheit zwischen den betreffenden Anleihen gebildet. Dadurch verspricht man sich Aufschluss darüber, wie sich die Kurse der Anleihen jeweils zueinander entwickelt haben.

Beim Cross Hedge treten **Risiken** auf, die bei einfachen Hedge-Operationen in dieser Form nicht auftreten. Besonders hervorzuheben sind dabei das Bonitätsrisiko des Emittenten. Verändert sich etwa die **Bonität** eines Schuldners während eines Hedges, muss das Hedge Ratio neu ermittelt werden.

Ein weiteres Risiko ist das **Liquiditätsrisiko**. Existiert auf dem Markt der zu sichernden Anleihe nicht ausreichend Liquidität, so hat dies unter Umständen große Auswirkungen auf die Preisstellung der Anleihen.

### 6.5.4 Spread Operationen

Grundsätzlich lassen sich zwei Arten von Spread Operationen unterscheiden. Die eine ist der Spread zwischen unterschiedlichen Fälligkeitsterminen desselben Kontraktes, der Intrakontrakt Spread. Die andere Variante, der Spread zwischen zwei Futures mit unterschiedlichen Kontraktspezifikationen, heißt Interkontrakt Spread.

Mit beiden Transaktionen ist man in der Lage, **Veränderungen in der Zinsstrukturkurve** zu nutzen, indem man die unterschiedlichen Preisreagibilitäten in den unterschiedlichen Laufzeiten durch entsprechende Käufe und Verkäufe ausnutzt.

Beim **Interkontrakt-Spread** (zum Beispiel Bund-/Bobl-Spread) möchte man unterschiedliche Renditeentwicklungen zwischen den jeweils zugrunde liegenden Anleihen ausnutzen. Man nutzt hier die nicht lineare Entwicklung zwischen unterschiedlichen Zinslaufzeiten aus. Man orientiert sich an der Zinsstrukturkurve, wonach bei einer normalen Zinsstrukturkurve die langfristigen Zinsen über den kurzfristigen Zinsen notieren.

Ist man der Meinung, dass die kurzfristigen Zinsen steigen und gleichzeitig die längerfristigen Zinsen fallen oder zumindest weniger stark steigen, wird man den kurzlaufenden Futurekontrakt (zum Beispiel Bobl-Future) verkaufen und den länger laufenden Futurekontrakt (zum Beispiel Bund-Future) kaufen. Der Gewinn aus einer solchen Transaktion besteht darin, dass man an einer Veränderung der Kursdifferenz bei steigenden kurzfristigen Zinsen (= sinkende Bobl-Futurekurse) und sinkenden langfristigen Zinsen (= steigende Bund-Futurekurse) partizipiert.

| | **Aktuell** Kurs | Zins-Entwicklung | **ein Monat später** Kurs | Konto-Umsatz |
|---|---|---|---|---|
| **normale Zinsstrukturkurve** | | | | |
| +1 Bund Future | 100 % | 6 % -> 7 % | 98 % | - 2.000 € |
| -1 Bobl Future | 106 % | 4 % -> 6 % | 100 % | + 6.000 € |
| **Summe** | | | | **= + 4.000 €** |
| **inverse Zinsstrukturkurve** | | | | |
| +1 Bund Future | 100 % | 6 % -> 7 % | 98 % | - 2.000 € |
| -1 Bobl Future | 98 % | 7 % -> 9 % | 93 % | + 5.000 € |
| **Summe** | | | | **= + 3.000 €** |

***Tabelle 49:*** *Anwendungsbeispiel eines Interkontrakt Spread*

Beim **Intrakontrakt Spread** werden zeitgleich Long- und Short-Positionen desselben Futures in unterschiedlichen Fälligkeitsterminen eingegangen. Beim Kauf eines Intrakontrakt Spread erwirbt man den nahen Verfall und verkauft den entfernt liegenden. Dem liegt die Erwartung zugrunde, dass das 10-jährige Zinsniveau nach dem nahen Verfall ansteigen wird. Hat man dagegen den Intrakontrakt Spread verkauft, ist man den nahe liegenden Verfall short und den entfernt liegenden Verfall long und erwartet ein später fallendes Zinsniveau.

Eine Art Spread Operationen ist auch die sogenannte **„Roll-over"** oder **„Switch"** Transaktionen. Dabei werden Positionen von einer Fälligkeit eines Futures in die nächste Fälligkeit gerollt. Dies geschieht im Regelfall dann, wenn ein Kontrakt ausläuft, aber die Position weiter gehalten werden soll.

Im Einzelnen bedeutet dies, dass beispielsweise eine Long-Position im März Bund-Future glattgestellt wird, indem sie verkauft wird und zeitgleich eine Long-Position im Juni Bund-Future eingegangen wird. Es hat sich in der Praxis gezeigt, dass solche Switch-Transaktionen häufig erst kurz vor dem Verfall des Futurekontraktes durchgeführt werden. Das liegt daran, dass die höhere Liquidität in dem naheliegenden („Front") Monat (Nearby) liegt und erst zum Verfall des Front-Monats sich die Liquidität in den Folgemonat verlagert.

## 6.6 Optionen auf Futures

Optionen erweitern die Handlungsalternativen und Anwendungsmöglichkeiten von Investoren.

Optionen können grundsätzlich aus den gleichen Motiven angewendet werden, wie wir sie schon bei Futures kennengelernt haben. Optionen bieten jedoch den Vorteil, dass **Investoren das Risiko der Kassaposition begrenzen können, ohne sich der weiteren Gewinnchancen zu beschneiden (asymmetrische Risikoverteilung)**. Die asymmetrische Risikoverteilung ergibt sich aus dem Wahlrecht des Optionsinhabers, sein Recht auszuüben oder nicht. Erst wenn er das Wahlrecht der Option ausübt und dadurch eine Futuresposition eingeht, entsteht hieraus eine Verpflichtung.

### 6.6.1 Optionen auf Zinsfutures

Im April 1989 erfolgte die börsenmäßige Einführung von Optionen auf Bund-Futures an der LIFFE. Seit dem 16. August 1991 werden auch an der EUREX (zu diesem Zeitpunkt noch DTB) Optionen auf den Bund-Future gehandelt. Am 15. Januar 1993 erfolgte die Einführung von Optionen auf den Bobl-Future.

Basiswerte dieser Optionen sind:

- bei Optionen auf den Euro-Bobl-Future:
  der Futurekontrakt auf eine fiktive Schuldverschreibung des Bundes mit einem Kupon von 6 % und einer Restlaufzeit von 4,5 – 5,5 Jahren.
- bei Optionen auf den Euro-Bund-Future:
  der Futurekontrakt auf eine fiktive Schuldverschreibung des Bundes mit einem Kupon von 6 % und einer Restlaufzeit von 8,5 – 10,5 Jahren.

#### 6.6.1.1 Optionen auf den Euro-Bund-Future

Der Käufer dieser Option erwirbt das Recht, innerhalb der Optionslaufzeit einen Euro-Bund-Futurekontrakt zum Basispreis von dem Verkäufer der Option zu kaufen (Call) bzw. an diesen zu verkaufen (Put). Übt der Käufer eines Calls seine Option aus, wird er zum vereinbarten

Basispreis Käufer des Euro-Bund-Future. Der Verkäufer des Calls muss den Future liefern. Bei Ausübung eines Puts wird der Käufer der Option Verkäufer des Euro-Bund-Future, entsprechend muss der Verkäufer des Put den Euro-Bund-Future übernehmen. Der Kauf der Option stellt lediglich den Erwerb des Rechtes, nicht aber die Verpflichtung zur Ausübung dar. Wird die Option vom Käufer ausgeübt, so tritt er in eine Futureposition mit ihren verpflichtenden Merkmalen ein. Aus dem ursprünglichen Recht wird nun eine Verpflichtung.

Positionen nach Ausübung einer Option:

| Optionsbestand | nach Optionsausübung | bei Future-Belieferung |
|---|---|---|
| Long Call | Long Future | muss Anleihe übernehmen |
| Short Call | Short Future | muss Anleihe liefern |
| Long Put | Short Future | muss Anleihe liefern |
| Short Put | Long Future | muss Anleihe übernehmen |

Der Optionspreis wird in Punkten mit zwei Nachkommastellen notiert. Die kleinstmögliche Preisveränderung, ein Tick, beträgt 0,01 Punkte. Bei einem Nominalwert des Underlyings von 100.000 € pro Kontrakt liegt der Tickwert demnach bei 10 €.

## Beispiel

| | | |
|---|---|---|
| Kauf von | 8 Calls auf den Euro-Bund-Future | |
| Basispreis: | 99,00 | |
| Optionspreis: | 1,13 (=113 Ticks zu 0,01 Punkten) | |
| Optionsgegenwert: | 8 x 113 x 10 € | = 9.040 € |

Anders als bei Optionen auf Aktien oder Indizes wird bei Optionen auf Futures der Optionspreis nicht bereits beim Aufbau der Position, sondern erst bei deren Ausübung oder Verfall bezahlt. Man spricht daher von einer **„future-styled Option“** (siehe auch 8.3.2.3 im Kapitel „Margining“).

Die Preisbildung bei Optionen auf den Euro-Bund-Future orientiert sich unter anderem an der Volatilität und an der Restlaufzeit. Eine Besonderheit tritt darüber hinaus für Optionen auf Zinsfutures bei einer Änderung des kurzfristigen Zinsniveaus auf. Setzt man alle anderen Faktoren, also auch das Verhältnis von langfristigen zu kurzfristigen Zinsen konstant, gilt für Optionen auf Futures im Allgemeinen folgender Zusammenhang: Steigende kurzfristige Zinssätze reduzieren die Preise für Calls (Kaufoptionen) **und** Puts (Verkaufsoptionen). Da für Zinsfutures – anders als bei Aktien – keine Haltekosten entstehen, ergibt sich bei Optionen auf Zinsfutures eine, gegenüber Optionen auf Aktien, veränderte Auswirkung der kurzfristigen Zinsen auf den Optionspreis (siehe 3.2.3.3 „Marktzins“). Der Grund ist, dass der Preis nichts anderes darstellt als den Barwert des erwarteten Gewinnes bei Fälligkeit. Steigen die kurzfristigen Zinssätze, sinkt der Barwert des erwarteten Gewinnes und damit der Wert der Option.

**Wichtig ist der Einfluss des Verhältnisses zwischen kurz- und langfristigen Zinsen auf den Futurepreis, der wiederum den Wert der Option beeinflusst.** Die Kursdifferenz zwischen Futurepreis und Kassakurs (Basis) wird im Wesentlichen durch die Cost-of-Carry (Nettofinanzierungskosten) geprägt. Darunter sind diejenigen Kosten zu verstehen, welche durch das Halten einer der Futureposition entsprechenden Kassaposition verursacht werden.

Bei den Basispreisen gelten Preisabstufungen von

- 50 Ticks bei den Euro-Bund-Futures-Optionen
- 25 Ticks bei den Euro-Bobl-Futures-Optionen
- 10 Ticks bei den Euro-Schatz-Futures-Optionen

Bei Einführung von Optionen mit neuem Verfall stehen neun Basispreise zur Verfügung. Von diesen sind vier in-the-money, einer at-the-money und vier out-of-the-money. Ein zusätzlicher Basispreis wird eingeführt, wenn an den beiden vorausgegangenen Handelstagen der jeweils letzte gehandelte Preis des Bund-Futures mit der kürzesten Restlaufzeit (Nearby Futures) die Mitte zwischen dem viert- und fünfthöchsten Basispreis überschreitet bzw. dem viert- und fünftniedrigsten Basispreis unterschreitet. Neue Basispreise werden nicht eingeführt, wenn die Restlaufzeit der betreffenden Serie weniger als zehn Börsentage betragen würde.

### 6.6.1.2 Tägliche Bewertung und Abrechnung der Optionen

Mittels des täglich von der EUREX festgelegten Settlement-Preises werden alle offenen Positionen täglich nach Börsenschluss bewertet, Gewinne und Verluste verrechnet und die erforderliche Initial Margin neu festgelegt. Da dieses Verfahren stark an die Margin-Berechnung bei Futures angelehnt ist, spricht man hier auch vom future-styled Margining (wird in Kapitel 8. „Margining“ behandelt).

Der Käufer einer Option profitiert von steigenden Optionspreisen, wogegen der Verkäufer mit fallenden Optionspreisen Gewinne erzielt. Bei Ausübung oder Verfall bezahlt der Käufer den Preis, der dem Settlement Price des Ausübungs- bzw. Verfalltages entspricht. Die Differenz zwischen dem Einstandspreis der Option, dem täglich festgestellten Settlement Price, sowie dem Settlement Price am Glattstellungs-, Ausübungs- oder Verfalltag wird täglich in Form von Variation Margins dem Kundenkonto belastet oder gutgeschrieben.

Die Variation Margin stellt somit quasi eine „Vergangenheitsbewältigung“ dar, also den Barausgleich (Gewinn bzw. Verlust) zwischen gestrigem und heutigem Optionspreis, während die zu hinterlegende Initial Margin das künftige theoretische Verlustrisiko zwischen heute und morgen abdecken soll.

## Beispiel

Kontrakt 1 Call auf Euro-Bund-Future März Basis 115,00
Marginparameter 1,6 Punkte
Tick-Größe 0,01 Punkte, Tick-Wert = 10 €
Kurs 1,16 Punkte

| Vorgang | Käufer | Verkäufer |
|---|---|---|
| **1. Tag** | | |
| Kauf/Verkauf 1 Kontrakt zu 1,16 | *Kurswert = -1.600 € ( ohne Buchung )* | *Kurswert = +1.600 € ( ohne Buchung )* |
| Settlement der Option = 1,13 zu buchende Variation Margin: | - 3 Ticks x 10 € = -30 € | + 3 Ticks x 10 € = +30 € |
| *Settlement des Future = 114,30 zu hinterlegende Additional Margin:* | | |
| *Upside: 115,90 -> theoretischer Optionspreis = 2,06* | | *(1,13 -> 2,06) = 93 Ticks x 10 € = 930 €* |
| *Downside: 112,70 -> theoretischer Optionspreis = 0,63* | *(1,13 -> 0,63) = 50 Ticks x 10 € = 500 €* | |
| **2. Tag** | | |
| Settlement der Option = 1,30 zu buchende Variation Margin: | + 17 Ticks x 10 € = +170 € | -17 Ticks x 10 € = -170 € |
| *Settlement des Future = 114,64 zu hinterlegende Additional Margin:* | | |
| *Upside: 116,24 -> theoretischer Optionspreis = 2,28* | | *(1,30 -> 2,28) = 98 Ticks x 10 € = 980 €* |
| *Downside: 113,04 -> theoretischer Optionspreis = 0,71* | *(1,30 -> 0,71) = 59 Ticks x 10 € = 590 €* | |
| **3. Tag** | | |
| Settlement der Option = 1,25 zu buchende Variation Margin: | -5 Ticks x 10 € = -50 € | +5 Ticks x 10 € = + 50 € |
| Ausübung der Option | | |
| Abschlusszahlung | -125 Ticks x 10 € = -1.250 € | +125 Ticks x 10 € = +1.250 € |
| Einbuchung der Futureposition | + 1 Euro-Bund-Future März long | - 1 Euro-Bund-Future März short |

| Vorgang | Käufer | Verkäufer |
|---|---|---|
| Settlement des Futures 114,59<br>Basispreis der Option 115<br>Differenz = 41 Ticks | | |
| zu buchende Variation Margin des Futures | - 41 Ticks x 10 €<br>= - 410 € | + 41 Ticks x 10 €<br>= + 410 € |
| *zu hinterlegende Margin für den Future* | *Marginparameter<br>1,60 Punkte<br>= 160 Ticks x 10 €<br>= 1.600 €* | *Marginparameter<br>1,60 Punkte<br>= 160 Ticks x 10 €<br>= 1.600 €* |
| Die Summe der gebuchten Beträge aus der Option entspricht dem Wert der Option beim Opening | - 30 + 170 - 50 -1250<br>= - 1.160 € | + 30 -170 +50 +1250<br>= + 1.160 € |

***Tabelle 50:*** *Beispiel eines Engagements in Euro-Bund-Future-Optionen*

Diese Art der „Bezahlung“ der future-styled Option ist anders als wir sie aus dem Kapitel 3 „Optionen“ kennen. Sie stellt für den Optionskäufer einen Liquiditätsvorteil dar, da er den Großteil der Option erst bei Ausübung oder Verfall bezahlen muss. Umgekehrt entsteht daraus für den Optionsverkäufer ein entsprechender Liquiditätsnachteil.

### 6.6.1.3 Ausübungsmodalitäten

Optionen auf den Euro-Bund-Future sind Optionen amerikanischen Stils. Der letzte Handelstag ist zugleich der letzte Ausübungstag. Der Fälligkeitstermin ist der 6. Handelstag vor dem 1. Kalendertag des Verfallmonats. Das bedeutet, dass zum Beispiel eine März 2007 Option bereits am 21.2.2007 verfällt. In diese Option wird der Bund Future geliefert, der am 7.3.2007 fällig ist.

Die EUREX nimmt bei Verfall keine automatische Ausübung der „in-the-money“-Optionen vor. Andernfalls würde dies die Handelsteilnehmer den Risiken und Verpflichtungen einer Futureposition aussetzen. Eine Ausübung durch den Optionskäufer ist zwar an jedem Börsentag während der gesamten Laufzeit möglich. Eine vorzeitige Ausübung deutlich vor dem Verfalltermin empfiehlt sich jedoch in der Regel nicht, weil dadurch der Zeitwert verloren ginge. Stattdessen sollte die Option durch Verkauf glattgestellt und ggf. der Future am Markt erworben werden.

Übt der Käufer eines Calls seine Option aus, wird er am Abend des Ausübungstages zum vereinbarten Basispreis Käufer des nächstfälligen Euro-Bund-Future. So werden zum Beispiel Oktober-, November- und Dezember-Optionen mit dem Dezember Euro-Bund-Future beliefert.

Die EUREX ermittelt durch ein Zufallsverfahren einen Inhaber einer Short-Call-Position. Dieser muss den Euro-Bund-Future liefern, er bekommt somit einen Short Future eingebucht.

Übt der Käufer eines Puts auf den Euro-Bund-Future seine Option aus, erhält er zum vereinbarten Basispreis eine Short-Position im Euro-Bund-Future.

Für die neuen Future-Positionen sind sofort Margins zu hinterlegen. Würde ein Call am letzten Handelstag der Option ausgeübt, verbleiben den Kontrahenten noch etwa zwei Wochen, den erworbenen Future glattzustellen und somit eine Lieferung der Anleihe zu vermeiden.

Weitere Details zum Margining können Sie dem Punkt 8 „Margining“ entnehmen

# 6.7 Devisenfutures

Da an der EUREX zurzeit keine Derivate auf Währungen angeboten werden, wollen wir uns die Devisenfutures an der CME (Chicago Mercantile Exchange) im Folgenden näher ansehen. Bei diesen Futures ergeben sich einige Eigenheiten, die besondere Beachtung finden müssen.

Die Margin dieser Futures wird in der Regel in Dollar abgewickelt, beim EUR/CHF Kontrakt in CHF.

Bei der Belieferung solcher Währungsfutures werden – anders als zum Beispiel beim Bund-Future – zwei Produkte (Währungen) bewegt. Je nach dem wo der Anleger seinen Sitz hat, wird damit ggf. eine doppelte Währungsspekulation getätigt. Wenn zum Beispiel ein Kunde einen Long Future in YEN/Dollar eingegangen ist, muss er bei Ausübung Dollar zahlen und erhält dafür Yen. Da ein europäischer Kunde Dollar gegen Euro kaufen müsste und anschließend die erhaltenen YEN wieder in Euro zurück tauscht, steht er mit seiner Heimatwährung gegen zwei Fremdwährungen im Risiko. Dieses Risiko ist entsprechend auch bei der Beurteilung der Position während der Laufzeit zu beachten.

Wir wollen an dieser Stelle nur die vier wichtigsten Kontrakte näher beleuchten. Diese sind:

| Kontrakt-bezeichnung | Kontraktgröße | Verfallmonate/Laufzeit | Verfalltag |
|---|---|---|---|
| EUR/USD | 125.000 € | nächste 6 Quartalsmonate (Mär, Jun, Sep, Dez) max. 1 ½ Jahre | der 3. Freitag des Verfallmonats |
| YEN/USD | 12.500.000 Yen | | |
| GBP/USD | 62.500 GBP | | |
| EUR/CHF | 125.000 € | | |

***Tabelle 51:*** *Auswahl von Devisenfutures an der CME*

Nachstehend zwei Beispiele von Engagements in Devisenfutures:

| Vorgang | Futurekurs | Geldfluss |
| --- | --- | --- |
| Kauf 1 EUR/USD-Future (Kontraktwert = 125.000 €) | 1,1700 | - - - |
| Tag 1 Settlement, Variation-Margin-Buchung | 1,1715 | 125.000 x 0,0015 = +187,50 $ |
| Tag 2 Settlement, Variation-Margin-Buchung. | 1,1580 | 125.000 x (-0,0135) = -1.687,50 $ |
| Tag 3 Settlement am Verfalltag<br>a) Variation-Margin-Buchung<br>b) Lieferung der EUR gegen USD | 1,1900 | a) 125.000 x (0,0320) = +4.000,00 $<br>b) -148.750,00 $ |
| **Gesamt:** | | **-146.250,00 $** |

***Tabelle 52:*** *Spekulation mit Futures auf einen fallenden Dollar*

Dieser Gesamtwert von -146.250 $ entspricht dem Kontraktgegenwert vom Kauftag des Future (125.000 $ x 1,17 = 146.250 $). Der aktuelle Wert der erworbenen 125.000 € beträgt 148.750 $. Somit hat der Anleger per Saldo einen Gewinn von 2.500 $ erzielt, was exakt dem Saldo der Variation-Margin-Buchungen entspricht.

Damit wird deutlich, dass eine Long-Position im Euro/Dollar Future an einem steigenden Euro (= fallenden Dollar) partizipiert. Will man dagegen auf einen steigenden Dollar (= fallenden Euro) spekulieren, wird der Future verkauft, also eine Short-Position in Euro aufgebaut.

| Vorgang | Future-Kurs | Geldfluss |
| --- | --- | --- |
| Kauf 1 Yen/USD-Future (Kontraktwert = 12.500.000 Yen) | 0,008375 | - - - |
| Tag 1 Settlement, Variation-Margin-Buchung | 0,008371 | 12,5 Mio x (-0,000004) = – 50,00 $ |
| Tag 2 Settlement, Variation-Margin-Buchung. | 0,008379 | 12,5 Mio x (0,000008) = + 100,00 $ |
| Tag 3 Settlement am Verfalltag<br>a) Variation-Margin-Buchung<br>b) Lieferung der Yen gegen USD | 0,008347 | a) 12,5 Mio x -0,000032) = – 400,00 $<br>b) -104.337,50 $ |
| **Gesamt:** | | **-104.687,50 $** |

***Tabelle 53:*** *Spekulation mit Futures auf einen steigenden Yen gegenüber dem Dollar*

Der Yen ist gegenüber dem Dollar gefallen. Der Anleger hat mit dem Long-Yen-Future einen Verlust in Höhe von 350,00 $ erlitten (Summe der Variation Margins).

Tabelle 55 soll verdeutlichen, welche Position ein Anleger bei unterschiedlichen Markterwartungen eingehen muss:

| Währungsfuture | Erwartung | Position |
|---|---|---|
| EUR/USD | Euro steigt gegenüber Dollar<br>Dollar fällt gegenüber Euro | Long Future |
| | Euro fällt gegenüber Dollar<br>Dollar steigt gegenüber Euro | Short Future |
| YEN/USD | Yen steigt gegenüber Dollar<br>Dollar fällt gegenüber Yen | Long Future |
| | Yen fällt gegenüber Dollar<br>Dollar steigt gegenüber Yen | Short Future |
| GBP/USD | Pfund steigt gegenüber Dollar<br>Dollar fällt gegenüber Pfund | Long Future |
| | Pfund fällt gegenüber Dollar<br>Dollar steigt gegenüber Pfund | Short Future |
| EUR/CHF | Euro steigt gegenüber Franken<br>Franken fällt gegenüber Euro | Long Future |
| | Euro fällt gegenüber Franken<br>Franken steigt gegenüber Euro | Short Future |

***Tabelle 54:*** *Anwendungsmöglichkeiten von Devisenfutures*

## 6.8 Volatilitätsfutures

Den Einfluss der Volatilität auf die Optionspreisfindung haben wir bereits in Kapitel 3. „Optionen" ausführlich beschrieben. Bei einer so bedeutenden Kennzahl liegt es nahe, dass der Ruf nach einer Absicherungsmöglichkeit gegen Volatilitätsveränderungen laut wurde. Zunächst hat die Deutsche Börse einen Index auf die Volatilität eingeführt. Dieser VDAX wurde mit Hilfe der Black&Scholes-Formel ermittelt und hat als Grundlage die Preise der DAX-Optionen am Geld und damit die impliziten Volatilitäten dieser Optionen. Ein vor einigen Jahren auf diesen Index geschaffener Future wurde mangels Umsatz wieder eingestellt.

Die erhöhte Volatilität in den letzten Jahren hat die Attraktivität sowie den Bedarf für einen Vola-Future wieder deutlich erhöht, sodass sich die EUREX entschlossen hat, erneut einen solchen einzuführen. Hierfür wurde ein neuer VDAX kreiert: der **VDAX-NEW.** Er unterscheidet sich von dem bisher bekannten darin, dass bei ihm zur Berechnung neben den Optionen am Geld auch die aus dem Geld herangezogen werden. Damit hat er eine breitere Volatilitätsbasis. Er drückt in Prozentpunkten die vom Terminmarkt in den nächsten 30 Tagen für den DAX erwartete Schwankungsbreite aus.

Der Kontraktgegenwert beträgt 1.000 €. Die kleinste Kursveränderung im Future (Tick) ist 0,05 Punkte, was einem Gegenwert von 50,00 € entspricht (Tickwert). Die Future-Laufzeiten sind: die nächsten 3 Monate sowie der darauf folgende Quartalsmonat aus dem Zyklus Feb/Mai/Aug/Nov. Der letzte Handelstag liegt jeweils 30 Kalendertage vor dem Verfalltag der dem jeweiligen Future unterliegenden Optionen. Am Ende der Laufzeit erfolgt ein Cash-Settlement.

| Vorgang | Future-Kurs | Geldfluss |
|---|---|---|
| Kauf 1 VDAX-NEW-Future (Kontraktwert = 1.000 €) | 15,20 | - - - |
| Tag 1 Settlement, Variation-Margin-Buchung | 15,40 | 1.000 x 0,20 = + 200,00 € |
| Tag 2 Settlement, Variation-Margin-Buchung. | 15,15 | 1.000 x (-0,25) = – 250,00 € |
| Tag 3 Closing Variation-Margin-Buchung | 15,80 | 1.000 x 0,65 = + 650,00 € |
| **Gesamt:** | | **+ 600,00 €** |

***Tabelle 55:*** *Beispiel für ein 3-tägiges Engagement im VDAX-NEW-Future*

Ein Anleger, der mit dem Kauf des Futures auf einen Anstieg der Volatilität spekuliert hat, konnte in unserem Beispiel mit einem Long-Future einen Ertrag in Höhe von 600,00 € generieren.

## 6.9 Warenfutures

In den USA ist die Absicherung und die Spekulation mit Agrarprodukten schon seit den Anfängen der Börsengeschichte bekannt. Jahreszeitliche sowie meteorologische Schwankungen wurden seit jeher genutzt, um durch Derivate Risiken auf andere zu verlagern, bzw. zum Versuch, Gewinne zu erzielen.

Mit der Installierung einer Warenterminbörse in Hannover wurde dem wachsenden Bedürfnis nach einer Agrarbörse in Deutschland Rechnung getragen. Die WTB (Warenterminbörse Hannover) wurde 1998 als öffentlich-rechtliche Börse nach Maßgabe des deutschen Börsengesetzes gegründet.

### 6.9.1 Handel von Agrar- und Kreditprodukten

An dieser Börse ist es möglich, Futures unter anderem auf folgende Agrarprodukte zu handeln: Schweine, verschiedene Kartoffelsorten, Weizen, Braugerste, Rapsprodukte, Heizöl und Altpapier.

Seit Ende 2004 besteht eine Kooperation mit der DEKREBO Kredit Börse Deutschland, die bankenübergreifend als Bindeglied zwischen Forderungskäufern und -verkäufern fungiert. Geschäftsziel hierbei ist der Handel von Einzelkrediten zur aktiven Kreditportfoliosteuerung.

Neben vielen Gemeinsamkeiten, die Warenfutures mit Finanzfutures verbinden, gibt es auch elementare Unterschiede. Einige davon wollen wir im Folgenden am Beispiel eines Weizenfutures aufzeigen.

■ Kontraktspezifikationen des Weizenfutures

Ein wesentlicher Unterschied besteht in der Definition der Qualität der Ware. Während Finanzfutures in der Regel mit bestimmten Aktien, Anleihen oder Devisen beliefert, oder mit Geld abgerechnet werden, ist bei Warenfutures die Lieferung der effektiven Waren vorgesehen. Da zum Beispiel Weizen durchaus in unterschiedlichen Qualitäten vorkommt, wurden hier Mindeststandards definiert. So muss er unter anderem aus einem EU-Land stammen und folgende Merkmale aufweisen:

| | | |
|---|---|---|
| Protein | mind. | 11,0 % |
| Feuchtigkeit | max. | 15,0 % |
| Fallzahl *) | mind. | 220 Sekunden |
| Hektolitergewicht | mind. | 76 kg/hl |
| Besatz **) | max. | 2,0 % |
| Bruchkorn | max. | 5,0 %. |

*) *Um die Fallzahl zu ermitteln, wird eine bestimmte Menge Mehl gemahlen, mit einer bestimmten Menge Wasser vermischt und erhitzt. In diesen „Brei" wird ein Stab mit vordefiniertem Gewicht eingelassen. Die Zeit, die dieser Stab benötigt um im Mehl zu versinken ist die Fallzahl. Diese gibt Aufschluss über die Qualität und Backfähigkeit des betreffenden Mehles.*

**) *Als Besatz bezeichnet man Verunreinigungen im Weizen wie zum Beispiel fremde Samen, tote Insekten oder ähnliches.*

## 6.9.2 Lieferbedingungen

Auch bei den Liefer- und Verfalltagen bzw. der Laufzeit gibt es wesentliche Unterschiede, die selbst bei den einzelnen Agrarprodukten nicht einheitlich sind. Um beim Beispiel Weizen zu bleiben, werden hier die Liefermonate September, Dezember, Februar und Mai angeboten. Die Einführung neuer Kontrakte erfolgt in der Regel am ersten Börsentag nach dem letzten Handelstag eines Liefermonats. Darüber hinaus behält sich die Börsengeschäftsführung vor, abweichende Fälligkeitsmonate festzulegen und bei Bedarf einzuführen.

Beim Weizen ist der letzte Handelstag eines Kontraktes der Börsentag vor dem ersten Börsentag des Liefermonats. Die Lieferung selbst hat zwischen dem sechsten und dem letzten Börsentag des Liefermonats zu erfolgen. Der Lieferpunkt ist vom Verkäufer bis 10.00 Uhr am fünften Börsentag des Liefermonats mitzuteilen und die vom Lagerhaus ausgestellte Einlagerungsbestätigung über kontraktgemäße Ware zu übermitteln.

Mögliche Lieferpunkte müssen an einem Binnenschifffahrtsweg liegen, der von der Börse wie folgt definiert ist:

- am Main zwischen Würzburg und Bamberg,
- am Mittellandkanal zwischen Magdeburg und Minden einschließlich seiner Stichkanäle sowie
- an der Mosel zwischen Metz und Frouard.

Wichtige Voraussetzung ist die Belademöglichkeit von Schiffen und Lkw.

Eine Kontrakteinheit umfasst 50 Tonnen Brotweizen. Die Notierung erfolgt in Euro pro Tonne. Die Tickgröße ist 0,10 € und hat einen Wert von 5 €.

Die Margin (Exchange Minimum) beträgt für Clearingmitglieder 360 € je Kontrakt, an den letzten 4 Handelstagen müssen 15 Prozent des Kontraktwertes hinterlegt werden.

### 6.9.3 Zusammenfassung

Die Umsätze an der WTB fokussieren sich aktuell (Sommer 2006) vor allem auf Schweine und Kartoffeln. Allerdings sind die Umsatzzahlen auch hier bei weitem noch nicht mit denen der Finanzfutures vergleichbar. Es dürfte noch einige Jahre dauern, bis die WTB einen annähernd hohen Stellenwert genießt wie die Warenterminbörsen in den USA.

Wir wollen in diesem Buch nicht näher auf Warenfutures eingehen, da diese Produkte fast ausschließlich für den institutionellen Agrarbereich geschaffen sind und von Privatanlegern so gut wie gar nicht gehandelt werden. Dies auch vor dem Hintergrund der effektiven Belieferung der Futures, die entsprechende Transport- und Lagerkapazitäten voraussetzt. Aus diesem Grund sind auch die deutschen Banken für ihre Privatkunden in diesem Sektor in der Regel nicht tätig.

## 6.10 Energiefutures

Die wachsende Diskussion um die Ölpreise im Speziellen und die Energielieferungen im Allgemeinen haben auch den Energiemarkt in Bewegung gebracht. In Deutschland wurde zum Zwecke des geordneten Handels mit Energiederivaten die EEX (European Energy Exchange) in Leipzig gegründet.

An der EEX wird vor allem Strom gehandelt. Der Handel ist in Stundenkontrakte eingeteilt, da der Preis für Strom je nach Tageszeit (und der damit verbundenen Netzbelastung, zum Beispiel in den Abendstunden am höchsten, in den Nachstunden am niedrigsten) unterschiedlich teuer ist. Die Notierung erfolgt in Punkten in der Einheit Euro pro Megawattstunde (MWh).

Es werden Future- und Optionskontrakte sowohl mit finanzieller als auch mit physischer Erfüllung angeboten.

Neben Strom werden auch Futures auf EU-Emissionsrechte sowie auf Kraftwerkskohle gehandelt.

Informationen der EEX sind nur im Internet erhältlich. Allerdings zeigt sich dort, dass ein Handel an dieser Börse bislang nur professionellen Anlegern (zum Beispiel Produzenten und Großabnehmer) vorbehalten ist. Wir wollen daher in diesem Buch auch auf diese Produkte nicht näher eingehen.

# 7. Orderarten

## 7.1 Auftrag

Damit Aufträge möglichst schnell vom Kunden über die Bank zur Börse übermittelt werden können, ohne dass dabei Übermittlungsfehler auftreten, ist es von großer Bedeutung, die verschiedenen Orderarten und ihre Verwendung zu kennen und richtig zu benutzen. Weiterhin ist es wichtig zu wissen, welche Daten ein Auftrag enthalten muss (Auftragsinhalt), um eine vollständige und korrekte Order zu erteilen und Falschausführungen bzw. langwierige Rückfragen zu vermeiden.

### 7.1.1 Auftragsbestandteile

Der Anleger erteilt seine Aufträge („Orders“) in der Regel dem für ihn zuständigen Berater seiner Bank, oder er erfasst die Order online am PC, sofern die technische Möglichkeit hierzu besteht.

Jeder Auftrag muss folgendes enthalten:

- Opening oder Closing (Positionseröffnung oder -schließung)
- Kauf oder Verkauf (buy oder sell),
- Kontraktart (Call, Put, Future),
- Kontraktanzahl,
- Underlying,
- Liefermonat /-jahr,
- Basispreis (nur bei Optionen),
- Limit oder bestens/billigst (=„market“),
- Handelsplatz,
- Gültigkeitsdauer,
- ggf. Besonderheiten (zum Beispiel Stop, IOC, FOK),
- covered/uncovered-Merkmal,
- ggf. Kombinationsbezeichnung.

## Beispiel

> Option, Verkauf, 3 Calls, Commerzbank, Mai07, Basis 20, Limit 2,50 €, EUREX, open, covered

Dem Anleger stehen, abhängig von der jeweiligen Terminbörse, verschiedene Ordermöglichkeiten zur Verfügung. Sie werden im Folgenden beschrieben.

# 7.2 Orderarten an der EUREX

Im EUREX-System können verschiedene Orderarten eingegeben werden. Für den Optionshandel stehen limitierte Aufträge, unlimitierte Aufträge und Kombinationsaufträge zur Verfügung; für den Futurehandel können zusätzlich Stop-Aufträge erteilt werden.

Hinsichtlich der möglichen Ausführung unterscheidet man an der EUREX die in Abbildung 54 dargestellten Auftragsarten.

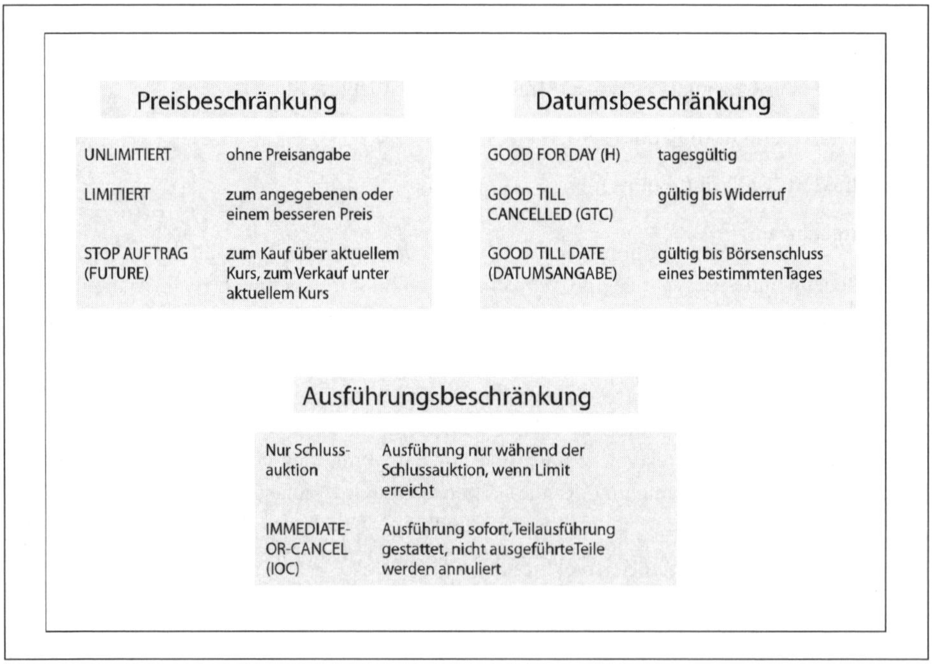


***Abbildung 54:*** *Orderarten an der EUREX*

## 7.2.1 Unlimitierte Aufträge (Market Order, „b", billigst/bestens)

Unlimitierte Aufträge sollen **sofort zum besten verfügbaren Marktpreis** ausgeführt werden. Sie enthalten keine Angaben über den Ausführungspreis und können deshalb keinen Ausführungspreis garantieren.

### Beispiel

„Verkaufe 20 Calls DTE (Deutsche Telekom), Verfall Dezember, Basispreis 14 bestens, an der EUREX, opening"

Nehmen wir an, für diesen Kontrakt seien folgende Kaufaufträge im Auftragsbuch der EUREX vorhanden:

| Preis | Stück |
|---|---|
| 0,42 € | 10 |
| 0,39 € | 3 |
| 0,37 € | 4 |
| 0,36 € | 1 |
| 0,34 € | 5 |

Der Kunde würde folgende Ausführungen erhalten:

Verkauf 10 Calls zu 0,42 €
Verkauf 3 Calls zu 0,39 €
Verkauf 4 Calls zu 0,37 €
Verkauf 1 Calls zu 0,36 €
Verkauf 2 Calls zu 0,34 €

Im Fall solcher Kleinstausführungen wie in oben genanntem Beispiel fallen bei den Banken in der Regel Mindestprovisionen pro Abrechnung an. Es gibt aber auch Banken, die bei Teilausführungen am gleichen Börsentag nur einmal die Mindestprovision bzw. einen Sockelbetrag berechnen.

Unlimitierte Aufträge werden sofort zum bestmöglichen verfügbaren Marktpreis ausgeführt. Im Futureshandel geschieht die Ausführung jedoch nur innerhalb einer maximalen Bandbreite, die von der EUREX festgelegt wird und auf dem Preis des letzten Handelsabschlusses basiert (Market Order Matching Range). Hierdurch wird sichergestellt, dass unlimitierte Aufträge nur innerhalb der vorgegebenen Bandbreite über/unter dem zuletzt gehandelten Preis ausgeführt werden. Alle Market-Orders, die nicht ausgeführt werden können, werden automatisch in das elektronische Auftragsbuch der EUREX übertragen.

## Beispiel

Order: „Verkaufe 10 Euro-Bund-Futures, Verfall März, bestens an der EUREX, opening“

| | |
|---|---|
| letzter Handelsabschluss: | **115,50** |
| maximale Bandbreite (Beispiel): | **115,45 – 115,55** |
| nächster (höchster) Geldkurs im EUREX-Orderbuch: | **115,43** |

Ausführung: **keine**

In diesem Fall wird bei einigen Banken ein „Quote-Request“ (siehe 1.3.3 „Market Maker Prinzip“) veranlasst, auf den im Normalfall mehrere Market Maker mit einem Quote (Geld- und Briefkurs) antworten. Zum Besten dieser Quotes wird dann die Market-Order ausgeführt.

## 7.2.2 Limitierte Aufträge

Ein limitierter Auftrag gibt einen vom Anleger gewünschten Preis an. **Dieser Auftrag kann nur zum angegebenen Preis oder besser ausgeführt werden.** Der Limitkauf soll zu einem bestimmten Kurs oder tiefer, der Limitverkauf zu einem bestimmten Kurs oder höher ausgeführt werden. Sollte zu dem angegebenen Preis keine Ausführung möglich sein, wird der Auftrag in das elektronische Auftragsbuch der EUREX eingegliedert.

## Beispiel

„Kaufe 10 Euro-Bund-Futures, Verfall März zu 115,00 an der EUREX, opening“

oder

„Verkaufe 10 Euro-Bund-Futures, Verfall März zu 116,1 an der EUREX, opening“

letzter gehandelter Kurs: 115,50 Geld/Brief 115,49 : 115,51

Da die Orders nicht ausgeführt werden können, werden sie ins EUREX-Orderbuch übernommen.

Weitere Ausführungen hierzu siehe 7.2.7.2 .

## 7.2.3 Stop-Aufträge

Stop-Aufträge sind limitierte Aufträge, deren Ausführung erst in Kraft tritt, wenn eine vorgegebene Preisgrenze (Stop-Preis) erreicht oder über-/unterschritten wird. Dann wird der Stop-

Auftrag zu einem unlimitierten Auftrag und somit zum nächstfolgenden bestmöglichen Marktpreis ausgeführt. Stop-Aufträge werden oft an markanten wichtigen charttechnischen Punkten gesetzt. Sie sind an der EUREX derzeit nur bei Futures möglich.

Bei einem **Stop-Buy-Auftrag** (Stop-Auftrag zum Kauf) wird die Preisgrenze über den aktuellen Kurs gesetzt; das heißt, sobald die vorgegebene Preisgrenze erreicht oder überschritten wird, geht der Stop-Buy-Auftrag als unlimitierter Kaufauftrag in den Markt. Stop-Buy-Aufträge werden bei bestehenden Short-Positionen entweder zur Begrenzung von Verlusten oder Sicherung von Buchgewinnen eingesetzt. Man nutzt diese Auftragsart auch, um eine neue Long-Position im Aufwärtstrend aufzubauen.

Bei einem **Stop-Sell-Auftrag** (Stop-Auftrag zum Verkauf) wird die Preisgrenze zum Verkauf unter den aktuellen Kurs gesetzt. Sobald der Future die vorgegebene Preisgrenze erreicht oder unterschreitet, geht der Auftrag als unlimitierter Verkaufsauftrag in den Markt. Stop-Sell-Aufträge werden bei bestehenden Long-Positionen zur Begrenzung von Verlusten oder Sicherung von Buchgewinnen eingesetzt. Außerdem wird ein Stop-Sell auch zum Aufbau einer neuen Short-Position im Abwärtstrend eingesetzt.

Stop-Aufträge, die eingesetzt werden, um Verluste zu begrenzen, werden auch Stop-Loss-Orders genannt.

## Beispiele

Aktueller Kurs: 115,50

„Kaufe 10 Euro-Bund-Futures, Verfall März, zu 115,70 stop an der EUREX, opening“

Das heißt, wenn ein Kurs von 115,70 erreicht (definitiv gehandelt) wird, wird der Stop ausgelöst, der Auftrag wandelt sich zur Market-Order und der Anleger kauft zum nächstverfügbaren Briefkurs

„Verkaufe 10 Euro-Bund -Futures, zu 115,10 stop an der EUREX, opening“

Das heißt, bei Erreichen von 115,10 verkauft der Anleger zum nächst-verfügbaren Geldkurs (als Market Order).

Die Ausführung kann sowohl für einen Stop-Buy-Auftrag als auch für einen Stop-Sell-Auftrag über, unter oder auch zum Stoppreis selbst erfolgen.

## Beispiel

Der Anleger besitzt eine Long-Position im Euro-Bund-Future Verfall März und möchte diese gegen mögliche Verluste, das heißt gegen fallende Kurse absichern.

Einstandskurs war 115,20, letztgehandelter Kurs war 115,50, der Stop-Sell wird bei 115,30 festgelegt.

Nehmen wir an, dass im Anschluss an die Ordererteilung am Markt mehrere Euro-Bund-Future-Geschäfte zu den folgenden Kursen getätigt werden:

| | | |
|---|---|---|
| 115,40 | | |
| 115,38 | | |
| 115,39 | | |
| 115,37 | | |
| 115,35 | | |
| 115,34 | | |
| 115,32 | | |
| 115,28 | => | jetzt erfolgt Auslösung des Stop; Auftrag wird zur Market-Order; Geld/Brief-Spanne in diesem Moment zum Beispiel 115,26/115,28 |
| 115,26 | = | Ausführungskurs der Verkaufsorder |

In diesem Beispiel wird deutlich, dass durch das Platzieren von Stops keine Sicherheit gegeben ist, zum Stopkurs von 115,30 ausgeführt zu werden. Bei großen Kurssprüngen („Fast Market") besteht eine Gefahr darin, dass die gesetzten Stops weit übersprungen werden und der Auftrag erst zu einem viel schlechteren Kurs als dem Stop-Preis zur Ausführung kommt.

Bei Stop-Aufträgen, die nicht tagesgültig sind, können Kursschwankungen zwischen verschiedenen Handelstagen den Stop-Auftrag ineffizient werden lassen. Liegt zum Beispiel der Eröffnungskurs des Folgetages erheblich unter dem Schlusskurs des Vortages, so wird der Stop-Sell des Kunden übersprungen und die Ausführung erfolgt zu einem wesentlich schlechteren Kurs.

## Beispiel

| | |
|---|---|
| Stop-Sell-Auftrag | 115,30 GTC |
| Schluss- und Tiefstkurs am Ordertag: | 115,42 |
| Eröffnungskurs am nächsten Tag: | 114,98 (Stop-Auslösung) |
| Geld-/Brief-Spanne in diesem Moment: | 114,96/114,98 |
| Ausführungskurs: | 114,96 |

Stop-Aufträge können, wie limitierte Aufträge auch, jederzeit geändert werden. Man kann sie zum Beispiel dem Markt nachziehen in der Absicht, Positionen im Gewinnbereich möglichst optimal abzusichern.

## 7.2.4 Kombinationsaufträge bei Futures

### Time-Spread

Mit einem Time-Spread können Futureskontrakte auf den gleichen Basiswert, aber mit unterschiedlichen Verfallterminen geordert werden, wobei es sich um einen Kauf- **und** einen Verkaufauftrag handeln muss. Dabei wird als Limit nur die Differenz zwischen den beiden Preisen angegeben.

### Beispiel

| | | |
|---|---|---|
| Bestand: | 5 FDAX Juni short | |
| Order: | Kauf | 5 FDAX Juni closing und |
| | Verkauf | 5 FDAX September opening, Limit 55 credit |

Dieser Anleger möchte kurz vor Fälligkeit seine Short-Position nicht endgültig schließen bzw. zum Verfall abrechnen lassen, sondern auf den nächsten Verfalltermin „rollen“, da er weiterhin mit einem tendenziell fallenden Markt rechnet. Die „Gefahr“ bei zwei einzeln erfassten Limitaufträgen wäre, dass bei einer entsprechenden Marktbewegung die eine Order ausgeführt würde, die andere nicht. Dieses wird durch die Kombinationsorder vermieden, denn beide müssen gleichzeitig ausgeführt werden.

Dabei möchte der Anleger aber nicht auf die Sicherheit einer limitierten Order verzichten, wobei es ihm aber nicht auf die absolute Höhe des Limits ankommt, sondern nur darum, dass er für die neue Short-Position einen bestimmten höheren Preis erzielt, als er für die in Kürze auslaufende Position aufwenden muss. Dies wird durch das „saldierte Limit“ erreicht. Es ist also unerheblich, ob die beiden Orders zum Beispiel zu 6.530 (Kauf Closing) und 6.585 (Verkauf Opening) erfolgen oder zum Beispiel zu 6.535/6.590. Wichtig ist lediglich, mindestens 55 Punkte positiven Spread zu erzielen. Somit könnte eine Ausführung bei entsprechenden Marktverhältnissen auch zu 6.525/6.585 erfolgen, was einen Positiv-Spread von 60 Punkten bedeutet.

Wichtig ist auch, dass die Kauf- und Verkaufsorder bei einer eventuell möglichen Teilausführung zu gleichen Teilen ausgeführt werden, es dürfen keine unterschiedlichen Stückzahlen gehandelt werden.

## 7.2.5 Ausführungsbeschränkungen

### Immediate or Cancel Order („IOC”)

Diese Auftragsart ist für Optionen, Futures und für Kombinationsorders in Futures möglich.

IOC-Aufträge sind limitierte Aufträge, die sofort vollständig oder teilweise ausgeführt werden sollen, bei Kombinationsorders im jeweils gleichen Volumen. Nicht ausgeführte Teile des Auftrages werden gelöscht, das heißt, sie werden nicht in das Auftragsbuch der EUREX übernommen.

## Beispiel

> „Kaufe 20 DAX-Futures, Verfall März, und
> Verkaufe 20 DAX-Futures, Verfall Juni, zu 50 credit, IOC, EUREX opening"

- **Ausführung in der Schluss-Auktion**

Aufträge in Futures (nicht Aktienfutures) können auch speziell für die Schlussphase einer Börsensitzung erteilt werden, für die ein einheitlicher Kurs gebildet wird (vgl. 7.2.7.5). Diese Orders werden bei Nicht-Ausführung nach Beendigung der Auktionsphase gelöscht.

## 7.2.6 Datumsbeschränkung

- **Tagesgültige Order (Good for day „GFD" oder heute „h")**

Die Gültigkeit der Aufträge kann für alle Aufträge (Ausnahme: Aufträge mit IOC) eingegrenzt werden:

Wurde keine zeitliche Begrenzung für die Gültigkeit der Order angegeben, ist sie automatisch „tagesgültig" und gilt nur für den laufenden Börsentag (bzw. bei Eingaben nach Börsenschluss für den nachfolgenden Handelstag).

- **Auftrag gültig bis auf Widerruf (Good Till Cancelled „GTC")**

Bei GTC-Aufträgen ist die Dauer der Auftragsgültigkeit nicht konkretisiert. Der GTC-Auftrag ist entweder bis zur Ausführung oder bis zum Widerruf durch den Börsenteilnehmer gültig und kann sowohl für Optionen als auch für Futures eingegeben werden. Falls die Order am letzten Handelstag des Kontrakts noch nicht ausgeführt wurde, verfällt der Auftrag am Ende des letzten Handelstages.

- **Good-till-Date Order („GTD")**

GTD-Aufträge können für Optionen und Futures durch Erfassung des gewünschten Datums eingegeben werden. Sie sind entweder gültig

- bis zum eingegebenen Datum,
- bis zur Auftragsausführung oder
- bis auf Widerruf durch den Auftraggeber.

- **Für alle nicht-tagesgültigen Orders gilt außerdem:**

- Bei Kursaussetzungen sowie bei Kapitalveränderungen im Basiswert, können bestehende Orders seitens der Börse gelöscht werden.
- GTC- und GTD-Orders werden, sofern sie ein Jahr nach Erteilung noch immer nicht ausgeführt sind, automatisch seitens der Börse gestrichen.

## 7.2.7 Orderausführung („Matching")

### 7.2.7.1 Unlimitierte Aufträge

Unlimitierte Aufträge werden laut Definition so schnell wie möglich zum bestmöglichen Preis ausgeführt. Daher erhalten sie grundsätzlich die höchste Priorität für das Matching und haben stets Vorrang vor limitierten Aufträgen. Dabei wird der zuerst im EUREX-Handelssystem eingegangene unlimitierte Auftrag auch zuerst ausgeführt (First in – First out, FIFO-Methode; siehe auch 7.2.1).

### 7.2.7.2 Limitierte Aufträge

Limitierte Aufträge sollen zum besten im EUREX-System verfügbaren Preis bis einschließlich zum angegebenen Preislimit ausgeführt werden.

## Beispiel

**Auftrag Kunde 1:**
„Verkaufe 20 Calls DTE, Verfall Dezember, Basispreis 22, zu 0,44, EUREX, opening"

**Auftrag Kunde 2:**
„Verkaufe 20 Calls DTE, Verfall Dezember, Basispreis 22, zu 0,43, EUREX, opening"

Nehmen wir an, folgende Kaufaufträge (Geldkurse) seien **im Auftragsbuch der EUREX** vorhanden:

| Kauf DTE Calls Dezember 22 | Preis | Kontraktanzahl |
|---|---|---|
| | 0,45 € | 25 |
| | 0,43 € | 20 |

Die Kunden würden folgende Ausführung erhalten:

**Kunde 1:** Verkauf 20 Calls zu 0,45
**Kunde 2:** Verkauf 5 Calls zu 0,45 und 15 Calls zu 0,43

Bei mehreren limitierten Aufträgen mit demselben Preislimit wird als weiteres Kriterium für die Matching-Priorität die Eingabezeit des Auftrages ins EUREX-System berücksichtigt. Es ist möglich, dass limitierte Aufträge mit einer Kontraktanzahl größer als eins zu verschiedenen Preisen, beginnend mit dem besten Preis im Auftragsbuch bis hin zum angegebenen Preislimit, ausgeführt werden. Kann ein Auftrag nur teilweise ausgeführt werden, wird die verbleibende Restmenge ins Auftragsbuch der EUREX übertragen. Das EUREX-Handelssystem wird dann die Restmenge mit anderen passenden Aufträgen, die später in das System eingehen, zusammenführen, wobei es zu weiteren Teilausführungen kommen kann.

Dieses System der Ausführungsreihenfolge (zunächst nach Limit, innerhalb gleicher Limits nach Ordereingang) nennt man **„Preis-Zeit-Priorität“**.

### 7.2.7.3 Stop-Aufträge

Stop-Aufträge, deren vorgegebenes Preislimit erreicht ist, werden wie unlimitierte Aufträge verarbeitet. Falls mehrere Stop-Aufträge das gleiche Limit haben, wird ihre Zeitpriorität in Betracht gezogen, das heißt, zuerst eingegebene Stop-Aufträge werden auch zuerst ausgeführt (siehe auch 7.2.3).

### 7.2.7.4 Aufträge für Geldmarktfutures

Bei Geldmarktfutures ist erfahrungsgemäß die Intraday-Schwankungsbreite der Kurse relativ gering. Dadurch werden Aufträge auch nur sehr geringe Unterschiede bezüglich ihres Limits aufweisen. So wäre es möglich, dass zum Beispiel eine sehr große im Ordersystem erfasste Kauforder alle danach erfassten und vom Limit her passenden Verkaufsorders „abräumt“. Später eingegebene Kauforders mit gleichem Limit hätten dadurch nur eine geringe Ausführungschance, wenn auch hier die Preis-Zeit-Priorität gälte.

Daher wird bei diesen Produkten das **„Pro-Rata-Matching“** angewendet. Dies bedeutet in dem oben genannten Beispiel, dass alle mit gleichem Limit im System vorhandenen Kauforders relativ zu ihrer Größe teilausgeführt werden, wenn eine passende limitierte Verkaufsorder in den Markt kommt.

## Vereinfachtes Beispiel

| | | |
|---|---|---|
| Vorhandene Orders: | 10:15 Uhr | Kauf 500 Kontrakte |
| | 10:16 Uhr | Kauf 100 Kontrakte |
| | 10:18 Uhr | Kauf 200 Kontrakte |
| neue Order: | 10:19 Uhr | Verkauf 80 Kontrakte |

Ausführung:
Die vorhandenen Kauforders werden zu je 50, 10, bzw. 20 Stück teilausgeführt.

Nach Preis-Zeit-Priorität wäre nur die 500-er Order mit 80 Stück teilausgeführt worden.

#### 7.2.7.5 Eröffnungs- und Schlussauktion

Zum Beginn und zum Ende eines Handelstages findet an der EUREX **eine Eröffnungs- und eine Schlussauktion** statt. Hier wird aus allen vorhandenen und während dieser Phase erfassten Orders ein Kurs ermittelt, zu dem das höchstmögliche Volumen zur Ausführung kommt. Unlimitierte Orders haben dabei Vorrang vor Limitorders; ebenso haben Kauforders mit höheren Limiten Vorrang vor niedrigeren Limiten, bzw. werden bei Verkaufsorders die niedrigeren Limite den höheren vorgezogen. Bei gleichem Preislimit werden ältere Orders priorisiert.

Nach dem gleichen Prinzip können auch untertägig (intraday) Auktionen durchgeführt werden, zum Beispiel zur Feststellung von Final-Settlement-Preisen am Verfalltag.

### 7.2.8 Mistraderegel der EUREX

Zur Gewährleistung geordneter und fairer Marktverhältnisse wird ein Geschäft von der EUREX aufgehoben (storniert), wenn

- der Preis des zu Stande gekommenen Geschäftes erheblich vom Marktpreis (Referenzpreis, siehe unten) abweicht und
- die zu beanstandende Transaktion der Börse unverzüglich innerhalb von 30 Minuten nach Ausführung angezeigt wird.

Der Referenzpreis wird ermittelt aus den Preisen der Geschäfte, die unmittelbar vor und nach dem Mistrade getätigt wurden. Ist dies nicht möglich, wird von der EUREX ein theoretisch fairer Preis errechnet.

Zur Feststellung eines Mistrades hat die EUREX für die unterschiedlichen Kontrakte umfangreiche Kriterien bezüglich der Differenz zwischen Referenzkurs und gehandeltem Mistradekurs festgelegt. Sollte ein Kurs außerhalb der festgelegten Abweichung zustande gekommen sein und rechtzeitig reklamiert werden, wird das Geschäft von der EUREX storniert. Dem Verursacher wird durch die Börse eine Bearbeitungsgebühr in Rechnung gestellt.

## 7.3 Weitere Orderarten an anderen Terminbörsen

An den Terminbörsen in den USA kommen noch einige weitere Orderarten zum Einsatz, die im Folgenden dargestellt werden.

### 7.3.1 Stoplimitauftrag (Stoplimit Order)

Für die Stoplimitaufträge gelten die gleichen Regeln wie für die Stop-Aufträge, soweit es das Inkrafttreten des Auftrages betrifft. Danach wird allerdings der Auftrag nicht zur Market Order, sondern zu einem Limitauftrag, das heißt, ein Stoplimitauftrag zum Kauf darf nach Auslösung des Stops nur zum Limitpreis oder darunter, ein Stoplimitauftrag zum Verkauf nur zum Limitpreis oder darüber ausgeführt werden.

#### Beispiel

Aktueller Kurs: 100,20

„Kaufe 10 US T-Bond Kontrakte, Verfall März, zu 100,50 Stoplimit, an der IMM, opening"

Kurs erreicht 100,50 => Order wird zum Limitkauf zu 100,50.

Stoplimitaufträge lösen nicht die Kettenreaktion aus, welche gewöhnliche Stop-Aufträge auslösen können, wenn sie gestaffelt beieinander liegen. Allerdings besteht bei einem schnellen Markt, bei dem im Falle des Kaufstoplimits der Preis nach Stopauslösung nicht mehr auf das Limit zurückfällt, die Gefahr, dass der Auftrag nicht ausgeführt wird. Dies gilt analog für Verkaufstoplimits. Wer das Risiko hoher Verluste vermeiden will, sollte Stop-Aufträge gegenüber Stoplimitaufträgen bevorzugen.

### 7.3.2 Market-if-Touched-Auftrag „MIT"

Ein Verkauf MIT wird über dem aktuellen Marktpreis platziert, ein Kauf MIT unter dem aktuellen Marktpreis. Dieser Auftrag hat Ähnlichkeiten mit einem Stop-Auftrag und einem Limitauftrag. Er tritt in Kraft, wenn der angegebene Limitpreis gehandelt wird. Der Auftrag wird dann zur Market Order. Der Sinn dieses Auftrages liegt darin, dass der Auftraggeber eine Ausführung, wenn nicht direkt zum Limitpreis oder darunter (Kauf) bzw. darüber (Verkauf), so doch meist zumindest in der Nähe des Limitpreises erhält.

#### Beispiel

Aktueller Kurs 100,25

„Kaufe 50 US T-Bond-Kontrakte, Verfall März, zu 100,16 MIT, an der IMM, opening"

Kurs fällt auf 100,16 = Order wird zur Market Order

## 7.3.3 Auftrag ohne Obligo (Not Held Order „NH")

Dieser Auftrag gibt dem Broker ein gewisses Ermessen. Als Limitverkaufsauftrag kann er ausgeführt werden, wenn das Limit erreicht oder überschritten wird. Glaubt der Broker, dass die Preise noch weiter steigen werden, muss er nicht sofort bei Erreichen des Limits die Ausführung tätigen, sondern kann nach seinem Ermessen im Vertrauen auf weiteres Ansteigen noch warten. Im Amerikanischen wird dies auch mit „take time" bezeichnet (lasse dir Zeit). Er kann dann aber nicht dafür verantwortlich gemacht werden, wenn ihm die Ausführung misslingt.

## 7.3.4 Auftrag mit Streichung eines früheren Auftrages (Cancel Former Order „CFO")

Hierbei handelt es sich um einen neuen Auftrag in Verbindung mit der gleichzeitigen Streichung einer bereits am Markt liegenden Order. Der zu streichende Auftrag muss dabei genau benannt werden.

## 7.3.5 One Cancels the Other Order „OCO"

Durch den Einsatz dieser Auftragsart hält sich der Auftraggeber eine oder mehrere Alternativen offen. Er gibt zwei unterschiedliche Orders zum gleichen Produkt in den Markt. In dem Moment, wenn die eine Alternative ausgeführt wurde, wird die andere automatisch gestrichen.

So könnte zum Beispiel ein Anleger ein Verkaufslimit oberhalb des aktuellen Kursniveaus als Gewinnmitnahmelimit und zusätzlich einen Stop-Sell-Auftrag unterhalb des aktuellen Kurses zur Verlustbegrenzung platzieren.

## 7.3.6 Spreadauftrag (Spread Order)

Bei Spreadaufträgen muss immer das Wort „Spread" verwendet werden. Der Spreadauftrag besteht aus einer Kauf- und einer Verkaufsorder, die zeitgleich ausgeführt werden sollen. Um Irrtümer zu vermeiden, ist es Handelsbrauch, die Kaufseite des Spreads zuerst anzugeben und an zweiter Stelle die Verkaufsseite.

Ein Spreadauftrag kann wie ein einfacher Auftrag billigst/bestens oder mit Spreadlimits gegeben werden. Das Limit wird üblicherweise als Differenz zwischen beiden Seiten angegeben.

## Beispiel

> „Spread: Kaufe 10 IBM Calls, Verfall März, Basis 115, an der AOE und verkaufe 10 IBM Calls, Verfall März, Basis 120, Limit 1,50 $ debit, opening".
>
> Die gleichzeitige Ausführung beider Orders erfolgt nur dann, wenn die Differenz zwischen den Kursen der beiden Kontrakte höchstens 1,50 $ beträgt.

### 7.3.7 Schlusskursauftrag oder Auftrag billigst/bestens zum Börsenschluss (Market on Close Order „MKT CLS")

Der Broker darf diesen Auftrag nur während der offiziellen Schlussphase des Börsentages, an dem der Auftrag gegeben wurde, ausführen. Die Schlussphase wird an vielen internationalen Börsen durch ein Klingelzeichen eingeläutet. Die Ausführung erfolgt aber nicht notwendigerweise zum letzten Kurs des Börsentages.

### 7.3.8 Eröffnungskursauftrag (Opening Only Order „OPG")

Dieser Auftrag ist das Gegenstück zum Schlusskursauftrag. Eröffnungsaufträge können auch Kurslimite enthalten.

Ebenso wie beim Schlusskursauftrag muss der Ausführungspreis beim Eröffnungsauftrag nicht dem Preis entsprechen, der beim absolut ersten Geschäft dieses Tages gehandelt wurde. Er muss nur im Preisbereich der offiziellen Eröffnungsphase der Börsensitzung (die oft ebenfalls durch ein akustisches Signal beendet wird) liegen und ggf. die zusätzliche Limitanweisung erfüllen. Ist der Broker wegen der Limitanweisung nicht in der Lage, den Auftrag während der Eröffnungsphase auszuführen, erlischt der Auftrag.

### 7.3.9 Limit- oder Schlusskursauftrag (Limit or Market on Close Order)

Im Gegensatz zum Schlusskursauftrag, der nur für die Schlussphase erteilt wird, ist dieser Auftrag bereits während des Tages als Limitauftrag im Markt. Sofern er bis zum Beginn der Schlussphase nicht ausgeführt werden konnte, ändert er sich nun zur Market Order und hat damit eine sehr hohe Chance, noch vor Börsenschluss ausgeführt zu werden.

### 7.3.10 Fill or Kill „FOK"

Kann der FOK-Auftrag nicht im vollen Volumen unverzüglich ausgeführt werden, erlischt er. Eine Teilausführung ist nicht möglich.

## 7.4 Akzeptanz der Auftragsarten an den verschiedenen Börsen

Nicht an jeder Börse sind sämtliche Auftragstypen zugelassen. Aus diesem Grunde sollte sich jeder, der sich am Terminmarkt beteiligt, darüber informieren, welche Börse welche Aufträge akzeptiert und welche nicht.

Allerdings wird insbesondere in den USA die individuelle Vielfalt im Sinne einer zügigen Abwicklung und besserer Überschaubarkeit immer weiter eingeschränkt.

| Orderart | USA | EUREX |
|---|---|---|
| Cancel Former Order | √ | |
| Fill or Kill | √ | |
| Good Till Cancelled | √ | √ |
| Good Till Date | √ | √ |
| Immediate or Cancel | √ | √ |
| Limit Order | √ | √ |
| Market if Touched | √ | |
| Market Order (billigst/bestens) | √ | √ |
| Market on Close | √ | |
| Not Held Order | √ | |
| One Cancels Other | √ | |
| Opening Only Order | √ | |
| Spread Order | √ | √ |
| Stop Limit Order | √ | |
| Stop Order | √ | √* |

** nur bei Futures*

***Tabelle 56:*** *Derzeitige Akzeptanz der Auftragsarten an verschiedenen Börsen*

# 8. Margining

## 8.1 Clearingsystem

Jede Transaktion an Terminbörsen unterliegt einem Erfüllungsrisiko. Dieses beinhaltet die vertragsgerechte Erfüllung der zugrundeliegenden Kontrakte seitens der Vertragspartner. Zur Vermeidung des Ausfallrisikos eines der beiden Kontrahenten wird an sämtlichen Terminbörsen der Welt ein sogenanntes **Clearingsystem** eingeschaltet. Bei einem Clearingsystem überwacht eine Clearingstelle die Abwicklung und Erfüllung der eingegangenen Kontrakte und kontrolliert die Verrechnung der Börsengeschäfte, das heißt, sie wickelt deren finanzielle Seite ab.

Sämtliche zwischen zwei Börsenteilnehmern abgeschlossenen Verträge werden nach Börsenschluss der Clearingstelle übermittelt. Ist eine Partei Clearingmitglied, kann sie den Vertrag selbst bei der Clearingstelle zur Abrechnung einreichen; ist sie es nicht, muss sie sich eines General-Clearingmitglieds als Geschäftsbesorger bedienen.

Wie bereits in Kapitel 1 erläutert, tritt die Clearingstelle zwischen den beiden Börsenkontrahenten (nur Clearingmitglieder) als Vertragspartner bzw. Kontrahent ein. Sie garantiert somit die finanzielle Erfüllung jedes an der Börse gehandelten Kontraktes und übernimmt gegenüber dem Verkäufer die Käuferrolle bzw. gegenüber dem Käufer die Verkäuferrolle.

Außer der Standardisierung der Kontrakte trägt auch diese Konstellation der Vertragsbeziehungen dazu bei, die Börsengeschäfte finanziell austauschbar zu machen. Es besteht also bei Glattstellung oder Ausübung bzw. Belieferung des Kontraktes kein Risiko bezüglich der Bonität (Zahlungs- oder Lieferfähigkeit) des „Kontraktpartners“, denn Vertragspartner ist jeweils die finanziell starke Clearingstelle.

Geht es allerdings um die Lieferung einer Ware, so kann die Clearingstelle in dieser Beziehung nicht in Anspruch genommen werden. Im Falle einer Andienungserklärung eines Future-Verkäufers weist die Clearingstelle dem Verkäufer ein Clearingmitglied zu, das als Future-Käufer verpflichtet ist, die Ware abzunehmen. Sollte sich dann herausstellen, dass der Verkäufer die zu liefernde Ware nicht verfügbar hat, stellt die Clearingstelle nicht etwa die Ware zur Verfügung, vielmehr hält sie den Käufer finanziell schadlos. Im umgekehrten Fall haftet die Clearingstelle auch für den Ausfall des Käufers und stellt den Verkäufer schadlos.

Die Clearingstelle kann einer Börse angeschlossen oder eine eigene selbstständige Gesellschaft sein, die für mehrere Börsen abrechnet.

Der Clearingorganisation gehören Börsenmitglieder („Clearing Member") an, über die sämtliche Transaktionen abgewickelt werden. Die Clearing Member müssen eindeutig spezifizierten Anforderungen bezüglich Bonität und Eigenkapitalausstattung genügen, um die Abwicklung und Abrechnung der entsprechenden Kontrakte (das eigentliche Clearing) durchführen zu dürfen (siehe detaillierte Darstellung unter 1.3.4 „Clearingsystem").

Alle Clearingmitglieder, die Börsentermingeschäfte über die Clearingstelle für eigene oder fremde Rechnung abrechnen, müssen als Sicherheit für offene Positionen Einschüsse hinterlegen und ggf. Nachschüsse leisten. Unter Einschuss (Margin) versteht man die Hinterlegung von schnell liquidierbaren Sicherheiten in Form von Geld oder von der Börse/Clearingstelle vorgegebenen Wertpapieren. Als Nachschuss bezeichnet man die Aufstockung der Margin, zu der die Clearingmitglieder bei eintretender Untersicherung verpflichtet sind. Die Clearingmitglieder und Nicht-Clearingmitglieder sind verpflichtet, von ihren Kunden Marginsicherheit in mindestens der Höhe zu verlangen, wie sie die Clearingstelle von ihren Mitgliedern fordert.

## 8.2 Grundzüge des Margining

Wie im vorangegangenen Abschnitt dargestellt, verlangt die Clearingstelle von den Käufern und Verkäufern von Kontrakten für das Eingehen und Halten einer Position einen bestimmten Betrag als Sicherheitsleistung, die sogenannte „Margin". Diese Pflicht entfällt für Käufer von Optionen auf Kassainstrumente, da diese den Optionspreis bei Erwerb in voller Höhe entrichten und darüber hinaus keine Risiken entstehen. **Die Margin soll jederzeit während des Haltens offener Positionen die Erfüllungsbereitschaft und -fähigkeit der Marktteilnehmer belegen und sicherstellen** („Good faith deposit"). Sie wird täglich ermittelt und in einer Höhe verlangt, die das voraussichtliche Risiko eines Marktteilnehmers abdeckt, das aus seinem gesamten Optionen- und Futuresbestand bis zum nächsten Börsentag entstehen kann.

### 8.2.1 Margin für Clearingmitglieder

Clearingstellen verlangen von ihren Mitgliedern eine Margin entweder auf Brutto-Positionen oder auf Netto-Positionen. Wir sprechen von **Brutto-Margining**, wenn die Einschüsse auf alle verkauften Optionen („*Short-Positionen*") sowie Futures verlangt werden, die ein Clearingmitglied für sich selbst bzw. für seine Kunden eingenommen hat. Werden Einschüsse nur auf den Saldo verlangt, das heißt auf die Differenz zwischen der Zahl der Long- und Short-Positionen eines Kontraktes, sprechen wir von einem **Netto-Margining (Netting).** Dabei dürfen allerdings die Eigenbestände der Bank nicht mit deren Kundenbeständen „genettet" werden.

### 8.2.2 Settlement Price

Am Ende eines jeden Börsentages setzt die Börse für alle Produkte sogenannte Tagesabrechnungspreise (Daily Settlement Prices) fest. Sie werden aus den in der Schlussphase der Börsensitzung gehandelten Kursen ermittelt. Wurden in umsatzschwachen Kontrakten keine Geschäfte abgeschlossen, so wird ein Preis unter Berücksichtigung der tatsächlich gehandelten Preise in den anderen Liefermonaten und dem Kassamarkt festgesetzt, oder ein Preis zwischen dem letzten Geld- und Briefkurs des nicht gehandelten Kontraktes.

Anhand des Settlement Price errechnet die Clearingstelle die zu leistenden Nachschüsse der Mitglieder. **Nachschüsse sind** im Regelfall **bis zur Öffnung der Börse am nächsten Börsentag zu leisten**. Die Clearingstelle kann bei besonderen Risiken allerdings auch Nachschüsse innerhalb einer Stunde während der Börsensitzung verlangen. Überschüsse können vom Mitglied an dem der Berechnung folgenden Tag disponiert werden.

Die Clearingmitglieder selbst errechnen wiederum anhand des Settlement Price die Margin- und bei Nichterfüllung die Nachschussforderungen an ihre Kunden.

### 8.2.3 Marginsicherheiten der Bankkunden

Die Banken/Broker müssen Marginsicherheiten für Kundenengagements getrennt von ihrer eigenen Margindeckung auf einem Sonderkonto halten. Diese von der Bank hinterlegten Gelder dienen als Sicherheit für alle Kundenengagements gegenüber der Börse („Sammelsicherheit“). Sie müssen nicht (wie etwa bei einem Notar oder Rechtsanwalt) für jeden Kunden auf einem eigenen Konto geführt werden. Die Bank sichert sich ihrerseits durch Sperrung entsprechender Kundenvermögen ab.

Im Falle einer Insolvenz der Bank haben die Allgemeingläubiger keinen Zugriff auf das Sonderkonto. Der Konkursverwalter muss diese Gelder aus der Konkursmasse aussondern.

## 8.3 Marginberechnung

Der Kauf oder Verkauf von Futureskontrakten ist ebenso wie der ungedeckte Verkauf von Optionen mit einem im Vorhinein nicht bestimmbaren Verlustrisiko behaftet. Clearinghäuser und Banken sichern sich gegen diese Risiken dadurch ab, dass sie die Marginhöhe täglich neu für das Risiko **eines** Börsentages ermitteln und bei Unterdeckung Nachschüsse fordern.

Das Marginsystem hat die Aufgabe, das potenzielle Verlustrisiko des Clearinghauses bzw. der Bank abzudecken. Da die Begleichung der Marginforderungen von der schnellen Dispositionsfähigkeit der Käufer bzw. Verkäufer abhängig ist, behalten sich die Clearinghäuser bzw. die Banken das Recht vor, Positionen ganz oder teilweise zu liquidieren, wenn der Zahlungsaufforderung nicht termingerecht nachgekommen wird.

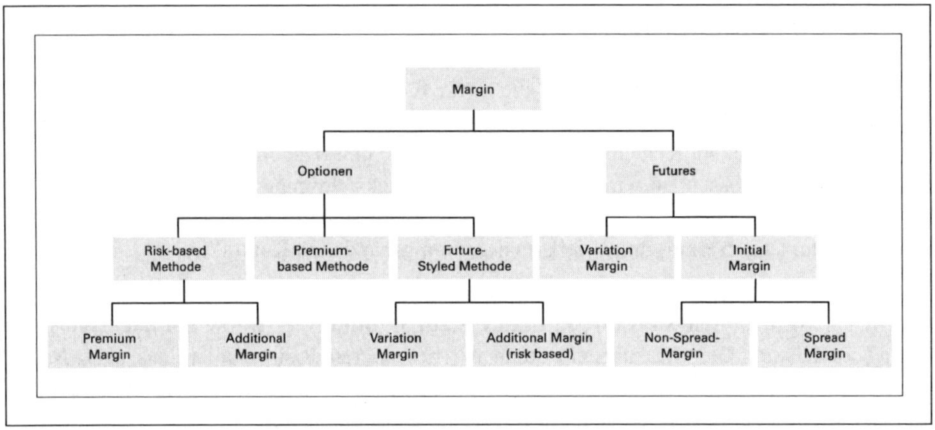


***Abbildung 55:*** *Begriffe zum Thema Margin*

## 8.3.1 Marginberechnung bei Futures

### 8.3.1.1 Initial Margin

Die Initial Margin ist als Sicherheitsleistung vom Käufer und Verkäufer zu erbringen.

Die Höhe der Initial Margin wird im Allgemeinen nach der erwarteten Volatilität des dem Futureskontrakt zugrunde liegenden Instruments bzw. nach dem Risikograd der eingegangenen Position festgelegt. Für einen Kontrakt auf einen volatilen Basiswert wird im Normalfall eine höhere Initial Margin verlangt als für einen Kontrakt mit geringeren Kursausschlägen.

In der Regel beträgt die Initial Margin nur einen kleinen Teil des Kontraktwerts. So geht die EUREX beispielsweise bei DAX-Futures (FDAX) von einer Tagesschwankung von 502 Punkten aus (Stand Januar 2007). Hieraus ergibt sich pro Kontrakt eine Marginforderung (Exchange-Minimum, s.u.) von 12.550 € (502 Punkte x 25 € Kontraktwert). Die jeweilige Höhe der Marginparameter, auf deren Basis die zu hinterlegenden Sicherheiten berechnet werden, wird von der EUREX vorgegeben und monatlich den aktuellen Marktverhältnissen angepasst. Sollten sich die Märkte als zunehmend volatil darstellen, so wird die EUREX die Marginparameter nach einem festgelegten Berechnungsmodell entsprechend erhöhen, da das Risikopotenzial in den Kontrakten gestiegen ist. Hingegen wird sie in Zeiten einer nachgebenden Volatilität ihre Marginparameter senken, um nicht zu viel Kapital von den einzelnen Kontrahenten abzufordern und somit deren Liquidität übermäßig zu beanspruchen.

Bei einem DAX von 6.400 Punkten beträgt die oben genannte Marginpflicht in Höhe von 12.500 € je Kontrakt nur rund 8 Prozent des Kontraktgegenwertes (6.400 x 25 € = 160.000 €). Durch diese relativ geringe Höhe der Initial Margin ist offensichtlich, dass mit dem Kauf oder Verkauf von Financial Futures eine sehr große Hebelwirkung erzielt wird. Dadurch ergeben sich auch bei kleineren Kursschwankungen des Kontrakts hohe Gewinnchancen bzw. hohe Verlustrisiken.

## Beispiel

a) **Kauf eines DAX-konformen Aktienportefeuilles** im Wert von 160.000 € bei einem DAX Stand von 6.400 Punkten

Am nächsten Tag steht das Aktienportefeuille bei 165.000 € was einem DAX Stand von 6.600 Punkten entspricht. Der Käufer des Portefeuilles hat einen Gewinn von 5.000 € erzielt, das entspricht 3,125 Prozent seines Kapitaleinsatzes.

b) **Kauf eines DAX-Futures** zu 6.430 Punkten

Wenn der DAX-Future ebenfalls um 200 Punkte (= 3,11 %) steigt, ergibt dies den gleichen Gewinn in Höhe von 5.000 € (200 Punkte x 25 €). Bezogen auf die hinterlegte Sicherheitsleistung in Höhe von 12.550 € entspricht dies einem Gewinn von rd. 40 Prozent, das 12,7-Fache des Gewinnes im Kassamarkt.

**Jeder Marktteilnehmer muss sich jedoch bewusst sein, dass sich diese Hebelwirkung bei „falscher" Marktentwicklung gleichermaßen gegen ihn auswirkt:**

Bei einem Kursrückgang von 3,125 Prozent (wie oben) ergibt sich nach oben genanntem Beispiel für den Futurekäufer ein Verlust von 5.000 €, dies entspricht 40 Prozent der hinterlegten Margin (12.550 €). Sollte der DAX nach einigen Tagen um 12,5 Prozent auf 5.600 gesunken sein, so ergäbe sich ein Verlust von 20.000 € (von DAX 6.400 bis 5.600 = -800 Punkte x 25 €), also deutlich mehr als die ursprüngliche Sicherheitsleistung betrug.

Die Bank kann die Initial Margin bei der Clearingstelle in Form von Geld oder in von der Börse vorgegebenen Wertpapieren hinterlegen. Sie ist spätestens zu Börsenbeginn des Folgetages zu leisten. Die vom Clearinghaus gegenüber den Banken geforderte Initial Margin wird als **Exchange Minimum** (= 100 %) bezeichnet.

**Dieses Exchange Minimum ist der Mindestbetrag, den die Bank von ihrem Kunden einfordern muss. In der Regel verlangen die Banken von ihren Kunden einen Aufschlag auf diesen Exchange Minimumbetrag.** Da bei privaten Kunden die Bereitstellung eines eventuell erforderlichen Nachschussbetrages **vor** Börsenbeginn des Folgetages buchungstechnisch kaum darstellbar ist, verlangen die Banken oft die Marginhinterlegung für zwei Börsentage (= 100 % Aufschlag).

**Spread-Positionen sind in der Regel mit einem geringeren Risiko behaftet** als reine Long- oder Short-Positionen. Eine Future-Spread-Position existiert dann, wenn eine Long-Position sich vollständig gegen eine Short-Position aufrechnen lässt, die Fälligkeit der beiden Positionen jedoch voneinander abweicht. So wird für den Kauf eines Euro-Bund-Futures eine

Initial Margin von 1.400 € gefordert (Stand Januar 2007). Dagegen wird für eine Spread-Position (zum Beispiel Kauf eines September-Euro-Bund-Futures bei gleichzeitigem Verkauf eines Dezember-Kontraktes) nur eine Spread Margin von 490 € (bzw. 110 €, siehe 8.3.1.4) verlangt.

Non-Spread-Positionen existieren dann, wenn eine Short-Position sich **nicht** gegen eine Long-Position aufrechnen lässt.

### Beispiel (Stand Januar 2007):

Marginintervall beim DAX-Future = 502 Punkte, ergibt 12.550 € pro Kontrakt

Marginintervall beim Euro-Bund-Future = 140 Ticks, ergibt 1.400 € pro Kontrakt

Durch Multiplikation mit dem Kontraktwert erhält man die Initial Margin pro Kontrakt. Sinn der Initial Margin ist es, die bis zum nächsten Handelstag anfallenden möglichen Glattstellungskosten bei einem fiktiven „Worst-Case-Szenario“ (der im schlimmsten von der Börse angenommenen Fall zu erleidende Verlust) bereit zu stellen. Die Initial Margin wird sowohl bei Short-Optionen als auch bei Futures und Optionen auf Futures errechnet und abgefordert.

## 8.3.1.2 Variation Margin

Die Variation Margin ist der Betrag, welcher dem Käufer und Verkäufer von Kontrakten während des Haltens einer Position je nach Kursentwicklung über das Clearinghaus und die Bank abgerechnet wird.

Die Variation Margin ist der Betrag, um den sich eine Position aufgrund der **Kursveränderung des Kontraktes von einem Handelstag zum anderen** bzw. vom Einstandskurs bis zum Settlement Kurs wertmäßig geändert hat. Während dieser Betrag für die eine Seite (zum Beispiel den Käufer) einen Gewinn darstellt, ist sie für die Gegenseite (den Verkäufer) ein entsprechender Verlust, oder umgekehrt.

Die Kursveränderung zum Vortag, und damit einhergehend der Betrag der Variation Margin, werden vom Clearinghaus aufgrund des offiziellen Bewertungskurses (Settlement Price) für jeden einzelnen Fälligkeitstermin jedes einzelnen Kontrakttyps täglich ermittelt. Anschließend rechnet das Clearinghaus diese Summe mit den Clearingmitgliedern gemäß den registrierten Positionen ab. Der Prozess der täglichen Positionsbewertungen erlaubt es, Kursgewinne und -verluste aufgrund des Settlement-Preises sofort festzustellen. Kursgewinne werden vom Clearinghaus sofort den entsprechenden Clearingmitgliedern gutgeschrieben, während Kursverluste belastet werden.

Da sich Kursgewinne und -verluste zwischen Käufer und Verkäufer insgesamt ausgleichen, sind die täglich getätigten Vergütungen und Einforderungen für das Clearinghaus Nullsummentransaktionen. Die einzelnen Clearingmitglieder rechnen die Variation Margin ebenso mit ihren Kunden täglich ab. Die Berechnung der Variation Margin soll in einem Beispiel aufgezeigt werden:

## Beispiel

Ein Anleger kauft 2 DAX-Futures zum Kurs von 6.850 an der EUREX. Nach Börsenschluss wird eine Bewertung der Positionen vorgenommen und die Variation Margin berechnet. Der Settlementkurs des Tages liegt bei 6.750. Aus der Differenz zwischen Einstandskurs und Settlementkurs errechnet sich die Variation Margin (VM) wie folgt:
6.850 – 6.750 = 100 Punkte Verlust

| | | | | |
|---|---|---|---|---|
| VM | = | Anzahl Kontrakte | x Kursdifferenz | x Wert pro Punkt (1Pkt. = 2 Ticks à 12,50) |
| | = | 2 | x -100 | x 25 € |
| VM | = | -5.000 € | | |

Das Konto des Anlegers wird mit einer Variation Margin in Höhe von 5.000 € belastet. Entsprechend erhält der Verkäufer des Kontraktes eine Gutschrift über den gleichen Betrag.

### 8.3.1.3 Erfüllung der Marginpflicht

Die von der Börse vorgegebene und um den Marginaufschlag erhöhte Marginforderung kann durch **Hinterlegung (Sperre) von Geldguthaben und/oder Wertpapieren** erfüllt werden.

Eine Doppelverwendung von Sicherheiten, zum Beispiel für Kredite und Marginforderungen ist nicht erlaubt.

Auch wenn ein Anleger Short-Positionen oder Futures nur als **intraday-trading** ansieht (das heißt am gleichen Tag öffnet und schließt), ist die voraussichtliche Margin vor Positionseröffnung in voller Höhe zu hinterlegen.

Eine **Unterdeckung** kann auf verschiedene Ursachen zurückzuführen sein:

- Belastung des Marginkontos durch Variation Margin
- Erhöhung der Marginforderung durch die Börse (dies gilt auch für Positionen, die vor Marginerhöhung bestanden haben!)
- bei Short-Positionen in Optionen führt eine gegenläufige Kursentwicklung zu höherer Marginforderung (siehe 8.3.2)
- Kursrückgang bei den hinterlegten Sicherheiten

- in Relation zu den hinterlegten Sicherheiten zu hohes Neuengagement in Short-Positionen oder Futures

Sobald die Bank feststellt, dass die vorhandenen **Sicherheiten nicht ausreichen** (= Nachschussforderung), wird sie ihren Kunden ansprechen und die weitere Vorgehensweise konkret mit ihm absprechen. Als Lösung kommen in Frage:

- Verstärkung der Sicherheiten
- Verringerung des marginpflichtigen Engagements

Kommt ein Kunde trotz konkreter Aufforderung der Sicherheitenverstärkung nicht nach, so wird die Bank so viele Positionen des Kunden glattstellen, bis das reduzierte Guthaben als voller Einschuss für die restlichen, noch offenen Positionen ausreicht.

Die **Marginberechnung** und die damit verbundenen Buchungen sollen an einem Beispiel (DAX-Future-Bestand über mehrere Tage) verdeutlicht werden:

## Beispiel

Bei einer Transaktion wird ein Kontrakt des DAX-Futures zu **6.850** abgeschlossen. Käufer und Verkäufer müssen bei Positionseröffnung die Initial Margin von 12.550 € hinterlegen. Die Kunden hinterlegen folgende Beträge (bei Wertpapieren ist der Beleihungswert angegeben):

| Margin des Käufers | Margin des Verkäufers |
|---|---|
| **+ 15.000 €** Guthaben auf Sperrkonto | + 6.000 € Guthaben auf Sperrkonto<br>+ 7.500 € in gesperrten Aktien<br>**= 13.500 €** Gesamt |

Der Abrechnungspreis (Settlement Price) am Ende des ersten Tages steigt auf **6.900**. Aus dieser Kursveränderung um 50 Punkte ergibt sich eine Variation Margin von 1.250 € (50 Punkte X 25 €), die dem Käufer gutgeschrieben und dem Verkäufer belastet werden. Gleichzeitig sind die hinterlegten Aktien um 100 € gestiegen.

Die Situation stellt sich somit am nächsten Morgen wie folgt dar:

| Margin des Käufers | Margin des Verkäufers |
|---|---|
| + 1.250 € Gutschrift auf Sperrkonto | - 1.250 € Belastung auf Sperrkonto<br>+ 100 € Kursanstieg der Aktien |
| = **16.250 €** Guthaben auf Sperrkonto | + 4.750 € Guthaben auf Sperrkonto<br>+ 7.600 € in gesperrten Aktien<br>= **12.350 €** Gesamt |

Da für die Initial Margin 12.550 € benötigt werden, hat der Verkäufer eine Unterdeckung von 200 € (12.550 € – 12.350 €). Er erfüllt diese gleichtägig, indem er seine Bank zusätzliche Aktien im Beleihungswert von 400 € sperren läst.

Rutscht der DAX-Future an diesem Tag nun auf 6.700, ergibt sich aufgrund des Kursrückganges um 200 Punkte eine Variation Margin von 5.000 € (200 x 25 €), die diesmal dem Verkäufer gutgeschrieben und dem Käufer belastet wird. Der Beleihungswert der hinterlegten Wertpapiere ermäßigt sich um 1.000 €.

| **Margin des Käufers** | **Margin des Verkäufers** |
|---|---|
| - 5.000 € Belastung auf Sperrkonto | + 5.000 € Gutschrift auf Sperrkonto<br>+ 400 € zusätzlich gesperrte Aktien<br>- 1.000 € Kursrückgang der Aktien |
| = **11.250 €** Guthaben auf Sperrkonto | + 9.750 € Guthaben auf Sperrkonto<br>+ 7.000 € in gesperrten Aktien<br>= **16.750 €** Gesamt |

Nun reichen durch die Variation-Margin-Belastung die Sicherheiten beim Käufer nicht mehr aus, es ist eine Unterdeckung von 1.300 € (12.550 € – 11.250 €) entstanden, die er entsprechend ausgleichen muss. Der Verkäufer hat durch die Variation-Margin-Gutschrift ausreichend Guthaben auf seinem Sperrkonto, sodass der Kursrückgang seiner Aktien dadurch mehr als wettgemacht wird.

### 8.3.1.4 Margin bei Spread-Positionen

Bei einem Spread mit Futures gleicht sich das Risiko einer Long-Position mit dem Risiko einer entsprechenden Short-Position teilweise aus. Deshalb werden diese Spread-Positionen gesondert berücksichtigt und unterliegen einem verminderten Marginsatz, der sogenannten Future Spread Margin.

Für alle Spread-Paarungen, in denen der nächste Fälligkeitsmonat (= Spot-Month) enthalten ist, wird ab dem ersten Börsentag dieses Fälligkeitsmonates eine erhöhte Spread Margin erhoben. Dies soll der in der Regel höheren Volatilität des fällig werdenden Kontraktes Rechnung tragen.

Die täglich erforderliche Marginleistung wird anhand der im Folgenden dargestellten Schritte ermittelt.

## Beispiel

Das Kundenkonto weist im Januar folgende Euro-Bund-Future-Positionen aus:

| Fälligkeit | Long | Short | Netto |
|---|---|---|---|
| März | 15 | 5 | 10 Long |
| Juni | 20 | 0 | 20 Long |
| September | 5 | 45 | 40 Short |

1. Schritt:
Netting, Aufrechnung der Netto-Short- mit den Netto-Long-Positionen

2. Schritt:
Verrechnung der verbliebenen Netto-Long-Positionen eines Kontraktes gegen die verbliebenen Netto-Short-Positionen eines anderen Kontrakts.
In diesem Beispiel bestehen folgende Spread-Positionen:

| | | | | |
|---|---|---|---|---|
| März | (+10 K.) | / | September | (-10 K.) |
| Juni | (+20 K.) | / | September | (-20 K.) |

Die Monate März und Juni können nicht gegeneinander verrechnet werden, da für beide Fälligkeiten eine Netto-Long-Position besteht. Den nächstfälligen Termin (im Beispiel der März) bezeichnet man als „**Spot Month**", die darauf folgenden Kontraktmonate (im Beispiel Juni und September) als „**Back Month**".

3. Schritt:
Zur Berechnung der Margin bei Spread-Positionen werden die Positionen der jeweiligen Spread-Kombination mit der entsprechenden Spread-Margin-Rate multipliziert. Positionen, die nicht zu einer Spread-Position zusammengefasst werden können, werden wie normale Futurespositionen behandelt.

| Beispiel (Fortsetzung): | | | | exch.minimum |
|---|---|---|---|---|
| März/September: | 10 K. | x | 110 € | = 1.100 € |
| *(ab 1.3. (= Spot Month):* | *10 K.* | *x* | *490 €* | *= 5.200 €)* |
| Juni/September: | 20 K. | x | 110 € | = 2.200 € |
| September: | 10 K. | x | 1.400 € | = 14.000 € |
| | | | | ------------- |
| Marginsumme vor dem 1.3.: | | | | 17.300 € |
| *Marginsumme nach dem 1.3.:* | | | | *21.400 €* |

**Erläuterung:**

110 € = Future-Spread-Margin pro Kontraktpaar ohne Spot-Month
490 € = Future-Spread-Margin pro Kontraktpaar mit Spot-Month
1. 400 € = „normale" Future-Margin pro Kontrakt (Non-Spread-Margin)
Die Marginsätze werden von der EUREX festgelegt.

## 8.3.2 Marginberechnung bei Optionen

Man unterscheidet bei Optionen zwischen Kontrakten auf Kassaprodukte und Kontrakten auf Futures. Die Futureoptionen werden bezüglich ihrer Marginberechnung ähnlich wie Futures behandelt (future-styled Methode; siehe 8.3.2.3).

Bei Kassaoptionen können je nach Börsenusance verschiedene Marginberechnungsmethoden zur Anwendung kommen:

- die Premium-Based-Methode
- die Risk-Based-Methode

Marginpflicht bei Optionen besteht dann, wenn es sich um verkaufte, nicht kongruent gedeckte Optionen handelt. Werden zum Beispiel Calls verkauft, so geht der Verkäufer damit eine Verpflichtung zur Lieferung des Basiswertes ein. Sind die betreffenden Aktien in der erforderlichen Stückzahl im Depot des Verkäufers vorhanden und gesperrt, so werden diese als Sicherheit angesehen. Man bezeichnet die Option dann als gedeckt („Covered-Call-Writing"). Die Position ist entsprechend als „covered" gekennzeichnet. Sollten sich aber keine entsprechenden Aktien für die Lieferverpflichtung im Depot befinden, so müssten die Aktien bei einer eventuellen Ausübung sofort gekauft werden, um sie anschließend liefern zu können. Man spricht daher von einer **ungedeckten Option**.

Für alle Methoden gilt: Der aus dem Optionsverkauf vereinnahmte und dem Sonderkonto gutgeschriebene Betrag kann in voller Höhe zur Margindeckung verwendet werden.

Marginforderungen werden grundsätzlich nicht gebucht (dem Anleger belastet), sondern es erfolgt seitens der Bank ein Abgleich zwischen der geforderten Margin und den vom Kunden gestellten (separierten oder gesperrten) Sicherheiten. Bei nicht ausreichender Deckung müssen sofort weitere Sicherheiten bereitgestellt, oder Positionen in erforderlichem Umfang geschlossen werden.

Die Börsen ermitteln für ihre Mitglieder die tägliche Marginverpflichtung für offene Positionen der Teilnehmer nach unterschiedlichen Methoden.

### 8.3.2.1 Premium-Based-Methode

Bei der Premium-Based-Methode muss der Käufer die Optionsprämie beim Kauf voll bezahlen, der Verkäufer erhält die Optionsprämie sofort. Der Käufer hat neben der Prämie kein weiteres Risiko. Daher ist auch keine über den Kaufpreis hinaus gehende Sicherheit erforderlich. Der Verkäufer des Calls und der Verkäufer des Puts haben eine Sicherheitsleistung – die Margin – zu stellen. **Die Margin wird aus dem Settlement-Kurs der Option und dem Wert des der Option zugrunde liegenden Instruments, beispielsweise dem Aktienkurs, ermittelt**.

An den **US-Optionsbörsen** gilt folgende Berechnungsmethode:

- 20 Prozent des Aktienkurses (bei Indexoptionen meist 15 Prozent vom Indexstand)
- + aktueller Optionspreis
- – Betrag aus dem Geld (Differenz zwischen Basispreis u. Aktienkurs/Indexstand)

Als Minimum werden 10 Prozent des Aktienkurses/Indexstandes (bei Calls) bzw. 10 Prozent des Basispreises (bei Puts) zuzüglich aktuellem Optionskurs angesetzt.

Das Ergebnis wird mit der Kontraktgröße (Kontraktgegenwert) und der Kontraktanzahl multipliziert, um den Bankaufschlag erhöht und ggf. in Euro umgerechnet.

## Beispiel

Ein Kunde verkauft an der CBOT (Chicago Board of Trade) 5 Calls Juli 50 auf Microsoft. Der Bewertungskurs der Option liegt bei 2,00 $, der Schlusskurs der Aktie bei 46 $, der Währungskurs bei 1,10 €/$

1. Verkaufsabrechnung:

Der Verkäufer bekommt beim Eingehen der Position eine Gutschrift in Höhe von 909,09 € (5 Kontrakte x 2 $ Kurs x 100 Aktien : 1,10 Devisenkurs).

2. Marginberechnung:

Der Anleger muss als Sicherheit stellen:

| | | |
|---|---|---|
| 20 % des Aktienkurses: | + 9,20 $ | |
| Bewertungskurs der Option: | + 2,00 $ | |
| Betrag aus dem Geld (50 – 46) | - 4,00 $ | |
| | = 7,20 $ | |
| Kontraktwert | x 100 | |
| Kontraktanzahl | x 5 | |
| Devisenkurs | : 1,10 | |
| Marginbetrag | = 3.272,73 € | (Exchange Minimum) |

Für Optionen im Geld erfolgt kein „Aus-dem-Geld-Abschlag“, aber auch kein „Im-Geld-Zuschlag“, da der Innere Wert, den dieser Zuschlag repräsentieren würde, bereits im Optionspreis enthalten ist.

### 8.3.2.2 Risk-Based-Methode der EUREX

Die EUREX errechnet die Marginverpflichtungen nach der Risk-Based-Methode. Die Besonderheit dieser Methode liegt darin, dass das Risiko eines Gesamtportfolios Berücksichtigung findet. Das heißt, bei gegenläufigen Positionen innerhalb des gleichen Depots muss eine insgesamt geringere Sicherheitsleistung erbracht werden.

Auch bei der Risk-Based-Methode sind nur Margins für ungedeckte Short-Positionen zu stellen. Befinden sich im gleichen Depot des Kunden auch Long-Positionen, so entsteht hieraus ein „Einschusserlös“, der mit den Einschussforderungen für Short-Positionen verrechnet wird, diese also reduziert. Ein bei Vorhandensein hoher Long-Positionen ggf. rechnerisch entstehender saldierter Erlösüberschuss bleibt jedoch unberücksichtigt. Er führt lediglich dazu, dass keine Marginforderung ausgewiesen wird.

Bei dieser von der EUREX angewandten Methode setzt sich die Gesamtmargin aus einer Premium Margin und einer Additional Margin zusammen.

#### 8.3.2.2.1 Premium Margin

Bei der Berechnung der Premium Margin wird überprüft, wie der Kunde geldmäßig gestellt wäre, wenn er seine Positionen zum Settlement-Kurs glattgestellt hätte.

## Beispiel

Ein Kunde hat folgende Optionspositionen im Bestand:

Long 10 Siemens Calls, Basis 70, Verfall Januar, Settlement Price 5,00 €
Short 20 Siemens Calls, Basis 75, Verfall Januar, Settlement Price 4,00 €
Long 20 DAX Puts, Basis 6.900, Verfall Januar, Settlement Price 80,00 €
Short 40 DAX Puts, Basis 6.700, Verfall Januar, Settlement Price 30,00 €

Die Premium Margin wird **separat für jede Optionsklasse**, das heißt für alle Optionen desselben Typs mit gleichem Basiswert, errechnet, indem

- für jede Position die Kontraktanzahl mit der Kontraktgröße (meist 100) und dem Settlement-Price multipliziert wird und
- für jede Optionsklasse die Glattstellungserlöse (bei Long-Positionen) gegen die Glattstellungskosten (bei Short-Positionen) aufgerechnet werden. Der daraus resultierende Endbetrag ergibt die Premium Margin.

## Beispiel

| Position | Kontraktanzahl | | Glattstellungskosten/-erlöse |
|---|---|---|---|
| Siemens Calls 70 Jan long | +10 | +10 x 100 x 5,00 | + 5.000 € |
| Siemens Calls 75 Jan short | - 20 | - 20 x 100 x 4,00 | - 8.000 € |
| Bei Siemens entstehen Glattstellungskosten: | | | - 3.000 € |
| ODAX Puts 6.900 Jan long | +20 | +20 x 5,0 € x 80 | + 8.000 € |
| ODAX Puts 6.700 Jan short | - 40 | - 40 x 5,0 € x 30 | - 6.000 € |
| Beim ODAX entstehen Glattstellungserlöse: | | | + 2.000 € |

Die Premium Margin für das Gesamt-Depot ergibt sich aus dem Saldo der einzelnen Glattstellungsbeträge: - 3.000 € + 2.000 € **= - 1.000 €.**

Der Anleger müsste also 1.000 € aufwenden, um alle Positionen zu schließen.

### 8.3.2.2.2 Additional Margin

Die Additional Margin stellt den Betrag dar, der bei einer am nächsten Tag angenommenen ungünstigen Preisentwicklung **zusätzlich** zur Premium Margin für die Glattstellung aller Positionen zu leisten wäre.

Dabei legt die EUREX, ausgehend von der Volatilität der einzelnen Underlyings, eine Tagesbewegung als Worst-Case-Szenario fest, den sogenannten **Marginparameter.** Diese Marginparameter werden meist in Kurspunkten (der Aktie oder des Index) ausgedrückt (bei Aktienoptionen ggf. auch in Prozent des Aktienkurses) und in der Regel monatlich durch die Börse den aktuellen Marktverhältnissen angepasst.

Ausgehend vom täglichen Schlusskurs des jeweiligen Basiswertes erfolgt hierauf in Höhe des Marginparameters ein rechnerischer Aufschlag (Upside) sowie ein Abschlag (Downside).

Auf Basis der so als jeweiligem „Worst Case“ für den Folgetag ermittelten beiden Aktien-(Index-)kurse werden mit Hilfe von Optionspreismodellen die entsprechenden **theoretischen Optionspreise** ermittelt (Upside- und Downside-Optionspreis).

Aus den so errechneten Optionspreisen lassen sich, getrennt nach Marginklassen (Wertpapiergattungen) und separat für Upside und Downside saldierte Glattstellungskosten und/oder -erlöse errechnen. Die für jede Marginklasse separat festgestellte negativere Seite (Upside oder Downside) geht in die weitere Marginberechnung ein.

- **Berechnung der Additional Margin für Siemens:**

| | |
|---|---|
| Siemens-Kurs | 73,50 € |
| von der EUREX vorgegebener Marginparameter | 7,50 € |

Daraus ergibt sich ein

| | | |
|---|---|---|
| – theoretischer **Upside-Kurs** der Aktie | (73,50 + 7,50) | 81,00 € |
| – theoretischer **Downside-Kurs** der Aktie | (73,50 – 7,50) | 66,00 € |

| Position | **Upside Price**<br><br>Theoretischer Optionspreis, wenn SIE = 81 € | **Downside-Price**<br><br>Theoretischer Optionspreis, wenn SIE = 66 € | **Glattstellungs-betrag**<br><br>**Upside** | **Glattstellungs-betrag**<br><br>**Downside** |
|---|---|---|---|---|
| + 10<br>SIE Calls 70<br>Jan | 16,53 € | 2,21 € | +10 x 100<br>x 16,53 €<br>= + 16.530 € | +10 x 100<br>x 2,21 €<br>= + 2.210 € |
| - 20<br>SIE Calls 75<br>Jan | 12,38 € | 1,07 € | -20 x 100<br>x 12,38 €<br>= – 24.760 € | -20 x 100<br>x 1,07 €<br>= – 2.140 € |
| **Glattstellungs-saldo** | | | **- 8.230 €**<br>**(= negativere Seite)** | + 70 € |
| Premium Margin | | | **- 3.000,- €**<br>(gem. Bsp. in 8.3.2.2.1) | |
| **Additional Margin:**<br>**Differenz zwischen Glattstellungssaldo und Premium Margin**<br>**-8.230 – (-3.000) = -5.230** | | | **- 5.230,-- €** | |

***Tabelle 57:*** *Beispiel für Marginberechnung bei Aktienoptionen*

**Erläuterung:**

Der in der Zeile „**Glattstellungs-Saldo**" ermittelte Betrag (8.230 € in der negativeren Upside-Spalte) stellt die Summe dar, die der Anleger am Folgetag zur Glattstellung seiner beiden Siemens-Positionen aufwenden müsste, wenn die Aktie um die angenommenen 7,50 € steigen würde.
Die **Additional Margin** (5.230 €) stellt demnach den für eine Schließung (Closing) erforderlichen **Mehr**aufwand gegenüber der zum letzten Settlement-Kurs bewerteten Positionen (Premium Margin) dar. Sie ergibt sich also aus der Differenz zwischen den Glattstellungskosten zum Settlement-Preis (-3.000 €) und dem für den Folgetag „prognostizierten" Glattstellungsaufwand (-8.230 €). Die Additional Margin lässt sich nicht direkt ermitteln; sondern errechnet sich nur aus der beschriebenen Differenz.

- **Berechnung der Additional Margin für ODAX:**

| | | |
|---|---|---|
| DAX | | 6.870 Punkte |
| von der EUREX festgesetzter Marginparameter | | 502 Punkte |

Daraus ergibt sich ein

| | | |
|---|---|---|
| – theoretischer **Upside-Kurs** des Index | (6.870 + 502) | 7.372 Punkte |
| – theoretischer **Downside-Kurs** des Index | (6.870 – 502) | 6.368 Punkte |

| Position | **Upside-Price**<br><br>Theoretischer Optionspreis, wenn ODAX = 7.372 | **Downside-Price**<br><br>Theoretischer Optionspreis, wenn ODAX = 6.368 | **Glattstellungsbetrag**<br><br>**Upside** | **Glattstellungsbetrag**<br><br>**Downside** |
|---|---|---|---|---|
| + 20 ODAX Puts 6.900 Jan | 19 Punkte | 565 Punkte | +20 x 5,00 x 19 = + 1.900 € | +20 x 5,00 x 565 = + 56.500 € |
| - 40 ODAX Puts 6.700 Jan | 7 Punkte | 380 Punkte | -40 x 5,00 x 7 = – 1.400 € | -40 x 5,00 x 380 = – 76.000 € |
| **Glattstellungs-saldo** | | | + 500 € | **- 19.500 € (= negativere Seite)** |
| Premium Margin | | | | **+ 2.000,- €** (gem. Bsp. in 8.3.2.2.1) |
| **Additional Margin: Differenz zwischen Glattstellungs-Saldo und Premium-Margin -19.500 – (+2.000) = -21.500** | | | | **- 21.500 €** |

***Tabelle 58:*** *Beispiel für Marginberechnung bei Indexoptionen*

**Erläuterung:**

Der in der Zeile „**Glattstellungssaldo**“ ermittelte Betrag (19.500 € in der negativeren Downside-Spalte) stellt die Summe dar, die der Anleger am Folgetag zur Glattstellung seiner beiden ODAX-Positionen aufwenden müsste, wenn der Index um die angenommenen 502 Punkte fallen würde.

Die **Additional Margin** (21.500 €) stellt demnach den für eine Schließung (Closing) erforderlichen **Mehr**aufwand gegenüber der zum letzten Settlement-Kurs bewerteten ODAX-Positionen (Premium Margin) dar. Sie ergibt sich also aus der Differenz zwischen dem Glattstellungserlös zum Settlement-Preis (+ 2.000 €) und dem für den Folgetag „prognostizierten“ Glattstellungsaufwand (- 19.500 €). Die Berechnung der Additional Margin wird zwar von der EUREX immer durchgeführt, wird aber letztlich zur Berechnung der Gesamtmargin (siehe Punkt 8.3.2.2.3) nur dann benötigt, wenn innerhalb eines Kundendepots sowohl Futures als auch Optionen auf denselben Basiswert vorhanden sind.

Bei der Berechnung der Additional Margin ermittelt die Börse neben der Upside- und Downside-Bewertung noch weitere theoretische Optionspreise für alle dazwischen liegenden Basispreise (Strike Margin). Da die auf dieser Basis ermittelten theoretischen Optionspreise in der Praxis sehr selten zum Tragen kommen und nur zu geringen Abweichungen zu der oben dargestellten Berechnung führen, wollen wir an dieser Stelle auf eine eingehende Darstellung verzichten.

■ **Die Gesamt-Additional-Margin …**

…ergibt sich aus der Summe der für Siemens und ODAX errechneten Einzelbeträge: -5.230 € (SIE) und -21.500 € (ODAX) und beträgt **26.730 €.**

#### 8.3.2.2.3 Berechnung der Gesamtmargin:

Werden von allen Positionen die Premium Margins (1.000 €) und die Additional Margins (26.730 €) zusammengefasst, so erhält man eine Gesamtmargin in Höhe von **27.730 €.**

Vereinfacht dargestellt, ergibt sich die Gesamtmargin durch Saldierung aller theoretischen Glattstellungsbeträge im jeweiligen Worst-Case-Fall: 8.230 € für Siemens Upside und 19.500 € für ODAX Downside = **27.730 €.**

Aus Privatkundensicht ist dieser Betrag (Exchange Minimum) um den Bankaufschlag zu erhöhen. Einen konkreten und genauen Betrag des zu erwartenden Marginbetrages kann die Bank ihrem Kunden im Voraus bei Positionseröffnung nicht nennen, da – wie oben dargestellt – die Berechnung unter anderem auf den Tagesschlusskursen basiert, die zu diesem Zeitpunkt noch nicht bekannt sind.

### 8.3.2.3 Future-Style-Methode

Bei Optionen auf Futures wird beim Positionsaufbau keine Prämie bezahlt. Wie bei den Futures erfolgt ein täglicher Gewinn- und Verlustausgleich (Variation Margin) durch effektive Buchung auf dem Sonderkonto. Dieser errechnet sich am Tag der Positionseröffnung aus der Differenz zwischen dem Einstandspreis und dem Settlement-Preis. An den folgenden Tagen ergibt er sich aus der Differenz zwischen dem letzten Settlement-Preis und dem Settlement-Preis des jeweiligen Vortages. Am Ausübungs-, oder Verfalltag wird der Restwert der Option dem Käufer belastet und dem Verkäufer gutgeschrieben (Final Settlement).

## Beispiel

1. Tag

| | |
|---|---|
| Kauf von | 5 März Euro-Bund-Future Calls |
| Basispreis: | 100,00 |
| Optionspreis: | 1,00 (=100 Ticks) |
| Settlement-Preis (Tagesschlusskurs): | 1,10 |
| Differenz zwischen Opening-Kurs und Tages-Settlement | + 0,10 |
| Variation Margin: 5 Kontrakte x 10 Ticks x 10 € Tickwert | = + 500,00 € |

Der Käufer erhält eine Gutschrift in Höhe von 500 €.
Der Verkäufer der Option wird mit demselben Betrag belastet.

2. Tag

Settlement-Preis: 1,25
Differenz zum Vortags-Settlement + 0,15
Variation Margin: 5 Kontrakte x 15 Ticks x 10 € Tickwert = + 750,00 €
Der Käufer profitiert auch an diesem Tag von der Aufwärtsbewegung und erhält eine Gutschrift in Höhe von 750 €, die dem Verkäufer wiederum in gleicher Höhe belastet wird.

3. Tag

Der Käufer entschließt sich zur Ausübung der Option:

Settlement-Preis: 1,50
Differenz zum Vortags-Settlement + 0,25
Variation Margin: 5 Kontrakte x 25 Ticks x 10 € Tickwert = +1.250,00 €
Dieser Betrag wird dem Käufer wieder gutgeschrieben und dem Verkäufer belastet.

Im Anschluss daran wird der **Restwert der Option** ermittelt:

5 Kontrakte x 150 Ticks x 10 € Tickwert = -7.500 €

Der Gegenwert in Höhe von 7.500 € wird dem Käufer der Option belastet und dem Verkäufer gutgeschrieben. Gleichzeitig wird die entsprechende Futureposition (5 Kontrakte) dem Depot des Optionskäufers gutgeschrieben und dem Verkäufer als Short-Position eingebucht.

Diese Methode bringt dem Käufer von Optionen Liquiditätsvorteile:

Wäre der Kaufpreis (wie bei der Kassaoption) sofort beim Kauf zahlbar gewesen, so wären dem Kunden 5.000 € (5 Kontrakte x 100 Ticks x 10 €) belastet worden. Tatsächlich aber hat er die während der Optionslaufzeit angefallenen Gewinne von 2.500 € (500 € + 750 € + 1.250 €) sofort gutgeschrieben bekommen. Saldiert man diese Gutschriften mit der Belastung am Ausübungstag (-7.500 €), so ergibt sich exakt der Betrag, der ursprünglich für die Optionen zu zahlen gewesen wäre (5 Kontrakte x 100 Ticks x 10 € Tickwert = 5.000 €).

Für den Optionsverkäufer ist diese Methode (ggü. dem Verkauf von Kassaoptionen) ein Nachteil, da er den Verkaufserlös nicht sofort gutgeschrieben bekommt.

Zusätzlich zur täglich gebuchten Variation Margin wird eine **Additional Margin** für die Optionen auf Futures **nach der Risk-Based-Methode** berechnet. Diese muss als Sicherheit hinterlegt werden.

## Beispiel

1. Tag

| | |
|---|---|
| Basispreis: | 100,00 |
| Optionspreis (Settlement): | 1,10 |
| Kurs des Underlyings (Euro-Bund-Future FGBL): | 100,50 |
| Von der EUREX vorgegebener Marginparameter: | 140 Ticks |
| daraus ergibt sich ein | |
| - theoretischer Upside-Kurs (100,50 + 1,40) | 101,90 |
| - theoretischer Downside-Kurs (100,50 – 1,40) | 99,10 |

| **Position** | **Upside Price**<br><br>**Theoretischer Optionspreis, wenn FGBL = 101,90** | **Downside-Price**<br><br>**Theoretischer Optionspreis, wenn FGBL = 99,10** | **Differenz zum Vortags-Settlement (1,10)**<br><br>**Upside** | **Differenz zum Vortags-Settlement (1,10)**<br><br>**Downside** |
|---|---|---|---|---|
| + 5 Euro-Bund-Fut. Calls 100 März | 2,51 € | 0,45 € | -1,10 € + 2,51 €<br>= + 1,41 €<br>= 141 Ticks<br>x 5 x 10 €<br>= + 7.050 € | -1,10 € + 0,45 €<br>= - 0,65 €<br>= - 65 Ticks<br>x 5 x 10 €<br>= **- 3.250 €**<br>**(=negativere Seite)** |

***Tabelle 59:*** *Beispiel für Marginberechnung bei Future-Styled-Options*

**Erläuterung:**

Der Betrag, der sich theoretisch bei einem Kursrückgang um 140 Ticks als nächste Variation-Margin-Belastung ergeben würde (3.250 €), erhöht um den Bankaufschlag, stellt die **Additional Margin** dar, die vom Anleger zu hinterlegen ist.
Am nächsten Tag erfolgt die Buchung der Variation Margin (Kurs-Differenz zum Vortag) sowie die Ermittlung der neuen Additional Margin mit aktuellen Daten.
Hat ein Marktteilnehmer neben **Optionen** auf den Euro-Bund-Future noch Euro-Bund-**Futures** im Bestand, so werden die daraus resultierenden Chancen und Risiken mit denen der Optionen in der Additional Margin kompensiert.

# 9. Fundamentale und Technische Analyse

Die Wertpapieranalyse erfasst und bewertet aktuelle und historische Daten über das Anlageobjekt, sowie über gesamtwirtschaftliche Einflussfaktoren und Entwicklungstendenzen des Kapitalmarktes.

Zur Bewältigung dieser Aufgabe stehen der Wertpapieranalyse zwei Methoden zur Verfügung: die Fundamentalanalyse, auch „**qualitative Analyse**" genannt, und die Technische Analyse oder „**quantitative Analyse**" (Chartanalyse). Beide Analysemethoden sollen Anlageentscheidungen auf rationale Grundlagen stellen und Improvisation bzw. Intuition der Anleger ersetzen.

Während die Fundamentalanalyse Anlageobjekte nach Kriterien, wie laufender Ertrag und Wachstumsaussichten klassifiziert und bewertet, versucht die **Chartanalyse** Timinghinweise zu geben sowie Gesetzmäßigkeiten in der Kursbewegung zu erkennen, um diese zu interpretieren. Hierzu verwendet die Technische Analyse grafische Darstellungen von Kurs- und Umsatzverläufen und verfolgt die Kursentwicklung einzelner Anlageobjekte, ganzer Branchen bzw. bestimmter Börsenindizes mit dem Ziel, Trendverläufe möglichst frühzeitig zu identifizieren und aus typischen Formationen von Kurs- bzw. Umsatzentwicklungen Kauf- oder Verkaufssignale herzuleiten.

## 9.1 Fundamentalanalyse (qualitative Analyse)

### 9.1.1 Aufgabe der Fundamentalanalyse

Die Fundamentalanalyse dient der Auswahl von Anlageobjekten und der Überprüfung von Anlageentscheidungen. Dies geschieht mittels einer systematischen, nach festgelegten Kriterien durchgeführten Untersuchung eines Marktes, einer Branche oder eines Anlageobjektes. Die Fundamentalanalyse ist die Basis für konzeptionelles Vorgehen und sollte generell in die Anlageentscheidung einbezogen werden.

Die Fundamentalanalyse wurde entwickelt, um Aktienkurse zu prognostizieren bzw. die Rahmenbedingungen des untersuchten Anlageobjektes zu erfassen, um daraus Schlussfolgerungen für die künftige Entwicklung abzuleiten. Sie soll helfen, die Bonität eines Kapitalnachfragers zu bestimmen, wobei der Betrachtungszeitraum mittel- bis längerfristig angelegt ist (drei Monate und länger). Dies erfolgt auch im Zusammenhang mit von außen einwirkenden Bestimmungsgrößen (zum Beispiel politische Entscheidungen, Ölpreis, Notenbankpolitik, Konjunktur- und Währungsentwicklungen).

**Ziel der fundamentalen** Analyse ist es, gegenwärtige Über- bzw. Unterbewertungen des Anlageobjekts zu erkennen sowie Hinweise auf künftige Kursentwicklungen zu erhalten. Gegenstand der Analyse sind sowohl einzelwirtschaftliche, auf das Anlageobjekt bezogene Faktoren, als auch Einflussfaktoren aus dem volkswirtschaftlichen sowie politischen Umfeld.

Amerikanische Experten schätzen, dass eine hohe Korrelation zwischen den Außeneinflüssen, die durch die Gesellschaften nicht beeinflussbar sind und den Unternehmensergebnissen besteht. Etwa vier Fünftel aller Änderungen von Unternehmensergebnissen lassen sich darauf zurückführen. Obgleich jedes Unternehmen auf eine unterschiedliche Art und Weise auf „Umwelteinflüsse" reagiert, kann es sich in der Regel dem allgemeinen langfristigen Markttrend kaum entziehen.

Durch das Studium von Geschäftsberichten und durch die Ermittlung von Bilanzkennzahlen versuchen Fundamentalanalysten den wahren inneren Wert des Anlageobjektes, den sogenannten „Intrinsic Value" zu eruieren. Man geht dabei davon aus, dass sich der Börsenkurs tendenziell auf den wahren inneren Wert des Anlageobjektes einpendelt. Abweichungen hiervon resultieren aus unterschiedlichen Einschätzungen und Interpretationen der vorhandenen Daten.

Zu den Aufgaben der Fundamentalanalysten gehört die Beobachtung sämtlicher Daten, die Einfluss auf diesen inneren Wert haben. Auf den folgenden Seiten werden einige solcher Einflussfaktoren eingehend beschrieben.

## 9.1.2 Einflussfaktoren

### 9.1.2.1 Volkswirtschaftliche Faktoren

Von erheblicher Bedeutung im Rahmen einer Gesamtmarktanalyse sind **volkswirtschaftliche Einflussfaktoren**. Ihre Analyse ermöglicht es, Aussagen über die erwartete künftige wirtschaftliche Entwicklung zu machen. Hierzu bedient sich die Fundamentalanalyse im Wesentlichen allgemeiner, den realen Konjunkturverlauf skizzierender wirtschaftlicher Daten, wie auch bestimmter Indikatoren aus dem Bereich der Finanzmärkte sowie der Geld- und Währungspolitik.

Die Analyse **gesamtwirtschaftlicher Daten** verfolgt die Entwicklung einer Vielzahl den Wirtschaftsprozess widerspiegelnder oder beeinflussender Faktoren. Die Veröffentlichung diesbezüglicher Prognosen durch Wirtschaftsforschungsinstitute trägt zur Einschätzung der weiteren Aussichten bei. Einbezogen werden unter anderem:

- Konjunkturlage,
- allgemeine Gewinn- und Zinserwartungen,
- Anlegerliquidität,

- Wachstums- und Gewinnaussichten der Branchen,
- Situation am Arbeitsmarkt,
- Einzelhandelsumsätze,
- Außenhandelszahlen,
- Auftragseingänge in der Industrie,
- Produktion,
- Kapazitätsauslastung,
- Geschäftsklima (Ifo-Test),
- politische Maßnahmen national (Steuern, Subventionen),
- politische Maßnahmen international (Zölle),
- Streiks, Kriege, Katastrophen, Terroranschläge,
- Entwicklung von Devisenkursen,
- Entwicklung der Rohstoff- und Energiepreise.

Begleitet werden diese realwirtschaftlichen Entwicklungen von einer Geldpolitik, die sich im Wesentlichen an den volkswirtschaftlichen Daten und Zielvorgaben orientiert. Durch Steuerung der Bankenliquidität und des kurzfristigen Zinsniveaus soll die für ein spannungsfreies Wachstum erforderliche Geldmenge zur Verfügung gestellt werden.

Aufgabe der Zentralbanken ist es, mittels einer angemessenen Geldpolitik die allgemeine Wirtschaftspolitik der Regierung zu unterstützen. Zu deren Zielen gehören vorrangig, wenn auch von Land zu Land mit unterschiedlicher Priorität:

- ein stabiles Preisniveau,
- ein angemessenes stetiges Wirtschaftswachstum,
- die Vollbeschäftigung und
- ein außenwirtschaftliches Gleichgewicht.

Diese vier grundlegenden wirtschaftspolitischen Ziele werden auch als das „Magische Viereck“ bezeichnet.

Mit Hilfe ihres geldpolitischen Instrumentariums (Offenmarktpolitik, Wertpapierpensionsgeschäfte, Mindestreserven) steuern die Zentralbanken die Liquidität der Geldmärkte, wodurch direkt das gesamte Zinsniveau eines Landes oder Währungsbereiches beeinflusst wird. Da die Verstetigung des Wachstums und die Bekämpfung der Inflation häufig gegensätzliche geldpolitische Maßnahmen erfordern, ist eine möglichst exakte Beurteilung der konjunkturellen Situation (Aufschwung, Boom, Rezession, Depression) und der Inflationsgefahr durch die Zentralbanken erforderlich.

Anleger reagieren deshalb oft schon auf die Veröffentlichung wichtiger Wirtschaftsdaten, um den Aktivitäten der Zentralbanken zuvor zu kommen.

Ein Lockern der Geldpolitik erhöht die Nachfrage nach Anlageobjekten und treibt die Kurse in die Höhe. Eine Geldmengenverknappung senkt das Kursniveau angesichts des Überangebotes an Anlagen.

Durch die zunehmende internationale Verflechtung der wichtigsten Industrienationen kann eine Zentralbank keine streng eigenständige Geldpolitik betreiben. Die Europäische Zentralbank wird daher ihre Geldpolitik im Konsens mit anderen großen Zentralbanken durchführen. Dies ist umso bedeutender, als eine berechenbare Wechselkursentwicklung für eine stark exportorientierte Volkswirtschaft von elementarer Bedeutung ist. Allerdings werden entsprechende Bemühungen häufig durch Finanzierungserfordernisse des Staates einerseits und Handelsungleichgewichte andererseits konterkariert.

Hierdurch ausgelöste und durch Spekulationen forcierte Währungsbewegungen können wiederum die Geldpolitik der Zentralbanken beeinflussen, die mittels Stabilisierung der Devisenmärkte Inflationsgefahren und Wettbewerbsverzerrungen zu begegnen versuchen. Solche Wechselwirkungen nehmen folglich Einfluss auf das allgemeine volkswirtschaftliche Umfeld, was bei der Beurteilung künftiger Entwicklungen zu berücksichtigen ist.

### 9.1.2.2 Einzelwirtschaftliche Faktoren

Der Analyse der gesamtwirtschaftlichen Perspektiven schließt sich eine Untersuchung des potenziellen Anlageobjekts an.

So sollten beispielsweise **Anleihen** auf mögliche Einflüsse volkswirtschaftlicher Faktoren auf das Zinsniveau hin untersucht werden, andererseits aber auch auf die Bonität des Emittenten. Bei **landwirtschaftlichen Erzeugnissen** sollten insbesondere Witterungsverhältnisse, saisonale Gegebenheiten, Lagerbestände und Verbraucherpräferenzen in die Untersuchungen einbezogen werden; bei **Rohstoffen** die zu beliefernden Branchen sowie ggf. internationale Vereinbarungen. In diesem Zusammenhang sind Erkenntnisse über die Konjunktursensitivität einzelner Branchen von wesentlicher Bedeutung. Man untersucht zum Beispiel die Aussichten eines Unternehmens bei wechselndem Konjunkturverlauf.

Hierfür sind der Wirtschaftszweig und der Grad der Diversifikation von Bedeutung, um Informationen hinsichtlich Synergieeffekt und Produktpalette zu erhalten.

Außerdem ist die mögliche Markteinführung von neuen Produkten und ggf. die Produktpipeline zu untersuchen. Neben der Konjunkturanfälligkeit beeinflussen geografische Besonderheiten, innovative Aktivitäten und Qualität des Managements die Beurteilung eines Unternehmens. Gerade das **Management** wird besonders im angelsächsischen Raum genau beobachtet und bewertet. In diesem Zusammenhang ist auch die **Publizitätspolitik** einer Gesellschaft zu nennen, deren Bedeutung gerade in der jüngeren Vergangenheit ständig zugenommen hat.

Das breite Interesse der Öffentlichkeit an der Fundamentalanalyse gilt den Ergebniskennziffern, die sich aus der Bilanz eines Unternehmens herleiten lassen. Meist wird in diesem Zusammenhang das **DVFA-SG-Schema** (Deutsche Vereinigung für Finanzanalyse und Asset Management Schmalenbach-Gesellschaft) angewendet. Das Ziel dieser Vorgehensweise besteht darin, mittels Bilanzanalyse vom Bilanzgewinn auf den tatsächlichen Jahresüberschuss zu schließen.

Dies geschieht, indem außerordentliche und aperiodische Vorgänge, sowie die Inanspruchnahme unterschiedlicher bilanzieller Wahlrechte und die Bildung bzw. Auflösung stiller Reserven berücksichtigt werden. Zunächst wird das **Ergebnis je Aktie** und daraus dann das **Kurs/Gewinn-Verhältnis**, das man häufig bei der Entscheidungsfindung heranzieht, ermittelt. Das DVFA-SG-Ergebnis stellt jedoch keine mit Gesellschaften anderer Branchen zu vergleichende Größe dar.

Neben dem Gewinn dient der **Cashflow** als Maßstab für den Erfolg eines Unternehmens. Der Cashflow wird aus folgenden Zahlen der Aufwands- und Ertragsrechnung ermittelt.

**Errechnung des (Netto-) Cashflows:**

\+ Jahresüberschuss

\+ Abschreibungen

\+ Zuführung in Pensionsrückstellungen

\+ außerordentliche Aufwendungen

– außerordentliche Erträgen

= (Netto-) Cashflow

Der Cashflow spiegelt die Ertrags- und Selbstfinanzierungskraft einer Gesellschaft wider. Aus dieser Kennzahl lässt sich ferner der von ihr erwirtschaftete Ertrag ableiten. Das Cashflow/Gewinn-Verhältnis ermöglicht darüber hinaus den Vergleich unterschiedlicher Anlageobjekte.

Schließlich ergeben sich mit Hilfe der Fundamentalanalyse Kriterien zur Bewertung und Einschätzung eines Wertpapiers: Umsatzentwicklung, Kennzahlen zur Ertragslage (Umsatzrendite), Kostenstruktur und Dividendenpolitik des Unternehmens hinsichtlich Stetigkeit und Rendite.

### 9.1.2.3 Politische Faktoren

Von großer Bedeutung und ein von den Märkten sehr sensibel verfolgter Einflussfaktor ist das politische Umfeld. Außenpolitische Ereignisse, innenpolitische Stabilität und Ausrichtung der Wirtschaftspolitik (zum Beispiel angebots- oder nachfrageorientierte Wirtschaftspolitik) können wesentlichen Einfluss auf die Einschätzung der weiteren Entwicklung haben. Die

Sensibilität der Märkte hinsichtlich solcher Gegebenheiten wird sehr häufig an der Entwicklung des Dollars aufgrund politischer Ereignisse sichtbar. Insofern können politische Faktoren durchaus Einfluss auf die gesamtwirtschaftlichen Rahmenbedingungen, aber auch auf Bonität und Perspektiven einzelner Unternehmen ausüben.

### 9.1.3 Mögliche Auswirkungen wirtschaftlicher Kennziffern auf das Zinsniveau

Wirtschaftsdaten werden in den westlichen Industrienationen unterschiedlich zusammengestellt und bewertet. Die US-Regierung erstellt zum Beispiel einen Frühindikator (Index of Leading Economic Indicators), der aus zwölf Einzelfaktoren hergeleitet wird. Die Entwicklung in diesen zwölf Bereichen gilt als richtungsweisend für den Wirtschaftszyklus insgesamt. Der Index – mit Basiswert 100 aus dem Jahr 1967 – wird aus folgenden Daten zusammengesetzt:

1. durchschnittliche Wochenarbeitszeit,
2. Höhe der beanspruchten Arbeitslosengelder,
3. Neubestellungen für Konsumgüter und -materialien,
4. Rückstand in der Belieferung von bestellten Gütern,
5. Nettozahlen der Geschäftsgründungen,
6. Neubestellungen für Ausrüstung der Schwerindustrie (in Dollar, Basis 1982),
7. neue private Baubeginne,
8. Nettoveränderung der Inventarbestände (in Dollar, Basis 1982),
9. Preisveränderungen in preisempfindlichen Materialien,
10. Veränderungen im gesamten Kreditvolumen,
11. Aktienpreise,
12. Geldmenge.

Diese US-amerikanischen Wirtschaftsdaten werden auch in Europa mit großem Interesse verfolgt.

Anhand Tabelle 61 wird gezeigt, welche Erwartungen in Bezug auf das Zinsniveau durch die Veränderungen der Wirtschaftsindikatoren ausgelöst werden.

| Wirtschaftsindikator | Erwarteter Einfluss auf das Zinsniveau | |
|---|---|---|
| | **steigend** | **fallend** |
| Frühindikatoren | Ansteigende Zahlen signalisieren wachsende wirtschaftliche Aktivitäten. | Fallende Frühindikatoren bedeuten abnehmende Inflationsrisiken. |
| Arbeitslosenstatistik | Rückläufige Arbeitslose führen zu steigender Nachfrage nach Krediten und Verbrauchsgütern. | Steigende Arbeitslosenzahlen indizieren eine Verlangsamung der wirtschaftlichen Entwicklung sowie abnehmende Inflationsrisiken. |
| Auftragseingänge | Steigende Auftragseingänge indizieren eine Zunahme wirtschaftlicher Aktivitäten. | Fallende Zahlen signalisieren abnehmende wirtschaftliche Aktivitäten. |
| Private Baubeginne | Eine Zunahme lässt wachsende Nachfrage nach Krediten, langlebigen Wirtschaftsgütern und Rohstoffen erwarten. | Verminderte Zahlen der Baubeginne signalisieren eine Abschwächung der wirtschaftlichen Entwicklung mit abnehmender Inflationsgefahr. |
| Bruttosozialprodukt | Eine Zunahme der Wachstumsrate signalisiert lebhafte wirtschaftliche Aktivitäten, demzufolge Inflationsgefahren mit der Konsequenz möglicher geldpolitischer Restriktionen. | Sinkende Zuwachsraten geben Hinweise auf eine sich abschwächende Konjunktur, rückläufige Kreditnachfrage sowie geldpolitische Entspannung. |
| Einzelhandelsumsätze | Steigende Zahlen lassen auf stärkere Kreditnachfrage schließen. | Rückläufige Einzelhandelsumsätze signalisieren abnehmende Kreditnachfrage. |
| Erzeugerpreisindex | Ein verstärkter Anstieg der Erzeugerpreise erhöht die Gefahr einer eskalierenden Inflation mit entsprechenden Konsequenzen hinsichtlich der zu erwartenden Geldpolitik. | Fallende Erzeugerpreise führen zu abnehmenden Inflationstendenzen. |
| Handelsbilanz | Wachsende Defizite der Handelsbilanz belasten den Außenwert der Währung eines Landes. | Verringerte Defizite oder steigende Überschüsse stabilisieren den Außenwert der Währung eines Landes. |
| Industrieproduktion | Ausdehnung der Industrieproduktion kennzeichnet den allgemeinen wirtschaftlichen Aufschwung. Daraus resultieren entsprechende Gefahren aus steigender Kreditnachfrage und Preissteigerung. | Fallende Zahlen indizieren schwächere Konjunktur. |

| Wirtschaftsindikator | Erwarteter Einfluss auf das Zinsniveau | |
|---|---|---|
| | **steigend** | **fallend** |
| Kapazitätsauslastung | Hohe Kapazitätsauslastungen weisen auf eine boomende Konjunktur mit entsprechend reger Kreditnachfrage hin (Inflationsgefahren). | Eine rückläufige Tendenz lässt auf ein sich verringerndes Wachstumstempo schließen. |
| Konsumentenkredite | Eine Zunahme der Konsumentenkredite bewirkt eine Steigerung des Zinsniveaus. | Rückläufige Nachfrage nach Konsumentenkrediten hat fallende Zinsen zur Folge. |
| Verbraucherpreisindex | Zunahme der Jahresrate signalisiert wachsende Inflationsgefahren. | Rückläufige Zahlen deuten auf abnehmende Inflationsrisiken hin. |
| Langlebige Wirtschaftsgüter | Steigende Umsätze indizieren eine Zunahme wirtschaftlicher Aktivitäten. | Fallende Umsätze signalisieren eine wirtschaftliche Abkühlung. |

***Tabelle 60:*** *Erwartete Einflüsse sich ändernder Wirtschaftindikatoren auf das Zinsniveau*

## 9.2 Technische Analyse (quantitative Analyse)

Technische Analyse ist die Beobachtung von Aktionen und Reaktionen eines Marktes sowie deren Auswertung mit dem Zweck, zukünftige Kurstrends zu prognostizieren. Sie ist die Kunst, einen neuen Trend in einem relativ frühen Stadium zu erkennen und ihn solange zu verfolgen, bis ein gravierender Beweis für eine Trendwende vorliegt.

### 9.2.1 Begriffsbestimmung

Die Technische Analyse befasst sich mit quantitativen Kriterien, die die Stärken von Kauf- und Verkaufskräften in einem Markt anzeigen. Die Entstehung der technischen Analyse findet ihre Erklärung in den Problemen und Schwierigkeiten, die bei der fundamentalen Analyse auftauchen. Hierzu gehören zum Beispiel folgende Punkte:

- Vielfalt der Einflussfaktoren,
- Probleme bei der Erfassung der verschiedenen Faktoren,
- gegenseitige Abhängigkeit der einzelnen Einflussfaktoren,
- Gewichtung,
- Daten sind häufig vergangenheitsbezogen.

Die Philosophie der Technischen Analyse basiert auf dem Ansatz, dass

- die Kurse und Marktbewegungen alles eskomptieren und somit das Ergebnis aller bekannten Informationen sind, auch wenn diese nur einem eingeschränkten Kreis von Marktteilnehmern bekannt sind,
- sich alle Kurse in Trends bewegen,
- sich die Geschichte wiederholt.

Der Marktteilnehmer, der die Technische Analyse als Hilfsmittel nutzt, nimmt eine indirekte Analyse der fundamentalen Daten vor. Da die Märkte oft auf fundamentale Begebenheiten reagieren, lange bevor diese der Allgemeinheit bekannt werden, bietet die Technische Analyse allen die Möglichkeit, bei sorgfältiger Untersuchung ebenfalls frühzeitig zu reagieren. Die Märkte reagieren auf Gerüchte, Fehlinformationen, Hoffnungen und Ängste. Der Techniker beobachtet diese Bewegungen und zieht seine Schlüsse.

## Was ist ein Kurs?

Der Kurs eines Wertpapiers wird zunächst durch Angebot und Nachfrage gebildet. Er stellt ein Gleichgewicht zwischen den verschiedenen Motivationen der Anleger her. In diesem Kurs sind alle bekannten, aber auch nur eingeschränkt bekannten Informationen enthalten. Damit soll ausgedrückt werden, dass auch derjenige, der keine oder nur unvollständige Informationen zur Verfügung hat, den Kurs beeinflusst. Er tut dies auch dann, wenn er keine Kauf- oder Verkaufsentscheidung trifft. Auch die Entscheidung, keine neue Position einzugehen oder die vorhandene Position nicht zu verändern, weil dem Anleger eben keine Informationen vorliegen die einen Kauf oder Verkauf rechtfertigen, ist eine kursbeeinflussende Entscheidung. Er generiert kein Angebot und keine Nachfrage. Aufgrund seiner Entscheidung, nichts zu tun, verändert sich der Kurs nicht.

Da Kurse von Menschen gemacht werden, gleichgültig ob im direkten Handel oder durch Eingabe von Limiten in Computerprogrammen, unterliegen diese auch menschlichem Verhalten. Dieses menschliche Verhalten wiederholt sich immer wieder, was mit der Chartanalyse besonders gut erkennbar ist.

Wer die Märkte über einen längeren Zeitraum beobachtet wird feststellen, dass die menschliche Psychologie eine, wenn nicht die entscheidende Rolle im Marktgeschehen und bei der Preisfindung spielt. Entsprechende Untersuchungen bei Preismustern während der letzten 100 Jahre haben ergeben, dass sich die Bilder auf den Kursgrafiken immer wieder ähneln. Eine positive oder negative Psychologie im Markt konnte damit sehr zuverlässig identifiziert werden.

Viele Kritiker behaupten, dass frühere Verhaltensmuster auf die heutige Zeit nicht mehr anwendbar seien. Die Erfahrungen der letzten Jahre des alten Jahrtausends haben diese Kritik widerlegt. Gerade in Extremsituationen haben sich die Ergebnisse menschlicher Regungen wie **Panik, Emotionen, Nervenstärke oder -schwäche** sehr deutlich an den Märkten wieder gefunden. Selbst das Argument, die Märkte hätten sich durch die Schnelllebigkeit der Zeit verändert und seien somit nicht mehr nach altem Muster analysierbar, ist bei näherer Betrachtung nicht zu halten. Auch wenn sich die Zeitabläufe verändert haben, so sind die Verhaltensmuster die gleichen geblieben.

**Fazit:**

Während die Fundamentalanalyse die vergangenen wirtschaftlichen Fundamentaldaten untersucht und auf Basis dieser eine Zukunftsprognose erstellt, liegt der Technischen Analyse die Überlegung zugrunde, dass aus der vergangenen Kursbewegung auf die zukünftigen Kursentwicklungen geschlossen werden kann. Da die aktuellen Kurse die letzten verfügbaren Daten über ein Anlageobjekt sind, geht die Technische Analyse davon aus, dass in diesen Kursen alle kursrelevanten Faktoren bereits Berücksichtigung gefunden haben.

## 9.2.2 Darstellung von Kursentwicklungen/ Klassische Chartanalyse

Die klassische Chartanalyse findet ihren Ursprung in der Dow Theorie, auf die wir später noch näher eingehen wollen.

Es gibt verschiedene Möglichkeiten, Kursverläufe darzustellen. Je nachdem, wie die Kursverläufe im Zeitablauf dargestellt werden, unterscheiden wir unter anderem vier Chartsysteme:

- Linienchart (Linechart),
- Balkenchart (Barchart),
- Point & Figure-Chart und
- Candlestick-Chart.

Alle vier Chartsysteme zeigen unterschiedliche Möglichkeiten, einen Kursverlauf darzustellen. Sie dienen verschiedenen Analysemethoden und sind unterschiedlich aussagekräftig.

### 9.2.2.1 Linienchart

Beim Linienchart zeigt jeder Punkt eine fortgesetzte Aufzeichnung der gehandelten Kurse und deren Verbindung. Der zustande gekommene Preis wird in ein Zeit-Preis-Diagramm als Punkt eingetragen und mit dem Punkt des vorangegangenen Kurses durch eine Linie verbunden.

Liniencharts werden im Gegensatz zu Balkencharts häufig in Märkten oder Produkten benutzt, in denen täglich nur ein Preis festgestellt wird.

Dadurch, dass lediglich ein Kurs pro Zeitperiode berücksichtigt wird, ist der Informationsgehalt gegenüber den anderen drei Chartsystemen am geringsten.

### 9.2.2.2 Balkenchart

Beim Balkenchart (oder auch Barchart) werden für bestimmte Zeitperioden (zum Beispiel Stunde, Tag, Woche, Monat) die ermittelten Höchst- und Tiefstkurse durch einen senkrechten Strich (Balken = engl. „bar") miteinander verbunden. Der letzte Kurs dieser Zeitperiode ist durch einen waagrechten Strich nach rechts angedeutet. Der Barchart zeigt im Zeit-Preis-Diagramm in Form der Balkenlänge das Ausmaß der unterschiedlichen, während einer Periode zustande gekommenen Kursfeststellungen.

In Abbildung 56 lag der Kurs am Tag 1 zwischen 42 und 42,80, und der Schlusskurs hat sich bei 42,60 gebildet.

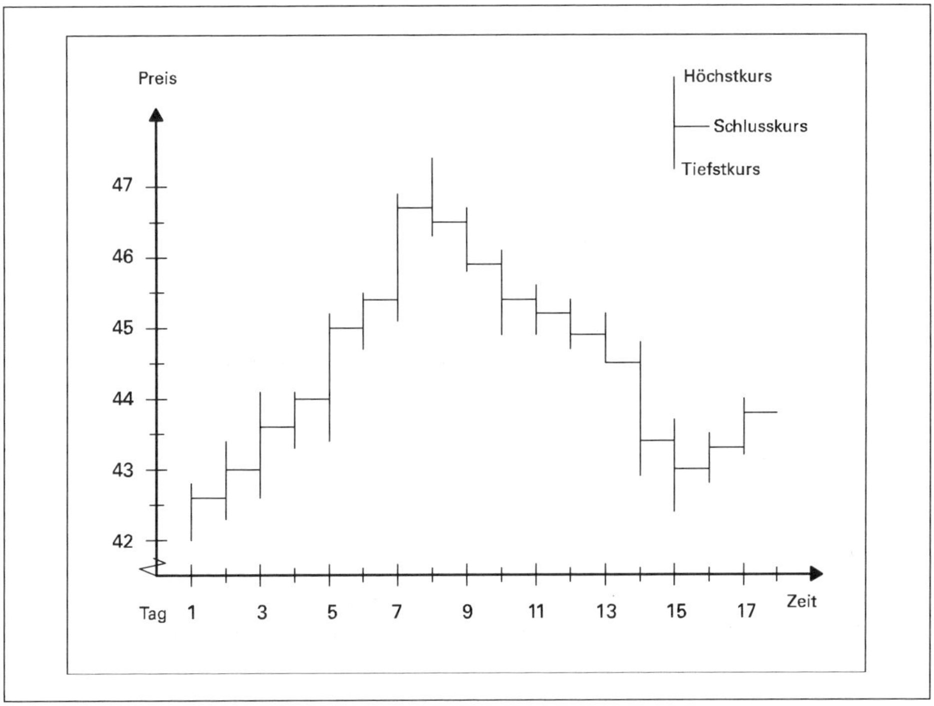


***Abbildung 56:*** *Balkenchart*

International werden zwei verschiedene Arten von Darstellungen der Kursskalen angewendet. Dabei wird in den USA der arithmetische Maßstab, in Europa der logarithmische Maßstab bevorzugt.

Beim **arithmetischen Maßstab** sind die Distanzen zwischen den einzelnen Kurspunkten genau gleich. Das heißt: Zwischen 1 und 2 besteht der gleiche Abstand wie zwischen 10 und 11 obwohl es sich im ersten Fall um eine Kursverdopplung handelt, im zweiten Fall aber nur um einen Anstieg um 10 Prozent.

Bei der **logarithmischen Darstellung** steht die gleiche Distanz für die gleiche prozentuale Veränderung: ein Anstieg von 1 auf 2 (+100%, Verdopplung) weist die gleiche Distanz auf, wie ein Anstieg von 2 auf 4 oder von 10 auf 20.

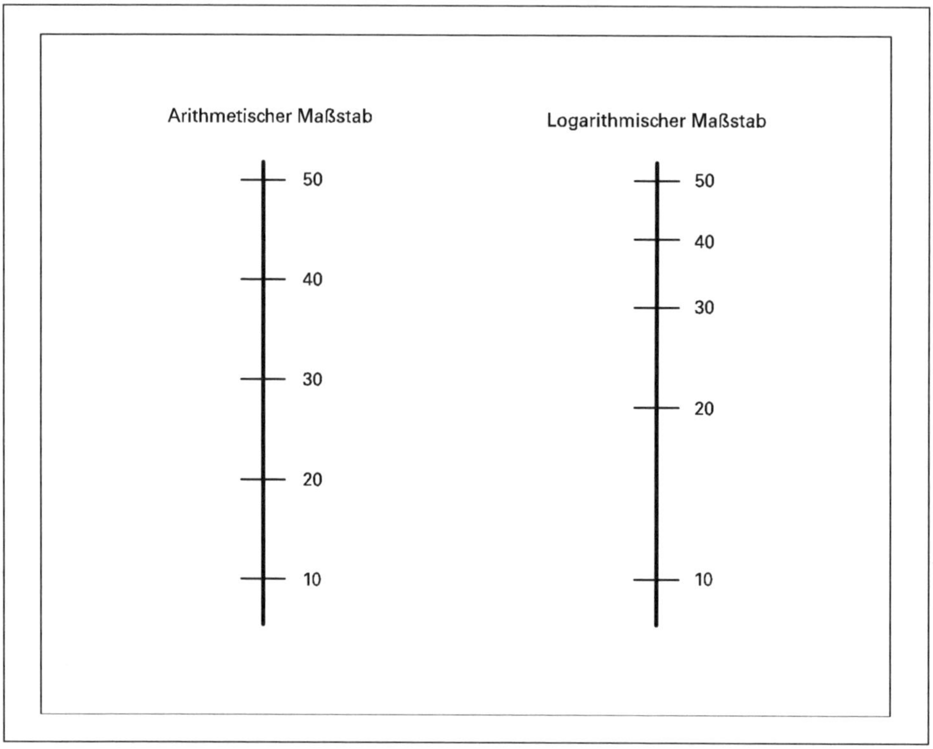


***Abbildung 57:*** *Arithmetischer und Logarithmischer Maßstab*

Welche der beiden Darstellungsarten die Bessere ist, kann nicht mit Bestimmtheit gesagt werden. Bei der Analyse sollte allerdings berücksichtigt werden, dass zum Beispiel in den USA der arithmetische Maßstab bevorzugt zur Anwendung kommt. Somit liegt es nahe, dass technische Signale für einen US Wert auf logarithmischem Maßstab wertlos sein können, da der arithmetische Chart dies noch nicht anzeigt (oder umgekehrt), also von der Mehrheit der Charttechniker nicht erkannt wird.

Im nachfolgenden Beispiel ist der Kursverlauf der US-amerikanischen Aktie Amgen sowohl im logarithmischen als auch im arithmetischen Maßstab dargestellt. Es wird deutlich, dass im zweiten (arithmetischen) Chart der Aufwärtstrend im April 2000 verletzt worden ist (Verkaufssignal), während bei der logarithmischen Darstellung dies noch nicht der Fall war.

*Quelle: Reuters*
***Abbildung 58:*** *Beispiel „Amgen“ im logarithmischen Maßstab*

*Quelle: Reuters*
***Abbildung 59:*** *Beispiel „Amgen“ im arithmetischen Maßstab*

### 9.2.2.3 Point & Figure-Chart

Beim Point & Figure-Chart werden die täglichen Kursbewegungen fortlaufend in einer Säulengrafik erfasst, wobei die Auf- und Abwärtsbewegungen der Kurse durch unterschiedliche Symbole angegeben werden.

In einem Preisdiagramm ohne Zeitachse stehen bei den Säulen die X-Zeichen für steigende Kurse, die O-Zeichen für fallende Kurse. Jedes Zeichen steht für eine vorher festgelegte Kurseinheit, das heißt, wenn sich der Kurs nicht oder nur weniger als eine volle Einheit verändert, bleibt der Chart unverändert. Bei der Erstellung eines Charts kann jedes Zeichen zum Beispiel für eine Ein-Cent-Bewegung stehen. Würde ein Zeichen eine Zwei-Cent- oder eine Fünf-Cent-Bewegung repräsentieren, wäre der entstandene Chart entsprechend weniger preisempfindlich, da kleinere Kursschwankungen nicht mehr dargestellt werden. Die O-Säulen werden von den X-Säulen abgelöst und umgekehrt, sobald eine Umkehr in der Kursbewegung stattfindet oder anders ausgedrückt, jede Spalte entspricht einem Trend. Nach Festlegung der Größe einer Kurseinheit bestimmt man die Umkehrgröße des Charts. Eine Umkehr kann das Ein-, Zwei-, Drei-, oder Mehrfache der Kurseinheit ausmachen. Am gebräuchlichsten ist die dreifache Umkehrvariante. Die Einheit- und Umkehrgrößen sind die einzigen Variablen eines Point & Figure-Charts. Das charakteristische Kennzeichen eines Point & Figure-Charts ist die fehlende Zeitachse! Die Monatsangaben in Abbildung 60 stellen lediglich Orientierungshilfen für den Anwender dar.

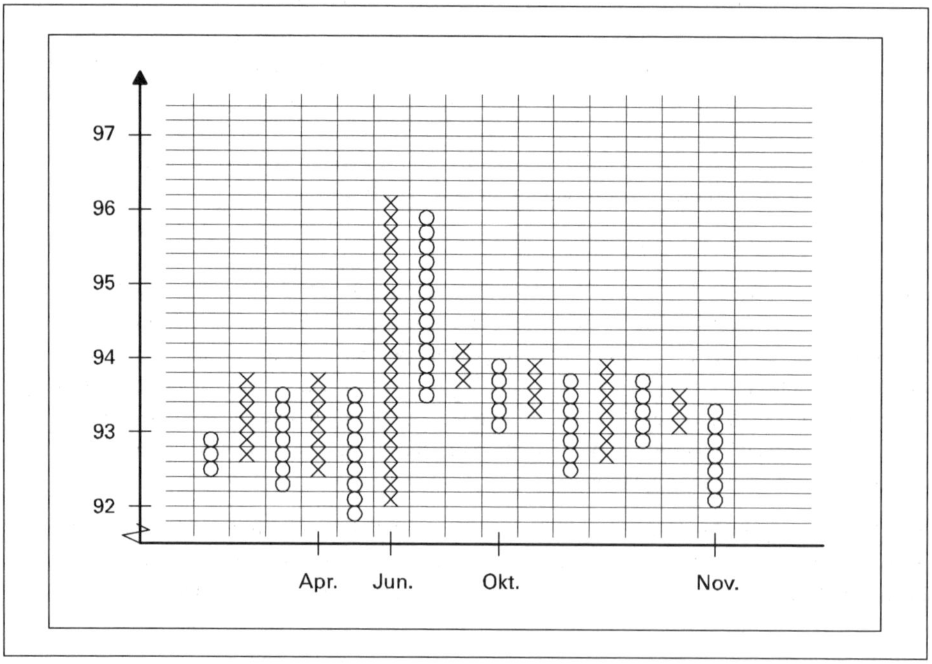


***Abbildung 60:*** *Point & Figure – Chart*

## Beispiel

> Bei einem 3-Punkte-Umkehr-Chart wird eine Eintragung erst dann vorgenommen, wenn eine Kursbewegung von mindestens drei Punkten vorliegt. Ein Wechsel der Säule von „X" auf „O" und umgekehrt findet nur statt, wenn sich der Kurs um mindestens 3 Einheiten in die neue Richtung bewegt hat. Kleinere Schwankungen werden damit gefiltert.

### 9.2.2.4 Candlestick-Chart

Eine weitere Art der Kursdarstellung bieten die Candlestick-Charts. Diese haben ihren Ursprung in Japan, wo sie eine über 300 Jahre alte Tradition besitzen. Der Einsatz von Candlestick-Charts gewinnt bei uns zunehmend an Bedeutung (aufgrund der komplexen Materie erfolgt hier zu Ihrer Information nur ein grober Überblick). Ihren Namen haben die Candlesticks daher, dass die Darstellung des jeweiligen Tagesverlaufs einer stilisierten Kerze ähnlich ist.

Candlesticks kommen für beliebige Kursperioden in Betracht, (Tages-, Wochen-, Monats-, Jahreschart), wobei der Candlestick den Kursverlauf über die gesamte Handelsperiode darstellt.

Dabei bilden der Eröffnungs- und der Schlusskurs des jeweiligen definierten Zeitraums einen senkrechten Körper, genannt „Body". Liegt der Schlusskurs über dem Eröffnungskurs, so ist der Body zwischen Eröffnungskurs und Schlusskurs weiß (hell). Schließt der Markt unter dem Eröffnungskurs, so wird die Spanne zwischen Eröffnungskurs und Schlusskurs durch einen schwarzen (dunklen) Body dargestellt. Die darüber hinausgehende Spanne zwischen Höchst- und Tiefstkurs in der gewählten Periode wird als Docht dargestellt. Entsprechen die Tageshöchstkurse und Tagestiefstkurse dem Eröffnungs- oder Schlusskurs, entfällt der entsprechende Docht und die Kerze besteht nur aus einem Body.

In Abbildung 61 wird ein Candlestick-Chart dargestellt.

Der wesentliche Vorteil von Candlestick-Charts liegt darin, dass man zusätzlich zur Kursveränderung auf einen Blick die Tagesstimmung erfassen kann. Wenn man nämlich eine große weiße Kerze sieht, lässt dies die Schlussfolgerung zu, dass sich die Stimmung im Tagesverlauf kontinuierlich verbessert hat. Bei einer schwarzen Kerze ist dies entsprechend umgekehrt. Hat man mehrere weiße Kerzen hintereinander, herrscht eine positive Marktstimmung vor. Mit diesem einfachen Instrument kann man sehr leicht eine erste Analyse über die allgemeine Marktstimmung vornehmen.

Zur längerfristigen Analyse bieten Chartdienste Wochen- und Monatscharts an. Spezielle Softwareprogramme liefern auch Charts von Einteilungen, die kürzer sind als ein Tag. Hier kann man fast jedes beliebige Zeitintervall bis zu wenigen Sekunden abrufen.

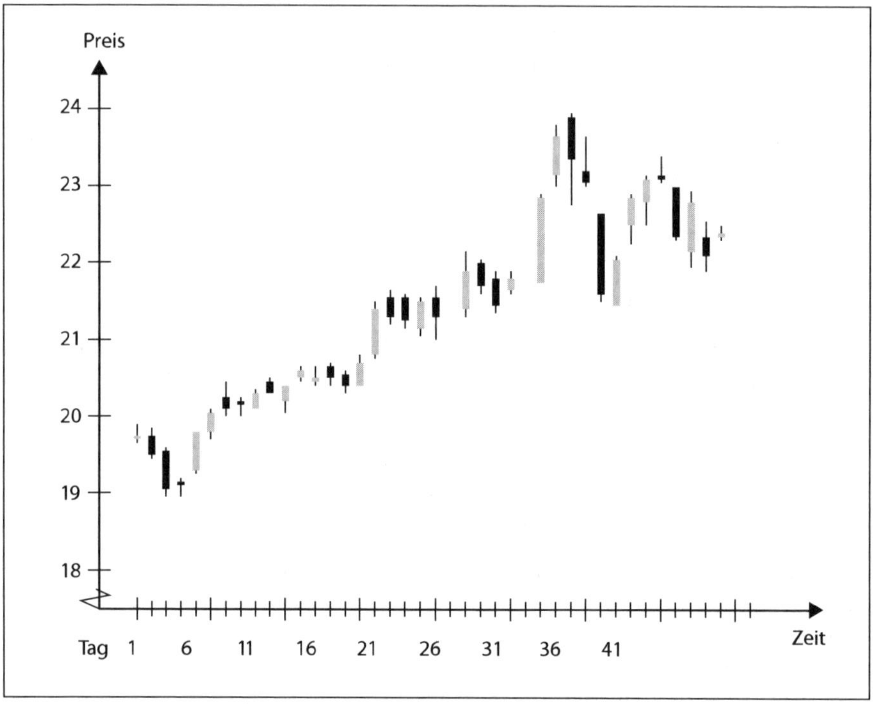


***Abbildung 61:*** *Candlestick-Chart*

## 9.2.2.5 Trendbestimmungsmethoden (Dow-Theorie)

Eines der wichtigsten Ziele der Technischen Analyse ist es, einen Trend möglichst früh zu erkennen. Von der Vielzahl der Methoden seien hier nur einige erwähnt. Die Zwischenhoch- und Zwischentiefmethode ist die klassische Trenddefinition von Charles H. Dow, dem Begründer der Technischen Analyse. Er hat erkannt, dass sich Aktien in Trends bewegen und sie tendenziell dazu neigen, sich mit der Gesamtheit der Aktien, also dem Markt zu bewegen. Neben der Gründung des Dow-Jones-Finanznachrichtendienstes hat er auch die Aktienindizes erfunden, die noch heute seinen Namen tragen. Zwei davon waren der Transport- und der Industrie-Index. Im für die Wirtschaft wichtigen Transportindex (dem späteren Dow Jones Transportation Index) fasste er eine Reihe von Eisenbahnaktien zusammen, im Industrieindex wurden alle anderen Branchen aufgeführt. Der Dow Jones Industrial Index ist heute einer der bedeutendsten, sicher aber der bekannteste Index der Welt. Zu Beginn bestand dieser lediglich aus zwölf Aktien.

Für Dow war es wichtig, all jene Faktoren zu erfassen, die der Fundamentalanalyse vorenthalten waren. Dies waren unter anderem die Emotionen, Stimmungen, Vermutungen sowie Hoffnungen und Befürchtungen, also alles was die menschlichen Regungen ausmacht.

Einer seiner wichtigsten Grundsätze bestand darin, dass bei der Technischen Analyse zunächst ein Trend erkannt werden muss, bevor weitere Analysen getätigt werden. In Trends konnte er die allgemeine Marktverfassung erkennen, welche ein Spiegelbild der Gesamtheit der Marktteilnehmer darstellte.

Diese Grundsätze haben bis in die heutige Zeit Bestand.

Nach der **Dow-Theorie** befinden sich die Kurse in

- einem **Aufwärtstrend**, solange ein Kursanstieg die davor liegenden Topnotierungen übersteigt und die anschließende Reaktion auf einem höheren Niveau endet als die davor liegende Reaktion.
- Ein **Abwärtstrend** ist solange intakt, wie eine Abwärtsbewegung tiefer läuft als die davor liegende Abwärtsbewegung und die anschließende Korrektur nach oben unter der Notierungen der letzten Korrekturbewegung endet.

In Abbildung 62 ist zu erkennen, dass H2 über H1 endet und T2 über T1 liegt. Somit ist ein Aufwärtstrend nach der Dow-Theorie intakt. Dieser hat solange Bestand, bis sich seine Umkehr durch ganz bestimmte Signale, zu denen wir gleich noch kommen, andeutet.

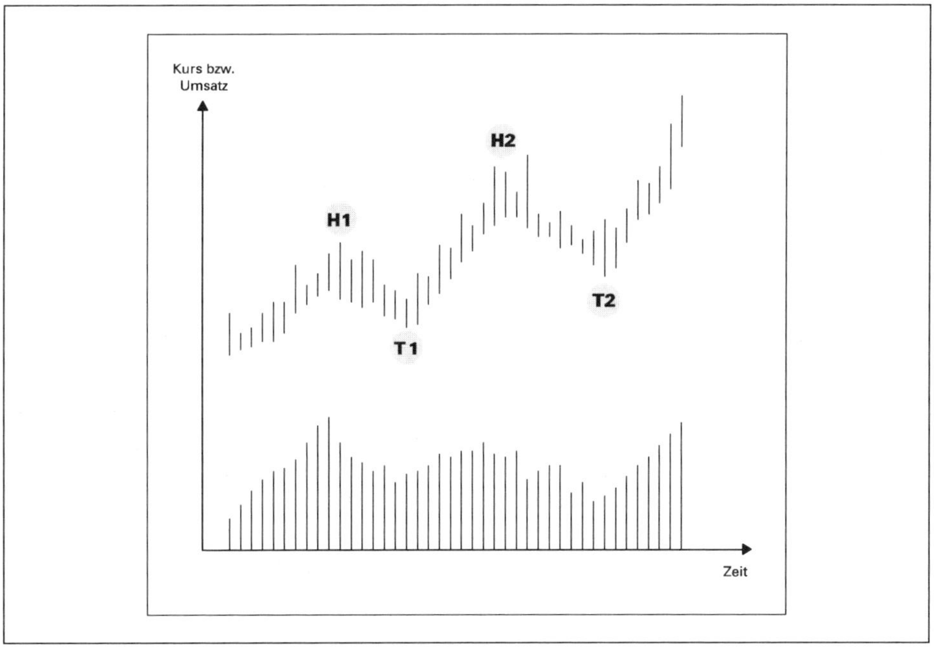


***Abbildung 62:*** *Zwischen-Hoch- und -Tiefpunkte*

Für alle weiteren Analysen ist es wichtig zu wissen, in welchem Trend sich der Markt oder die Aktie befindet. Um dies festzustellen, muss zunächst einmal definiert werden, wann ein Trend eigentlich vorliegt.

Allgemein ist der Trend einfach die Richtung des Marktes (oder der Aktie), in die dieser (diese) sich bewegt. Eine solche Bewegung erfolgt in einer Serie von „Zick-Zacks". In diesen Zick-Zack-Bewegungen entstehen Hoch- und Tiefpunkte. Ob sich diese nach oben, unten oder seitwärts bewegen, zeigt uns an, um welchen Trend es sich handelt. Ein Aufwärtstrend würde als eine Serie steigender Hochpunkte und steigender Tiefpunkte definiert werden. Ein Abwärtstrend als eine Serie von fallenden Hoch- und Tiefpunkten.

Horizontale Hoch- und Tiefpunkte ergeben einen Seitwärtstrend.

Um einen Trend möglichst sicher zu definieren, bedient man sich eines Hilfsmittels, den Trendgeraden. Die Anwendung erfolgt dadurch, dass möglichst viele markante Punkte miteinander verbunden werden. Bei einem **Aufwärtstrend** sind dies die Punkte, an denen die jeweilige Abwärtsbewegung nach den Hochs endet. Je mehr Punkte verbunden werden können, umso sicherer gilt der Trend.

Daraus kann die Regel abgeleitet werden, dass bei einem Unterschreiten der Trendgeraden der Aufwärtstrend, statisch betrachtet, beendet ist und ein neuer Abwärtstrend beginnt.

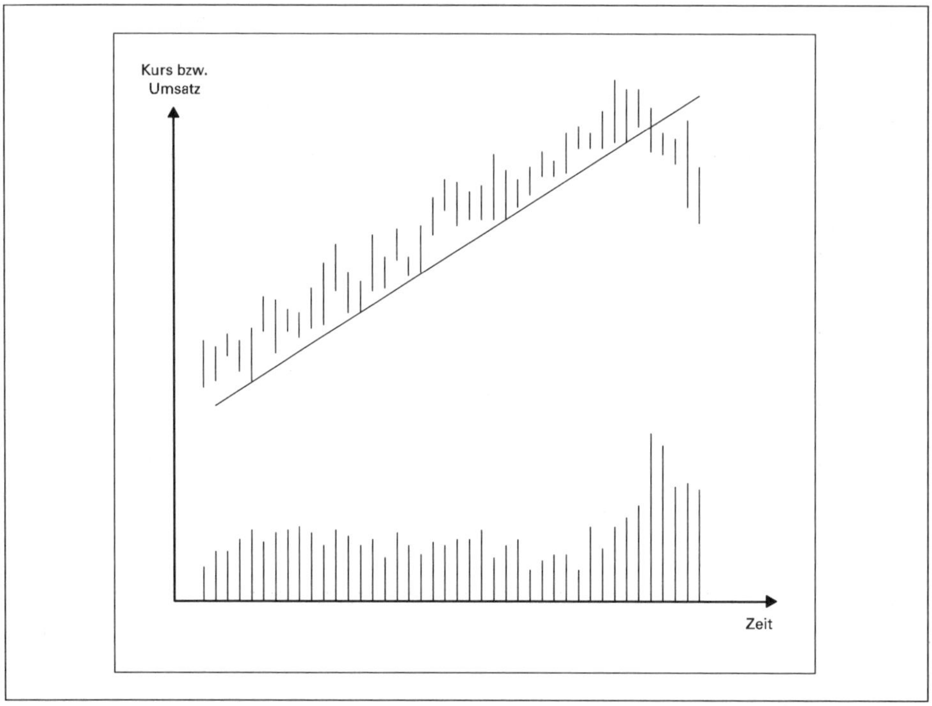


***Abbildung 63:*** *Trendgerade*

Der **Abwärtstrend** wird gekennzeichnet durch eine geradlinige Verbindung der jeweiligen Zwischenhochs. Die beim Aufwärtstrend gemachten Aussagen zum Trendbruch treffen hier entsprechend bei einem Überschreiten der Abwärtstrendlinie zu.

Wie wir bei späteren Analysen noch sehen werden, spielt der Umsatz eine entscheidende Rolle. In diesem Fall ist der Durchbruch von hohen Umsätzen begleitet, was die Aussagesicherheit eines Trendbruchs erhöht.

Häufig ist zu beobachten, dass parallel zur Trendgeraden eine zweite Gerade verläuft, die bei einem Aufwärtstrend die Balken nach oben (bei einem Abwärtstrend nach unten) begrenzt. Existiert eine solche zweite Gerade, dann spricht man von einem **Trendkanal**.

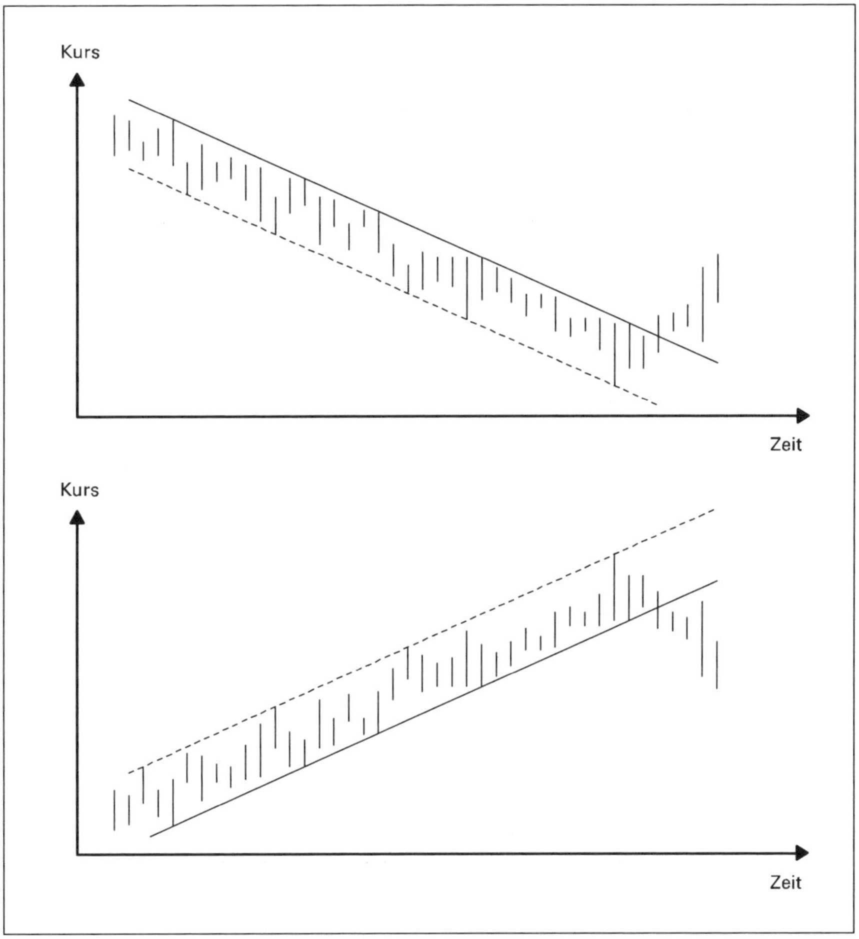


***Abbildung 64:*** *Trendkanal abwärts und aufwärts*

Ein Ausbrechen aus diesem Trendkanal lässt auf eine fortlaufende Bewegung des Kurses in die Ausbruchsrichtung schließen. Dies kann bei einem Ausbruch gegen die vorherrschende Trendrichtung eine kurzfristige Trendwende bedeuten. Trendkanäle sind gute Anhaltspunkte für Kauf- bzw. Verkaufsentscheidungen, so kann man beispielsweise an der unteren Linie kaufen und an der oberen Linie verkaufen.

Allerdings sollte man in Abwärtstrends besondere Vorsicht walten lassen, da es häufig vorkommt, dass die obere Trendbegrenzung nicht ganz erreicht wird und man dann den Ausstieg verpasst. Dies hat besonders bei der Spekulation mit Optionen in der Regel fatale Folgen.

Grundsätzlich gilt: Je häufiger die Trendlinien durch Berührung bestätigt werden, desto stabiler ist der Trendkanal.

#### 9.2.2.6 Unterstützungs- und Widerstandslinien

An Charts kann oft beobachtet werden, dass sich alte Höchst- bzw. Tiefstkurse als Widerstand (Resistance) oder als Unterstützung (Support) erweisen. Der Grund dafür liegt im Anlegerverhalten, an einem vorangegangenen Zwischenhoch (in der Nähe der Widerstandslinie) zu verkaufen bzw. an einem Zwischentief (in der Nähe der Unterstützungslinie) zu kaufen. Wird ein Zwischenhoch durchbrochen, so wird aus der Widerstandszone eine Unterstützungszone.

Tendenziell ist die Bereitschaft an einer bestimmten Marke zu kaufen oder zu verkaufen besonders hoch. Dabei spielt die Linie (Unterstützungs- oder Widerstandslinie) nicht unbedingt die entscheidende Rolle, sondern vielmehr die Masse der Anleger, die bei einem bestimmten Kurs zum Kauf oder Verkauf bereit sind. Die Motivation, die dahinter steckt, kann vielfältig sein. So hat man bei einem bestimmten Kurs gekauft, ist in die Verlustzone gerutscht und wartet nun Monate, bis man wieder an dieser Marke ankommt, um das Papier entnervt abzustoßen. Näheres zum empfehlenswerten Anlegerverhalten siehe 10.1.1 „Spekulationsplan“.

In der Nähe von Widerstands- und Unterstützungslinien ist das gehandelte Volumen besonders hoch. Die Überwindung einer Widerstandslinie mit hohem Volumen ist ein Kaufsignal. Das Unterschreiten der Unterstützungslinie bei gleichzeitig hohem Volumen bedeutet ein Verkaufssignal.

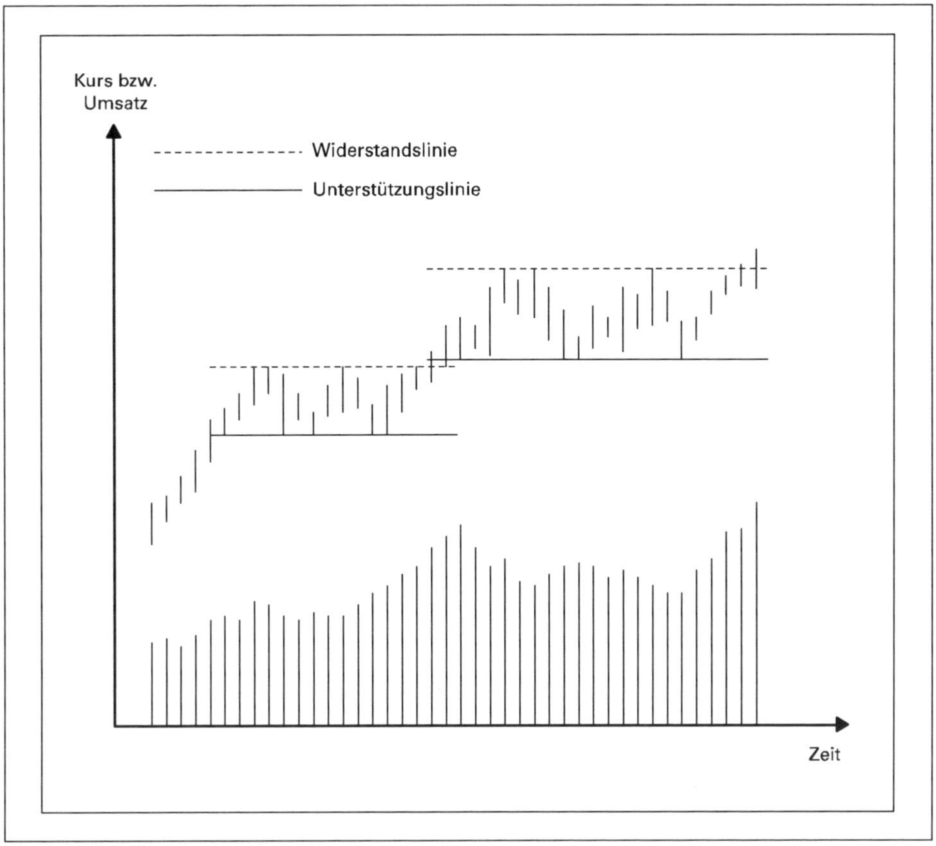


***Abbildung 65:*** *Unterstützungs- und Widerstandslinien*

### 9.2.2.7 Gleitende Durchschnittskurven (Moving Averages)

Gleitende Durchschnittskurven ergeben sich als arithmetisches Mittel einer festgelegten Anzahl von Kursen (zum Beispiel die Schlusskurse der letzten 200 Tage). Die Ermittlung erfolgt gleitend, das heißt, der aktuell festgestellte Kurs ersetzt bei Berechnung den ältesten Kurs. Kurzfristige Kursschwankungen werden somit geglättet und der vorherrschende Trend leichter erkennbar.

Bei gleitenden Durchschnittskurven liegt ein Aufwärtstrend (Abwärtstrend) vor, solange der Tagesschlusskurs über (unter) einer Kurve gleitender Durchschnittskurse liegt und diese Kurve nach oben (unten) weist. Der Trend wird solange bestätigt, bis die aktuellen Kurse die gleitende Durchschnittskurve unter- (über-)schreiten. Auf der anderen Seite liegt eine Übertreibung vor, wenn sich die aktuellen Kurse sehr weit von der gleitenden Durchschnittskurve entfernt haben.

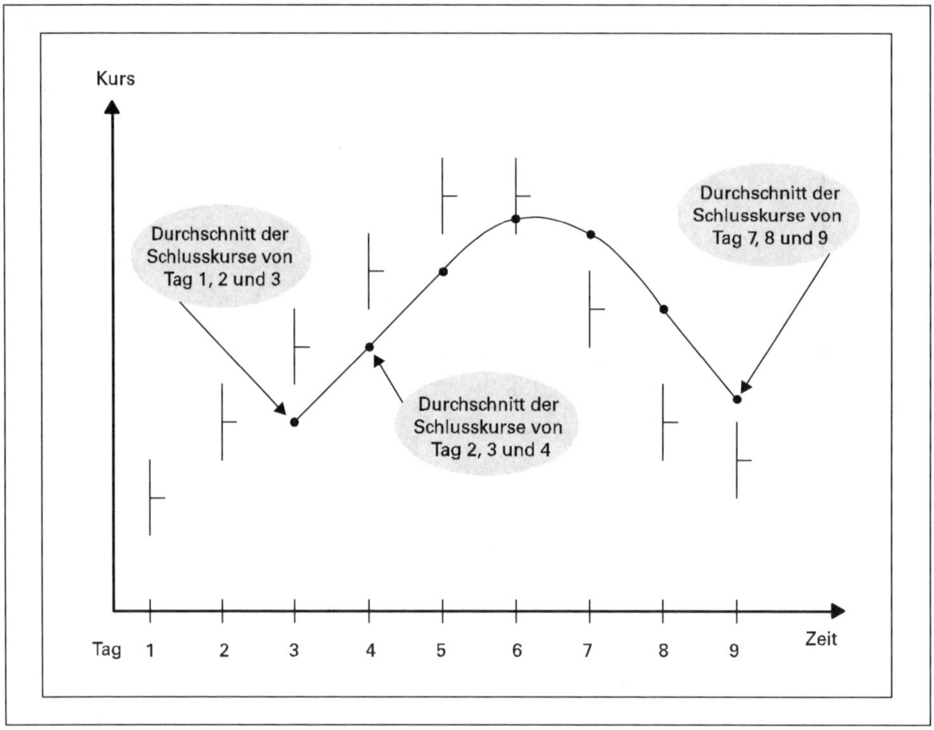


***Abbildung 66:*** *gleitender Durchschnitt, Beispiel: 3-Tage-Linie*

Diese sehr einfache Definition von der gleitenden Durchschnittskurve wird in der Praxis oft dadurch erweitert, dass man **zwei Durchschnittskurven** mit unterschiedlichen Beobachtungszeiträumen benutzt. Ein Trend wird erst dann bestätigt, wenn die kurzfristige Durchschnittskurve die längerfristige von unten nach oben (Aufwärtstrend) bzw. von oben nach unten (Abwärtstrend) schneidet. Dabei versteht man unter der langfristigen Durchschnittskurve etwa eine 200-Tage-Linie, die kurzfristige Durchschnittskurve könnte zum Beispiel 30 Tage bzw. 90 oder 100 Tage betragen.

Gleitende Durchschnittslinien dienen in erster Linie dazu, ohne großen Aufwand mit einem Blick einen Trend zu erkennen. Als Analysetool sollten sie aber nur in Verbindung mit anderen Indikatoren verwendet werden. Die Interpretation von Widerstand oder Unterstützung an einer Durchschnittslinie ist sehr umstritten. Der Techniker wird sehr schnell feststellen, wann eine Durchschnittslinie als Wendepunkt zu beachten ist und wann nicht. Eine allgemein gültige Regel lässt sich hier kaum ableiten.

Darüber hinaus sind gleitende Durchschnitte in trendlosen Zeiten (Seitwärtstrends) wenig aussagefähig und daher oft nutzlos.

## 9.2.2.8 Chartformationen

In Charts tauchen immer wieder charakteristische Kursformationen auf. Sie entstehen in der Regel in einer Konsolidierungsphase, die einem Aufwärts- bzw. Abwärtstrend vorausgeht oder folgt. Man unterscheidet hier zwischen Trendbestätigungsformationen und Trendumkehrformationen.

Zu den trendbestätigenden Formationen (auch Konsolidierungsformationen) zählen zum Beispiel Dreiecke, Flaggen und Wimpel. Zu den Umkehrformationen zählen unter anderem Kopf-Schulter, Doppeltop und Untertassen.

### 9.2.2.8.1 Trendbestätigende Chartformationen

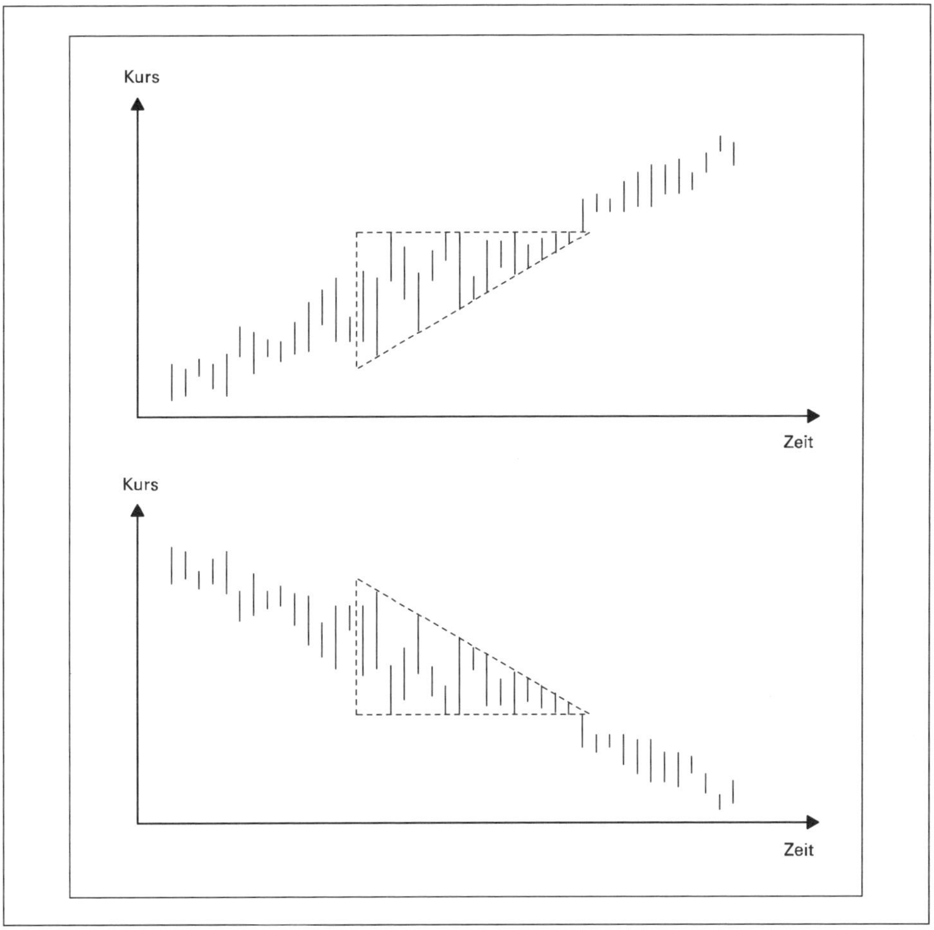


***Abbildung 67:*** *Steigendes und fallendes Dreieck*

**Dreiecksformationen** gleichen einer Sprungfeder (so wurden diese Formationen früher einmal genannt), bei denen der Kurs plötzlich nach oben oder unten ausbricht. Die Kursbewegung gleicht deshalb einer Sprungfeder, da der Kurs nach einer Zeit der Anspannung plötzlich einen kräftigen Sprung vollzieht (so wie die Feder in ihre Ursprungsstellung zurückschnellt). Das Ausmaß der Bewegung beträgt häufig mehr, als der Abstand zu Beginn des Dreiecks.

Bei den Dreiecksformationen haben zum Beispiel das steigende und das fallende Dreieck Trendfortsetzungscharakter. Das steigende Dreieck deutet auf einen weiteren Kursanstieg hin, das fallende Dreieck deutet auf eine Fortsetzung des Kursrückgangs hin.

Beachten Sie in Abbildung 67 im oberen Chart die flach verlaufende Oberkante und die steigende untere Linie. Hierbei handelt es sich in der Regel um eine bullishe Formation. Im unteren Chart ist die Situation genau umgekehrt. Die Formation ist bearish.

Das symmetrische Dreieck wird oft als Fortsetzungsformation erkannt. Es stellt eine Pause im laufenden Trend dar, nach der der Ursprungstrend wieder aufgenommen wird. Dabei ist es nicht von Bedeutung, ob ein Aufwärts- oder ein Abwärtstrend fortgesetzt wird. Eine Minimalanforderung für ein Dreieck sind vier Umkehrpunkte, das heißt, es müssen mindestens zwei oben und zwei unten verbunden werden können.

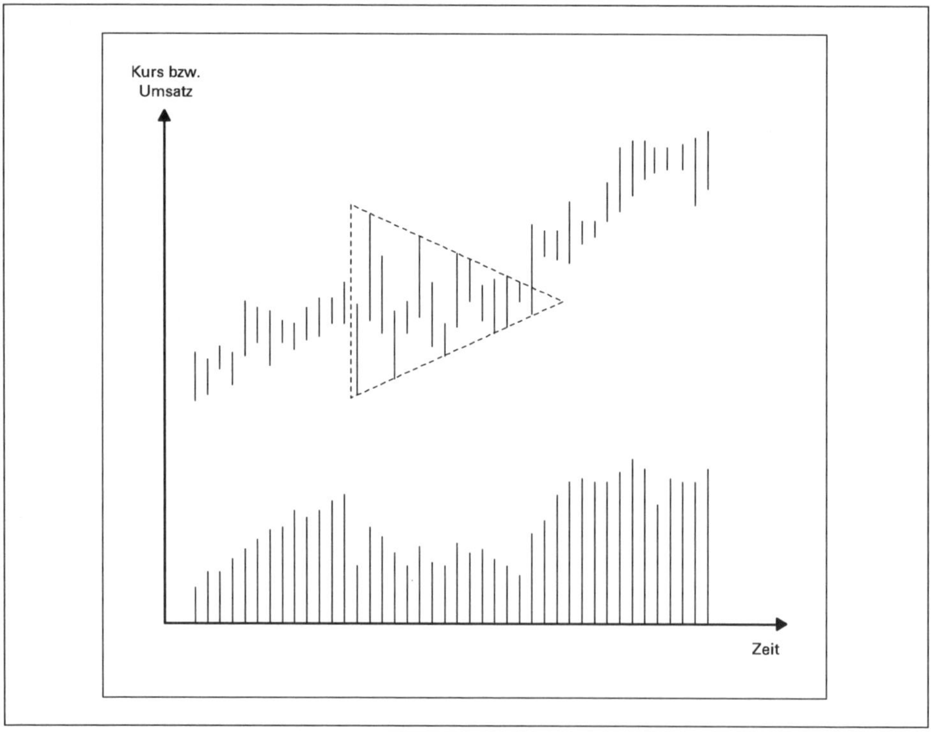


***Abbildung 68:*** *Symmetrisches Dreieck*

Der Zeitfaktor spielt bei der Beurteilung eines Dreieckes eine entscheidende Rolle. Das Dreieck wird als mittelfristige Formation aufgefasst, das heißt, dass es in der Regel länger als einen Monat zu seiner Ausbildung benötigt, aber nicht mehr als drei Monate. Diese Regel gilt natürlich nur bei Tagescharts. Sie ist entsprechend der Chartdarstellung (kurzfristige Stunden oder langfristige Wochencharts) zu variieren.

**Flaggen und Wimpel** stellen kurze Unterbrechungen in einer dynamischen Marktentwicklung dar. Meistens tauchen diese Formationen nach scharfen, fast senkrecht verlaufenden Bewegungen auf. Beide gelten als sehr verlässliche Trendbestätigungsformationen, denen nur äußerst selten eine Trendumkehr folgt. Wichtig dabei ist, wie bei den meisten Chartformationen, das Umsatzverhalten.

Sowohl bei der Flagge als auch beim Wimpel steigen die Umsätze in der steilen Anstiegsphase extrem an. Während der Flaggen- bzw. Wimpelbildung gehen die Umsätze deutlich zurück. Die Ausbruchsphase ist dann wieder mit deutlichen Umsatzsteigerungen verbunden.

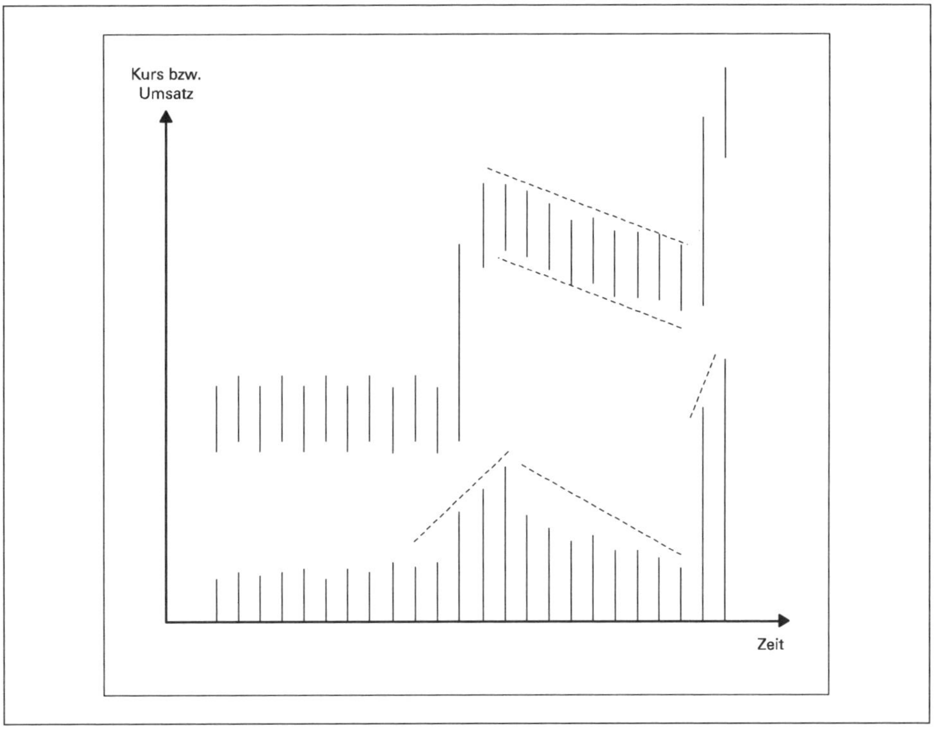


***Abbildung 69:*** *Flagge*

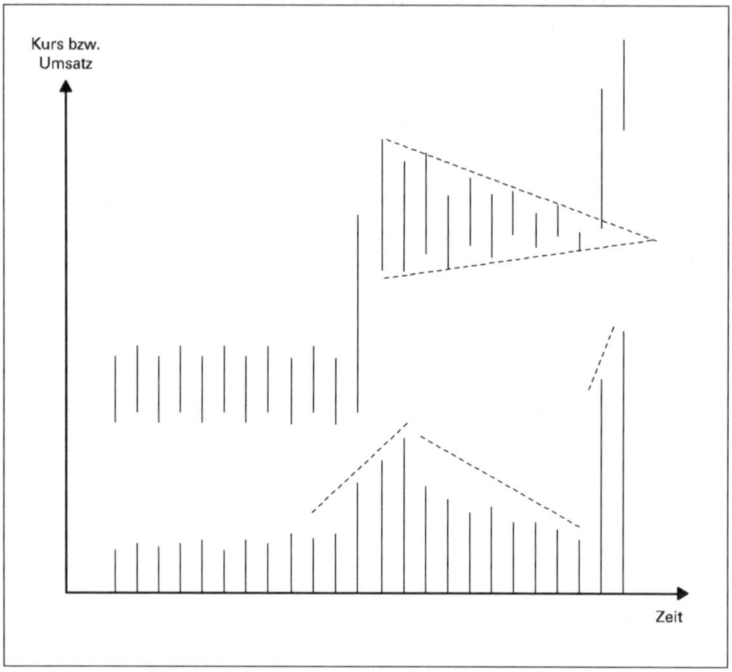


*Abbildung 70:* *Wimpel*

## 9.2.2.8.2 Trendumkehrformationen

Zu den wichtigsten Trendumkehrformationen gehören:

- Kopf-Schulter-Formation
- M-Formation (Doppeltop) oder W-Formation (Doppeltief)
- Untertassenformation
- V-Formation

**Die normale Kopf-Schulter-Formation** (auch SKS für Schulter-Kopf-Schulter genannt) ist eine dreifache Spitze, bei der die mittlere Spitze (der Kopf) höher ist als die beiden anderen Spitzen (Schultern). Die Unterstützungslinie, die durch die Bottoms (Tiefs) der beiden Reaktionen zwischen der linken Schulter, dem Kopf und der rechten Schulter gezogen wird, nennt man Neckline, Nackenlinie. Das Umsatzverhalten ist ein sehr wichtiger Faktor bei der Erkennung einer Kopf-Schulter-Formation.

Die Ausbildung der linken Schulter muss von einem hohen Umsatzvolumen begleitet sein. Der Rückfall auf die (zu diesem Zeitpunkt noch nicht erkennbare) Neckline hat abnehmende Volumina. In der nachfolgenden Anstiegsbewegung zur Kopfspitze nimmt das Volumen wieder deutlich zu, erreicht aber nur noch selten das Niveau der linken Schulter. Das ist ein erstes Zeichen, dass sich eine Kopf-Schulter-Formation ausbilden könnte. In der darauf folgenden Konsolidierungsphase fällt der Umsatz deutlich zurück. Besonders kritisch wird die Situation, wenn das Umsatzvolumen bei dem nun folgenden Anstieg nicht mehr über das Niveau des „Kopfumsatzes" zunimmt. Die Formation ist zwar noch nicht vollendet, die Anzeichen deuten aber schon auf eine Trendumkehr. Der Durchbruch durch die Neckline stellt die Vollendung der Formation dar. Oft kommt es nach dem Durchbruch noch einmal zu einer Gegenbewegung (Pull Back) an die Nackenlinie. Hier bekommt der Investor noch einmal die Chance auszusteigen, bevor der endgültige Abwärtstrend beginnt. In der anschließenden Abwärtsbewegung nehmen die Umsätze wieder kräftig zu.

Aus einer Kopf-Schulter-Umkehrformation kann, im Gegensatz zu anderen Umkehrformationen, ein ungefähres Kursziel bestimmt werden. Dazu misst man die Punktdifferenz zwischen der Neckline und der Kopfspitze. Diese Punktzahl stellt in der Regel die zu erwartende Kursbewegung, gemessen von der Neckline nach unten, dar.

Eine Kopf-Schulter-Formation tritt am Ende eines ausgeprägten Aufwärtstrends auf. Sie stellt ein Zeichen für das Ende des Trends dar. Sie kehrt den Trend gewissermaßen um.

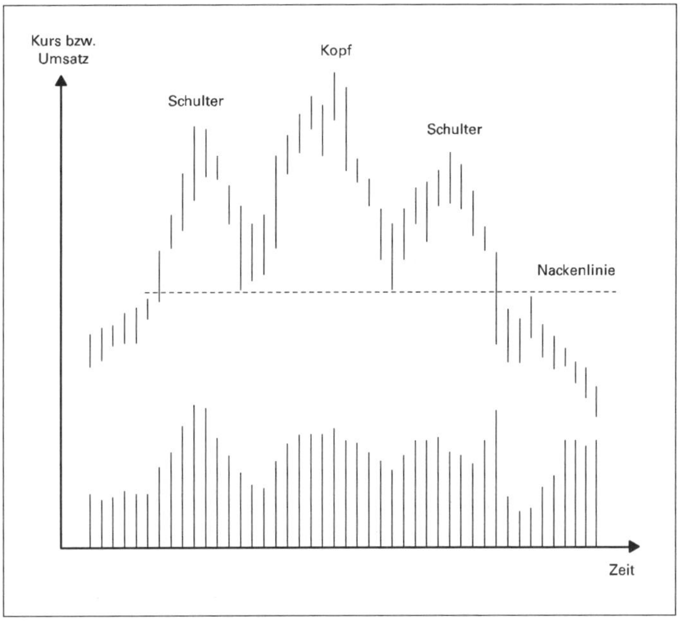


***Abbildung 71:*** *Kopf-Schulter-Formation*

Neben der normalen Kopf-Schulter-Formation gibt es die **inverse Kopf-Schulter-Formation**.

Diese „umgedrehte“ Formation findet man am Ende eines ausgeprägten Abwärtstrends. Die Aussagen, die für die normale Kopf-Schulter-Formation gemacht wurden, gelten hier ebenfalls. Allerdings verhält sich der Umsatz anders (siehe Abbildung 72). Besonders wichtig ist die deutliche Umsatzzunahme beim Ausbruch nach der rechten Schulterbildung.

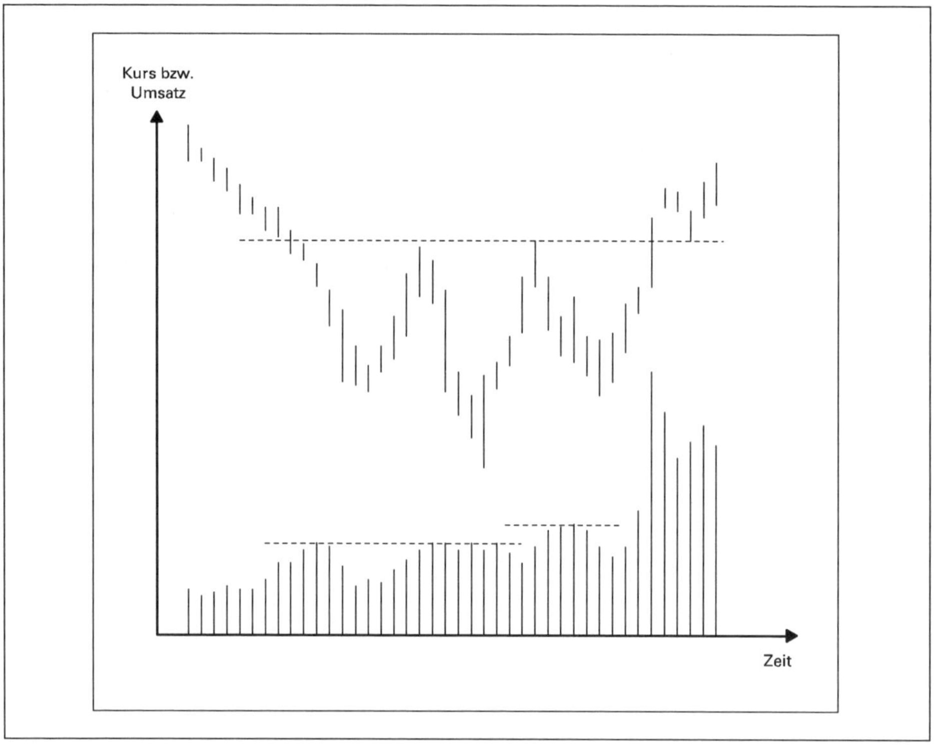


***Abbildung 72:*** *Inverse Kopf-Schulter-Formation*

Die Kopf-Schulter-Formation gilt als die wichtigste und zuverlässigste charttechnische Formation. Sie deutet die Umkehr eines langfristigen Trends an.

Weniger geübte Anleger erkennen inverse Kopf-Schulter-Formationen in Aufwärtstrends bzw. normale SKS-Formationen in Abwärtstrends als Zeichen der Trendbestätigung. Die Treffer solcher Analysen sind aber zufällig. Wir wollen an dieser Stelle noch einmal ausdrücklich betonen, dass eine Kopf-Schulter-Formation eine Trendumkehrformation ist.

**M-Formationen (Top) oder W-Formationen (Bottom)** – auch als Doppeltops bzw. Doppeltiefs bezeichnet – sind häufig auftretende und recht zuverlässige Trendumkehrsignale. Wie der Name schon sagt, verlaufen die Kursbewegungen in der Formation des Buchstabens M bzw. W. Je größer die Formation, umso größer kann auch die nachfolgende Bewegung erwartet werden. Rückschlüsse in Bezug auf eine Trendumkehr sind nur dann aussagekräftig, wenn nachfolgende Kriterien erfüllt werden:

Bei der M-Formation oder Doppeltop (W-Formation oder Doppelbottom) gilt:

- Beide Höchstkurse (Tiefstkurse) müssen sich in etwa entsprechen. Die Spitzen müssen nicht zwingend exakt auf dem gleichen Niveau liegen. Eine Wende in unmittelbarer Nähe ist ausreichend.
- Der Abstand zwischen den beiden Hochs (Tiefs) sollte (in Tagescharts) wenigstens einen Monat betragen. In längerfristigen Wochen- oder Monatscharts können diese Formationen auch mehrere Jahre in Anspruch nehmen.
- Die nachfolgenden Kursbewegungen müssen die Tiefstkurse der Konsolidierung zwischen den beiden Hochs unterschreiten (Höchstkurse der Erholung zwischen den Tiefs überschreiten), um als Trendumkehrsignal zu gelten.
- Wichtig ist einmal mehr das Umsatzverhalten. Bei der Top-Formation steigt der Umsatz im ersten Top deutlich an, um in der anschließenden Konsolidierung zurückzufallen. Beim Wiederanstieg nimmt das Umsatzvolumen zwar zu, ist aber nicht mehr so groß wie beim ersten Top. Beim Doppelbottom ist das Verhalten genau umgekehrt, also abnehmende Umsatztätigkeit beim ersten Boden und zunehmende beim zweiten Boden.

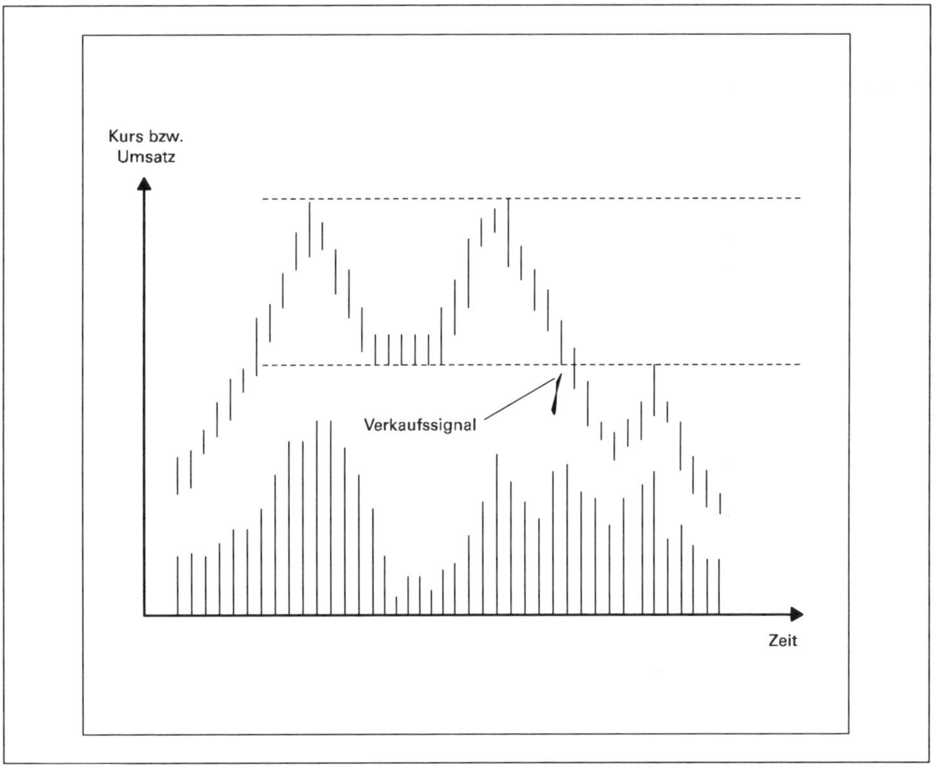


***Abbildung 73:*** *M-Formation*

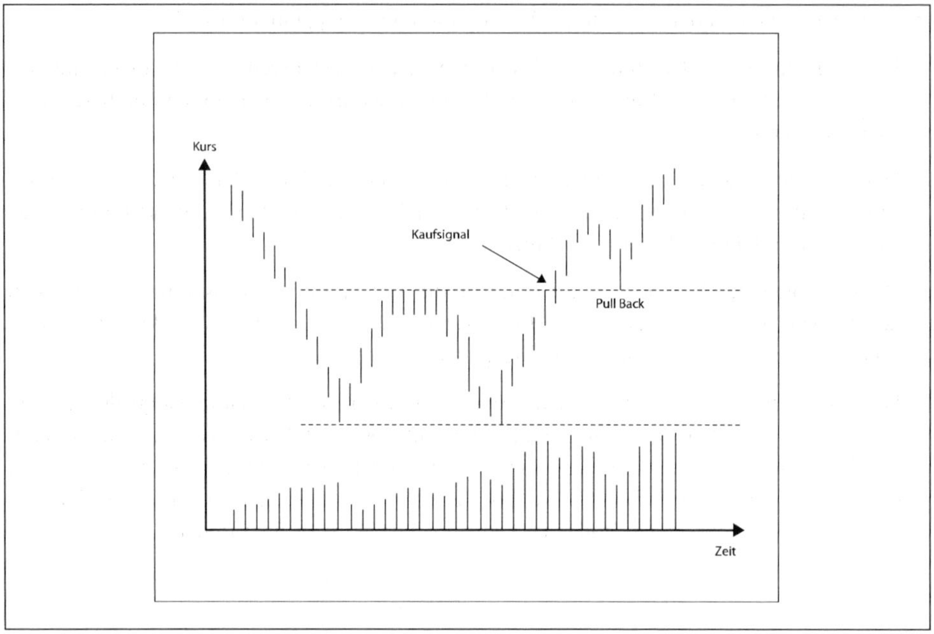


***Abbildung 74:*** *W-Formation*

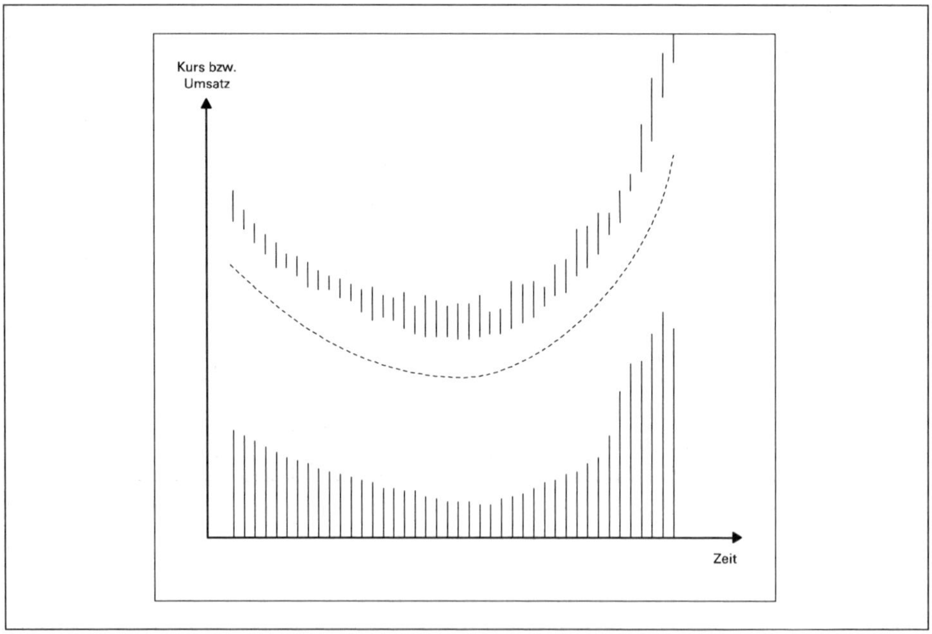


***Abbildung 75:*** *Untertassenformation*

Eine weitere Umkehr – Formation ist die Untertasse (siehe Abbildung 75). Diese Formation ist erst sehr spät zu erkennen. Die **Untertassenformation** repräsentiert einen sehr langsamen, stetigen Wechsel des Trends und damit einer Änderung der Anlegereinschätzung, wobei das Volumensbild dem Kursbild gleicht. Je länger die Vollendung der Untertassenformation dauert, umso größer ist das Potenzial für den anschließenden Kurszuwachs.

## 9.2.2.9 Lücken (Gaps)

Eine Tagesbewegung, bei der der Tiefstkurs höher als der Vortageshöchstkurs bzw. der Höchstkurs tiefer als der Vortagestiefstkurs liegt, zeigt sich im Balkenschaubild als ein Sprung und wird Gap (Lücke) genannt. Im Allgemeinen deuten Gaps in Anstiegsbewegungen auf eine Marktstärke hin, in Abwärtstrends dagegen auf eine Marktschwäche.

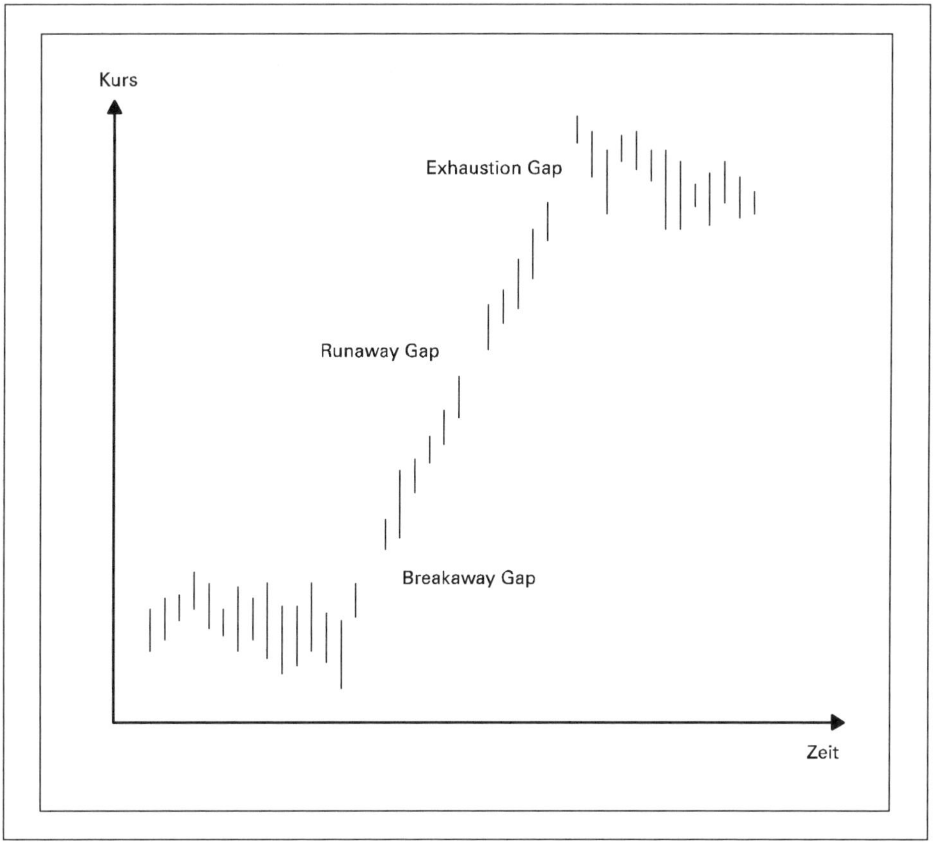


***Abbildung 76:*** *Lücken (Gaps)*

Es wird häufig behauptet, dass ein Gap immer geschlossen wird, also der Kurs noch einmal in den Bereich der hinterlassenen Lücke steigt bzw. fällt. Dies ist aber nicht immer in einem angemessenen Zeitraum (einige Tage oder Wochen) der Fall. Irgendwann in einer unbestimmten Zukunft kann es natürlich sein, dass die Aktie sich wieder dort hin bewegt, wo das Gap hinterlassen wurde. Dies kann aber unter Umständen Monate oder Jahre dauern, sodass unter Tradingaspekten die oben genannte Regel relativ nutzlos ist.

Man unterscheidet vier Arten von Lücken:

- Die **gewöhnliche Lücke** (Common Gap) tritt in Märkten mit sehr geringem Handel und in der Mitte eines Seitwärtstrends auf. Der Prognosewert ist praktisch gleich Null.
- Die **Ausbruchslücke** (Breakaway Gap) ist meist an Widerstandszonen zu finden, die nach oben, bzw. an Unterstützungszonen, die nach unten durchbrochen werden. Diese Lücke tritt normalerweise nach Vollendung wichtiger Kursformationen auf und deutet auf den Beginn einer signifikanten Marktbewegung hin.
- Die **Weglauflücke** (Runaway Gap) entsteht bei starken Trends oft nach einer kleinen Konsolidierung. Sie tritt häufig in der Mitte einer Kursbewegung auf.
- Die **Erschöpfungslücke** (Exhaustive Gap oder Exhaustion Gap) erscheint kurz vor Beginn der Trendumkehr oder in der Nähe des Endes einer Marktbewegung.

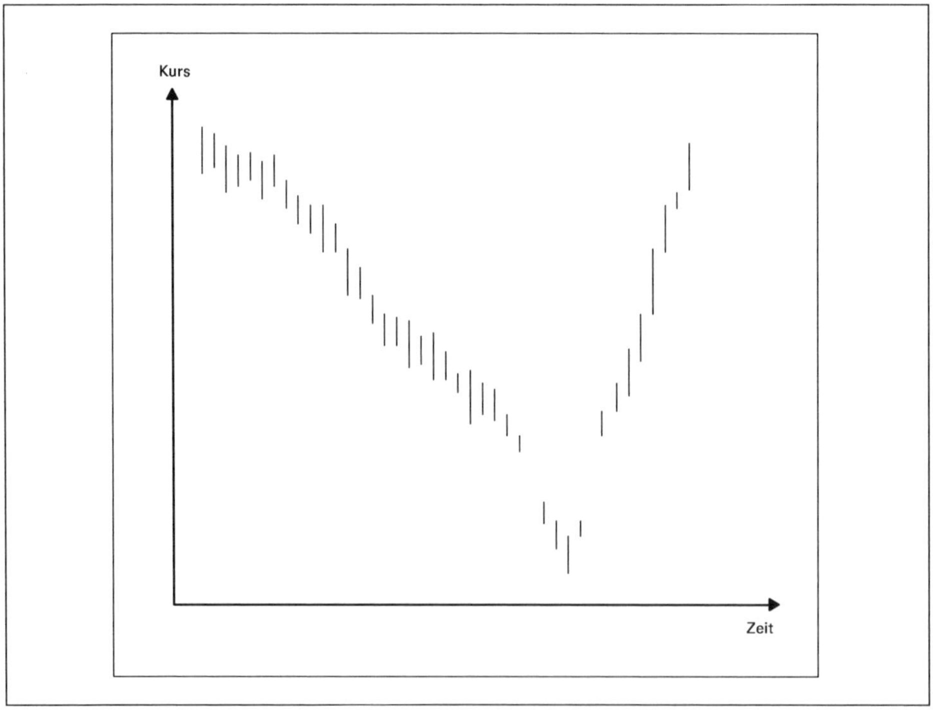


***Abbildung 77:*** *Inselumkehr*

Eine andere Formation, die sowohl Lücken als auch eine Wende beinhaltet, ist die **Inselumkehr (Island Reversal, siehe Abbildung** 77). Sie unterscheidet sich von einer einfachen Wende dadurch, dass sie durch zwei Lücken von der normalen Bandbreite der Kursbewegungen getrennt ist. Eine Inselwende ist ein relativ sicheres Zeichen für ein Umschlagen des Kursverlaufs.

## 9.2.3 Technische Analyse mit Indikatoren

### 9.2.3.1 Mengenbezogene Indikatoren

#### 9.2.3.1.1 Volumen

Zu den wichtigsten Indikatoren für einzelne Aktienwerte, Commodities oder für den ganzen Markt gehört der jeweilige Umsatz des Handelsobjektes. Kursänderungen allein geben zwar Auskunft über die Richtung einer Bewegung, sie zeigen jedoch nicht, wie stark die Angebots- bzw. Nachfragesituation zum analysierten Zeitpunkt ist.

Der Umsatz wird pro Periode (Tag, Woche, Monat) entweder in Handelseinheiten (zum Beispiel Stückzahl bei Aktien oder Nominalwert bei Anleihen) oder in geldwertem Äquivalent angegeben. Als einer der wirksamsten Indikatoren wird der Umsatz in der Regel im Zusammenwirken mit anderen Messinstrumenten zur Chartanalyse herangezogen.

Die Umsatzentwicklung kann folgende Aussagen zulassen:

- Kurse können ohne nennenswerte Umsatzzunahmen fallen, wenn zum Beispiel die Nachfrage rückläufig ist.
- In einer Konsolidierungsphase bildet sich in der Regel der Umsatz zurück.
- Nachlassende Umsätze bei steigenden Kursen können als Schwächezeichen interpretiert werden.
- Steigende Umsätze auf den tiefsten Kursen einer Baisse deuten auf eine Ausverkaufspanik hin, die entnervten Anleger werfen ihre letzten Bestände auf den Markt.

#### 9.2.3.1.2 Offenes Interesse (Open Interest)

Bei Options- und Futureskontrakten, die wie wir wissen (siehe 5.1 „Optionsscheine") kein festes Emissionsvolumen haben, spielt zusätzlich zum Handelsvolumen die Anzahl der aktuell am Markt vorhandenen offenen Kontrakte eine wichtige Rolle. Diese Zahl nennt man „Offenes Interesse" oder „Open Interest".

Diese offenen Kontrakte dürfen nicht mit der Summe aller offenen Long- und Short-Positionen gleichgesetzt werden. Da zu jeder Long-Position (Kauf-Position) eine Short-Position (Verkaufs-Position) existiert, ist die Anzahl der Long- und der Short-Positionen gleich groß. Daraus folgt, dass sich das offene Interesse aus der Anzahl der offenen Long-Positionen oder der offenen Short-Positionen ergibt.

Offene Kontrakte, die nicht durch Glattstellung, Belieferung oder Cash Settlement liquidiert wurden, verfallen bei Fälligkeit wertlos. Sie sind damit nicht mehr im Open Interest enthalten.

Das offene Interesse verändert sich aus folgenden Gründen:

- **Es steigt,**
  wenn zwei Marktteilnehmer neue Positionen miteinander abschließen (jeweils Long- und Short-Position).
- **Es fällt,**
  a) wenn zwei Marktteilnehmer bestehende Positionen miteinander liquidieren (die Long-Position wird durch Verkauf, die Short-Position durch einen Kauf glattgestellt).
  b) wenn Kontrakte ausgeübt oder beliefert werden.
  c) wenn Kontrakte bei Fälligkeit verfallen.
- **Es bleibt unverändert,**
  wenn ein Marktteilnehmer eine neue Long-Position mit einem anderen Marktteilnehmer eingeht, der eine bestehende gleichartige Long-Position glattstellt. In diesem Fall hat der neue Käufer lediglich den alten Käufer ersetzt. Das gleiche gilt analog für Short-Positionen.

| Tag | Umsatz zwischen Anlegern | Bestand Anleger A | Bestand Anleger B | Bestand Anleger C | offenes Interesse am Tagesende |
|---|---|---|---|---|---|
| 1 | Käufer A<br>Verkäufer B<br>10 Kontrakte | +10 | -10 | 0 | 10 |
| 2 | Käufer A<br>Verkäufer C<br>5 Kontrakte | +15 | -10 | -5 | 15 |
| 3 | Käufer B<br>Verkäufer C<br>10 Kontrakte | +15 | 0 | -15 | 15 |
| 4 | Käufer C<br>Verkäufer A<br>10 Kontrakte | +5 | 0 | -5 | 5 |

***Tabelle 61:*** *Verdeutlichung der Entwicklung des Offenen Interesses bei verschiedenen Umsätzen*

Das offene Interesse lässt eine Aussage über die Verfassung des Marktes erst dann zu, wenn es zum Umsatz und Preis in Beziehung gebracht wird:

- Wenn Preise, Umsatz und das offene Interesse im Steigen begriffen sind, gilt es als wahrscheinlich, dass der Aufwärtstrend sich fortsetzt.
- Fallende Preise und fallendes offenes Interesse deuten an, dass der Druck auf den Markt durch Glattstellungen von Long-Positionen erfolgt und die Schwäche im Markt vorüber sein wird, sobald diese Glattstellungen beendet sind.

- Steigen die Preise und fällt das offene Interesse, dann misstrauen die Anleger am Terminmarkt der Aufwärtsbewegung und stellen ihre Positionen glatt (Gewinnmitnahmen). Danach ist mit einem Ende der Aufwärtsbewegung zu rechnen.
- Fallende Preise und steigendes offenes Interesse lassen ein aggressives Verhalten der Short-Spekulanten erkennen. Auch zu tieferen Kursen sind sie bereit, neue Short-Positionen einzugehen.

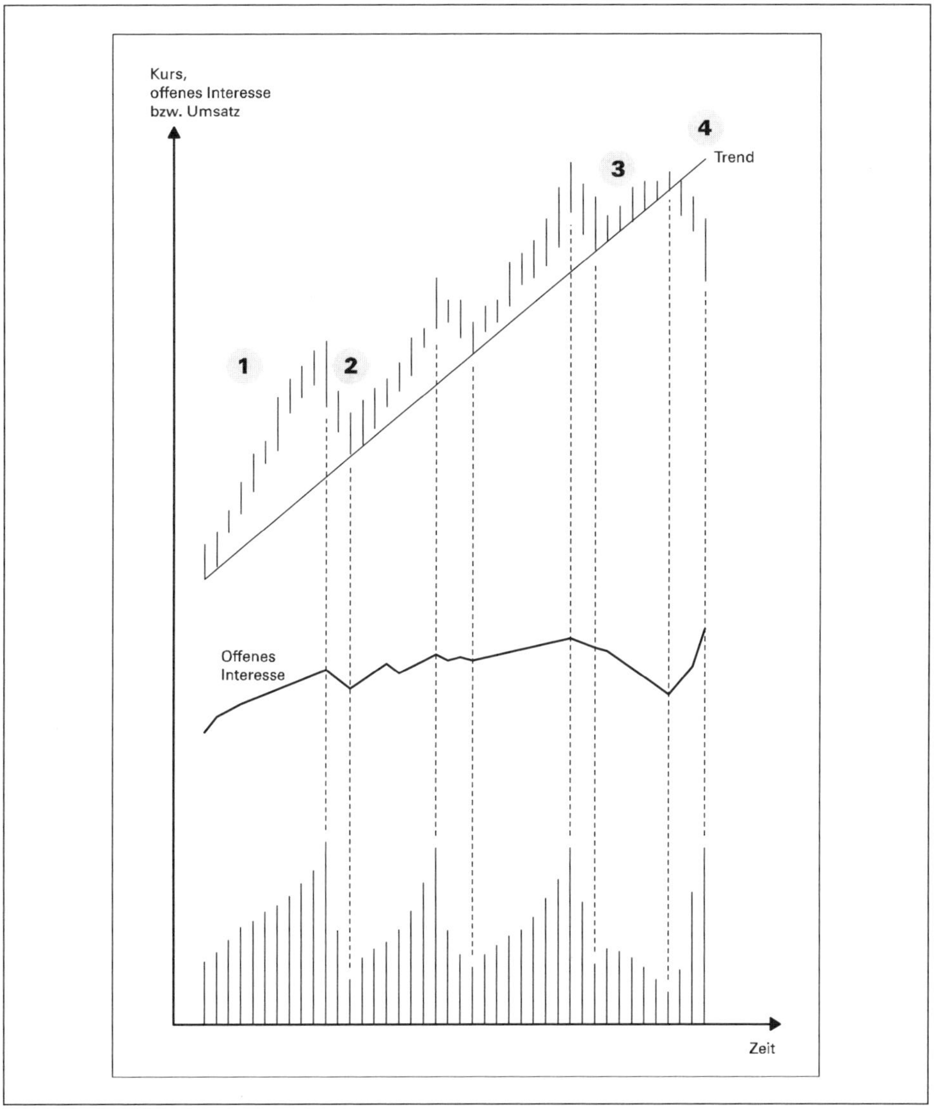


***Abbildung 78:*** *Kurs, offenes Interesse und Umsatz*

Wenn die Trends von Umsatz, offenem Interesse und Preis keine einheitliche Interpretation zulassen, ist der Markt als technisch schwach anzusehen.

In vielen Märkten stellen die professionellen Absicherer den dominierenden Faktor (höchsten Umsatzanteil) dar. Die Daten über offenes Interesse deuten an, ob in diesen Märkten die Absicherer neue Positionen auf- oder abbauen. Ansteigendes offenes Interesse deutet auf Engagement dieser Marktteilnehmer, abnehmendes offenes Interesse deutet auf Glattstellungen der Hedger hin. Da die kommerziellen Absicherer das meiste Wissen über ihre Märkte besitzen, sind Veränderungen des offenen Interesses dieser Anlegergruppe besonders zu beachten.

Ein plötzlicher überdurchschnittlicher Anstieg oder Abfall des offenen Interesses – insbesondere während einer Konsolidierungsphase – kann eine Veränderung der Marktmeinung der kommerziellen Hedger signalisieren.

| Kurstendenz | Umsatzentwicklung | offenes Interesse | Marktverfassung |
|---|---|---|---|
| steigend | steigend | aufwärts | bullish |
| steigend | fallend | abwärts | bearish |
| fallend | steigend | aufwärts | bearish |
| fallend | fallend | abwärts | bullish |

***Tabelle 62:*** *Zusammenfassung der volumensbeezogenen Marktanalyse*

Eine abschließende Beurteilung muss die verschiedenen Marktsegmente bzw. Anlegergruppen berücksichtigen. So kann die Hedge-Motivation eines kommerziellen Anlegers im Rohstoffmarkt gänzlich anderen Überlegungen folgen als die eines vergleichbaren Investors am Finanzmarkt. Daher kann die Veränderung des Open Interest in unterschiedlichen Märkten zu unterschiedlichen Interpretationen führen.

## 9.2.3.1.3 Put/Call-Ratio

Das Verhältnis sämtlicher in einer Zeitperiode gehandelter Puts zur Anzahl der gehandelten Calls gibt Auskunft darüber, wie die Mehrzahl der Optionshändler die künftige Börsentendenz bewertet.

$$\text{Put / Call–Ratio}^{*} = \frac{\text{Anzahl gehandelter Puts}}{\text{Anzahl gehandelter Calls}}$$

**für einen bestimmten Kontrakt bzw. einen ganzen Markt*

Unter der Annahme der Eskomptierung (= Vorwegnahme bzw. Einkalkulierung) sämtlicher zukünftig erwarteter Entwicklungen an der Börse gilt, dass:

- der Markt seinen Boden gefunden hat, wenn das Put/Call-Verhältnis besonders hoch ist, das heißt, Pessimismus vorherrscht (Kontraindikator)
- der Markt am Top ist, wenn das Put/Call-Verhältnis extrem niedrig ist, das heißt Optimismus überwiegt.
- eine Divergenz (Auseinanderlaufen) zwischen der Put/Call-Ratioline und der Kursentwicklung eine Warnung vor einer Trendwende ist.

Soweit die allgemein gültige Meinung zum Put/Call-Ratio. Bei dieser Analyse wird allerdings nicht bedacht, dass der Käufer eines Calls tendenziell von der gleichen Marktmeinung getrieben ist wie der Put-Verkäufer. Beide erwarten zumindest, dass der Markt nicht fällt. Ebenso sollten der Call-Verkäufer und der Put-Käufer ähnliche Vorstellungen von der künftigen Marktentwicklung haben, da beide nicht an einen steigenden Markt glauben. Somit wäre es eigentlich sinnvoller, diese beiden Interessengruppen gegeneinander zu stellen und hieraus eine Kennzahl zu entwickeln. Die Differenz zwischen beiden wird aber immer Null ergeben, da jedem Käufer auch ein Verkäufer gegenüber steht.

Ein Ansatz zu einer aussagekräftigen Kennzahl könnte das Separieren bestimmter Anlegergruppen sein. So haben zum Beispiel Privatanleger einen anderen Fokus als institutionelle Anleger. Erste Untersuchungen der Autoren in einem Teilbereich der Privatanleger haben bislang allerdings noch keine zufrieden stellenden Ergebnisse erzielt.

Trotzdem sollte bei der Betrachtung des Put/Call-Ratios die oben genannte Anmerkung berücksichtigt werden.

### 9.2.3.2 Technische Indikatoren/Oszillatoren

Da die unter 9.2.2 „Darstellung von Kursentwicklungen" beschriebenen Trendbestimmungsmethoden erst im Nachhinein einen Trend erkennen lassen (sogenannte Trendfolgeindikatoren), wurde von Charttechnikern immer wieder nach Methoden gesucht, eine Trendwende im Voraus zu erkennen. Am besten erfüllen solche Aufgaben sogenannte Oszillatoren. Anhand der Schlusskurse eines bestimmten Zeitraumes werden mit Hilfe von mathematischen Formeln Werte errechnet, die anzeigen, wie stark der Markt „überkauft" bzw. „überverkauft" ist.

Technische Indikatoren sind das Resultat von mathematischen Computeranalysen in Bezug auf die Preis- bzw. Kursentwicklung von Anlageobjekten.

Die Anwendung technischer Indikatoren eignet sich vornehmlich in Märkten, die sich seitwärts bewegen, also in Märkten, in denen Trendfolgesysteme nur unbefriedigende Ergebnisse liefern. Oszillatoren können als Frühwarnindikatoren eingesetzt werden. Aber auch in Trendmärkten können Oszillatoren wichtige Hinweise über Wendepunkte oder die Stärke eines Trends geben.

In den folgenden Ausführungen sollen lediglich die gebräuchlichsten technischen Indikatoren behandelt werden. **Der Wertpapieranalyst oder Anleger sollte sich jedoch nie auf die Aussagefähigkeit eines einzigen Indikators verlassen**. Es ist zu empfehlen, dass er bei seiner Analyse mehrere Indikatoren beachtet.

Die folgenden Beispiele für Indikatoren werden aufgrund ihrer Komplexität hier nur komprimiert dargestellt.

### 9.2.3.2.1 Relative Stärke Index (RSI)

Der Relative Stärke Index (kurz RSI) einer Aktie bzw. eines Index wurde von J. Welles Wilder 1978 veröffentlicht. Als einer der populärsten technischen Indikatoren ist der RSI ein Preisfolgeoszillator, welcher auf einer Skala zwischen 0 und 100 schwanken kann.

Ein überkaufter Markt liegt vor, wenn die ermittelten Werte die 70-Punkte-Grenze überschreiten. Dagegen spricht Wilder von einem überverkauften Markt, wenn Werte von 30 und darunter errechnet werden.

Der Begriff Relative Stärke (Relative Strength) ist insofern missverständlich, da mit dem RSI nicht zwei Werte miteinander verglichen werden, sondern die innere Stärke einer Kursbewegung angezeigt wird. Dies erfolgt nach unten stehender Formel:

$$RSI = 100 - (100 : (1 + RS))$$

$$RS = \frac{\text{Durchschnitt der Aufwärtsschlusskurse der letzten x Tage}}{\text{Durchschnitt der Abwärtsschlusskurse der letzten x Tage}}$$

Erläuterung: Ein „Aufwärtsschlusskurs liegt höher als der Schlusskurs des Vortages; entsprechend liegt ein Abwärtsschlusskurs niedriger als der Vortagesschluss

Durch Aneinanderreihung der täglich ermittelten Werte erhält man eine Linie, die zwischen 0 und 100 oszilliert.

Der RSI Indikator ist besonders geeignet für das Erkennen von

- Gipfeln und Böden kurzfristiger Kursbewegungen,
- Trendwendepunkten beim untersuchten Anlageobjekt. Der RSI deutet bereits vorab eine Trendwende an, wenn er innerhalb der Grenzbereiche (Werte unter 30 und über 70) keine neuen Hoch- bzw. Tiefpunkte bildet (**Divergenz** zum noch bestehenden Auf- bzw. Abwärtstrend der Aktie).

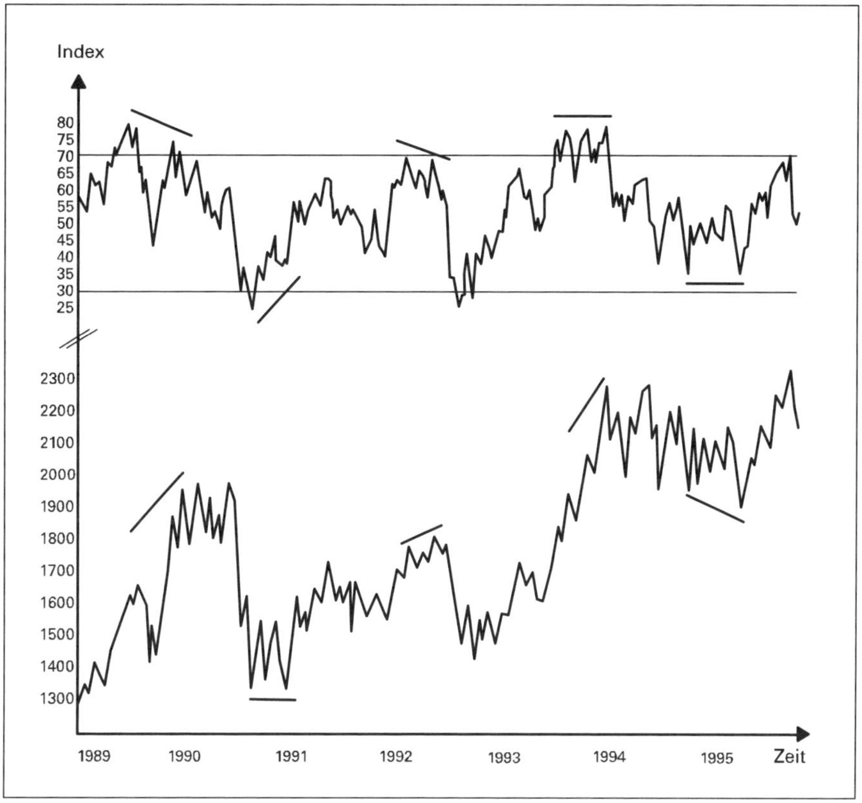


***Abbildung 79:*** *DAX (Wochenchart) und RSI*

## 9.2.3.2.2 Moving Average Convergence/Divergence (MACD)

Der Moving Average Convergence/Divergence Indikator (kurz MACD) wurde von Gerald Appel 1979 entwickelt. Ähnlich wie der RSI Indikator deutet er auf überkaufte bzw. überverkaufte Situationen und auf Trendwenden hin.

Der MACD-Indikator wird aus zwei exponentiell gewichteten Durchschnitten des untersuchten Anlageobjektes gebildet, wobei die zugrunde liegenden Betrachtungsperioden je nach Analysehorizont frei wählbar sind. Nun wird die Linie mit dem längeren Zeithorizont von der „Kürzeren" abgezogen. Von der so gewonnenen MACD-Linie wird zusätzlich ein gleitender Durchschnitt berechnet. Der MACD und sein gleitender Durchschnitt bewegen sich um die Null-Linie.

Durch einen ansteigenden MACD wird ein Aufwärtstrend angezeigt, ein fallender signalisiert einen Abwärtstrend.

Ein Kaufsignal tritt auf, wenn der Indikator (gestrichelte Linie) über seine Durchschnittslinie (durchgezogene Linie) ansteigt, ein Verkaufssignal tritt im umgekehrten Fall auf (das heißt, der Indikator fällt unter seine Durchschnittslinie). Das Signal gilt als bestätigt, wenn beide die Null-Linie schneiden.

Die allgemeine Aussage, dass ein besonders kräftiges Signal vorliegt, wenn der MACD besonders weit von der Null-Linie entfernt ist und dann dreht, hat sich als falsch herausgestellt. Vielmehr bildet er häufig mehrere Divergenzen zum Kursverlauf des Underlyings aus (Top- bzw. Low-Bildungen im Kursverlauf werden vom Indikator nicht mehr nachvollzogen), bevor eine Trendwende eintritt.

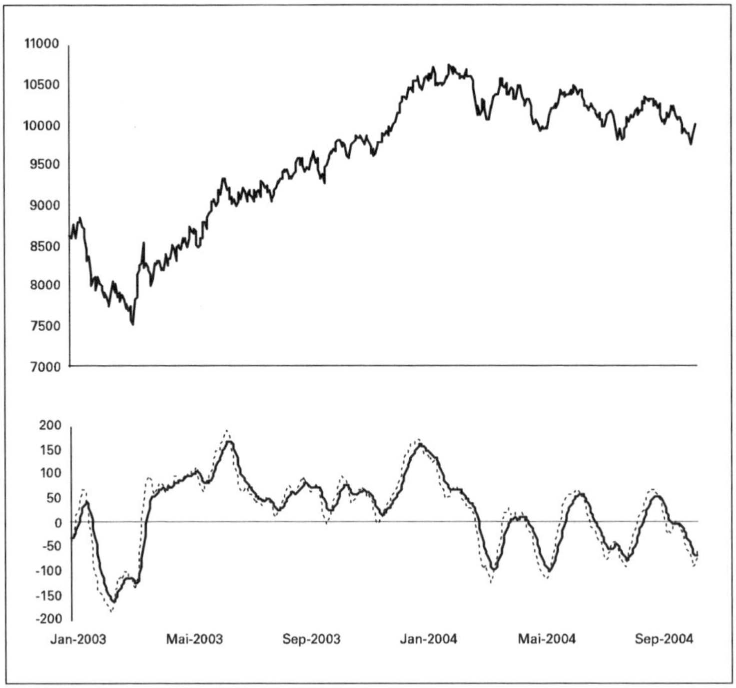


***Abbildung 80:*** *Dow Jones und MACD*

## 9.2.3.2.3 Stochastik Oszillator

George C. Lane konzipierte diesen Oszillator. Der Lane's Stochastik Oszillator besagt Folgendes:

- Wenn Kursrückgänge vorliegen, tendieren die Schlusskurse eher zu den Tagestiefstkursen.
- Wenn Kursanstiege zu verzeichnen sind, neigen die Schlusskurse eher zu den Tageshöchstkursen.

Der Stochastik wurde speziell für die Entdeckung von Umkehrpunkten innerhalb eines Seitwärtstrends entwickelt. Das impliziert auf der anderen Seite, dass seine Anwendung in Zeiten ausgeprägter Auf- oder Abwärtstrends wenig sinnvoll ist. Bei einem anhaltenden Verharren in der Überkauft- bzw. Überverkauft-Zone wird ein starker Auf- bzw. Abwärtstrend angezeigt.

Der Stochastik Oszillator besteht aus den zwei Linien %K und %D. Auf der Grundlage von zum Beispiel 5 Perioden (Stunden, Tage, Wochen oder Monate) wird die %K-Linie ermittelt; %D ist der 3 Perioden Durchschnitt von %K oder anders ausgedrückt die geglättete %K-Linie.

Um die %K-Linie zu ermitteln, verwendet man folgende Formel:

$$\%K = 100 \times ([C - L5] : [H5 - L5])$$

Dabei stellt C den letzten Schlusskurs, L5 das tiefste Tief der letzten 5 Tage und H5 das höchste Hoch derselben 5 Tage dar. Somit wird die Position des Schlusskurses im Verhältnis zur Kursspanne der letzten fünf Tage in Prozent ausgedrückt.

Die %D-Linie ist eine modifizierte 3-Tage-Durchschnitts-Linie der %K-Linie und wird wie folgt ermittelt:

$$\%D = 100 \times (H3/L3)$$

wobei H3 die Summe über 3 Tage von (C – L5) und L3 die Summe über 3 Tage von (H5 – L5) ist.

**Kaufsignale** sind demnach:

- wenn die %K-Linie (gestrichelt) über die %D-Linie (durchgezogen) steigt **und**
- wenn der Stochastik Oszillator aus dem unteren Grenzbereich über 20 Prozent steigt

**Verkaufssignale** liegen vor:

- wenn die %K-Linie unter die %D-Linie fällt **und**
- wenn der Stochastik Oszillator aus dem oberen Grenzbereich unter 80 Prozent fällt.

Divergenzen zwischen dem Stochastik Oszillator und dem Anlageobjekt deuten auf eine Trendwende hin.

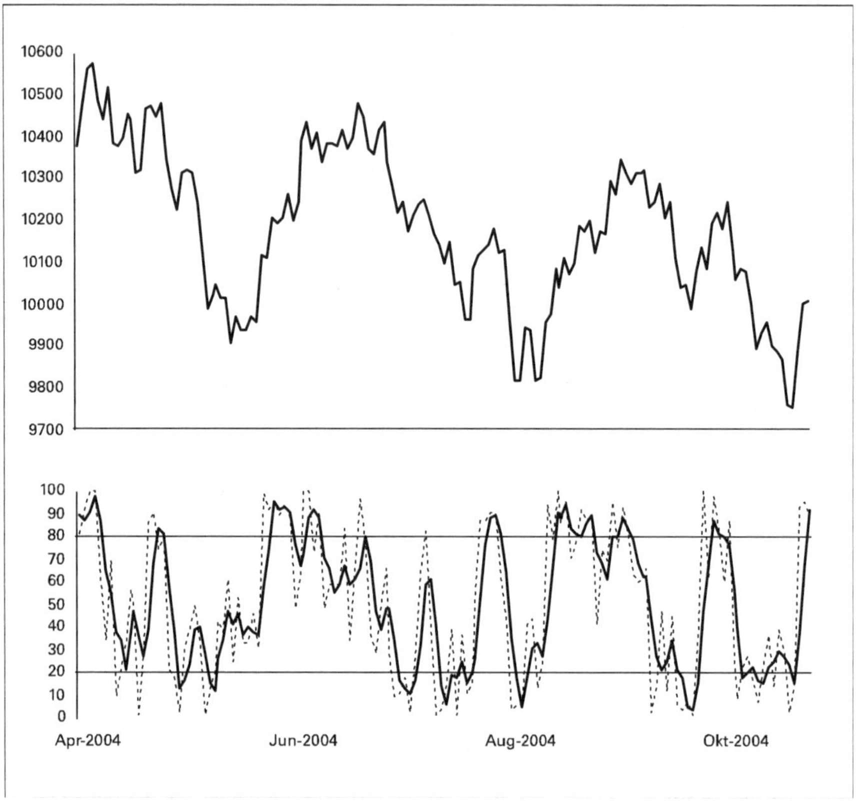


***Abbildung 81:*** *Dow Jones und Stochastic*

## 9.2.3.2.4 Gegensätzliche Meinung (Contrary Opinion)

Die Theorie der gegensätzlichen Meinung (Contrary Opinion) beruht auf der optimistischen bzw. pessimistischen Einstellung der Mehrheit der Marktteilnehmer über den Kursverlauf. Somit handelt es sich streng genommen eher um eine psychologische als um eine technische Analyse.

- Glauben zum Beispiel 80 Prozent aller Marktteilnehmer an eine Hausse, so ist die Wahrscheinlichkeit nach dieser Theorie groß, dass die Kurse bald fallen. Denn bei steigendem Trend und übergroßem Optimismus ist schon viel potenzielle Kaufkraft in aktuelle Käufe gesteckt worden. Die technische Lage hat sich in einer solchen Situation wegen des steigenden Optimismus verschlechtert.

- Glauben im umgekehrten Falle 80 Prozent der Marktteilnehmer an eine Baisse, so erwarten die Anhänger der Contrary Opinion, dass ein bisher starker Kursrückgang in dieser Form nicht weiter anhalten wird, weil der Markt überverkauft sei.

Um einen Eindruck über die optimistische oder pessimistische Einstellung der Marktteilnehmer zu erhalten, müsste ein repräsentativer Durchschnitt aller Börsenteilnehmer ermittelt werden. Dies geschieht in der Regel dadurch, dass Börseninformationsbriefe analysiert und deren Meinungen in eine Werteskala von 0 bis 100 Prozent übertragen werden.

**SENTIX**

Eine weitere Analysemöglichkeit beim Erfassen von Marktstimmungen bietet die wöchentliche Befragung der SENTIX-Analysten. Beim SENTIX werden regelmäßig institutionelle Anleger sowie Privatanleger nach ihrem aktuellen Stimmungsbild zu verschiedenen Märkten oder Produkten sowie zur wirtschaftlichen Lage befragt. Die Ergebnisse werden unter anderem im Internet veröffentlicht. Hier kann man über einen längeren Zeitraum die Stimmungsschwankungen gegenüber den tatsächlichen Bewegungen am Markt analysieren. Gerade für die Theorie der Contrary Opinion wird hier ein hervorragendes Medium geboten. Die Teilnahme an der Umfrage ist kostenlos (www.sentix.de).

Abschließend soll noch auf zwei Punkte hingewiesen werden:

Die Theorie der gegensätzlichen Meinung sollte nur nach einer kräftigen und lang andauernden Preisbewegung beachtet werden; nimmt man zu früh eine zum Markt entgegengesetzte Meinung an, kann dies falsch und daher kostspielig sein.

Der Anleger sollte bedenken, dass auch die gegensätzliche Meinung nur eines von vielen Hilfsmitteln der Technischen Analyse ist. Eine Position sollte niemals eingegangen werden, nur weil ein einziger technischer Indikator dies rät, sondern es sollte immer ein Vergleich zwischen mehreren Indikatoren herangezogen und erst dann eine Entscheidung getroffen werden.

## 9.2.4 Komplexere technische Analysemethoden

Die nachstehend aufgeführten technischen Analysemethoden werden aufgrund ihrer Komplexität ebenfalls nur stark komprimiert dargestellt.

### 9.2.4.1 Elliott Waves

Neben den bisher besprochenen klassischen Analyseverfahren wurden in den letzten Jahren verschiedene ältere Methoden wiederentdeckt bzw. verfeinert. Im Jahre 1978 griff Robert Prechter die um 1930 von Ralph Nelson Elliott entwickelte Wellentheorie erneut auf und veröffentlichte sie in einem Buch. Elliott versuchte zu zeigen, dass ein Trend grundsätzlich in Wellen verläuft. Dabei finden im Aufwärtstrend drei Aufwärtsbewegungen statt, unterbrochen von zwei Abwärtsbewegungen. Im Abwärtstrend sind es umgekehrt drei Abwärts- und zwei Aufwärtsbewegungen. Jede dieser Wellen kann dabei beliebig oft in Wellen eines tieferen Grades unterteilt werden. Abbildung 82 soll dies (idealisiert) verdeutlichen.

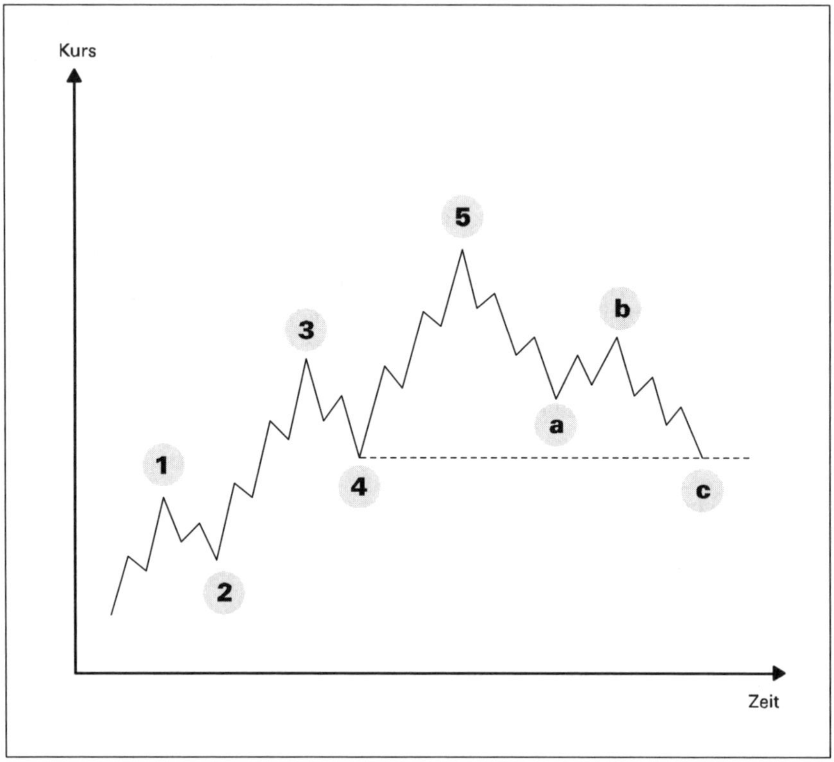


***Abbildung 82:*** *Wellen*

Die Anhänger der Wellentheorie versuchen, durch Abzählen der einzelnen Wellen die Größe einer Kursbewegung im Voraus abzuschätzen. Außerdem soll dadurch bestimmt werden, an welcher Stelle des Trends man sich befindet.

### 9.2.4.2 Fibonacci

Die mathematische Basis der Elliott-Wave-Theorie ist die Fibonacci-Zahlenreihe. Sie ergibt sich dadurch, dass die folgende Zahl immer aus der Summe der beiden vorausgegangenen Zahlen gebildet wird. Eine solche Zahlenfolge lautet wie folgt: 1, 1, 2, 3, 5, 8, 13, 21, 34 usw. Mit Ausnahme der ersten drei Zahlen nähert sich der Quotient aus zwei aufeinander folgenden Zahlen immer stärker dem Wert 0,618 (3/5; 5/8; 8/13 usw.), oder anders ausgedrückt: Bei der Multiplikation einer Fibonacci-Zahl mit dem „goldenen Faktor" 1,618 erhält man stets die darauf folgende Fibonacci-Zahl, wie zum Beispiel 13 x 1,618 = 21,034. Je höher die Zahl, desto genauer das Ergebnis.

In der Natur gibt es zahlreiche Beispiele, bei denen sich **der goldene Schnitt** wieder findet. Wenn man zum Beispiel eine Körpergröße von 1,79 Meter misst, befindet sich der Bauchnabel bei 1,10 Meter, was einem Verhältnis von 61,4 Prozent entspricht. Dieses Verhältnis lässt sich bei jedem Menschen nachweisen.

Unter Zugrundelegung dieser Zahlenreihe ermittelt der Wertpapieranalyst Kursziele für die betrachteten Kursverläufe. Wenn laut Elliot ein kompletter Zyklus aus acht Wellen besteht und jede Welle zum Beispiel in eine Wellenserie tieferen Grades unterteilt wird, ergibt das einen Zyklus aus 34 Wellen, (Summe aus 5 x 5 = 25 und 3 x 3 = 9). Diese Zahlenreihe kann auf Kursabstände und Winkel bei der Chartanalyse Anwendung finden.

Die Elliott-Wave-Theorie eignet sich insbesondere für die Analyse von Indizes und Commodities.

Mit Fibonacci Zahlenreihen können auch Kursrückschläge in einer Korrekturphase berechnet werden. In Extremphasen liegen die Kurskorrekturen zwischen 38,2 Prozent und 61,8 Prozent.

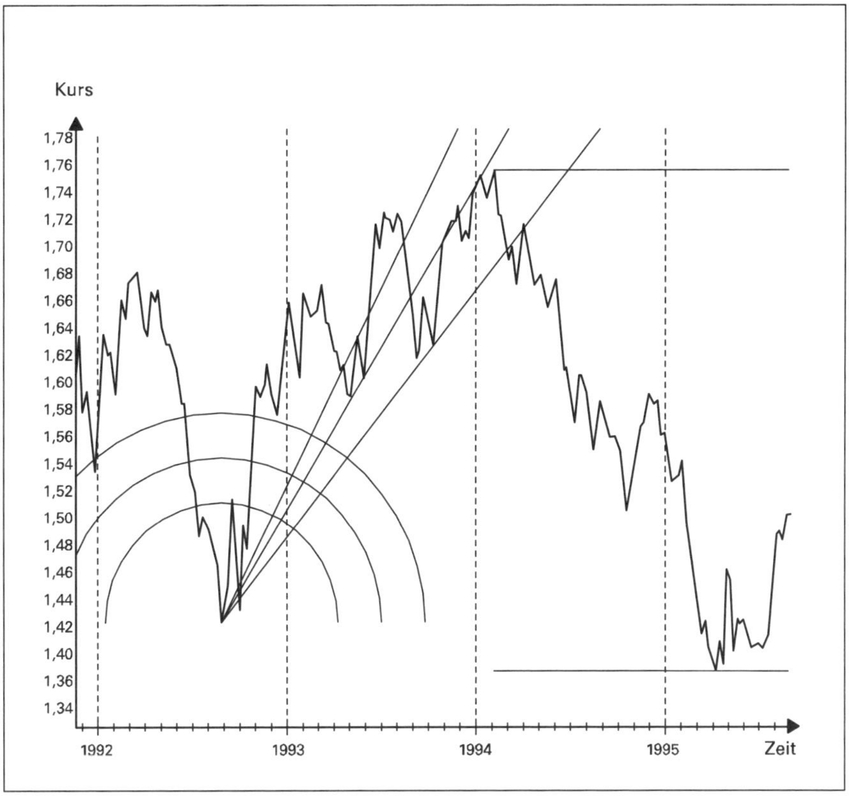


***Abbildung 83:*** *Fibonacci Arcs, Fans und Retracements*

Abbildung 83 soll einen oberflächlichen Einblick in die Anwendungsmöglichkeiten der Fibonacci-Zahlenreihe gewähren. Für tiefergehende Erklärungen müssen wir an dieser Stelle auf die einschlägige Literatur verweisen.

#### 9.2.4.3 Saisonale Muster

Märkte sowie einzelne Aktien weisen über längere Zeiträume saisonale Muster auf. Auch diese Muster können in Charts dargestellt werden und zeigen prozentuale Veränderungen an. Je länger der Zeitraum der Betrachtung, desto höher ist die Aussagekraft dieser Charts. Allerdings kann es immer wieder zu extremen Abweichungen gegenüber dem historischen Mittel kommen, sodass die Analyse der saisonalen Muster nur als Ergänzung zu anderen Analysemethoden verwendet werden darf. Entsprechende Charts findet man auf der Internetseite www.Seasonalcharts.de.

### 9.2.5 Schlussbemerkung zur Technischen Analyse

Alle oben genannten Indikatoren sind auf Basis der Daten ihrer Entwickler eingestellt. Viele Techniker haben versucht, durch Optimierung ihre ganz persönliche Einstellung zu finden. Dauerhaften Erfolg haben allerdings nur diejenigen, die viel Zeit investieren und über Jahre entsprechende Erfahrungen sammeln.

Wichtig ist, dass jeder seine zu ihm passende Analysemethode findet und entsprechend anwendet. Ein noch so ausgefeiltes System mit hervorragenden Ergebnissen, kann in den „falschen Händen“ fatale Folgen haben. Erfahrung, Training, entsprechende Literatur und der richtige Umgang mit Rückschlägen, sind für ein erfolgreiches Anwenden der Technischen Analyse unabdingbar.

Mit oberflächlichem Wissen auf vermeintliche Signale der oben beschriebenen Indikatoren zu handeln, könnte ruinöse Folgen nach sich ziehen.

Daher empfehlen wir die einschlägige Literatur. Das vorliegende Buch soll hier nur erste Grundlagen schaffen und Interesse an der Technischen Analyse wecken.

# 10. Grundlagen des Geldmanagements und Praxis von Optionsstrategien

## 10.1 Grundlagen des Geldmanagements

Ein wichtiger Teil der Marktteilnehmer, die an der Börse tätig sind, sind sogenannte Spekulanten. Sie sind bereit, die Risiken zu übernehmen, welche Absicherer (Hedger) vermeiden wollen. Durch sie wird die nötige Liquidität bereitgestellt, die für einen funktionierenden Markt nötig ist.

Untersuchungen haben gezeigt, dass nur 10 bis 30 Prozent der Spekulanten ihre Termingeschäfte per Saldo mit einem Gewinn abschließen. Obwohl dieses Ergebnis zunächst enttäuschend erscheint, gibt es zu jedem Zeitpunkt Spekulanten, die beachtliche Summen in Termingeschäften riskieren.

Professionell arbeitende Spekulanten setzen ihre Gelder nach gezielten Plänen, nie jedoch einfach nur „aus dem Bauch heraus" ein. Für sie ist die Erstellung eines sogenannten Spekulationsplans unverzichtbar. Auch der Privatanleger sollte sich zum Schutz seiner Anlagen eines solchen Planes bedienen. Bei der Erstellung sollte eine Bank ihren Kunden unterstützen.

### 10.1.1 Spekulationsplan

#### 10.1.1.1 Einstiegs- und Ausstiegsplanung

Mancher Spekulant plant seine Einsätze zwar sehr sorgfältig, handelt im Ernstfall aber impulsiv ganz anders. Letztlich **Erfolg versprechend ist die Aufstellung und disziplinierte Durchführung eines Spekulationsplanes**.

Der Spekulationsplan muss in kurzer Form die logischen Gründe für die Eröffnung und Glattstellung einer Position enthalten. Wenn eine Position eröffnet wurde, kann der Preis in der Folge steigen, fallen oder gleich bleiben. Der Plan des Spekulanten sollte **Aktionsanweisungen** für alle drei Fälle enthalten. Jeder Plan muss **Klarheit** darüber geben**, wann die Position glattgestellt wird**. Dies bedeutet die Berücksichtigung der drei genannten Eventualitäten: steigende, fallende und unveränderte Preise. Der Plan muss einen Verlust- und Gewinnausstieg vorsehen.

Für den Fall des Verlustes sollte der Ausstieg durch einen vor Positionseröffnung ermittelten Stopp-Loss-Punkt festgelegt sein (Punkt, an dem bei ungünstiger Marktentwicklung der Ausstieg erfolgen soll).

Für den Fall der Gewinnentwicklung hängt es von den Zielen und Methoden des Spekulanten ab, wann und wie er Gewinne realisieren will. Neben einer festgelegten Kurshöhe kann auch ein Zeitpunkt als Gewinnmitnahmekriterium dienen. Bei unbeweglichen Märkten wird der Spekulant spätestens zum Liefermonat entscheiden müssen, was er mit seiner Position macht, da er in der Regel nicht mit seinen Futures oder Short-Options in eine Liefersituation geraten will.

Ein solcher Plan ist unbedingt **vor** Eingehen der Position zu erstellen, da zu diesem Zeitpunkt der „Kopf noch frei" ist. Man kann dann noch nüchtern die Situation beurteilen und Handlungsanweisungen festlegen. Ist die Position erst einmal eröffnet, ist man nicht mehr frei von Gefühlen (Hoffnung, Angst) oder Einflüssen und Eindrücken vom Marktgeschehen.

Wer sich ein derartiges Grundkonzept zurechtgelegt hat, kann dem Markt gelassen entgegensehen. Er ist nicht auf Impulsentscheidungen angewiesen, die unter Druck entstehen und sich eher als falsch denn als richtig erweisen, selten aber gut überlegt sind.

## 10.1.1.2 Verfügbares Kapital

Festzulegen ist außerdem die Mindestgrenze und die Obergrenze der für die Spekulation einzusetzenden Mittel. Das absolute Minimum ist der Optionspreis oder der Margin-Einschuss und die Provision für einen Kontrakt. Das absolute Maximum ist das Gesamtvermögen des Spekulanten. Beide Grenzen sind jedoch für eine überlegte Spekulation unsinnig.

Ein Spekulant, der nur den absoluten Mindestbetrag zur Verfügung hat, sollte auf Spekulationen in Termingeschäften verzichten. Denn falls der Kurs sich entgegen der Erwartung entwickelt, bringt er sich sehr schnell aufgrund der Hebelwirkung in eine gefährliche Situation:

- Er muss seine Position entweder selbst liquidieren, um einen gewissen Prozentsatz seines Einschusses zu retten, oder
- es kommt zur Zwangsliquidierung, wenn nicht rechtzeitig der erforderliche Nachschuss (Margin-Call) erfüllt wird.

Es sollte deshalb zur Spekulation mindestens soviel freies Kapital zur Verfügung stehen, um ggf. jederzeit die zusätzlich geforderten Sicherheitsleistungen erbringen zu können.

Aus diesem Blickwinkel ist auch eine **Spekulation auf Kredit** zu sehen. Termingeschäfte mit ihrer großen Hebelwirkung sollten **keinesfalls** durch Kredite finanziert werden.

- **Merke:**
  - Eine Grundregel des Geldmanagements lautet, nicht mehr als 20 Prozent des frei verfügbaren Kapitals für Spekulationszwecke zu verwenden. Hiervon sollte höchstens die Hälfte als Einschuss auf eingegangene Positionen geleistet werden. Die andere Hälfte stellt die Reserve für eventuelle Nachschussverpflichtungen oder „Verbilligungen" dar.
  - Eine zweite Grundregel besagt, dass häufige kleine Einsätze mit größerer Wahrscheinlichkeit per Saldo zu einem Gesamtgewinn führen als wenige große Einsätze.

### 10.1.1.3 Grundsätzliche Strategiemethoden

In diesem Zusammenhang soll nicht die Fundamental- oder Technische Analyse, die zur Beurteilung einer einzelnen Position wichtig ist, erörtert werden, sondern die grundsätzliche Problematik, wie der Spekulant seine Spekulation generell handhaben will. Es soll festgelegt werden, nach welchen Prinzipien der Spekulant seine Strategie auswählt. Folgt er einer weit verbreiteten Methode oder einem relativ unbekannten Spekulationsrezept? Der Spekulant muss sich auch entscheiden, ob er häufiger ein- und aussteigt oder ob er das sogenannte „Positionstrading" (länger gehaltene Positionen) vorzieht, ob er sich auf ganz wenige Produkte beschränkt, oder ob er versucht, eine größere Anzahl von Produkten zu verfolgen.

### 10.1.1.4 Trockenhandel

Beim Trockenhandel geht man theoretisch Positionen ein, ohne tatsächlich zu handeln, um eine Strategie auf ihre Brauchbarkeit zu testen. Dadurch kann der Spekulant die Stärken und Schwächen des überprüften Systems besser beurteilen. Die Strategie muss in unterschiedlichen Marktphasen getestet werden, das heißt in trendlosen Märkten und in Märkten mit Aufwärts- und Abwärtstrends.

Die Ein- und Ausstiegssignale müssen realistisch sein. Wird als Einstiegssignal der Schlusskurs des Vortages genommen, darf der Test diesen Kurs nicht als Kauf- bzw. Verkaufskurs ansetzen, sondern muss den nehmen, zu dem der Auftrag aller Wahrscheinlichkeit nach zum Zuge gekommen wäre. Dieser kann erheblich vom vorherigen Kurs abweichen und zu einem anderen, schlechteren Ergebnis führen.

Darüber hinaus soll erwähnt werden, dass bei einer Prüfung verschiedene Strategiemethoden zu ähnlichen Gewinnergebnissen führen können. Die Strategie, die einen Gesamtgewinn durch mehrere kleinere Gewinngeschäfte erzielt, ist einer anderen vorzuziehen, bei der viele Verlustgeschäfte durch einen großen Gewinn überkompensiert werden.

Die Prüfung muss statistische Grundregeln beachten. Der Umfang der Testdaten muss groß genug sein, um aussagefähige Ergebnisse zu erzielen. Eine zu schmale Datenbasis nimmt dem Prüfungsergebnis den Aussagewert. Da dies mit viel Arbeit verbunden ist und viel Zeit kostet, scheuen die meisten Spekulanten davor zurück. Das ist einer der häufigsten Fehler.

### 10.1.1.5 Positionsmanagement

Das Hauptziel der Spekulation ist die Realisierung des größtmöglichen Gewinnes im Verhältnis zum eingesetzten Kapital unter Berücksichtigung eines vertretbaren Risikos. Dabei spielt der Zeitraum, der zur Realisierung des Gewinnes benötigt wird, eine wesentliche Rolle. Ein kleiner Gewinn innerhalb weniger Tage mag vertretbar sein, während der gleiche Gewinn unter längerfristigem Anlagehorizont unrentabel wäre. Der Spekulant sollte deshalb vorher seine Spekulationsziele ins Verhältnis zur geplanten Spekulationszeit setzen.

Positionserweiterung bedeutet das Vergrößern von schon bestehenden Positionen durch den Aufbau von zusätzlichen Optionskontrakten oder Futures. Es gibt zwei verschiedene Arten von Positionserweiterungen:

- Averaging
- Pyramiding

## 10.1.1.6 Averaging

Das Eingehen einer zusätzlichen Position, die genauso groß ist wie die schon bestehende, nennt man Averaging. Man kann Averaging sowohl mit dem Markt als auch gegen den Markt betreiben.

- **Averaging mit dem Markt** kann den Nachteil mit sich bringen, dass die Position zu einem Preis erweitert wird, bei dem bereits Gewinne realisiert werden könnten. Stattdessen werden sie durch den neuen Einsatz riskiert, und zwar mit höherem Risiko, da sich die Wahrscheinlichkeit einer weiteren günstigen Preisentwicklung in die bestehende Richtung verringert.

| | | | | |
|---|---|---|---|---|
| Kurse steigen ↑ | Erhöhung | Kauf 5 SIE Calls zu | 1,50 € | xxxxx |
| | Anfangsposition | Kauf 5 SIE Calls zu | 1,00 € | xxxxx |

***Tabelle 63:*** *Beispiel Averaging mit dem Markt (Nach 50 % Gewinn werden weitere Kontrakte erworben, der durchschnittliche Einstandspreis steigt um 25 % auf 1,25 €)*

- Das **Averaging gegen den Markt** – also bei negativem Kursverlauf die Positionen erweitern – ist eine noch risikoreichere Art zu spekulieren. Der Spekulant wird bei fortgesetzter negativer Entwicklung neue Positionen hinzufügen. Dies kann soweit führen, dass er an den Punkt kommt, an dem seine finanziellen Mittel erschöpft sind.

| | | | | |
|---|---|---|---|---|
| Kurse fallen ↓ | Anfangsposition | Kauf 5 SIE Calls zu | 1,00 € | xxxxx |
| | Erhöhung | Kauf 5 SIE Calls zu | 0,60 € | xxxxx |

***Tabelle 64:*** *Beispiel für Averaging gegen den Markt (Nach 40 % Verlust werden weitere Kontrakte erworben, der durchschnittliche Einstandspreis sinkt nur um 20 % auf 0,80 €. Diese Art wird auch als „Verbilligungsstrategie“ bezeichnet.)*

### 10.1.1.7 Pyramiding

Das Eingehen von zusätzlichen Positionen, die einen kleineren Umfang haben als die schon bestehenden, nennt man Pyramiding. In dieser Form sollten Positionserweiterungen nur vorgenommen werden, wenn sich die Kurse zugunsten des Anlegers entwickeln. Positionserweiterungen bei negativer Kursentwicklung würden wieder ein Spekulieren gegen den herrschenden Markttrend bedeuten.

Beim Pyramiding unterscheidet man zwischen zwei Varianten: das „normale" und das „umgekehrte" Pyramiding

- Beim **normalen Pyramiding** werden – meist mit dem Markt – zusätzliche, aber in ihrer Kontraktanzahl kleinere Positionen erworben.

| | | | | |
|---|---|---|---|---|
| Kurse steigen ↑ | 3. Erhöhung | Kauf 1 BAY Calls zu | 2,00 € | x |
| | 2. Erhöhung | Kauf 3 BAY Calls zu | 1,60 € | xxx |
| | 1. Erhöhung | Kauf 5 BAY Calls zu | 1,30 € | xxxxx |
| | Anfangsposition | Kauf 7 BAY Calls zu | 1,00 € | xxxxxxx |

***Tabelle 65:*** *Beispiel für normales Pyramiding (Der durchschnittliche Einstandskurs hat sich in diesem Beispiel gegenüber der Anfangsposition um 27 % auf 1,27 € erhöht. Die Gesamtposition liegt nach der 3. Erhöhung mit 57 % im Gewinn.)*

- Beim **umgekehrten Pyramiding** werden zusätzliche größere Positionen nachgekauft. Dies ist – psychologisch gesehen – angesichts des offensichtlichen Erfolges eine euphorische Handlungsweise, die oft ganz schnell zu heftigsten Verlusten führen kann.

| | | | | |
|---|---|---|---|---|
| Kurse steigen ↑ | 3. Erhöhung | Kauf 7 BAY Calls zu | 2,00 € | xxxxxxx |
| | 2. Erhöhung | Kauf 5 BAY Calls zu | 1,60 € | xxxxx |
| | 1. Erhöhung | Kauf 3 BAY Calls zu | 1,30 € | xxx |
| | Anfangsposition | Kauf 1 BAY Calls zu | 1,00 € | x |

***Tabelle 66:*** *Beispiel für umgekehrtes Pyramiding (Der durchschnittliche Einstandskurs hat sich hier gegenüber der Anfangsposition um 68 % auf 1,68 € erhöht. Die Gesamtposition liegt nach der 3. Erhöhung nur mit 19 % im Gewinn. Sollte der Markt aber nach dieser Kursverdopplung drehen und nur 30 % auf 1,40 korrigieren, so bedeutet dies bereits einen Verlust von 17 %.)*

Es wird deutlich, dass die große Anzahl der jüngsten, teuersten und nun verlustreichen, Positionen nicht mehr durch die (nicht realisierten) Gewinne der Basispositionen aufgefangen werden konnten. Stattdessen wurde das ursprüngliche Einsatzkapital aufgezehrt.

**Fazit:**

Wenn Positionserweiterungen durchgeführt werden sollen, dann ist das erste Beispiel (normales Pyramiding mit dem Markt) die empfehlenswertere Möglichkeit. **Generell ist jedoch von Positionserweiterungen abzuraten, sei es mit oder insbesondere gegen den Markt (Verbilligungen)**. Diese Strategie, die im Aktiengeschäft hin und wieder zu Erfolgen führt, ist bei Optionen sehr viel risikoreicher. Wegen der begrenzten Laufzeit der Option endet diese Vorgehensweise häufig mit dem Totalverlust des eingesetzten Kapitals, wenn die Option am Verfalltag nicht im Geld liegt.

### 10.1.1.8 Spekulationsgrundsätze für die Glattstellung der Position

Wie bereits erwähnt, sollte sich der Spekulant schon vor dem Eingehen seiner Position Gedanken über die spätere Glattstellung machen. Wegen der begrenzten Laufzeit der Optionen hat dies im Termingeschäft eine noch größere Bedeutung als im Aktiengeschäft.

Er muss sich überlegen, wie viel seines Kapitals er bei ungünstiger Kursentwicklung bereit und in der Lage ist, zu verlieren. Wenn diese definierte Größenordnung erreicht ist, hat er die Position glattzustellen, um den Rest seines Kapitals zu sichern. Diese Methode nennt man auch Verluststopp.

Der Verlustausstieg kann auch anhand der Fundamentalen oder Technischen Analyse bestimmt werden. Als Daumenregel wird sich der Spekulant sagen müssen, dass die Gewinnchance auf jeden Fall größer als das Verlustrisiko sein muss. Wenn dem Spekulanten Wahrscheinlichkeitsüberlegungen oder Wahrscheinlichkeitsrechnungen zu unsicher oder kompliziert sind, sollte er sich zwei Grenzen setzen:

- eine, die das Risiko begrenzt und
- eine, die angibt, bei welcher Höhe des Gewinnes der Spekulant bereit ist, diesen zu realisieren.

### 10.1.1.9 Form des Spekulationsplans

Der Spekulant mag seinen Plan im Kopf haben. **Vorzuziehen ist jedoch die schriftliche Form**. Besteht der Plan nur in Gedanken, ist die Gefahr der Selbsttäuschung zu groß. Dem Geschriebenen wohnt ein größerer Zwang zur Durchführung und die Bereitschaft zur anschließenden kritischen Auseinandersetzung mit den eigenen Fehlern inne.

| | |
|---|---|
| Spekulationsform: | • kurzfristiges oder<br>• längerfristiges Trading? |
| Einstiegsplan: | • Wie viel Kapital soll insgesamt investiert werden?<br>• Welches sind meine Gründe für den Einstieg?<br>• Bei welchem Kursniveau soll gekauft werden?<br>• Soll/kann die Position eventuell erweitert werden? |
| Glattstellungsplan: | • für den Gewinnfall:<br>Bei wie viel Prozent Gewinn soll realisiert werden oder Welches Kursziel hat der Basiswert?<br>• für den Verlustfall:<br>Wo wird die Stoppmarke zur Verlustbegrenzung gesetzt?<br>• Zeitlich:<br>Wann wird spätestens glattgestellt, zum Beispiel<br>- in Bezug auf den Verfalltag, oder<br>- auf bestimmte Ereignisse beim Basiswert (z.B. Quartalsbericht, Hauptversammlung u. ä.), oder<br>- unter Berücksichtigung privater Termine (z.B. Urlaubsreise) |

***Tabelle 67:*** *„Checklist" zur Aufstellung des Spekulationsplanes*

### ■ Beispiel eines Spekulationsplanes mit DAX-Optionen (ODAX):

Simulierte Marktsituation:
Der DAX ist in den vergangenen Monaten bereits stark gestiegen (aktueller Stand 6.345).

Sie sind spekulativ veranlagt und rechnen mit einer Fortsetzung des Aufwärtstrends an der Börse.

Sie möchten 10.000 € (= 10 % Ihres liquiden Vermögens) auf aktuellem Kursniveau in Optionen investieren.

Folgende DAX-Call-Optionen stehen in diesem Beispiel zur Auswahl:

| Basis | Laufzeit | Preis |
|---|---|---|
| 6.300 | 1 Monat | 90,50 € |
| | 3 Monate | 165,20 € |
| | 6 Monate | 218,00 € |
| 6.350 | 1 Monat | 58,40 € |
| | 3 Monate | 135,00 € |
| | 6 Monate | 188,90 € |
| 6.450 | 1 Monat | 19,00 € |
| | 3 Monate | 84,40 € |
| | 6 Monate | 134,30 € |

**Welche Laufzeit der Option wählen Sie?**

✓ Mindestens die dreimonatige Laufzeit; besser, aber aufgrund der längeren Laufzeit auch teurer, wäre die sechsmonatige Option.

**Begründung:** Bei diesem Laufzeitbereich ist der Zeitwertverfall der Option anfangs noch nicht so groß wie bei der „billigeren" einmonatigen Option.

**Welchen Basispreis wählen Sie?**

✓ Wir empfehlen einen Basispreis, der „im Geld" (zum Beispiel 6.300) oder „am Geld" (6.350) liegt.

**Begründung:** Mit der Wahl eines Basispreises „im/am Geld" erreichen Sie früher die Gewinnzone als bei einem Basispreis „aus dem Geld". Das heißt, beim Basispreis 6.450 wird ein deutlich stärkerer Kursanstieg des Marktes benötigt als beim Basispreis 6.300 oder 6.350.

Die „Verführung" zu einem Basispreis „aus dem Geld" ist allerdings groß, denn sein Preis ist wesentlich geringer, dadurch ist dessen Hebelwirkung und damit seine Gewinnchance bei einem kräftigen Kurssprung entsprechend hoch. Dies muss jedoch, wie beschrieben, mit einem deutlich höheren Verlustrisiko „bezahlt" werden.

**Wann wollen Sie die Position schließen?**

Anhand des DAX-Charts haben Sie erkannt, dass um 6.500 eine Widerstandszone liegt. Außerdem würde der Kurs in diesem Bereich an die obere Begrenzung des aktuellen Aufwärtstrends stoßen.

✓ Sie legen also einen Ausstieg bei einem DAX-Niveau von 6.475 bis 6.490 fest.

Andererseits würde der DAX den derzeitigen Aufwärtstrend bei 6.280 verlassen.

✓ Sie legen also ein Stop-Limit bei 6.275 Punkten.

✓ Wenn bis zum Beginn des Verfallmonats keines dieser Ereignisse eingetreten ist, werden Sie sich die Position erneut genau ansehen.

# 10.2 Praxis von Optionsstrategien

Zusätzlich zu dem bisher Gelernten über Optionen und Optionsstrategien gibt Ihnen dieser Abschnitt **Tipps und Hinweise zur praktischen Anwendung dieser Strategien**.

## 10.2.1 Strategien die das Aktienrisiko mindern

Geschäfte dieser Kategorie umfassen konservative Optionsstrategien, die eine Ergänzung zum Aktiengeschäft darstellen. Ziele sind die Risikoreduzierung und die Renditeerhöhung. Ein zusätzliches Risiko entsteht nicht.

### 10.2.1.1 Covered Call Writing (CCW)

Das Veroptionieren des Aktienbestandes dient primär der Erzielung einer Zusatzperformance in Form der erhaltenen Einnahmen. Gerade in Phasen der Seitwärtsbewegung an der Börse bietet sich diese Strategie an.

Durch die Bevorzugung von EUREX-Aktien in der aktiven Anlagestrategie erhalten Sie zudem ein übersichtliches nicht zu stark diversifiziertes Sachdepot.

Zum Veroptionieren von Aktien gibt es zwei verschiedene Varianten:

- konservatives CCW
  - Renditeerhöhung des Aktiendepots durch Einnahmen
  - Ausübung steht nicht im Vordergrund
- aggressives CCW
  - bewusstes Einkalkulieren der Ausübung
  - Alternative zum limitierten Aktienverkauf

#### Konservatives CCW

Da eine Ausübung nicht im Vordergrund steht, wird der Basispreis entsprechend **weit aus dem Geld** gewählt, was natürlich andererseits eine **geringere Einnahme** bedeutet.

#### Beispiel

> DaimlerChrysler Kurs am 22.5.: 60,70 €
> CCW, Verfall August, Basispreis 65, zum Optionspreis von 1,20 €

Eine Ausübung der Option (Abruf der Aktien) würde erst bei einem um mindestens 7 Prozent höheren Aktienkurs (65 €) erfolgen. Zusätzlich besteht die Möglichkeit, bei „Gefahr" einer Ausübung den Kontrakt kurz vor Fälligkeit auf eine höhere Basis und späteren Verfalltermin weiterzurollen.

#### Aggressives CCW

Hier wird eine Ausübung bewusst einkalkuliert. Daher liegt der gewählte Basispreis nah am aktuellen Aktienkurs, was auch eine höhere Einnahme bedeutet.

## Beispiel

DaimlerChrysler Kurs am 22.5.: 60,70 €
CCW, Verfall August, Basispreis 60, zum Optionspreis von 2,20 € oder
CCW, Verfall Juli, Basispreis 60, zum Optionspreis von 1,30 €

Ein Abruf der Aktien würde zu einem Gesamterlös von 62,20 € im August bzw. 61,30 € im Juli führen. Er läge somit um 1,50 € bzw. 0,60 € höher als der aktuelle Börsenkurs.

**Praxis-Tipps:**

- ✓ Verkaufswilligen Anlegern bietet sich das CCW als Alternative zum limitierten Aktienverkauf an.
- ✓ Wegen des hohen Zeitwertverfalls in den letzten Wochen sind Laufzeiten bis drei Monate zu bevorzugen.
- ✓ Bei Kursrallyes am Aktienmarkt kann innerhalb dieses Laufzeitenbereiches häufig noch durch ein Hochrollen des Basispreises reagiert werden, falls eine Ausübung nicht gewünscht wird.
- ✓ Wir empfehlen zu Beginn das konservative CCW, damit Sie nicht schon beim ersten Mal Ihre Aktien abgenommen bekommen.
- ✓ Der effektive Verkaufspreis der Aktie erhöht sich durch mehrmalige Einnahmen bei häufigerem kurzfristigen Veroptionieren.
- ✓ Bei intakten starken Aufwärtstrends ist die Strategie „Kauf Put zur Absicherung von Buchgewinnen“ dem CCW vorzuziehen.

## 10.2.1.2 Kauf Put zur Absicherung („Covered Long Put“ , CLP)

Auch für das Absichern von Aktienbeständen gibt es zwei unterschiedliche Ansatzpunkte:

- Kauf der Aktien und gleichzeitig Kauf Put
- Absicherung von Buchgewinnen

## Kauf der Aktien und gleichzeitig Kauf Put

Der Aktienkauf mit gleichzeitigem Put-Kauf ist besonders in hektischen Börsenphasen sinnvoll, da hier das Risiko von stärkeren Kursrückgängen besonders groß ist. Aufgrund des limitierten Kursrisikos (Basispreis) können Sie selbst bei Turbulenzen an den Aktienmärkten ruhig schlafen. Darüber hinaus nimmt man an Kurssteigerungen der Aktie voll teil. Die gezahlte Optionsprämie für den Kauf des Puts ist quasi als Versicherungsprämie gegen Kursverluste zu betrachten.

Bei Aktien, die schon deutliche Kurssteigerungen hinter sich haben, neigt man dazu, einen weiteren Anstieg anzuzweifeln. Auch wenn der Trend intakt ist und sich die fundamentalen Aussichten positiv darstellen, scheut man häufig eine Anlage aus Angst vor Rückschlägen. In diesem Fall bietet sich die Möglichkeit, durch den gleichzeitigen Put-Kauf eine Absicherung vorzunehmen und trotzdem an weiteren Kurssteigerungen teilzunehmen.

## Beispiel

In den vergangenen 12 Monaten ist Siemens um 95 € oder 127 % gestiegen.

Trotzdem Kauf von Siemens-Aktien zum Kurs von 170 € im Juli 2000.
Zusatzstrategie zwecks aktiver Absicherung:
Kauf Put, Basis 160, Laufzeit circa 2 Monate, zum Optionspreis von 6,00 €

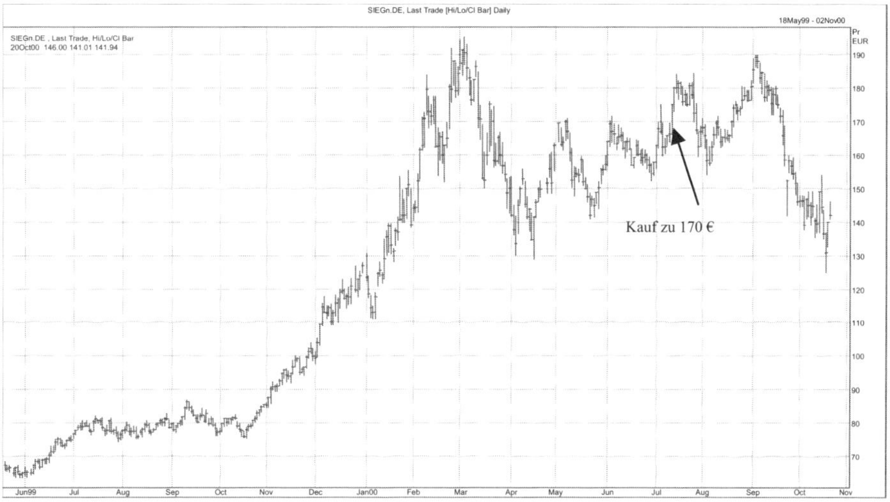


*Quelle Reuters*
***Abbildung 84:*** *Beispiel 1 zum Covered Long Put*

Wie Sie im Chart sehen können, ist die Siemens-Aktie in den folgenden Wochen in der Spitze um weitere 20 € (12 %) auf 190 € gestiegen.

An diesem Kursanstieg hat der Anleger voll teilgenommen. Der Versicherungsfall, sprich Kursrückgang, ist nicht eingetreten (wenn rechtzeitig in der Nähe der zweiten Spitze Anfang September verkauft wurde). Das Wichtigste ist aber, dass man beim Kauf der Siemens-Aktie nur ein relativ geringes Kursrisiko eingegangen ist. Mögliche Kursrückgänge unter 154 € (Basispreis der Option 160 abzgl. 6 € Optionspreis) hätten ihn dank des Puts nicht betroffen.

## Absicherung von Buchgewinnen

Früher gab es bei aufgelaufenen Buchgewinnen nur zwei Möglichkeiten:

- **Gewinnmitnahme durch Verkauf der Aktien** und dem eventuellen Ärger, an weiteren Kursanstiegen der Aktie nicht mehr zu partizipieren **oder**
- das **Halten der Aktien in der Hoffnung weiterer Kursgewinne** mit dem Risiko, dass die bereits aufgelaufenen Gewinne wieder verloren gehen.

Heute haben Sie die Möglichkeit, die Aktien in der Erwartung weiterer Kurssteigerungen zu halten, ohne die aufgelaufenen Buchgewinne aufs Spiel setzen zu müssen.

## Beispiel

100 Amgen wurden im März 2000 zu 57 $ gekauft.
Eine Gewinnsicherung erfolgte im Juli beim Aktienkurs von 70 $ durch den Kauf eines Puts Basis 70, Laufzeit 2 Monate zum Optionspreis von 4,50 $.

Dadurch wurden 13 $ (= 23 %) Buchgewinn gesichert; netto nach Optionspreisaufwand verbleiben 15 % Kursgewinn (für 2 Monate garantiert).

*Quelle: Reuters*
***Abbildung 85:*** *Beispiel 2 zum Covered Long Put*

Nach dem Kauf ist die Aktie um weitere 8 $ gestiegen. Der Anleger hat an der Kurssteigerung, vermindert um die 4,50 $ Absicherungskosten, teilgenommen.

Nach inzwischen knapp 40 Prozent Kursgewinn (Kurs 78 $) kann er sich jetzt überlegen, die Amgenaktie zu verkaufen (oder zu veroptionieren) oder die Absicherung auf das aktuelle Kursniveau nachzuziehen. In diesem Fall wäre der erneute Kauf eines Puts notwendig (zum Beispiel Basis 75).

### 10.2.1.3 Fence („Zaun")

**Der Fence ist eine Absicherungsstrategie, die auf den Kauf eines Puts aufbaut.** Um die Absicherungskosten (zumindest teilweise) zu finanzieren, wird zusätzlich zum gekauften Put (CLP) ein gedeckter Call (CCW) mit höherem Basispreis verkauft.

Durch die Optionskombination wird der aktuelle Aktienkurs, der zwischen beiden Basispreisen liegt, „eingezäunt".

## Beispiel

Depotbestand 100 Stück DaimlerChrysler (Kurs 61 €)

Kauf 1 Put, Basis 60, Laufzeit circa 2 Monate, Optionspreis 1,70 €
Verkauf 1 Call, Basis 65, Laufzeit circa 2 Monate, Optionspreis 1,00 €
Die Absicherungskosten betragen insgesamt nur noch 0,70 €.

3 Szenarien zum Verfalltermin sind denkbar:

- Kurs fällt unter 60 €:
  Ausübung des Puts, Verkauf der Aktien zu 60 €, Nettoerlös 59,30 €
- Kurs steigt über 65 €:
  CCW wird ausgeübt, Verkauf der Aktien zu 65 €, Nettoerlös 64,30 €
- Kurs bleibt zwischen 60 € und 65 €:
  Beide Optionen verfallen, Aktie bleibt im Bestand, Nettoeinstand um 0,70 € erhöht

**Praxis-Tipps:**

- ✓ Der Fence ist besonders bei hohen aufgelaufenen Buchgewinnen zu empfehlen.
- ✓ Darüber hinaus ist der Fence sinnvoll, wenn für die Optionen hohe Preise (bei hoher „impliziter Volatilität") zu zahlen sind. Der alleinige Kauf eines Puts wäre dann recht teuer.

### 10.2.1.4 Covered Short Put (CSP)

Beim Verkauf eines Puts verpflichtet sich der Anleger, bei einer Ausübung die angedienten Aktien zum Basispreis zu übernehmen. Die Strategie heißt „Covered Short Put", weil der Gegenwert der Ausübungssumme bereits bei Eingehen der Position in Form von Kontoguthaben oder Geldmarktfonds hinterlegt wird.

Der CSP ähnelt dem limitierten Aktienkauf. Die Aktien werden aber bei einer Andienung zu deutlich günstigeren Kursen erworben, da der Basispreis meist unter dem aktuellen Aktienkurs gewählt und darüber hinaus der Optionspreis vereinnahmt wird. Erfolgt keine Ausübung, so wurde immerhin eine Einnahme erzielt, im Gegensatz zu einer zu zahlenden Limitgebühr bei Nichtausführung eines an die Börse gelegten Kaufauftrages.

#### Beispiel

Deutsche Bank, Kurs 87 € am 12. Januar
CSP, Verfall März, Basispreis 85, zum Optionspreis von 2,50 €

Eine Andienung würde erst erfolgen, wenn die Deutsche Bank zum März-Verfall unter 85 € notieren würde. Der Einstandskurs läge dann bei 82,50 €, also 5 Prozent niedriger als der aktuelle Börsenkurs.

Bei Kursen über 85 € zum März-Verfall würde keine Andienung erfolgen, auch wenn der Aktienkurs zwischenzeitlich einmal unter den Basispreis gefallen sein sollte. Aber immerhin hat man pro Stück schon 2,50 € verdient und könnte erneut einen CSP verkaufen.

Auch beim CSP kann man, wie beim CCW, durch die Wahl des Basispreises die Wahrscheinlichkeit der Ausübung beeinflussen.

#### Beispiel

Deutsche Bank, Kurs 87 € am 12. Januar
CSP, Verfall März, Basispreis 80, zum Optionspreis von 1,20 €

Da der Basispreis 80 weiter entfernt vom aktuellen Aktienkurs liegt, ist die Wahrscheinlichkeit der Ausübung deutlich geringer (konservativ). Dafür wurde auch ein niedrigerer Optionspreis eingenommen.

**Praxis-Tipps:**

Der Einsatz von CSP wird durch die technische Verfassung der Aktie bestimmt:

✓ Im intakten Aufwärtstrend...
... ist zunächst der direkte Aktienkauf nötig, um an den Kurssteigerungen zu partizipieren. Der CSP stellt hierzu eine Ergänzung dar, da die Wahrscheinlichkeit der Andienung eher gering ist. Wenn die Option verfällt, ermäßigt sich der Einstandskurs der direkt an der Börse gekauften Aktien um den erhaltenen Optionspreis. Bestandsaufstockungen durch eine Andienung finden nur in Konsolidierungsphasen statt.

✓ Im Seitwärtstrend oder in einer Bodenbildung...
... ist der CSP dem direkten Aktienkauf vorzuziehen. Der Aktienkurs läuft nicht nach oben weg. Das bedeutet, man verpasst in diesen Phasen nichts. Eine Andienung erfolgt nur im unteren Bereich der Bandbreite der Seitwärtsbewegung. Das Kapital für den Aktienkauf ist nicht gebunden und kann verzinslich angelegt werden. Außerdem werden nach Kursrückgängen sehr häufig hohe Volatilitäten gezahlt („Angstprämien").

### 10.2.1.5 Zusammenfassung konservativer Optionsstrategien

Durch die konsequente Anwendung der beschriebenen Optionsstrategien als Ergänzung zum Aktiengeschäft werden Aktienkursrisiken vermindert und die Rendite erhöht. Keinesfalls werden durch diese Strategien zusätzliche Risiken geschaffen.

Auf lange Sicht werden Aktien durch CCW bei hohen Kursen verkauft und durch CSP bei niedrigen Kursen erworben. Sie verhalten sich also strategisch richtig, auch wenn die Höchst- oder Tiefstkurse dabei nicht erreicht werden.

## 10.2.2 Spekulative Geschäfte mit begrenztem Einsatz

Geschäfte dieser Kategorie umfassen spekulative Optionsstrategien (Kauf Call und Kauf Put) mit dem Risiko des Totalverlustes des eingesetzten Kapitals, aber unbegrenzten Gewinnchancen.

Generell gilt für alle spekulativen Strategien: Die Grundsätze des Geldmanagements (Spekulationsplan, Stopp Loss etc.) sind einzuhalten. Darüber hinaus kommt der Technischen Analyse eine große Bedeutung zu.

### 10.2.2.1 Long Call/Long Put

Die möglichen Strategien sind „Kauf Call" und „Kauf Put". Hier handelt es sich um reine Kaufstrategien mit der Möglichkeit des Totalverlustes. Da bei diesen Strategien ein Aufgeld gezahlt wird und zusätzlich der Zeitwertverfall gegen die Long-Position läuft, sollten sie **nur bei intakten Trends** angewendet werden.

Frühzeitig auf eine Trendwende zu setzen, sich also gegen den noch intakten Trend zu stellen, führt häufig zum Totalverlust.

Calls sollten nur nach klaren Kaufsignalen erworben werden. Das kann eine vollendete Trendwende nach einem Abwärtstrend sein, oder auch ein erneutes Kaufsignal in einem bestehenden Aufwärtstrend.

## Beispiel für Kaufsignale:

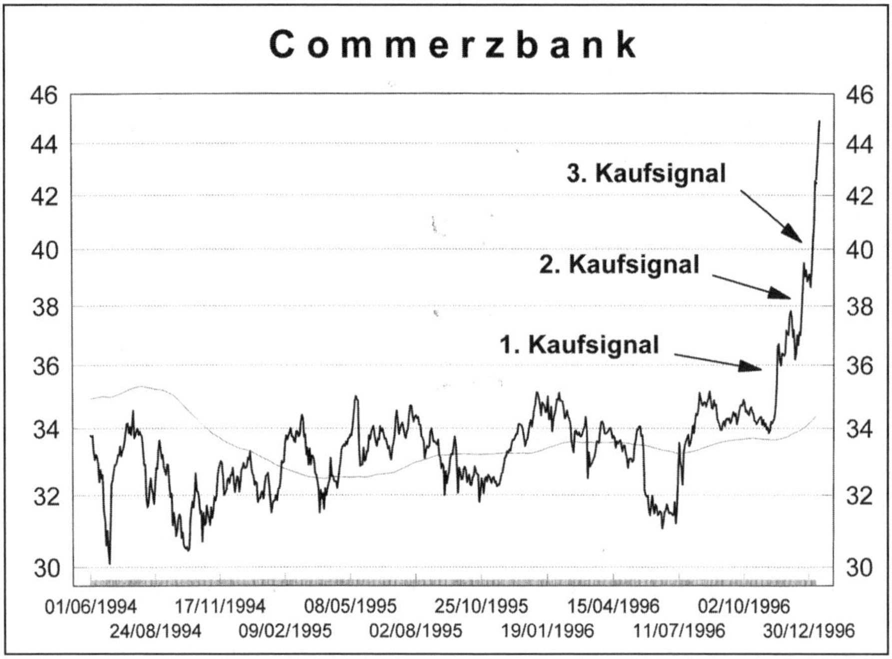


*Quelle Reuters*

***Abbildung 86:*** *Kaufsignale*

1. Kaufsignal:
Mit Überschreiten der mehrjährigen Widerstandszone um 35 wurde ein klares Kaufsignal gegeben.

2. Kaufsignal:
Nach Überwinden des vorherigen Höchststandes bei 38 wurde ein weiteres Kaufsignal gegeben.

3. Kaufsignal:
Nach Verlassen der trendbestätigenden Konsolidierung um 39 wurde ein erneutes Kaufsignal generiert.

Das Beispiel zeigt einige exemplarische Punkte auf: Der Kauf eines Calls hätte fast 2½ Jahre, nämlich vom Sommer 1994 bis zum Herbst 1996, nicht zum Erfolg geführt, da sich die Commerzbank-Aktie in einer Seitwärtsbewegung befand.

Nur im Gewinn liegende Positionen sollten weiter ausgebaut werden. Eine weit verbreitete Börsenweisheit sagt: „*The Trend is Your Friend*". Das bedeutet nicht zuletzt: den intakten Trend auszureizen, sprich die Position offen zu lassen. Häufig werden Positionen, die im Gewinn liegen, viel zu früh geschlossen, obwohl der Trend noch völlig intakt ist.

Ein nach dem 1. Kaufsignal bei 36 gekaufter Call, Basis 36, Laufzeit 3 Monate, hatte etwa 1,20 € gekostet. Als die Aktie dann bei 40 notierte, war der Call etwa 4,10 € wert, wies also kaum noch Aufgeld aus. Zu diesem Zeitpunkt hätte ein Call mit der Basis 40, Laufzeit 2 Monate, etwa 1,10 € gekostet. Hätte man den 36er Call (Basispreis 36,00) auf einen 40er Call (Basispreis 40,00) hoch gerollt, wäre der gesamte Gewinn gesichert und nur der ursprüngliche Kapitaleinsatz wäre erneut investiert worden.

Die einzelnen Punkte, auf die wir mit dem Beispiel für den Kauf von Calls hingewiesen haben, gelten analog für den Kauf von Puts. Nur dass es sich dann um Abwärtstrends und Verkaufssignale handelt.

### 10.2.2.2 Long Straddle

Weitere Strategiemöglichkeiten sind Optionskombinationen, die aus Long-Positionen zusammengestellt wurden. Der gleichzeitige Kauf von Calls und Puts mit gleichen Basispreisen und gleicher Laufzeit (Straddle) bietet sich in Phasen an, in denen sich der Anleger über die weitere Entwicklung der Aktie (oder des Marktes) nicht im Klaren ist, aber eine größere Bewegung in nächster Zeit erwartet. So könnte zum Beispiel eine Ertragsveröffentlichung eine positive oder negative Überraschung bringen. Der schlechteste Fall für diese Strategie wäre eine Ertragsmeldung im Rahmen der Erwartungen, da sich der Kurs dann voraussichtlich kaum bewegen würde. Der Totalverlust dieser Strategie würde nur dann eintreten, wenn der Aktienkurs am Ende der Laufzeit genau auf Höhe des Basispreises notiert. Dieser Fall ist allerdings sehr unwahrscheinlich (grafische Gewinn- und Verlustdarstellung hierzu siehe 3.4.1.1).

### 10.2.2.3 Long Strangle

Eine ähnliche Kombination stellt der gleichzeitige Kauf von Calls und Puts mit unterschiedlichen Basispreisen dar (Long Strangle). Dabei wird in der Regel der Basispreis des Calls über, der des Puts unter dem aktuellen Kurs gewählt. Der Gesamtprämienaufwand dieser Strategie ist zwar geringer als bei einem vergleichbaren Straddle, die Kursbewegung muss dagegen bedeutend stärker ausfallen, um mit der Strategie einen Gewinn zu erzielen. Zur Gewinnerzielung müssen Kurse über dem oberen Basispreis zuzüglich beider Optionspreise, oder unter dem unteren Basispreis abzüglich beider Optionspreise erreicht werden. Ein Totalverlust tritt ein, wenn am Ende der Laufzeit der Aktienkurs zwischen den Basispreisen notiert (grafische Gewinn- und Verlustdarstellung hierzu siehe 3.4.2.1).

Denkbar ist auch ein Long Strangle im Geld. Dabei wird der Basispreis des Calls unter dem aktuellen Kurs des Underlyings gewählt, der Basispreis des Put darüber. Der Nachteil liegt in einem deutlich höheren Einstandspreis. Vorteile sind zum einen die wesentlich geringeren Zeitwerte. Zum zweiten kann man bei Nicht-Eintreten der erwarteten kräftigen Kursbewegung mit einem per Verfall garantierten Rückfluss in Höhe der Differenz zwischen den Basispreisen rechnen. Dieser reduziert den ursprünglichen Kapitaleinsatz deutlich, führt aber nicht zu einem Gewinn.

**Praxis-Tipps zu Long-Strategien:**

- ✓ Mann kann diese Strategien nur unter den folgenden Voraussetzungen erfolgreich anwenden:
  - in klaren, intakten Trends
  - bei Kauf/Verkaufssignalen
  - bei niedrigen Volatilitäten
  - in Erwartung starker Kursschwankungen
- ✓ Bei Long-Positionen, die deutlich im Gewinn liegen, empfiehlt es sich, sofern die Trends weiterhin intakt sind, ein Hochrollen des Calls bzw. ein Herunterrollen des Puts, um einen Teil des investierten Kapitals „herauszuziehen" und damit zu sichern. Der hochgerollte Call bzw. der heruntergerollte Put nimmt dann an der weiteren Aktienkursentwicklung teil. Der Grundgedanke dabei ist: gleiche Chance, aber weniger Risiko.

## 10.2.3 Ungedeckte Geschäfte mit zum Teil unbegrenztem Risiko

Auf die reinen Long-Strategien sind wir im vorangegangenen Abschnitt ausführlich eingegangen und haben deren Probleme erläutert. Darauf aufbauend werden wir nun speziell sowohl auf Short- als auch auf Kombinationsstrategien mit Short-Positionen eingehen, bei denen sehr unterschiedliche Gewinn- und Verlustprofile auftreten können. Zunächst aber müssen wir uns die in diesem Zusammenhang wichtige Volatilität näher anschauen.

### 10.2.3.1 Implizite Volatilität

Die implizite Volatilität, kurz Vola genannt, drückt die Erwartungshaltung der Marktteilnehmer bezüglich der zukünftig erwarteten Kursschwankungen aus.

**In ruhigen Börsenphasen** ist sie niedrig, da zum einen die Stillhalter in solchen Situationen mit niedrigen Prämien zufrieden sind und zum anderen die Käufer von Optionen auch nicht bereit wären, höhere Preise zu zahlen.

Ganz anders sieht es **in hektischen und unsicheren Börsenphasen** aus. Die Stillhalter lassen sich das größere Risiko von Kursschwankungen entsprechend vergüten, nämlich in Form geforderter höherer Optionspreise. Auf der anderen Seite ist der Optionskäufer bereit, höhere Preise zu zahlen, da die größeren Kursschwankungen seine Chancen erhöhen.

In Deutschland gibt es einen Index, der das Preisniveau der Optionen widerspiegelt, den Volatilitäts-Index **„VDAX-NEW“** (bis Oktober 2006 „VDAX“). Er wird anhand der impliziten Volatilitäten der DAX-Optionen am Geld und aus dem Geld berechnet. Damit gibt dieser Index in Prozentpunkten an, welche Volatilität in den kommenden 30 Tagen für den DAX zu erwarten ist. Er gilt auch als Orientierungsgröße für die Vola der Aktienoptionen an der EUREX.

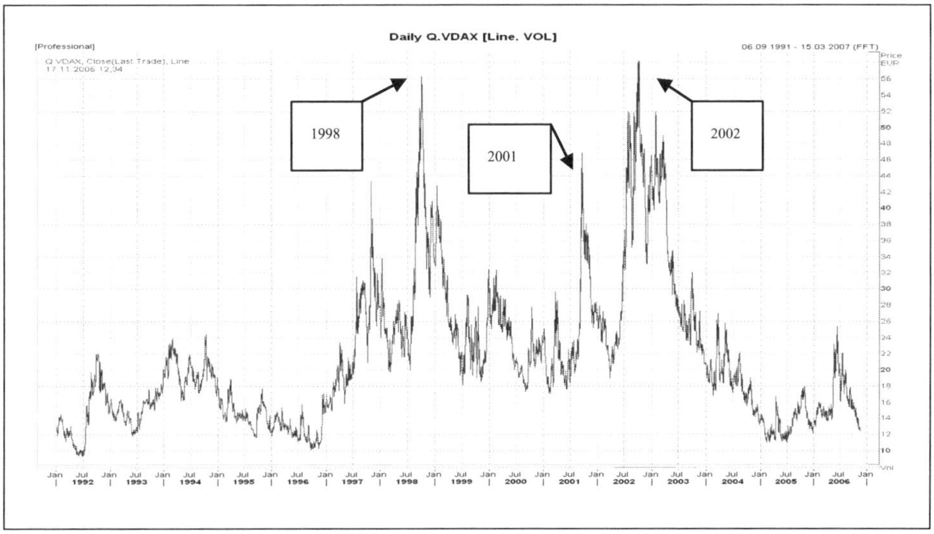


*Quelle: Reuters*
***Abbildung 87:*** *Der VDAX*

Abbildung 87 zeigt, dass der VDAX in den Jahren vor 1997 in einer relativ engen Bandbreite zwischen 10 und 24 Prozent schwankte. Im Oktober 1998 erreichte er zum ersten Mal ein Spitzenniveau von circa 56 Prozent (Südostasienkrise). Nach einer mehrjährigen Beruhigungsphase stieg der VDAX am 11. September 2001, als die Anschläge auf das World Trade-Center in New York Sorgen bezüglich der Weltwirtschaft entfachten, kurzzeitig über 46 Prozent. Der anschließende Rückgang sollte nur wenige Monate anhalten bevor im Rahmen der zweiten Irak-Krise die Unsicherheit wieder deutlich zunahm und der VDAX erneut ein neues Spitzenniveau über 58 Prozent erreichte. Danach bewegte er sich wieder im Bereich der Werte die in den Neunzigerjahren erreicht wurden. Technische Analysten beurteilen den VDAX inzwischen genau wie Aktien nach technischen Kriterien und leiten Kauf- und Verkaufssignale ab.

Zusammenfassend kann gesagt werden, dass der VDAX-NEW ein Gradmesser für Angst und Unsicherheit darstellt. Dies ist an Abbildung 87 sehr deutlich zu sehen. Wenn die Märkte fallen, erhöht sich die Angst, was zu einem steigenden VDAX-NEW führt.

Wir zeigen jetzt anhand eines Beispiels, warum selbst nach Kaufsignalen nicht immer der Kauf eines Calls die beste Lösung ist. Entscheidend dafür ist die implizite Volatilität.

Wie stark wirkt sich eine Änderung der Volatilität auf den Optionspreis aus?

Kaufsignal bei 36 €, Kauf Call, Basis 36, Laufzeit 3 Monate

| | | | |
|---|---|---|---|
| Optionspreis bei einer impliziten Volatilität von | 10% | = | 0,85 € |
| | 20% | = | 1,55 € |
| | 30% | = | 2,26 € |
| | 40% | = | 2,97 € |
| | 50% | = | 3,68 € |

Der Unterschied der Optionspreise bei verschiedenen Volatilitäten ist extrem hoch und kann durchaus mehr als 100 Prozent ausmachen.

**Fazit:**

Achten Sie im Optionsgeschäft, und ganz besonders im spekulativen Bereich, immer auf die Volatilität!

## 10.2.3.2 Alternativen zum Kauf Call bei hoher Vola

Wie wir gesehen haben, ist bei hoher Volatilität selbst nach einem Kaufsignal der Kauf eines Calls nicht immer die beste Lösung. Es gibt durchaus attraktive Alternativen, die „bullish" ausgerichtet sind.

- **Möglichkeit 1: Verkauf Put**

zum Beispiel Basis 36, Laufzeit 2 Monate, Preis 1,10 €

Hier wird die hohe Volatilität durch den Verkauf des Puts genutzt. Allerdings sind die Gewinnchancen auf die erhaltene Optionsprämie beschränkt. Zudem ergibt sich bei einer Short-Position ein hohes Verlustpotenzial (siehe auch Punkt 3.1.4.4).

- **Möglichkeit 2: Kauf Call und Verkauf Put (synthetischer Long Future)**

Die Vola, die beim Kauf des Calls bezahlt werden muss, wird durch den Verkauf des Puts teilfinanziert. Man „neutralisiert" quasi die Vola.

Eine beispielhafte Position könnte wie folgt aussehen:

Kauf Call, Basis 36, Laufzeit 3 Monate, Preis 1,55 €
Verkauf Put, Basis 36, Laufzeit 2 Monate, Preis 1,10 €

Der Kapitaleinsatz beträgt nur noch 0,45 €

Diese synthetische Long-Position kommt dem Kauf der Aktie zu 36,45 (Basispreis 36 + saldierter Optionspreis 0,45) gleich. Sie weist das gleiche Chance-/Risikoprofil auf, wie die Aktiendirektanlage, jedoch mit dem Vorteil, hierfür kaum Kapital einsetzen zu müssen (abgesehen von der Margin für den Short Put). Es ist daher dringend zu empfehlen, diese Strategie nur in einem Volumen (Basispreis-Gegenwert) anzuwenden, das auch direkt in der Aktie investiert werden würde. Andernfalls können ruinöse Verluste eintreten.

- **Möglichkeit 3: Kauf Bull-Call-Spread**

Auch hier ein Beispiel, wie die hohe Vola durch Kombination einer Kauf- mit einer Verkaufsorder „neutralisiert" werden kann:

Kauf Call, Basis 36, Laufzeit 3 Monate, Preis 1,55 €
Verkauf Call, Basis 38, Laufzeit 3 Monate, Preis 0,75 €

Der saldierte Kapitaleinsatz beträgt 0,80 €. Bei Kursen ab 38 € ist die Gesamtposition 2 € wert (zum Verfalltermin), was einen Maximalgewinn von 1,20 € ergibt (2,00 € – 0,80 €).

Wenn der Aktienkurs also von aktuell 36 € auf über 38 € steigt, erzielt man mit dieser Strategie 150 Prozent Gewinn, bei einem auf 0,80 € begrenzten Risiko (näheres zu dieser Strategie siehe 3.4.3.1).

- **Bei einem Verkaufssignal wären die entsprechenden Alternativen:**

  - Short Call (siehe 3.1.4.2)
  - synthetisch Short (analog synthetisch Long unter 10.2.3.4)
  - Kauf Bear-Put-Spread (siehe 3.4.3.4)

## 10.2.3.3 Vorsicht bei Short-Strategien!

Short-Strategien besitzen ein völlig anderes Chance/Risikoprofil als Long-Strategien. Der auf den vereinnahmten Optionspreis **begrenzten Gewinnchance** steht ein theoretisch **unbegrenztes Verlustpotenzial** gegenüber. Daher sind gerade bei Short-Strategien vor allem drei Regeln zu beachten:

- **Regel Nr. 1: Setzen von klaren Stopp Loss Limiten!**

Nichts ist gefährlicher, als im Verlust liegende Positionen **nicht** zu schließen, sondern weiterzurollen; fataler Weise erfolgt dies häufig „prämienneutral". Prämienneutrales Rollen bedeutet neben der längeren Laufzeit oft auch eine höhere Kontraktzahl und damit ein deutlich höheres Risiko.

Durch das Rollen werden die Verluste nur in die Zukunft verlagert. Das „Prinzip Hoffnung" kann an den Terminmärkten verheerende Folgen haben und hat daher dort nichts zu suchen. Der erste Verlust ist der Kleinste.

- **Regel Nr. 2: Die Vola muss beachtet werden!**

Das bedeutet: Neue Short-Positionen sollten nur dann eröffnet werden, wenn die Vola hoch ist. Wenn aufgrund bestimmter Umstände oder Strategien dennoch bei niedrigen Volas Optionen verkauft werden, dann sollte dies mit einer geringen Kontraktanzahl erfolgen, um das Risiko nicht wegen höherer Gesamteinnahmen auszuweiten.

- **Regel Nr. 3: Niemals gegen den Trend handeln!**

Während mit einer gekauften Option „lediglich" der Totalverlust riskiert wird, kann mit Stillhaltergeschäften das Vielfache der ursprünglichen Einnahme verloren werden. Daher gilt auch, oder gerade hier: „The Trend is Your Friend!"

Also nur mit und niemals gegen den Trend handeln!

**Achtung!**

*Die für eine Short-Position zu hinterlegende Sicherheitsleistung (Margin) wird bei einer für die Position negativen Kursentwicklung deutlich ansteigen. Das kann dazu führen, dass die hinterlegten Sicherheiten nicht mehr ausreichen. In diesem Fall muss die Sicherheitsleistung erhöht, oder die Position zumindest teilweise geschlossen werden. Geschieht dies nicht, wird die Bank eine Zwangsliquidation vornehmen.*

Nachstehend zeigen wir an einem realistischen Beispiel, dass das Missachten dieser Regeln zu hohen Verlusten führen kann.

## Beispiel

**Mögliche Verluste bei Missachtung der Grundregeln**
(aufgezeigt am Beispiel der DAX-Entwicklung 1999/2000)

*Quelle Reuters*

***Abbildung 88:*** *Risiko von Short-Positionen*

Die Situation im Herbst 1999:
der DAX war mehrfach an der Marke 5.600 gescheitert
der V-DAX notierte bei etwa 22 Prozent

Eröffnete Optionsposition:
1 Short Call, Verfall Dezember 1999, Basispreis 5.600, zu 68 €, **Einnahme: 340 €**

Nach Ausbruch über die Marke 5.600 im November wurde der Call nicht konsequent geschlossen. Der Settlement-Preis per Dezember-Verfall lag bei circa 6.350, das heißt, es erfolgte ein Cash-Settlement von 750 DAX-Punkten und damit eine **Kontobelastung von 3.750 €** (750 x 5 € x 1 Kontrakt).

Dieser Betrag sollte über neue Einnahmen „zurückgeholt" werden („Prämienneutrales Rollen"). Daher wurde folgende Position neu eröffnet:

5 Short Calls, Verfall Januar 2000, Basispreis 6.400 zu 149 €, Einnahme: 3.750 € (149 x 5 € x 5 Kontrakte). Das prämienneutrale Rollen hatte also eine Verfünffachung der Kontraktanzahl zur Folge.

Der DAX stieg weiter, der Settlement-Preis lag im Januar 2000 bei circa 6.990 Punkten. Somit erfolgte ein Cash-Settlement von 590 DAX-Punkten (6.990 – 6.400 Basispreis), die **Kontobelastung betrug nunmehr 14.750 €** (590 x 5 € x 5 Kontrakte).

**Fazit:**

Durch ein einmaliges Fehlverhalten (das Nicht-Schließen des Short Calls nach dem Ausbruch über 5.600 im entstehenden Aufwärtstrend) ist innerhalb von zwei Monaten aus 340 € Einnahme ein saldierter Verlust von über 14.000 € geworden. Die Kursentwicklung des DAX der nächsten Monate zeigt, welche weiteren Verluste entstanden wären, und in der Praxis auch entstanden sind, wenn auch diese Verluste prämienneutral weitergerollt worden wären.

■ **Spreads**

Spreads sind, wie bereits unter 3.4.3 beschrieben, eine Kombination aus einer Long- und einer Short-Position, jeweils Calls oder Puts. Das Gewinn- und Verlustprofil ist bei allen Varianten ähnlich. Die Chancen und auch die Risiken sind begrenzt.

In dem Beispiel auf der vorherigen Seite haben wir aufgezeigt, welche Verluste bei reinen Short-Positionen anfallen können. Hätte anstatt der Short-Position ein Spread bestanden, wären Verluste in dieser Größenordnung nicht angefallen.

Eine mögliche Position hätte wie folgt aussehen können:

- Verkauf 1 DAX Call; Verfall Dezember, Basispreis 5.600
- Kauf 1 DAX Call; Verfall Dezember, Basispreis 5.700

**Diese Strategie ist ein Bear-Call-Spread (Verkaufter Bull Spread).** Bei diesem wäre die Einnahme geringer gewesen als bei einer reinen Short-Position. Dafür wäre aber auch das Risikopotenzial auf die Differenz der beiden Basispreise begrenzt gewesen (in diesem Fall 100 Punkte = 500 € pro Kontrakt). Somit kann der weiteren Kursentwicklung gelassener entgegengesehen werden (siehe auch 3.4.3.3).

Diese Strategie kommt im Seitwärtstrend mit leichtem Hang zur Schwäche in Frage. Umgekehrt würde bei leicht positiver Markterwartung ein Bull-Put-Spread eingegangen (Bear Spread verkauft) werden (siehe 3.4.3.2).

■ **„Verkaufte Spreads“ sind:**

- Bull-Put-Spread oder verkaufter Bear Spread mit Puts
- Bear-Call-Spread oder verkaufter Bull Spread mit Calls

■ **„Gekaufte Spreads“ sind:**

- Bull-Call-Spread oder gekaufter Bull Spread mit Calls und
- Bear-Put-Spread oder gekaufter Bear Spread mit Puts.

■ **Spreads sind sinnvoll:**

- bei hohen Volatilitäten,
- als Verlustbegrenzung gegenüber einer reinen Short-Position
- wenn nur ein begrenzter Kursanstieg bzw. -rückgang erwartet wird.

Siehe auch 3.4.4 „Zusammenfassung der Optionsstrategien“

**Praxistipp:**

✓ Spreads, egal ob gekaufte oder verkaufte, egal ob mit Calls oder Puts, sind fast immer bis in die Nähe des Verfalltermins zu halten. Ein vorzeitiges Schließen während der Laufzeit ist wegen des noch vorhandenen Zeitwertes selten sinnvoll.

■ **Short Straddle oder Short Strangle**

Bei erwarteten Seitwärtsphasen bietet sich auch der Verkauf von Straddles (aggressivere Variante mit Basispreisen mitten im Seitwärtstrend) oder Strangles (etwas ruhigere Variante mit Basispreisen an der oberen und unteren Trendbegrenzung) an. Auch hier sollte wie immer auf die Vola geachtet werden. Gerade nach größeren Kursbewegungen werden häufig hohe Preise gezahlt (das Chance-/Risikopotenzial wurde unter 3.4.1 bzw. 3.4.2 ausführlich beschrieben).

### 10.2.3.4 Synthetic Future (Split-Strike)

Ein Synthetic Long Future besteht aus:

- 1 gekaufter Call
- 1 verkaufter Put

Ein Synthetic Short Future besteht aus:

- 1 verkaufter Call
- 1 gekaufter Put

mit gleicher Laufzeit

Die Basispreise sind in der Regel gleich, können aber auch unterschiedlich sein

Ein synthetischer Future bildet einen Future mit Hilfe von Optionen theoretisch nach. Dabei hat man die Möglichkeit, gleiche oder unterschiedliche Basispreise (Call höher als Put) zu wählen. Der Aktienkurs muss über den Basispreis des gekauften Calls steigen bzw. unter den Basispreis des gekauften Puts fallen. Wegen des unbegrenzten Gewinn- und Verlustpotenzials ist die strategische Ausrichtung mit der eines Futures vergleichbar.

Diese Strategie bietet sich insbesondere dann an, wenn an der EUREX oder an einem anderen Futuresmarkt kein Future auf den gewünschten Aktienwert oder Index angeboten wird.

### 10.2.3.5 Butterfly (Schmetterling)

Wie bei den bisherigen Strategien kann auch ein Butterfly „long“ und „short“ aufgebaut werden. Diese Strategie zeichnet sich durch begrenzte Gewinn- und Verlustpotenziale aus.

Bei einem **Long Butterfly** (vgl. Abbildung 89) profitiert man vom Zeitwertverfall der Short-Position und dem am Verfalltag bestehenden Inneren Wert einer oder beider Long-Positionen. Der maximale Gewinn entsteht bei einem Kurs des Underlyings in Höhe des Basispreises der Short-Position (B). Zwei Short-Positionen mit gleichem Basispreis (B) stehen dabei zwei Long-Positionen mit unterschiedlichen Basispreisen (A und C) gegenüber, wobei eine Long-Position den Ertrag bringen und die andere das Risiko begrenzen soll.

| Variante | Basispreis 44 (A) | Basispreis 46 (B) | Basispreis 48 (C) |
|---|---|---|---|
| 1 | 1 Long Call | 2 Short Calls | 1 Long Call |
| 2 | 1 Long Put | 2 Short Puts | 1 Long Put |
| 3 | 1 Long Put | 1 Short Put + 1 Short Call | 1 Long Call |
| 4 | 1 Long Call | 1 Short Call + 1 Short Put | 1 Long Put |

***Tabelle 68:*** *Mögliche Zusammensetzung bei einem Long Butterfly (Hinweis: (B – A) muss gleich (C – B) sein)*

Bei all diesen Kombinationen ergibt sich folgendes Risikodiagramm:

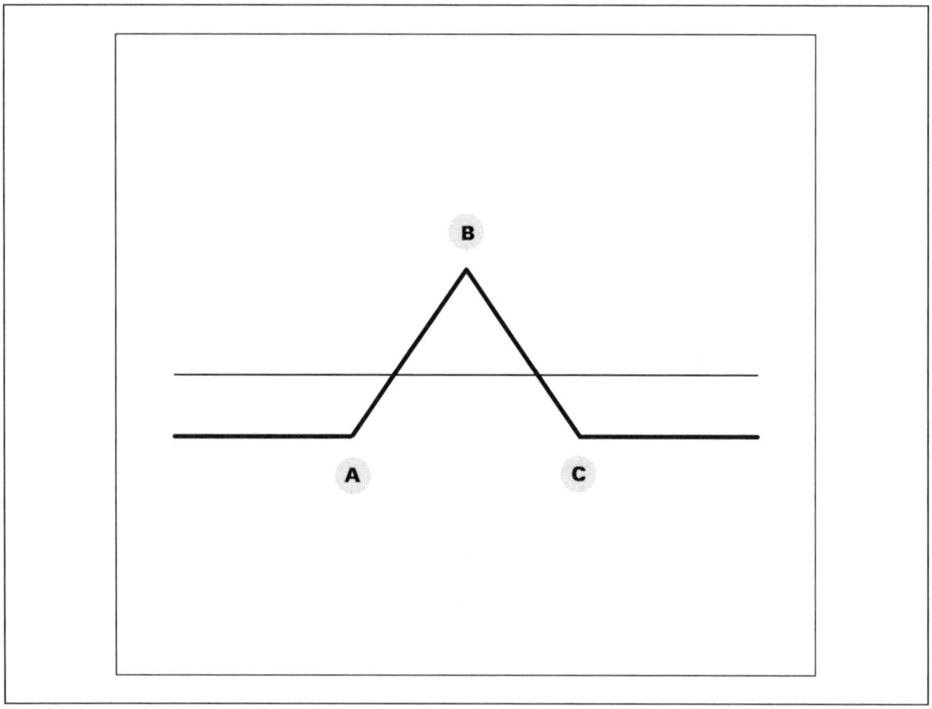


***Abbildung 89:*** *Long Butterfly*

Bei einem **Short Butterfly**, der ebenfalls begrenzte Gewinn- und Verlustpotenziale aufweist, profitiert man von den per Saldo vereinnahmten Optionspreisen, die das maximale Gewinnpotenzial darstellen. Der maximale Gewinn entsteht bei einer starken Kursbewegung, die per Verfall unter Punkt (A) oder über Punkt (C) hinausgeht. Der maximale Verlust entsteht, wenn der Kurs des Underlyings am Verfalltag genau in Höhe des Basispreises (B) notiert. Die Long-Positionen begrenzen dabei das Risiko.

| Variante | Basispreis 44 (A) | Basispreis 46 (B) | Basispreis 48 (C) |
|---|---|---|---|
| 1 | 1 Short Call | 2 Long Calls | 1 Short Call |
| 2 | 1 Short Put | 2 Long Puts | 1 Short Put |
| 3 | 1 Short Put | 1 Long Put +<br>1 Long Call | 1 Short Call |
| 4 | 1 Short Call | 1 Long Call +<br>1 Long Put | 1 Short Put |

***Tabelle 69:*** *Mögliche Zusammensetzung bei einem Short Butterfly*

Das Risikodiagramm stellt sich durch die entgegen gesetzten Positionen umgekehrt dar:

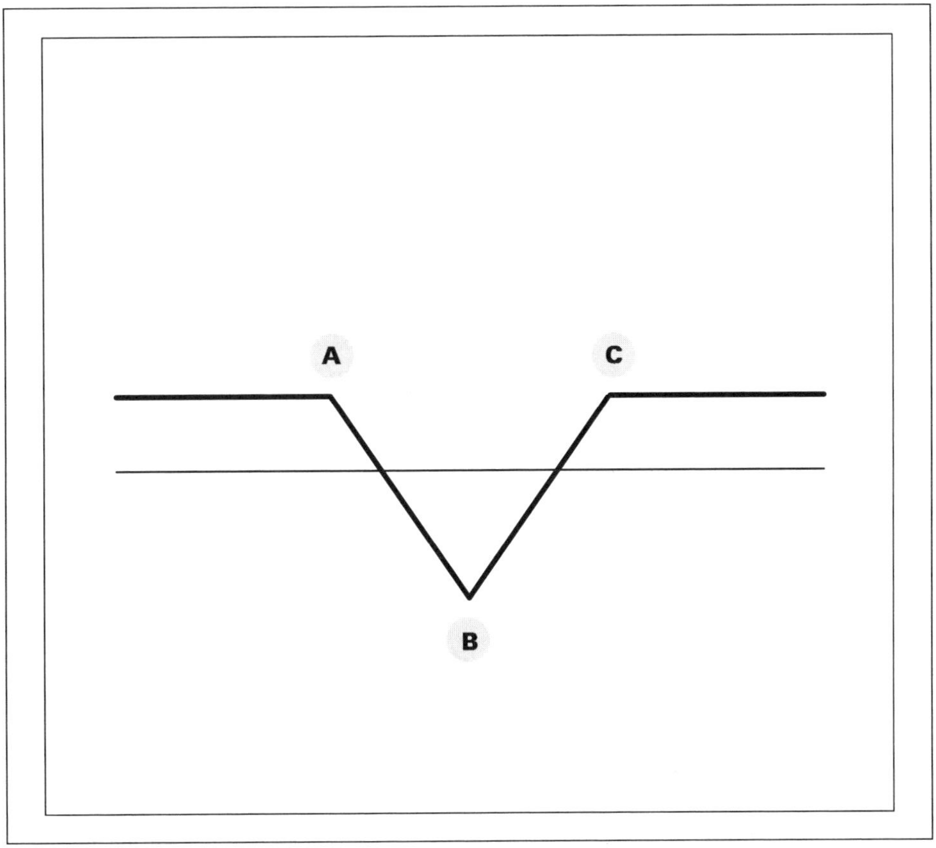


***Abbildung 90:*** *Short Butterfly*

### 10.2.3.6 Condor

Ein Condor ist einem Butterfly sehr ähnlich. Die Gewinn- und Verlustpotenziale sind ebenfalls begrenzt, mit dem Unterschied, dass die Basispreise (ähnlich wie beim Strangle) weiter auseinander liegen.

Einen gekauften Condor (**Long Condor**) wendet man an, wenn man mit geringer Volatilität rechnet. Die Kurse sollten bei Fälligkeit zwischen den Basispreisen B und C notieren um den größten Erfolg zu erzielen. Bei Kursen unter Basis A oder über Basis D tritt der maximale Verlust in Höhe der netto bezahlten Prämie auf.

| Variante | Basis 44 (A) | Basis 46 (B) | Basis 48 (C) | Basis 50 (D) |
|---|---|---|---|---|
| 1 | 1 Long Call | 1 Short Call | 1 Short Call | 1 Long Call |
| 2 | 1 Long Put | 1 Short Put | 1 Short Put | 1 Long Put |
| 3 | 1 Long Call | 1 Short Call | 1 Short Put | 1 Long Put |
| 4 | 1 Long Put | 1 Short Put | 1 Short Call | 1 Long Call |

***Tabelle 70:*** *Möglicher Positionsaufbau bei einem Long Condor*

Das Risikodiagramm sieht folgendermaßen aus:

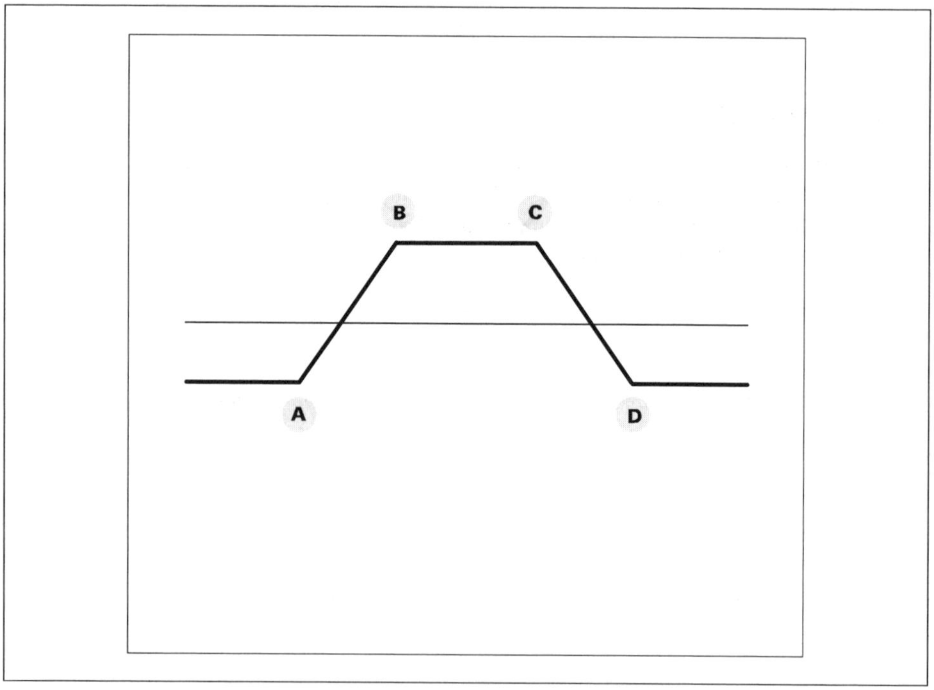


***Abbildung 91:*** *Long Condor*

Analog zum Short Butterfly lässt sich selbstverständlich auch ein **Short Condor** aufbauen, wobei die beiden Long-Positionen zwischen den „Shorts" unterschiedliche Basispreise aufweisen. Bei dieser Strategie liegt das maximale Gewinnpotenzial per Verfall außerhalb der äußeren Basispreise, der maximale Verlust tritt ein, wenn das Underlying per Verfall zwischen den inneren Basispreisen liegt.

## 10.2.4 Fazit und Zusammenfassung

- **Für Optionsstrategien gilt:**
  - Kombinationsstrategien sind gegenüber Long-Strategien bei vergleichbarem Risikoprofil wesentlich vielseitiger.
  - Reine Short-Strategien und Synthetic Futures besitzen theoretisch ein unbegrenztes Verlustrisiko.
  - Je spekulativer und risikoreicher die Strategie, desto wichtiger ist das Positionsmanagement.
  - Stellen Sie sich niemals gegen einen Trend („The Trend is your friend").
  - Auch Gewinnpositionen müssen gemanagt werden.
  - Hohe Volatilitäten verkaufen – niedrigere Volatilitäten kaufen.
  - Gestehen Sie sich Fehler ein, akzeptieren Sie auch Verluste und rollen Sie „Schieflagen" nicht weiter, insbesondere nicht „prämienneutral"!
  -

- **Grundsätzlich gilt:**
  - Vor Beginn von spekulativen Optionsengagements Spekulationsplan aufstellen!
  - Die Strategie muss an das jeweilige Marktumfeld angepasst sein.
  - Nur mit Flexibilität werden Sie langfristig Erfolg haben.
  - Gehen Sie mit Risiken verantwortungsbewusst um!

*Riskieren Sie mit Optionen und Futures nur einen kleinen Teil Ihres Vermögens!*

# Schlusswort

Wir danken Ihnen, dass Sie unser Buch gelesen haben. Oder waren nur einzelne Abschnitte interessant für Sie? Auch dafür: Herzlichen Dank.

Nun interessiert uns Folgendes:

Wie hat Ihnen unser Buch gefallen? War es hilfreich? Hat es zum Verständnis der nicht immer einfachen Materie beigetragen? Haben Sie gar Fehler gefunden? Sie wissen ja: „nobody is perfect!“

Bitte schreiben sie uns Ihre Meinung, Ihr Lob und Ihre Kritik. Unsere E-Mail-Adressen sind: christoph.geyer@t-online.de bzw. volker.uttner@brugo.de .

Wir bedanken uns schon jetzt für Ihr Feedback, bitten Sie aber auch um Ihr Verständnis, dass wir nicht jede Mail individuell beantworten können. Aber wir versprechen Ihnen, dass wir jede berechtigte Kritik aufgreifen und verarbeiten werden.

Christoph Geyer | Volker Uttner

# Die Autoren

**Christoph Geyer**
interessierte sich schon während seiner Ausbildung für das derivative Geschäft und machte bereits in jungen Jahren seine ersten Erfahrungen mit Optionsgeschäften, lange bevor in Deutschland an einen geregelten Optionsmarkt zu denken war. Diese Erfahrungen bewogen ihn schließlich, im Jahr 1980 zur Commerzbank zu wechseln, wo er zunächst in der Wertpapierberatung des Filialgeschäftes eingesetzt war und 1996 in die Zentrale wechselte.

Aktuell ist Geyer in der Wertpapierstrategie mit Schwerpunkt Technische Analyse und Derivate-Strategien für Privatkunden tätig.

Darüber hinaus gibt er seine Erfahrung im allgemeinen Wertpapiergeschäft sowie speziell im Derivategeschäft gern weiter. Nicht nur Mitarbeiter der Bank profitieren in einschlägigen Seminaren von seinem Wissen, auch angehende Börsenhändler begleitet er kompetent bei ihrer Vorbereitung auf die Händlerprüfung. Des Weiteren steht er einem am Wertpapier- und Derivategeschäft interessierten Publikum als Referent zur Verfügung, unter anderem im Rahmen von Volkshochschulkursen.

**Volker Uttner**
hat sich schon in seiner frühen Kindheit für das Bankgeschäft interessiert, insbesondere dann, wenn er mit seiner Mutter zur Sparkasse ging, um Geld einzuzahlen. Aufgewachsen und lange in der Bankenstadt Frankfurt gelebt, hat er diese Beziehung nie verloren. So blieb es nicht aus, dass er nach dem Gymnasium eine Banklehre bei der Commerzbank begann. Vom „Allrounder" in den ersten Berufsjahren entwickelte er sich in der Folgezeit in sein Wunschgebiet Wertpapierberatung.

Die bankinternen Vorbereitungen im Zusammenhang mit der Gründung der „Deutschen Terminbörse DTB" (heute EUREX) erlebte er „hautnah" mit. Nachdem er bereits früher vereinzelt Optionsgeschäfte am „Optionsmarkt der Frankfurter Wertpapierbörse" getätigt hatte, entstand nun ein verstärktes Interesse an diesem in der völligen Neugestaltung befindlichen Geschäftszweig. Gefördert wurde dies zusätzlich durch eine spezielle und zielgerichtete bankinterne Ausbildung.

Mit dem Start der DTB im Januar 1990 spezialisierte sich Uttner von der allgemeinen wertpapierorientierten Filialbetreuung im Frankfurter Gebiet auf die Betreuung des neuen Segmentes Börsentermingeschäfte. Wenige Jahre später wechselte er in die Zentrale der Commerzbank, wo er bis zu seinem Ausscheiden aus der aktiven Laufbahn das Risikomanagement im Privatkundenbereich leitete.

In dieser Zeit, und darüber hinaus bis heute, ist er gemeinsam mit Christoph Geyer verantwortlich für die Aus- und Fortbildung der Filialmitarbeiter im Derivatebereich.

# Stichwortverzeichnis